Beiträge
zum Denkmalschutz in
Frankfurt am Main

Beiträge zum Denkmalschutz in Frankfurt am Main

Herausgegeben
vom Denkmalamt der Stadt
Frankfurt am Main

Heft 25

Stadt Frankfurt am Main
Denkmalamt

Archäologie in Frankfurt am Main

2017–2019

Fund- und Grabungsberichte
für die Jahre 2017 bis Ende 2019

Andrea Hampel
Elke Sichert

Ein Team, ein Buch.
Nur möglich durch das Herzblut der
Kollegen im Innen- und Außendienst:
Denis Neumann
Michael Obst
Rolf Skrypzak

SCHNELL + STEINER

Coverabbildungen von rechts nach links:
Schnalle (PRA 20, St. 69), Ackergerät (BON 14, St. 101), gezahntes Blech (FEC 13, St. 44), Siegel (SOS 18, Lesefund), Sichel (BON 14, St. 101), Nadel (FEC 13, St. 6), Knopf (HOE 86, Lesefund), Silex (PRA 70, St. 137), Beil (NUR 85, St. 13), Backstein mit Fußabdrücken (ROE 000, Lesefund), Öllampe (HED 30, W4, St. 1292), Glaskugel (FEC 13, St. 6).

Bildnachweis: Sofern nicht anders genannt, sämtliche Fotos und Vorlagen Denkmalamt.

Heft 25
der Reihe
Beiträge zum Denkmalschutz in Frankfurt

Herausgeber
Denkmalamt der Stadt Frankfurt am Main

Bibliographische Informationen der Deutschen Nationalbibliothek:
Die Deutsche Nationalbibliothek verzeichnet diese Publikation
in der Deutschen Nationalbibliographie; detaillierte bibliographische Daten
sind im Internet über https://dnb.de abrufbar.

1. Auflage 2022

Gestaltung von Layout & Umschlag, Bildbearbeitung und Grafikdesign: Elke Sichert
Layout & Satz: typegerecht berlin
Druck: Gutenberg Beuys Feindruckerei GmbH, Langenhagen

ISBN 978-3-7954-3672-8

Weitere Informationen zum Verlagsprogramm erhalten Sie unter:
www.schnell-und-steiner.de

Vorwort

Häufig sind es Überreste von Keramik oder Schmuck. Von Münzen oder Waffen. Von Schädeln oder Skelettteilen. Sie stammen aus beinahe allen Epochen: Stein-, Bronze- oder Eisenzeit, Antike, Mittelalter oder Neuzeit. Sie haben einst Kelten, Römern oder Franken gehört, Ur-, Vor- oder auch modernen Frankfurtern. Und so unterschiedlich die vielen Funde sind: Sie wurden alle hier im Frankfurter Stadtgebiet gemacht und sie erzählen einen Teil unserer Geschichte. In den vorliegenden Fund- und Grabungsberichten der Jahre 2017 bis 2019 werden etliche Zeugnisse der Vergangenheit vorgestellt, die zu unserem kulturellen Erbe zählen und gegenüber denen wir eine besondere Verantwortung haben.

Dabei gilt es immer wieder abzuwägen zwischen den Belangen des Denkmalschutzes und den Interessen der Bauwilligen. Denn im Regelfall wird nur aufgrund von Bauvorhaben gegraben wird. Das bedeutet, ohne die bauliche Entwicklung unserer Stadt würde es auch keine archäologischen Funde geben. Zugleich sollen die Grabungen nicht zur übermäßigen Belastung der Investoren werden. Denn Frankfurt am Main ist nun mal eine äußerst dynamische Stadt mit einer enorm starken Bautätigkeit, dem höchsten Bauvolumen der deutschen Städte und jährlich rund 4.000 Baustellen. In der Realität führen die archäologischen Untersuchungen glücklicherweise so gut wie nie zu wesentlichen Verzögerungen in den Bauabläufen.

Bei den Grabungen geht es nicht in erster Linie darum, die Funde an Ort und Stelle öffentlich zu zeigen; das ist nur in den allerwenigsten Fällen überhaupt möglich und machbar. In seltenen Fällen verbleiben die Funde tatsächlich vor Ort, also *in situ*, und werden nach eingehender Dokumentation wieder zugeschüttet. Es werden zahlreiche Objekte ausgegraben, wissenschaftlich untersucht und in der Regel im Archäologischen Museum inventarisiert und ausgestellt – und auf diese Weise für alle Interessierten sichtbar gemacht. Das vorliegende Buch schließt gewissermaßen die Lücke zwischen der Entdeckung und dem weiteren Umgang mit den Funden. Denn es gibt diejenigen spannenden Einblicke, die Außenstehende normalerweise nicht bekommen.

Zugleich wird damit die geleistete Arbeit des Denkmalamtes eindrucksvoll dokumentiert. Das ist neben diesen ungezählten »unsichtbaren« Bodendenkmälern auch für die derzeit annähernd 9.000 Bau-, Garten- und Kunstdenkmäler in Frankfurt zuständig. Daher möchte ich mich hiermit ganz herzlich bedanken bei allen an dieser Publikation Beteiligten, dazu zählen neben den Mitarbeitern des Denkmalamtes auch viele weitere, ehrenamtliche Helfer. Den Leserinnen und Lesern wünsche ich eine ebenso interessante wie aufschlussreiche Lektüre!

Mike Josef
Dezernent für Planen, Wohnen und Sport
der Stadt Frankfurt am Main

■ Abb.1 Sonnenaufgang auf der Ausgrabung an der Justinuskirche in Höchst 2019.

Einleitung

Insgesamt 171 Berichte aus 29 Gemarkungen, dazu Ginnheim, das im Bereich der Grenzsteine vertreten ist, allein Eckenheim, Goldstein, Hausen und Niederrad sind nicht vertreten. Erstmals enthalten sind 17 Grenzsteinberichte.

Aufgrund der steigenden Bautätigkeit und dem damit verbundenen Anstieg von Grabungsmaßnahmen haben wir unser Dokumentationssystem verändert.

So werden seit 1. Januar 2019 die einzelnen Befunde einer Fundstelle innerhalb der Gemarkungen nicht mehr bei jeder Maßnahme mit St. 1 begonnen, sondern fortgeführt und Lesefunde nicht mehr mit St. 000 sondern mit einer laufenden Befundnummer versehen. Daraus ergibt sich, dass in den Berichten zum Teil auch in kleinen Maßnahmen hohe Befundnummern angegeben werden. Dies war deshalb notwendig, da als Langzeitprojekt die archäologischen Fundstellen im Stadtgebiet digital umgesetzt und nicht nur als Fläche, sondern detailliert mit den jeweiligen Befunden abrufbar sein werden. Die Vielzahl von Maßnahmen in den Gemarkungen führte zu zahlreichen, zum Teil direkt benachbarten, unübersichtlichen Doppelungen. Mit dem neuen System ist eine eineindeutige Benennung der Befunde möglich, wodurch, zusammen mit der Fundzettelnummer, eine leichtere Identifizierung möglich ist.

Aufgrund einer Vielzahl von Meldungen von lizensierten Sondengängern haben wir die bisher vernachlässigten Einzelfunde der Neuzeit in den Gemarkungen unter einer Fundstellennummer zusammengefasst.

Im Berichtszeitraum wurden auch eine überraschend große Zahl von Grenz- oder Gütersteinen erfasst. Auf Basis der bisher in Papierform geführten Grenzsteindokumentation der Frankfurter Obmänner wird derzeit eine vollständig digitale Kartierung der im Frankfurter Stadtgebiet bekannten Grenzsteine vorbereitet. Da Grenzsteine naturgemäß keiner Gemarkung eindeutig zuzuweisen sind, haben wir auch translozierte Exemplare nunmehr der fortlaufenden Zählung hinzugefügt und damit werden sie nicht mehr im Ortsarchiv einzeln benannt. Aus diesem Grund wird ab sofort ein selbständiger Bericht zu diesem Thema angehängt (vgl. S.460 ff.).

Im Berichtszeitraum kam es auch zur Verschiebung von Gemarkungsgrenzen und zur Ausweisung neuer Ortsteile (vgl. Kalbach, Niederursel und Bonames). Dabei werden die bereits erfolgten Fundstellenbenennungen beibehalten, neue Fundstellen jedoch mit dem neuen Kürzel erfasst (vgl. Frankfurter Berg).

Im Berichtszeitraum haben wir auch unser großes Langzeitprojekt gestartet, bei dem alle archäologischen Ausgrabungen im Frankfurter Stadtgebiet digital umgesetzt werden. Dies betrifft auch die Flächen, in denen kein archäologisches Denkmal erkannt wurde. Erst dadurch wird der Umfang der Arbeit der Bodendenkmalpflege deutlich, aber auch der Flächenverlust im Stadtgebiet.

Zahlreichen Gesamtpläne wurden durch Pascale Wetzstein, der im Rahmen des Bundesfreiwilligendienstes im Jahr 2022 im Denkmalamt war, bearbeitet. Er hat damit maßgeblich zur Fertigstellung des Manuskriptes beigetragen, wofür wir ihm danken.

Fund- und Grabungsberichte für die Jahre 2017 bis Ende 2019

Übersicht und Kartierung der Arbeitsgebiete

Zeittabelle zur hessischen Siedlungsgeschichte

Jahr	Epoche	Kulturen
2019	MODERNE	
1500	MITTELALTER UND NEUZEIT	Habsburger Staufer (1125–1250 n. Chr.)
1000	FRÜHMITTELALTER	Salier (1024–1125 n. Chr.) Ottonen (919–1024 n. Chr.) Franken Merowinger (450–751) n. Chr.
500	SPÄTANTIKE	Alamannen und Chatten (284–476/568 n. Chr.)
	RÖMER UND GERMANEN	Römisches Militär in FFM (ca. 75–246 n. Chr.)
0		
500	EISENZEIT	Latènezeit (450 v. Chr. – 0) Hallstattkultur (800–450 v. Chr.)
1000		Urnenfelderkultur (1300–800 v. Chr.)
1500	BRONZEZEIT	Hügelgräberkultur (1600–1300 v. Chr.)
2000		Frühbronzezeit
2500		Glockenbecherkultur (2600–2200 v. Chr.) Schnurkeramik (3000–2200 v. Chr.)
3000		
3500	KUPFERZEIT	Michelsberger Kultur (4400–3500 v. Chr.)
4000		Bischheimer Kultur (4400–4200 v. Chr.)
4500	JUNGSTEINZEIT	Rössener Kultur (4790–5500 v. Chr.)
5000		Hinkelstein-Gruppe (5000–4800 v. Chr.)
5500		Bandkeramik (5700–4900 v. Chr.)
	MITTEL- UND ALTSTEINZEIT	Jäger und Sammler

■ Bergen-Enkheim: An der Schelmenburg stehen die Rosen in voller Blüte.

BERGEN-ENKHEIM

Der Ortsteil liegt im Nordosten von Frankfurt und gehört flächenmäßig zu den größten Gemarkungen. Er wurde erst 1977 in das Frankfurter Stadtgebiet eingegliedert und hatte bis dahin eine wechselvolle Geschichte.

Das hochgelegene Bergen besitzt als einer von wenigen Ortsteile eine Stadtmauer aus Stein, die in weiten Teilen erhalten ist. Sie wurde durch die Grafen von Hanau nach 1354 errichtet. Hier fand auf den nördlichen Flächen 1759 auch die »Schlacht bei Bergen« statt.

Das kleinere, im Tal der Berger Hanges im Ried gelegene Enkheim kann als die »kleine Schwester« gelten, sie sind seit 1936 miteinander verbunden.

Auf den ausgedehnten Ackerflächen im Norden der Gemarkung sind zahlreiche Bodendenkmäler bekannt – insgesamt 98 Fundstellen.

In der Gemarkung liegt auch die Fundstelle des einzigen bekannten Faustkeils aus dem Stadtgebiet und im Enkheimer Wald finden sich die einzigen oberirdisch erhaltenen Grabhügel der Stadt nördlich des Mains.

BEN 24

Römische Scherben am Buchenhorster Hof

Fundmeldung:	D. Pittenger
Verbleib:	privat
Bericht:	Denkmalamt
Literatur:	Hampel (2017) 19 mit ält. Lit.

Die römische Fundstelle am Buchenhorster Hof ist seit 1885 bekannt, allerdings gibt es keine Grabungsergebnisse. Im Rahmen von Feldbegehungen werden immer wieder römische Funde erfasst.

So konnte auch im Jahr 2019 Donald Pittenger ein Fundstück melden. Es handelt sich um einen römischen Gefäßhenkel von einem Krug (Abb. 2). Das Fundstück ist in einem guten Zustand und kaum abgerollt.

Abb. 2 Römischer Gefäßhenkel, Maßstab 1:1.

Mittelalter und Neuzeit

BEN 31

Zum Schutz der Schelmenburg errichtet

Fundmeldung: Denkmalamt
Verbleib: Archäologisches Museum
Bericht: Denkmalamt
Literatur: Hampel (2002) 13 ff.

Im August 2019 begannen unter der örtlichen Grabungsleitung von Elke Sichert ausgedehnte Kanalarbeiten zwischen der Schelmenburg und der Marktstraße. Die Kanäle waren zwar meistens schmal, reichten aber bis zu einer Tiefe von 4 m (Abb. 3). Die Maßnahme steht in Zusammenhang mit der Neugestaltung des Schelmenburgplatzes und war im Oktober 2019 abgeschlossen. Die Bedingungen der Archäologischen Denkmalpflege wurden bereits in der Planungsphase zwei Jahre zuvor formuliert und betref-

Abb. 3 Schmaler Kanalgraben, seitlich verschalt. Im Hintergrund die Schelmenburg.

Abb. 4 Anstehender Muschelkalk mit gut erhaltenen und zahlreichen Schalen.

fen den gesamten Platz, so dass das Denkmalamt die Maßnahme von Anfang an begleiten konnte. Auf dem Schelmenburgplatz befand sich die ehemalige Vorburg der Schelmenburg. Das heute stehende, barocke Herrenhaus geht auf einen deutlich älteren Vorgängerbau des 12. Jhs. zurück und war wie heute von einem wasserführenden Graben umschlossen. Südlich, und damit der Haupt- und Fernstraße zugewandt, die heute als Marktstraße den Ort durchquert, lag die sog. Vorburg mit Wirtschaftsgebäuden und Hausgärten. Auch dieser Bereich war offenbar durch einen weiteren Wassergraben geschützt. Allerdings zeigt die Kartenlage einen vergleichsweise jungen Zustand des Geländes; d. h. es war grundsätzlich mit einer Umgestaltung seit dem 12. Jh. zu rechnen.

Der Leitungsgraben konnte auf einer Gesamtlänge von rund 40 m verfolgt werden, die Breite variierte zwischen 1 m und 1,50 m. Dem erforderlichen Gefälle folgend, erreichte der Grabenaushub eine maximale Tiefe von 4 m.

An verschiedenen Stellen wurde der anstehende Muschelkalk erreicht (St. 16; Abb. 4), an anderen Stellen ein offenbar anstehender grauer (St. 14) und ein gelber Ton.

Im Bereich der barocken Zufahrt zur Vorburg konnten eine vermutlich moderne Planierung (St. 15), ein älterer Laufhorizont (St. 12) sowie darunter ein Lehmauftrag St. 13 dokumentiert werden. Aus der Planierung St. 15 stammt als Zierelement ein Zapfen aus Rotsandstein. Das Fundstück könnte als Torbekrönung gedient haben.

Mit St. 10 ist eine offenbar ausgedehnte Hofplanierung im östlichen Abschnitt der nach Westen verlaufenden Kanaltrasse erfasst.

■ **Abb. 5a/b** Aufrecht stehende Holzröhre *in situ* (a) und nach der Bergung (b) im Maßstab 1:6.

■ **Abb. 6** Fundamentecke aus Bruchsteinen als Rest einer Steinbebauung.

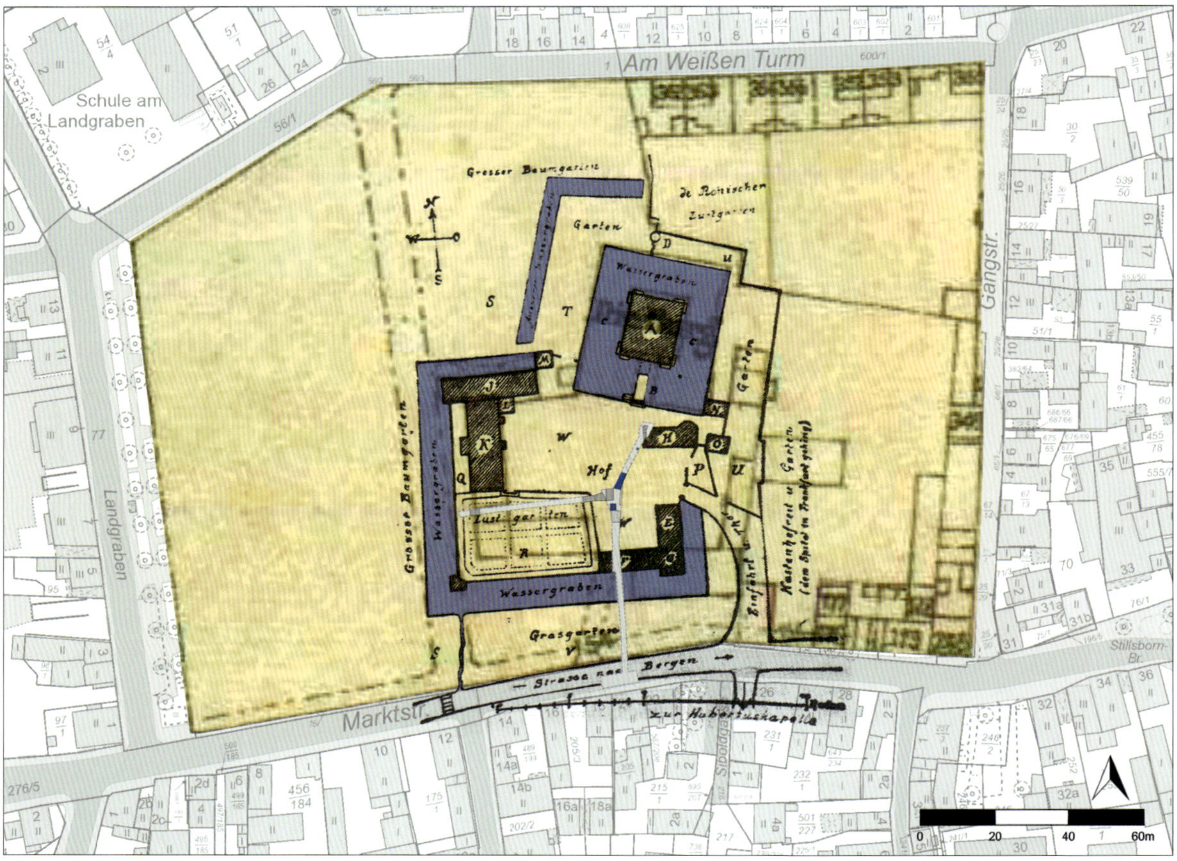

■ **Abb. 7** Gesamtgrabungsplan von 2019 mit den historischen Plänen von Wolff (1911) und Lindt (1720).

Von besonderer Bedeutung sind zwei Wassergräben, die ostwestlich verlaufend in der Kanaltrasse erfasst wurden. Graben St. 1 war durch einen modernen Eingriff (St. 2) leicht gestört und mindestens 2 m breit. Der Graben St. 3 wurde von einer modernen Planierung St. 4 überdeckt, darunter folgte mit St. 5 eine grautonige Schicht St. 14, die vereinzelt vorgeschichtliche Keramik enthielt. Die Lage dieser Gräben kann nicht mit der barocken Vorburg in Verbindung gebracht werden und dürfte zu einem mittelalterlichen Vorgängerbau gehören. Zwei und sogar dreifache Wassergrabenanlagen sind im Mittelalter keine Seltenheit; im vorliegenden Fall kann jedoch der weitere Verlauf nicht erkannt werden, die Gräben könnten jedoch parallel verlaufen.

St. 8 kann als anthropogene Verfüllung angesprochen werden und St. 9 als moderne Störung.

Bemerkenswert war der Fund einer aufrecht stehenden Holzröhre St. 6, die noch 0,70 m hoch erhalten war und für die ein Durchmesser von 0,60 m ermittelt werden konnte; sie stand nicht im Wassergraben (Abb. 5). Eine Datierung steht noch aus, ebenso eine Botanikanalyse des Inhalts.

Als Rest einer Steinbebauung ist eine Mauerecke St. 7 zu nennen, die aus Kalkbruchsteinen gebaut war (Abb. 6). Aufgrund der Lage kann der Befund mit der ehemaligen Brauerei (Abb. 7; H) in Verbindung gebracht werden, die um 1820 abgebrochen wurde. Ältere Baubefunde waren nicht fassbar.Grundsätzlich konnten nur wenige Funde geborgen werden. Dabei handelt es sich einmal um Bauschutt, d.h. Teile der Ziegeldachdeckung, aber auch eines Schieferdaches. Die Funde können in die frühe Neuzeit datiert werden, im Einzelfall sind sie jedoch mittelalterlich. Dies gilt besonders für die Einfüllung St. 8 mit dem Rest einer mittelalterlichen Becherkachel sowie kleine Bruchstücke von gotischen Nischenkacheln aus St. 2 und St. 3.

Die Funde dokumentieren die lange Nutzung des Areals seit dem Mittelalter bis heute.

Abb. 8 Dr. Andrea Hampel und Hans Hankel 2017.

BEN 56

Riemenzunge, Reitersporn und Ring

Fundmeldung:	T. Coers, E. Schultz, D. Pittenger
Verbleib:	Archäologisches Museum und privat
Bericht:	Denkmalamt
Literatur:	Hampel (2017) 20ff.

Herr Coers beging 2017 am östlichen Ortsrand die Ackerflächen. In diesem Bereich, der nördlich der historischen Fernstraße »Hohe Straße« liegt, sind bereits zahlreiche mittelalterliche Fundstücke bekannt.

Er fand eine bronzene Riemenzunge, die noch 4,9 cm lang und 0,9 bis 0,2 cm breit ist. Am hinteren, breiteren Ende ist möglicherweise ein kleines Nietloch ausgebrochen, hier hat das Stück einen 1,2 cm langen Schlitz. Am schmalen Ende zeigt sich auf einer Seite mittig ein Punkt und randlich sind kleine Winkel eingepunzt; die Rückseite ist glatt.

Bei dem zweiten Fundstück handelt es sich um einen glatten Bandring, ebenfalls aus Bronze. Der Ring ist 0,3 cm breit und hat einen Durchmesser von 2,2 cm.

Die Oberfläche ist stark korrodiert und die Größe spricht für einen Männerring.

Im Jahr 2019 meldete Herr Schultz weitere Metallfunde, die er südlich der Hohen Straße, aber nördlich der Umgehungsstraße auf einer Länge von rund 300 Metern gemacht hat. Auffälligstes Stück ist ein hakenförmiges Bronzeobjekt (Abb. 10). Das Fragment misst an einer Seite rechteckig 1,2 × 0,6 cm, das leicht geschweifte Ende ist nicht abgebrochen. Auf der gegenüberliegenden Seite ist das Objekt stark verjüngt, abgeflacht und offenbar abgebrochen. Im hakenförmigen Bogen zeigt sich ein Zangenabdruck. Die Breitseiten sind mit zahlreichen Kreisaugen und Punkten punziert; sowohl die Außenseite als auch die anschließenden Flächen sind stark berieben. Da auf den Flächen neben mittelalterlichen auch frühmittelalterliche Funde bekannt geworden sind, erscheint eine Einordnung hier sinnvoll.

Herr Schultz fand weiterhin das Bruchstück eines Reitersporns (Abb. 10), einen glatten, vergoldeten

Abb. 9 Die Berger Warte im Winter 2006.

■ **Abb. 10** Bronzeobjekt mit Kreisaugenverzierung; rechts Fragment eines Reitersporns, Maßstab 1:1.

■ **Abb. 11** Bronzeknopf mit beidseitiger floraler Prägung, rückseitig mit Öse, Maßstab 3:1.

Knopf sowie ein Exemplar mit einer floralen Prägung und zwei Bronzeschnallen (Abb. 11).

Leider handelt es sich bei dem Bruchstück des Reitersporns um die schwer einzuordnende Befestigungsöse, daher kann nicht entschieden werden, ob es sich um einen Stachel- oder um einen Radsporn handelt. Das Fundstück ist zudem stark verbogen, so dass eine Datierung nur grundsätzlich in die Zeit des 13. /14. Jhs. erfolgen kann.

BEN 85

Der Weiße Turm erstrahlt wieder

Fundmeldung:	Denkmalamt
Verbleib:	Archäologisches Museum
Bericht:	Denkmalamt
Literatur:	Hampel (2017) 24 f. – Schubert (2019). – Timpe (2021).

Die Außensanierung des sog. Weißen Turms als prominentem Rest der Berger Stadtbefestigung führte dazu, dass er nun seinem Namen wieder alle Ehre macht und leuchtend-hell erstrahlt. Auch die Turmspitze kehrte zurück (Abb. 12). Ein Gutachten im Rahmen der Bauforschung durch Dr. Ulrike Schubert im Auftrag des Amtes für Bauen und Immobilien führte zum Nachweis von zwei Bauphasen seit 1429. Der Turm war früher niedriger und wurde 1472 um ein weiteres Stockwerk auf seine jetzige Höhe ausgebaut. Der Ansatz der Wehrmauern wurde bei der Sanierung herausgearbeitet und der Abbruch der Mauer am Turm dargestellt (Schubert 2019) (Abb. 13).

Abb. 12 Der Weiße Turm mit dem hellen Verputz, der restauratorisch nachgewiesen wurde.

Abb. 13 Ansatz der Wehrmauer; der Turm bildete die nordwestliche Ecke der Stadtbefestigung.

■ **Abb. 14** Neuzeitliche Fundstücke aus dem oberen Stockwerk.

■ **Abb. 15** Fragmentiertes Steinkreuz unbekannter Herkunft.

Im Inneren wurde im Dezember 2017 unter der örtlichen Grabungsleitung von Denis Neumann der Boden geringfügig tiefer als 2012 ausgehoben.

Fundstücke konnten oberhalb der Zwischendecke gesammelt werden (Abb. 14). Die Funde stammen aus dem 19. Jh., bemerkenswert ist ein fragmentiertes Steinkreuz aus Basalt mit umlaufender Ritzlinie ohne Randschlag (Abb. 15). Da der untere Teil fehlt, kann nichts über die ursprüngliche Länge oder Befestigung ausgesagt werden. Ob das Kreuz ursprünglich am Turm befestigt war, erscheint unwahrscheinlich, denkbar wäre jedoch eine Aufstellung etwa als Wegekreuz im unmittelbaren Umfeld.

BEN 89

Kanonen, Kriegstrommeln und Pistole

Fundmeldung: D. Pittenger
Verbleib: privat
Bericht: Denkmalamt
Literatur: Hampel (2017) 28 f.

Unweit des Buchenhorster Hofes werden immer wieder mittelalterliche und neuzeitliche Oberflächenfunde gemacht.

Im Rahmen von Feldbegehungen für das Denkmalamt meldete Herr Pittenger 2019 zahlreiche Kleinfunde. Dabei war auch ein zylindrisches Eisengewicht mit Knopf (Abb. 16, links). Es hat einen Durchmesser von 4,7 cm und eine Gesamthöhe von 9,4 cm. Es hat bemerkenswerterweise keine Gewichtsangabe und keine Eichmarke. Es wiegt 950 g; ob die Hohlbohrung in der Unterseite das fehlende Gewicht zu »2 Pfund« verschleiern sollte oder ob hier das Ausgleichsgewicht fehlt, ist nicht zu entscheiden.

Weiterhin fand er eine eiserne Kanonenkugel mit einem Durchmesser von 7,5 cm und einem Gewicht von 2 kg (Abb. 16, rechts); umlaufend ist ein Mittelgrat schwach erkennbar. Größe und Gewicht passen zu einem Feldgeschütz ab dem 18. Jh.

Abb. 16 Eisengewicht und Kanonenkugel im Maßstab 1:1.

■ **Abb. 17** Bronzeschnalle und Spielzeugpistole im Maßstab 1:1.

Unter den Kleinfunden sollen zwei Objekte vorgestellt werden (Abb. 17, links). Dabei ist einmal eine Bronzeschnalle zu nennen, der Dorn ist verloren. Es handelt sich vermutlich um eine Schnalle des Reitzubehörs, ein häufiger Verlustfund. Eine Datierung in das 13./14. Jh. ist anzunehmen.

Ein weiteres Fundstück aus Zinnguss bildet eine spitz zulaufende Hülse. Das Fundstück ist an der Spitze abgebrochen und noch 4,2 cm lang, die Breite verjüngt sich von 2,5 auf 1 cm. Die Außenseiten sind verziert, d. h. es ist ein florales Muster dargestellt und mittig ein Kopf mit zipfliger, sog. Phrygischer Mütze, weiterhin ist eine Trommel mit dahinter gekreuzten Fahnen erkennbar sowie eine Axt. Solche Darstellungen sind im Zusammenhang des Siebenjährigen Krieges beliebt gewesen (1756–1763). Es handelt sich jedoch um den aufwendig ausgeführten Griff einer Spielzeugpistole (Abb. 17, rechts).

BEN 90

Sie halten alles an ihrem Platz: Trachtbestandteile

Fundmeldung:	D. Pittenger
Verbleib:	privat
Bericht:	Denkmalamt
Literatur:	Hampel (2017) 29.

Im Jahr 2018 meldete Donald Pittenger erneut Fundstücke von einer Ackerfläche an der Grenze zu Bad Vilbel. Dort hatte er zuletzt 2013 einen figürlich verzierten Riemendurchzug gefunden. Diesmal fand er einen Haken und eine Kreuzemailfibel (Abb. 18).

Der Haken

Das Bronzehäkchen zeigt die bekannte Buckelverzierung und kreuzförmige Durchbrechung. Das Stück ist durch den Pflug stark aufgebogen und der Haken abgebrochen. Da diese Haken in Frankfurt zwischen 2017–2019 sehr häufig gefunden wurden, wird der Fundtyp unter SEC 27 in diesem Band detailliert vorgestellt. Der Bergen-Enkheimer Haken kann wie der aus SEC 27 ins ausgehende 15. bis Mitte des 17. Jhs. datiert werden.

Eine Kreuzemailfibel

Die Emailscheibenfibel entspricht dem Typ der kreuzständig angesetzten Bögen, zwischen denen sich eine Kreuzform bildet. Die Bronzefibel ist gut erhalten, charakteristisch ist die schlechte Erhaltung des ehemals bunten Emails auf der Vorderseite und das Fehlen der

■ **Abb. 18** Bronzehäkchen und Kreuzemailfibel.

Nadel, während der Nadelhalter mitgegossen ist.Die Fibel kann in das 9./10. Jh. datiert werden.

Beide Funde sind als Verlustfunde zu werten. Die kleinen Trachtbestandteile gingen, wie es heute auch noch täglich tausende von Knöpfen tun, verloren – auf Nimmerwiedersehen, oder bis aufmerksame Feldbegeher:innen sie wieder aus der Erde lesen.

BEN 96

Mittelalter im alten Ortskern

Fundmeldung:	Denkmalamt
Verbleib:	Archäologisches Museum
Bericht:	Denkmalamt
Literatur:	Rothe et al. 2014, 113ff.- https://www.zdf.de/dokumentation/terra-x/creative-commons-clip-150.html (25.05.2020).

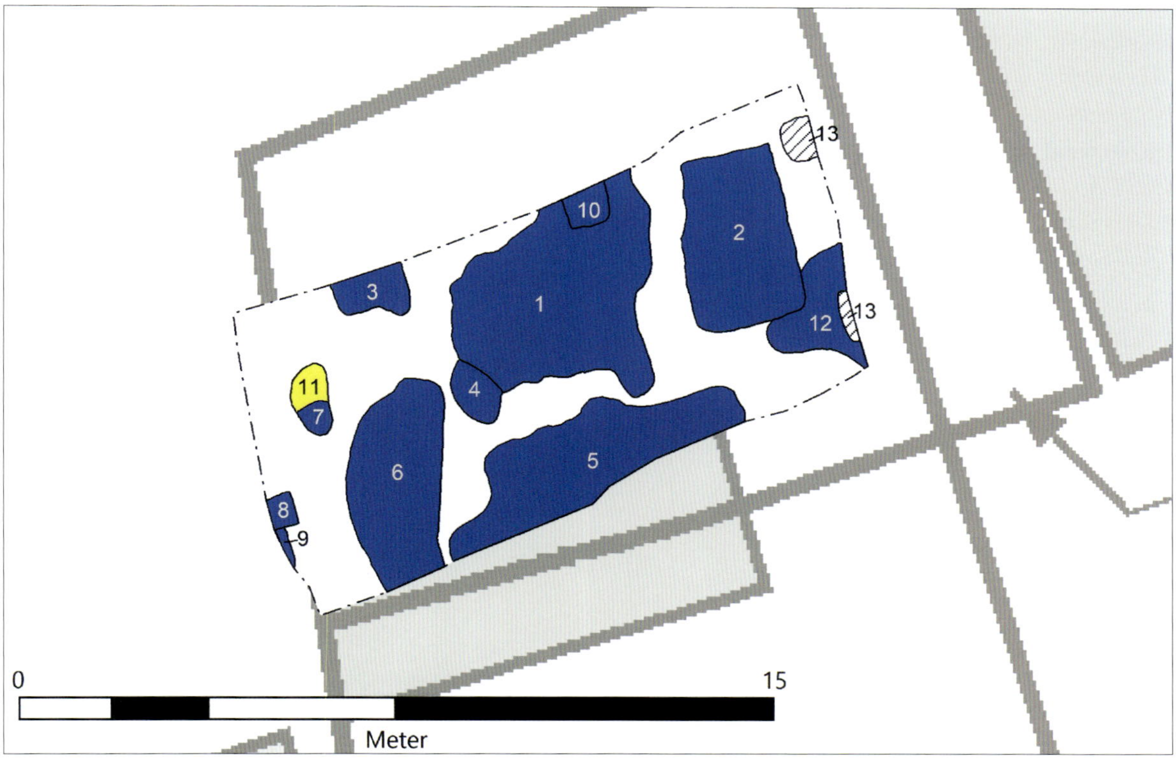

■ **Abb. 19** Gesamtplan Marktstraße 73; Grube St. 11 ist vorgeschichtlich (vgl. BEN 97).

Im April 2018 wurden unter der örtlichen Grabungsleitung von Michael Obst die Erdarbeiten für einen Neubau in der Marktstraße 73 durchgeführt. Das Baufeld lag zurückgesetzt in zweiter Reihe und hatte eine Grundfläche von knapp 60 qm.

Der Baugrund nördlich der Marktstraße ist bereits seit dem Mittelalter genutzt. Dies bestätigt sich erneut mit den hier vorgestellten Ergebnissen der archäologischen Denkmalpflege.

Daher fanden sich insgesamt 8 Gruben, d.h. St. 1–7 und 10 sowie zwei Mauerzüge St. 8 und St. 9 (Abb. 19 und 20).

■ **Abb. 20** Blick von Norden auf die Grabungsfläche. Links zeichnen sich die grau verfüllten Gruben ab, rechts die schwarze Füllung von St. 11.

Funde konnten aus den Befunden St. 1–3, 6 und 7 geborgen werden. Es handelte sich neben wenig Bauschutt, dabei Dachziegel, um Scherben sowie wenige Tierknochen. In St. 7 lagen neben Flachglas auch 3 nicht näher ansprechbare Hohlglasscherben (Abb. 21).

In St. 1 fand sich ein wohl fossiler Stromatolith (Abb. 22). Stromatolithen sind weder Tiere noch Pflanzen. Vielmehr handelt es sich um mikrobielle Gemeinschaften, in denen Cyanobakterien und andere phototrophe, also Licht als Energiequelle nutzende Bakteriengemeinschaften Strukturen erzeugen, sogenannte Algenmatten. Sie entstehen in Seen in ökologische Nischen, etwa in Arealen mit wenig Wasserbewegung, in denen die Stromatolithen weder Abweidung noch Umgrabung durch Tieren zum Opfer fallen können. In diesen Ruhezonen entstehen dann die kalkigen, schichtig aufgebauten Krusten mit der blumenkohlartigen Struktur. Die ältesten je gefundenen Stromatolithen sind bis zu 3,5 Milliarden Jahre alte Fossilien. Sie sind jedoch nicht ausgestorben, sondern leben in manchen Teilen unserer Erde noch immer, etwa vor der Westküste Australiens (Abb. 23).

Die Funde können grundsätzlich dem späten Mittelalter und der frühen Neuzeit zugewiesen werden; unter den glasierten Waren ist ein gelbglasiertes Fragment einer Nischenkachel zu nennen (Abb. 24).

Mit St. 13 wurden zwei moderne Störungen am östlichen Baugrubenrand erfasst.

Mit Grube St. 11 konnte erstmals eine vorgeschichtliche Besiedlung an dieser Stelle nachgewiesen werden (vgl. BEN 97).

■ **Abb. 21** St. 7, Stark korrodiertes, einst grünes Flachglas, teils mit gekröselten Kanten. Zwei Scheiben hatten eine runde Aussparung für eine Butzenscheibe, die heute fehlt, Maßstab 1:2.

■ **Abb. 22** St. 1, Stromatolith in verschiedenen Ansichten, links die Seitenansicht, in der der Schichtaufbau gut zu erkennen ist, rechts die Aufsicht mit der typischen Blumenkohlstruktur, Maßstab 1:2.

AB ZUM VIDEO!

■ **Abb. 23** Videoausflug zu lebenden Stromatolithen ans Meer. Quelle: ZDF/Terra X/Viking Film/Iris Gesang/ Andreas Kieling, Frank Gutsche/Christian R.Timmann/ Richard Sako, Boris Bürgel, Markus Tanz, John-Christian Kultzscher, CC BY 4.0.

■ **Abb. 24** St. 6, unglasierte Keramik sowie links das leuchtend gelbglasierte Fragment einer Nischenkachel, Maßstab 1:2.

BEN 97

Kelten auch in Frankfurter Höhenlagen

Fundmeldung:	Denkmalamt
Verbleib:	Archäologisches Museum
Bericht:	Denkmalamt
Literatur:	Schumacher (1972).

Die Erdarbeiten in der Marktstraße begannen im April 2018; Michael Obst konnte insgesamt 11 Befunde nachweisen (vgl. BEN 96).

Dabei war mit St. 11 (vgl. Abb. 19) eine dunkel verfärbte Grube erfasst, die sich von den mittelalter-neuzeitlichen Befunden deutlich unterschied. Sie enthielt 9 Wandscherben und 4 Bodenscherben (Abb. 25). Dabei handelte es sich um handgemachte Waren, teilweise mit einem Schlickerüberzug. Ausnahmsweise ist eine langsam laufende Drehscheibe fassbar, ein Boden zeigt innen charakteristische Drehrillen.

Das Fundmaterial der Ausgrabung 2018 ist keltisch und kann in die jüngere Eisenzeit, auch Latènezeit genannt, datiert werden. Die Funde dokumentieren somit die gute Siedlungslage auch in höher gelegenen Arealen im Stadtgebiet. Weitere typische Befunde einer Siedlung wie etwa Hausgrundrisse konnten bei der Ausgrabung 2018 nicht angetroffen werden, sind aber in der Nähe der Grube zu vermuten. Hier gilt es zukünftige Baumaßnahmen im Auge zu behalten.

Grundsätzlich ist die jüngere Eisenzeit nicht häufig in Frankfurt nachgewiesen, daher ist jeder neue Nachweis ein wissenschaftlicher Gewinn.

Abb. 25 Wand- und Bodenscherben der Eisenzeit aus Grube St. 11, die Bodenscherben jeweils in mehreren Ansichten, Maßstab 1:2.

BEN 98

Frankreichs Spuren in Bergen-Enkheims Erde

Fundmeldung: D. Pittenger und E. Schultz
Verbleib: privat und Archäologisches Museum
Bericht: Denkmalamt
Literatur: Hampel (2017) 17 ff.

Im Januar 2019 meldete Donald Pittenger den Fund einer Bronzeschnalle (Abb. 26). Das Fundstück ist abgeflacht D-förmig und hat eine Ritzverzierung auf der Oberseite; der Bügel ist vorhanden, der Dorn fehlt. Das Objekt ist maximal 2,7 cm breit und 2,1 cm lang.

Von der Fundstelle nahe der Gemarkungsgrenze nach Seckbach war bisher kein archäologisches Denkmal bekannt. Die Schnalle kann in das 13./14. Jh. eingeordnet werden und es handelt sich um einen typischen Verlustfund (vgl. z. B. SEC 35).

Aufgrund ihrer Größe werden solche Schnallen in der Regel nicht mit Pferdegeschirr oder Zaumzeug in Verbindung gebracht, sondern mit Gürteln oder Verschlüssen etwa von Taschen. Die zugehörigen Lederbänder sind in der Regel nicht erhalten, ebenso fehlen meist die Dorne.

Im August 2019 fand Eric Schultz eine Münze vom Ende des 16., bzw. Anfang des 17. Jhs. Es handelt sich um eine französische Prägung mit Lilienwappen Chambre de Comptes mit der Inschrift auf der Vorderseite: CAMERAE COMPVTOR REGIORVM; und auf der Rückseite: BENE EDVCTIS RATIONIBVS.

Er fand weiterhin einen französischen Militärknopf der Garde 1804–1815, der auf der Vorderseite den Adler unter der kaiserlichen Krone zeigt, der in den Fängen Blitze und Donnerbalken hält.

Weiterhin fand er zwei ineinander hängende glatte Bronzeringe mit einem Durchmesser von 1,8 cm, bei einer Materialstärke von 3 mm, deren Funktion unbekannt ist (Abb. 27).

Abb. 26 Bronzeschnalle mit Kerbverzierung, der Dorn ist verloren.

Abb. 27 Französischer Militärknopf und frühneuzeitliche Münze, Maßstab 1:1.

■ Berkersheim: Ein Cowboy stürzt ins Berkersheimer Korn.

BERKERSHEIM

Der Ortsteil gehört seit 1910 zu Frankfurt am Main und liegt auf einem Osthang hoch über der Nidda. Der kleine Ort gehörte bereits ab 1810 dem Großherzogtum und ab 1886 dem preußischen Landkreis Frankfurt an. Die Zahl der Bodendenkmäler ist im Berichtszeitraum auf 25 gestiegen, und mit zwei Berichten vertreten. In beiden Fällen handelt es sich um archäologische Ergebnisse durch Feldbegehungen, d. h. es waren keine Maßnahmen der Denkmalpflege im Rahmen von Baumaßnahmen zu berichten. Tatsächlich ist die Zahl der Baumaßnahmen hier seit Jahren eher gering, trotzdem hat sich die Zahl der bekannten Bodendenkmäler erfreulich erhöht.

BER 11

Das erste römische Zeugnis seit 100 Jahren

Fundmeldung:	D. Pittenger
Verbleib:	privat
Bericht:	Denkmalamt
Literatur:	Wolff (1913).

Herr Pittenger beging im Auftrag des Denkmalamts auch die Flächen zwischen dem Berkersheimer Bahnhof und der Nidda. Dabei meldete er 2017 einen Bronzegegenstand. Es handelt sich um eine runde Scheibe mit einem Durchmesser von 1,9 cm; der Rand ist gewellt und an einer Stelle könnte etwas abgebrochen sein, innen sind 6 runde Löcher vorhanden, in der Mitte ein kleiner Eisenrest. Dieser steht auf einer Seite buckelartig heraus, während auf der anderen zwei mitgegossene Bronzereste sichtbar sind, wahrscheinlich Nadelhalter und -rast (Abb. 28). Es dürfte sich um eine fragmentierte Fibel handeln.

Abb. 28 Vorderseite (links) und Rückseite (rechts) einer fragmentierten Fibel.

An gleicher Stelle sind bereits im 19. Jh. beim Bau der Main-Weser-Bahn römische Mauern erfasst worden. Georg Wolff berichtete zuletzt 1911 von römischen Funden und Gebäuderesten. Leider weist auch die originale Publikation von Wilhelm Lotz, Zum »Römischen Vilbel« im Korrespondenzblatt des Gesamtvereins der Deutschen Geschichts- und Alterthumsvereine 35, 1887, 91–96 die Fundstelle nur summarisch aus, ohne dass nähere Angaben vorhanden wären.

Es handelt sich um das erste römische Fundstück aus diesem Gebiet seit über hundert Jahren; da es sich um einen einzelnen Oberflächenfund handelt, kann dadurch nichts zur Siedlungsstruktur beigetragen werden.

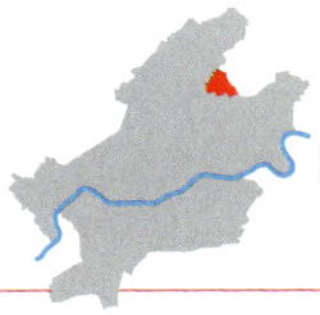

BER 25

Der Haken an der Sache

Fundmeldung: D. Pittenger
Verbleib: privat
Bericht: Denkmalamt
Literatur: Hampel (2017) 42.

Donald Pittenger führte auch 2016/17 Feldbegehungen durch. Er beging auch die Ackerflächen im Nordteil der Gemarkung zwischen der Autobahn und der Stadtgrenze.

Dabei fand er drei kleine Bronzehaken (Abb. 29). Bei zweien der Stücke handelt sich um Haken aus dem weiten Feld der Trachtenkleidung, wie es an anderer Stelle (vgl. SEC 27, SEC 38 und NUR 79) bereits bekannt geworden ist. Die Ansprache dieser Haken sowie ihre Funktion werden unter SEC 27 in diesem Band detailliert erläutert. Die Berkersheimer Haken können wie der aus SEC 27 ins ausgehende 15. bis Mitte des 17. Jhs. datiert werden.

Der dritte Haken, in der Abbildung oben, wird mittig von einer Blüte geziert, die von einem stilisierten Perlrand umgeben wird. Er unterscheidet sich von den beiden anderen dadurch, dass ihm eine Öse fehlt. Diese könnte an dem abgebrochenen Ende gesessen haben. Dann wären Öse und Haken allerdings auf derselben Seite, nicht gegenüberliegend, zudem ist der Haken unten am Objekt angebracht und auffällig eng an die Platte gedrückt. Stilistisch und qualitativ ist dieser den anderen Haken ähnlich, so dass auch eine neuzeitliche Datierung angenommen werden kann. Direkte Vergleichsfunde liegen bislang keine vor.

Die Fundstelle ist bisher mit einem Einzelfund erstmals 2015 im Ortsarchiv aufgenommen worden. Durch neuere Begehungen konnte das Fundspektrum erweitert werden. Ob es sich tatsächlich jeweils um reine Verlustfunde handelt, kann zurzeit nicht abschließend geklärt werden.

Abb. 29 Verschiedene Bronzehäkchen zum Befestigen von Trachtbestandteilen.

Abb. 30 Grabungstechniker Rolf Skrypzak mit einem echten Frankfurter Adler, gefunden auf der Ausgrabung Römerstadtschule.

■ **Bockenheim:** Das alte Straßenbahndepot am Carlo-Schmid-Platz beherbergt heute die städtischen Bühnen.

BOCKENHEIM

Der Ortsteil war bis zu seiner Eingemeindung 1895 eine selbständige Stadt nordwestlich von Frankfurt. Hier entstand die Goethe-Universität Frankfurt. Der Campus Bockenheim mit zahlreichen Institutsgebäuden wurde und wird auf den Campus Niederursel und den Campus Westend verlagert. Herausragend sind die Gebäude an der Senckenberganlage, die 1904–1907 für die »Senckenbergische-naturforschende Gesellschaft«, 1906 für die »Akademie für Handels- und Sozialwissenschaften« und 1808 für den »physikalischen Verein« errichtet wurden. Nach der Gründung der Universität 1914 wurde die Akademie deren Hauptgebäude. Durch die Umstrukturierungen ist das historische Hauptgebäude nunmehr dem Senckenbergmuseum zugehörig.

In Bockenheim steht heute noch eine der vier nordmainischen Warten, die im ehemals unbebauten Vorland als Beobachtungsposten für die Freie Reichstadt in Dienst standen.

Die archäologische Denkmalpflege ist in einer flächig bebauten Gemarkung nicht auf kleinen Flächen gefordert; gleichwohl sind im Berichtszeitraum zwei Fundstellen hinzugekommen.

BOC 13

Prinzessinnenschloss wird freigelegt

Fundmeldung: Denkmalamt
Verbleib: Archäologisches Museum
Bericht: Denkmalamt
Literatur: Hampel (2017) 45.

Ein Abbruchvorhaben für die Liegenschaft Schloßstraße 24 wurde im Februar 2017 durch Michael Obst beobachtet. Anlass war die Lage des Grundstücks im Bereich des Bernusparks, und damit im Bereich des »Bockenheimer Schloßes«. Dabei handelte es sich ursprünglich um ein Landhaus, das im 18. Jh. für Prinzessin Henriette Amalie von Anhalt-Dessau umgebaut wurde.

Historische Karten vom Beginn des 20. Jhs. zeigen das Schloß und nach Nordwesten zunächst eine Freifläche, dann folgen unklare Eintragungen.

Zunächst haben die Abbrucharbeiten eine flach fundamentierte Mauer St. 5 aus Basaltbruchsteinen erfasst (Abb. 31), in deren Verlängerung die Steinsetzungen St. 2 und St. 7 auf einer Stecke von rund 20 m dokumentiert sind. Die Maßnahme gestaltete sich schwierig, da Absprachen nicht eingehalten wurden und die Befunde teilweise im aufgefüllten, bzw. instabilen Boden lagen und abzurutschen drohten.

Während zu St. 7 ein Abstand von rund 5 m bestand, zeigte sich zwischen St. 5 und St. 2 eine durch zwei parallele Ziegelmauern St. 3 und 4 abgemauerte

Abb. 31 Rest einer Bruchsteinmauer aus dem Bereich des »Bockenheimer Schloßes«.

Lücke, wodurch ein Abstand von 1,30 m entstand. Der Zwischenraum war mit neuzeitlichem Schutt verfüllt.

Demgegenüber lag eine Basaltmauer mit Backsteingewölbe St. 6 (Abb. 32). Es könnte sich um den Kellerzugang handeln.

Die Maße der Backsteine 23,5 × 10 × 4,5 cm und 22 × 12 × 4,5 cm deuten zeitlich auf den genannten Umbau hin, ohne dass zusammenhängende Baustrukturen fassbar wären. Mitgefundene Rotsandsteine dürften auf einen Sockel und die Fassadengestaltung hinweisen.

Abb. 32 Basaltbruchsteinmauer mit Backsteingewölbe als Reste einer Kellerstruktur auf dem Schloßgelände.

BOC 14

Unter dem Rasen: Ein Bunker im Garten

Fundmeldung: Frau Nimsch
Verbleib: privat
Bericht: Denkmalamt
Literatur: Hampel (2012).

Im August 2018 meldete Frau Nimsch, Blanchardstraße 8, ein unterirdisches Bauwerk in ihrem Garten. Ein Ortstermin zeigte einen Betonbunker mit den Maßen 2,50 × 1,70 m (Abb. 33). Während Boden und Wände rund 0,20 m stark waren, war das Bauwerk mit einer 0,35 m starken Decke verschlossen, in die zur Armierung ein Zaunelement eingelegt war. In der Nordwest- und versetzt in der Südostecke befand sich in den Schmalseiten jeweils ein Eingang. Die Zugänge waren bereits zu einem früheren Zeitpunkt abgebaut. Einbauten oder Beschriftungen waren nicht vorhanden. Der Bunker hat keine Verbindung zum Haus und war extern durch den Garten zu betreten.

Im Haus selbst ist im Keller ein Luftschutzraum nachgewiesen.

In der lehmig-sandigen Einfüllung lagen nur wenige Funde, dabei ein stark verrosteter Gewehrlauf sowie ein Abzeichen der NSDAP mit Hakenkreuz; zusammen mit den übrigen Funden kann die Verfüllung in die Zeit direkt nach dem Zweiten Weltkrieg datiert werden. Eine einzelne Scherbe polychromer Irdenware ist als Altstück zu werten.

Solche unterirdischen Bunkeranlagen werden in der Regel zufällig erfasst. So war in diesem Fall der Gartenaufwuchs immer auffallend trocken und mickrig, was sich durch das darunterliegende Bauwerk nun zwanglos aufklärt.

Über den Bau von Bunkern war grundsätzlich Stillschweigen zu halten und es durften auch keine Fotos gemacht werden. Während die Hochbunker bis heute im Stadtgebiet sichtbar sind, ist die Zahl der unterirdischen Anlagen unbekannt.

Im Stadtgebiet sind nur wenige solcher Bauten bekannt (BOR 19, FFM 206).

Anders als Luftschutzräume handelt es sich um privilegierte, bombensichere Schutzräume, die einem bestimmten Personenkreis vorbehalten waren. Bei dem Neufund handelt es sich um einen sorgfältig ausgeführten Bunkerbau, der mit seinen zwei Eingängen und deren Positionierung den offiziellen, staatlichen Regeln entspricht. Da bereits zu Beginn der Umsetzung des Bunkerbauprogramms Materialknappheit herrschte, ist davon auszugehen, dass das Bauwerk keine private Maßnahme war.

Abb. 33 Begehbare Bunkeranlage im Garten. Links vorne und rechts hinten sind die ehemaligen Zugänge versetzt vorhanden, die Betondecke fehlt bereits.

Solche Bunker waren in der Regel für nur wenige Personen errichtet und in allen bekannten Fällen waren diese Personen im weiteren Sinn »kriegswichtig« eingestuft. Im vorliegenden Fall dürfte das Gebäude um 1940 gebaut worden sein, leider ließ sich der Anlass nicht näher eingrenzen. Es existieren keine Erkenntnisse über die Vorbesitzer und Bewohner, die Nachbarschaft spricht vage über einen Schutzraum für Verfolgte, was aber unrealistisch erscheint.

■ **Bonames: Historische Grenz- und Mühlsteine vor dem Saalbau im Harheimer Weg.**

BONAMES

Der Ortsteil mit dem ungewöhnlichen Namen liegt nördlich der Nidda und kontrollierte den wichtigen Übergang in Verlauf der heutigen Homburger Landstraße, die von Süden ursprünglich schnurgerade auf den Fluss zulief. Diese Situation hat bereits in der Römerzeit zur Anlage einer Straßenstation geführt, die vor einigen Jahren archäologisch nachgewiesen werden konnte und wohl Namen gebend ist (bona mansio).

Bonames besaß eine Niederungsburg und eine steinerne Stadtmauer mit mehreren Türmen. Während ersteres archäologisch nachgewiesen ist und durch die Straße Am Burghof markiert ist, stehen Reste der Stadtmauern bis heute. Durch die Auflösung des Niddagaus kam der Ort bereits 1367 in den Besitz der Stadt.

Der Ortsteil war bisher in allen Jahren in den Berichten zur Archäologie in Frankfurt vertreten und so ist es auch diesmal. Es sind grundsätzlich eine Vielzahl von Fundstellen seit der Steinzeit bekannt, allerdings beschränkt sich der Bericht diesmal auf die im Ortskern gelegene Burg Bonames.

Im Berichtszeitraum wurde der südlich der Nidda gelegene Teil der Gemarkung organisatorisch und politisch abgetrennt und ist nun als »Frankfurter Berg« in unseren Berichten vertreten.

BON 14

Im Wassergraben der Burg Bonames

Fundmeldung:	Denkmalamt
Verbleib:	Archäologisches Museum
Bericht:	Denkmalamt
Literatur:	Hampel (1997) 32 ff. – Dies. (2017) mit älterer Lit. – Pellisier (1905).

Die Niederungsburg Bonames bestand nachweislich bereits im 14. Jh. im alten Ortskern. Die Straßenbezeichnung »Am Burghof« bezeichnet den ursprünglichen Standort der Burg, was auch 1989 und nochmals 1993 archäologisch nachgewiesen wurde.

Im Januar 2017 wurde unter der örtlichen Grabungsleitung von Michael Obst das im Bereich der Vorburg liegende Gebäude »Am Burghof 17« abgerissen. Dabei kam es im Rahmen des Abbruchs nur zu einem geringen Erdeingriff von wenigen Zentimetern, da die Maßnahme nur erdgleich erfolgte. Trotzdem konnte Michael Obst eine Struktur entweder als Kulturschicht oder als Grube erkennen.

Die Fortsetzung der Arbeiten im Sommer 2018 bestätigte eine Kulturschicht im Bereich des ehemaligen Wohnhauses. In 21 Eingrabungen für Punktfundamente konnte Michael Obst den Wassergraben der Vorburg nachweisen (Abb. 34). Er war maximal 3 m tief und enthielt zahlreiche Fundstücke. Die feuchte, schwarze, charakteristische Einfüllung war auf der gesamten Breite der Baumaßnahme vorhanden. In den zwei südlichen Fundamentgruben dokumentieren Mauerzüge den Rand des Wassergrabens (Abb. 35).

Abb. 34 Schwarz verfüllter Wassergraben der Burg direkt unter der Hofpflasterung.

■ **Abb. 35** **Reste eines Mauerzugs am Rand des ehemaligen Burggrabens.**

■ **Abb. 36** **Parierstange einer Blankwaffe, davon Klinge und Griff rekonstruiert, Maßstab 1:3.**

Die Lage des Grabens entspricht somit weitgehend den Eintragungen von Eduard Pellisier 1905. Auch wenn der Grabenverlauf auf der Nordseite der Burg nur vermutet wurde, konnte der Verlauf jetzt bestätigt werden. Leider war die Gesamtgrabenbreite nicht erkennbar, da hier die Grundstücksgrenze verlief.

Die Funde entsprechen dem Küchengeschirr des 16./17. Jhs., d.h. es handelt sich einmal um unglasierte Waren, in der Mehrzahl jedoch um innen gelb glasierte Töpfe und Pfannen, seltener ist Tischgeschirr darunter. Letzteres wird durch Reste eines Bartmannkrugs aus Frechen, Trichterhalsbecher aus Siegburg, ein Fragment eines Raerener Krugs und Westerwälder Steinzeug als qualitätvolle Ausstattung sichtbar. Unter den wenigen Glasfunden sind eine gestauchte Flasche sowie der Fuß eines Beerennuppenglases zu nennen.

Als herausragendes Fundstück ist die Parierstange mit Gefäß – auch Korb genannt, einer Stichwaffe zu nennen (Abb. 36). Es handelt sich um eine eiserne Parierstange mit Parierring, die zwischen der Schneide, bzw. der Fehlschärfe und dem eigentlichen Griff zum Schutz der Hand aufgeschoben wird. Das Mittelstück ist rechteckig mit zwei Zierelementen zur Klinge hin und mit einem rechteckigen Loch in der Mitte. Dadurch kann die Breite der Fehlschärfe an dieser Stelle mit rund 4 cm angegeben werden. Das Fundstück kann als kompliziertes Kreuz- oder Korbgefäß bezeichnet werden und ist sowohl an Schwertern als auch an Degen gebräuchlich.

Die Parierstangen haben ein verstärktes Ende und liegen geschwungen waagrecht zum Griff, während die übrigen Stangen entweder zum Parierring oder dem Gefäß gehören. Das Fundstück gehört zu einer Hieb- oder Stichwaffe aus der Zeit des 16./17. Jhs.

Ebenfalls nur selten vorhanden sind Lederreste sowie Werkzeuge aus Eisen. Dabei sind auf zwei Sicheln und einer Hacke Schmiedemarken nachgewiesen (Abb. 37). Es handelt sich um drei verschiedene Markierungen, wobei zwei Motive jeweils doppelt eingeschlagen sind (vgl. NUR 85).

■ **Abb. 37** Werkzeuge aus Eisen mit Schmiedemarken im Maßstab 1:3, die Details rechts im Maßstab 2:1.

Gelb und grün glasierte Ofenkachelbruchstücke belegen einen gewissen Wohnkomfort, die Nischenkacheln gehören zu einem stehenden Ofen des 14./15. Jhs. Allerdings können diese Öfen erheblich länger gestanden haben und im vorliegenden Fall weist die zeitliche Distanz zu den Geschirren auf eine längere Standzeit.

Mit Holz datiert

Zwei Tannenhölzer, die als Bauholz identifiziert werden konnten, ergaben eine dendrochronologische Datierung im Klaus-Tschira-Archäometrie-Zentrum am Curt-Engelhorn-Zentrum Archäometrie in Mannheim (Probennummer 41061–41063) mit den Fälldaten 1687 und 1792 (Abb. 38–39).

MA-Nr.	Lab-Nr. MAD	Probe	Holzart	Beginn	Ende	Fälldatum	Zusatz	Ringe
MA-193038	2556	BON014-1	Tanne	1627	1687	1687	nach	44
MA-193039	2557	BON014-8	Tanne	1648	1691	1691	nach	61

■ **Abb. 38** Ergebnis der dendrochronologischen Datierung von zwei Tannenhölzern.

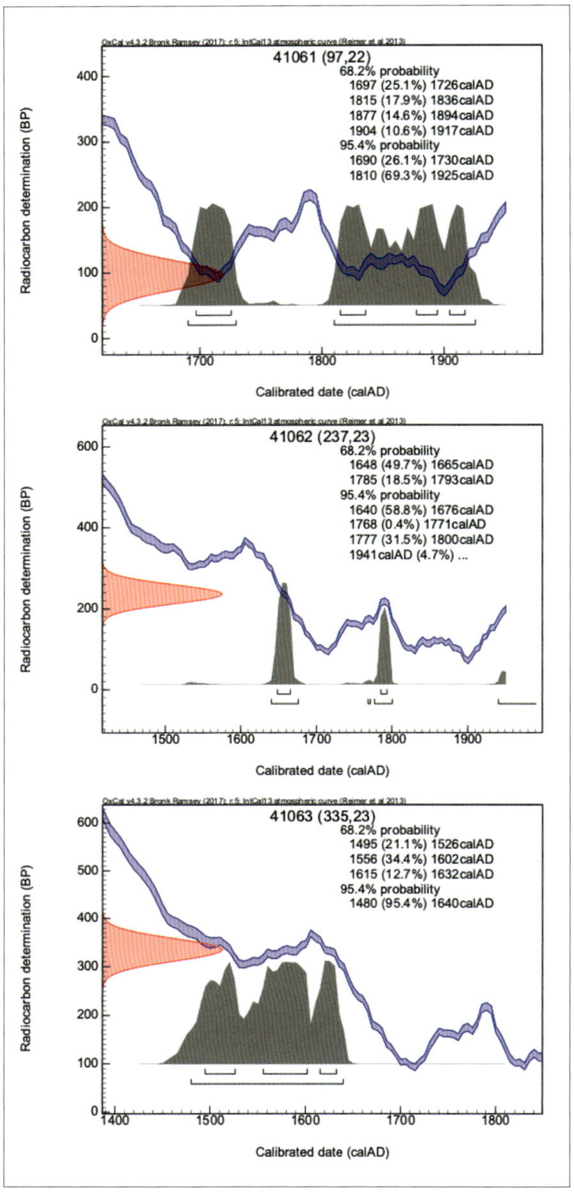

■ **Abb. 39** Ergebnis der 14C-Datierung der Proben 41061-63.

Drei weitere Holzfunde wurden 14C datiert und können zeitlich ebenfalls aus diesem Bereich stammen, wenngleich sind zum Teil weite Datierungsspannen zeigen, die nicht näher einzugrenzen sind.

Erfreulich für die Ausgräber:innen ist, dass sich selbst aus den als kleinen Erdeingriffen zu bewertenden Punktfundamenten so qualifizierte Ergebnisse ergaben.

■ **Abb. 40** Die schmalen Fundamente stellen eine besondere Herausforderung für die Archäologie dar.

■ **Abb. 41** Der auf dem Grundstück gefundene Brunnen St. 100 ist beeindruckend gut erhalten – die einzigen Funde, die daraus geborgen werden konnten, waren jedoch modern.

■ Bornheim: Der Biergarten des frisch sanierten Ratskellers in der Kettelerallee 72.

BORNHEIM

Der Ortsteil liegt im Nordosten der Stadt und war als Bauerndorf durch die einst unbebaute »Bornheimer Heide« von der Stadtgetrennt.

Im 19. und 20. Jh. kam es zu einer fast vollständigen Bebauung dieses Areals, so dass der Ort heute nahezu übergangslos dem Frankfurt Nordend folgt. Durch die dichte Bebauung ist die Arbeit der Bodendenkmalpflege eingeschränkt, aber keineswegs unmöglich, wie der Nachweis des alten Friedhofs auch in diesem Berichtszeitraum zeigt.

BOR 000

Eine Flasche Hafer

Fundmeldung:	Denkmalamt
Verbleib:	Archäologisches Museum
Bericht:	Denkmalamt
Literatur:	Denkmaltopographie (1986) 465.

Eine besondere Art von archäologischer Fundstelle ist in der Berger Straße 267 zu nennen. Aus einer Schüttung in einer Dachbodendecke konnten 2018 wenige frühneuzeitliche Funde geborgen werden (Abb. 42). Während es sich in der Regel um übliche Haushaltsgegenstände und Scherben handelt, ist hier eine kleine Glasfalsche mit Inhalt zu nennen (Abb. 43), in der sich Haferkörner befanden. Hafer ist eine jüngere, mitteleuropäische Kulturgetreideart und wächst bei uns gut. Hafer hat einen hohen Fettgehalt und kann zu Hafermilch verarbeitet oder als Blüte zu Arzneisäften verwertet werden. Bekannt ist auch hochprozentiger Haferkorn. Was mit dem Hafer in der Flasche geschehen sollte, ist unbekannt.

Die mitgefundene Zeitung »General-Anzeiger der Stadt Frankfurt« vom 1. April 1931 und vom 13. April 1931 gibt den Zeitpunkt der Einfüllung an.

Abb. 42 Ein Blick auf den Dachboden während der Arbeiten.

Abb. 43 Die Glasflasche, im Boden die eingeprägte Füllmenge »75«, darunter der Flascheninhalt, Maßstab 1:1.

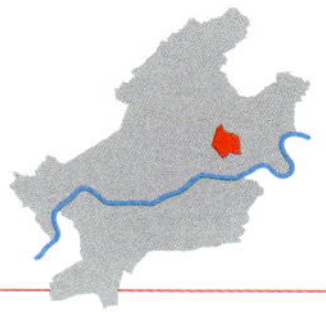

BOR 6

Balkon mit Friedhofsblick

Fundmeldung:	Polizei, Kommissar Siegel
Verbleib:	vor Ort
Bericht:	Denkmalamt
Literatur:	Hampel (2009) 23 ff.

Der alte Bornheimer Friedhof ist seit 1851 aufgelassen und liegt heute in dicht besiedeltem Gebiet südlich der Eulengasse.

Bereits 1979 wurden im ehemaligen Friedhofsgelände bei Gartenarbeiten menschliche Knochen erfasst. Zusammen mit erheblichen Baumaßnahmen 2006 kann die Lage des Friedhofes nunmehr in den Bereich der heutigen Hausnummern 64 bis 74 eingegrenzt werden.

Daher kann es nicht überraschen, wenn im Oktober 2017 bei den, wenn auch geringen, Erdarbeiten für die Fundamentierung von Balkonanlagen in der Eulengasse 72 bis 76 erneut Knochenfunde gemeldet wurden. Da seit Jahren offenbar keinerlei Kommunikation zwischen den Grundstückseigentümern und den beauftragten Firmen über die Situation erfolgt, kommt es regelmäßig zu Polizeieinsätzen.

Ein Ortstermin mit Andrea Hampel erbrachte schnell Klarheit über die Ursache des Fundes. Die Knochen wurden gelagert und nach Abschluss der Arbeiten im Juni 2018 in geeigneter Weise wieder bestattet.

■ **Eschersheim: Erdarbeiten in der Maybachstraße.**

ESCHERSHEIM

Der Ortsteil ist flächig bebaut und liegt südlich der Nidda. Die Lage an einer der bedeutenden Ausfallstraßen der Stadt, der Eschersheimer Landstraße, führte bereits im 14. Jh. zum Bau einer Brücke, um diese wichtige Verbindung nach Nordwesten zu gewährleisten. Die ursprüngliche Struktur des Ortes als Bestandteil der Grafschaft Hanau ist seit der Eingemeindung nach Frankfurt im Jahr 1910 durch zahlreiche moderne Baumaßnahmen kaum mehr zu erkennen. Es sind vergleichsweise wenige Baudenkmäler ausgewiesen, wobei der Wasserturm Am Lindenbaum von 1910 eine weithin sichtbare Landmarke darstellt. Es sind nur wenige Bodendenkmäler bekannt, mit dem Nachweis des ehemaligen Kinderheims erhöht sich die Zahl auf nur 15.

ESC 15

Ein Kinderheim aus der Zeit des Zweiten Weltkriegs

Fundmeldung: Denkmalamt
Verbleib: Archäologisches Museum
Bericht: Denkmalamt

■ **Abb. 44** Blick auf das älteste Bestandgebäude der Kindertagestätte; im Vordergrund das Areal für den geplanten Erweiterungsbau bei Beginn der Maßnahme.

Zwischen der Dehnhardtstraße und der Ulrichstraße befindet sich die Kita 86 mit der Postadresse Lindenbaum 40. In diesem Bereich ist bereits vor 1894 eine römische Villa rustica erfasst worden. Als 2016 ein Erweiterungsbau der Einrichtung geplant wurde, konnte dem Antrag aufgrund der Nähe zur römischen Villa nur unter Bedingungen zugestimmt werden.

Die Baumaßnahme kam erst im Frühjahr 2019 zur Ausführung (Abb. 44). Dabei konnte Denis Neumann ausschließlich Funde der Neuzeit nachweisen.

Das eingeschossige Bestandsgebäude war ursprünglich nach Aussage der Nutzer ein Waisenhaus für Kriegswaisen. Solche Einrichtungen wurden noch während des Zweiten Weltkriegs erreichtet, so hatte etwa die Stadt Frankfurt ein solches Waisenhaus ab 1943 in Wehrheim im Taunus eingerichtet, das Jugendheim »Taunusheim«.

Das Bestandsgebäude der Kita ist mehrfach erweitert worden, könnte im Grunde jedoch durchaus aus den 1940/50er Jahren stammen.

Dazu passt auch der Fund eines Fieberthermometers in zeittypischer Ausführung (Abb. 45).

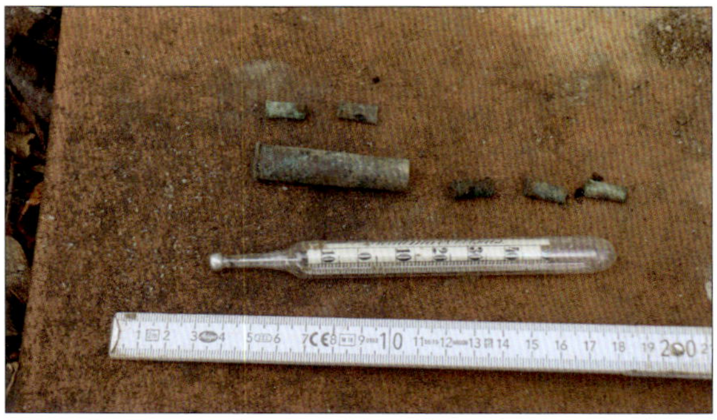

■ **Abb. 45** Gut erhaltenes Fieberthermometer und Patronenhülsen unterschiedlichen Kalibers aus der Schuttfüllung.

■ Fechenheim: Der Mainbogen während der Baggerarbeiten.

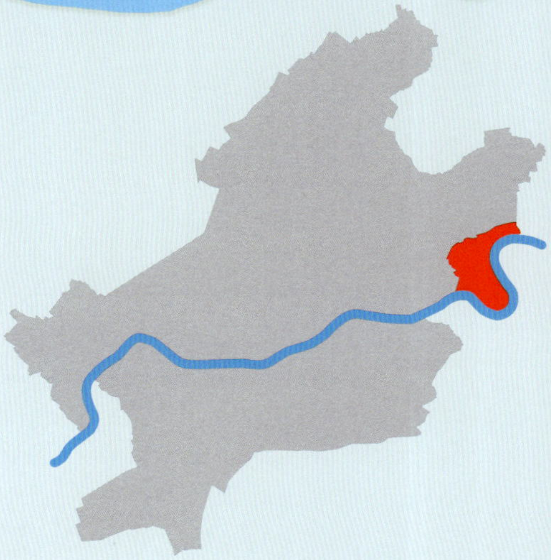

FECHENHEIM

Die Gemarkung bildet im Osten entlang des Mains die Stadtgrenze und ist in weiten Teilen durch Industrieanlagen geprägt. Dies ist im Ausbau der Bahnverbindungen mit dem Haltepunkt Mainkur, der Hanauer Landstraße und dem Bau des Osthafen 1912 begründet; trotzdem ist Fechenheim erst 1928 eingemeindet worden.

Der alte Ortskern liegt südlich der Hanauer Landstraße direkt am Main und ist bis heute von einer kleinteiligen Bebauung geprägt, die einerseits als Fischerhäuschen und andererseits als Arbeiterhäuser aus Backstein erkennbar ist.

Während der südliche Teil der Gemarkung durch die sandige Auenlage nicht zu den bevorzugten Siedlungsräumen der Vorgeschichte gehört, sind im Bereich des alten Ortskerns im Berichtszeitraum bemerkenswerte archäologische Ergebnisse erzielt worden.

FEC 1

Römischer Badekomfort in der Schießhüttenstraße

Fundmeldung:	Denkmalamt
Verbleib:	Archäologisches Museum
Bericht:	Denkmalamt
Literatur:	Fischer 1962, 28. – Fundberichte Hessen 7, 1967, Fundchronik 1966, 194.

Beim Bau des Kindergartens wurde 1966 auf dem Grundstück Schießhüttenstraße 12 das gut erhaltene Hypokaustum eines römischen Badegebäudes freigelegt (Abb. 46). Die römische Fundstelle ist bereits seit 1957 bekannt, als auf dem benachbarten Schulgrundstück Reste einer Villa rustica erfasst wurden.

2018 wurde der Kindergarten wieder abgebrochen und sollte in der Folge durch eine Wohnbebauung ersetzt werden; im September begannen die Erdarbeiten. Dabei wurden zunächst entlang der Straße zahlreiche Gräber des ehemaligen Friedhofs freigelegt (vgl. FEC 13). Unter der örtlichen Grabungsleitung von Michael Obst fanden sich im nordwestlichen Grundstücksareal die Reste des Badegebäudes. Dabei wurde zunächst der Bereich der Altgrabung erfasst, doch die aktuelle Grabungsfläche ging nach Norden und Osten über den Standort des Kindergartens hinaus, was Neuerkenntnisse möglich machte.

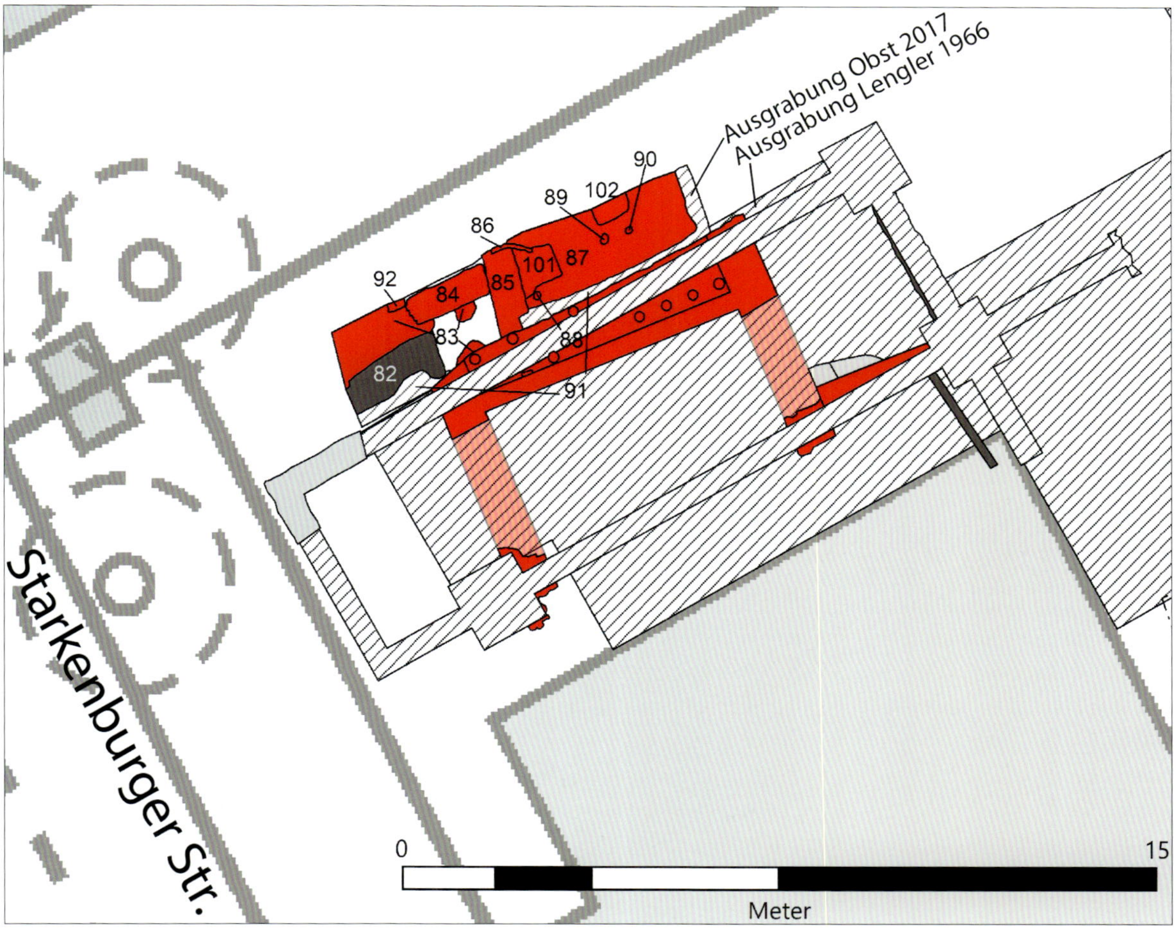

■ **Abb. 46** Die Ausgrabung von 2017 schließt unmittelbar an die Ausgrabung von 1966 an.

Abb. 47 Gut erhaltene Hypokaustanlage in den Fundamentgräben 1966.

Abb. 48 Estrichrest der römischen Badeanlage im Planum. Im Hintergrund geringe Fundamentreste des Gebäudes.

Aufgrund der Grabungsdokumentation von 1966 war mit einer flächig guten Erhaltung des Befundes zu rechnen, da nur Streifenfundamente errichtet wurden (Abb. 47). Es zeigte sich jedoch, dass erheblich stärker und vor allem flächiger eingegriffen wurde, ohne dass dies den Denkmalbehörden bekannt war. Die Zerstörungen beschränkten sich keineswegs auf den Verlauf der Streifenfundamente und in geringer Tiefe auf den Bereich der Bodenplatte, vielmehr war das Badegebäude bis auf Reste des Estrichs und der

Abb. 50 Dr. Andrea Hampel und Denis Neumann auf der Baustelle.

■ **Abb. 49** Standorte der runden Hypokaustpfeiler bis auf den römischen Estrich abgebrochen.

Hypokaustpfeiler abgeräumt (Abb. 48 und 49). Dies betraf auch den nördlich anschließenden Teil bis zur Umfassungsmauer. Nach Osten hin konnten keine römischen Befunde nachgewiesen werden, allerdings war der Erdeingriff hier auch sehr flach, da einerseits nur eine Gartengestaltung geplant war und die Flächen im Wurzelbereich der großen Platane lagen. Aus diesem Grund konnte das Badegebäude nur unerheblich weiter als bisher nachgewiesen werden. Da nur eine Mauer verlängert erfasst wurde, sowie der Estrich in beiden bekannten Räumen (St. 84–90 und St. 92) in Teilen vorhanden war, bleibt die Grundrissstruktur des Gebäudes ungeklärt.

Unüblich für römische Fundstellen gab es nur wenige Fundstücke. Dabei handelt es sich um wenige Scherben und runde Hypokaustziegel. Ausnahmsweise lagen sehr klein geschlagene Reste von römischen Ziegeln und ausnahmsweise Scherben in den Grabgruben. Es konnten keine weiteren römischen Gebäudereste nachgewiesen werden.

FEC 13

Mit bekröntem Haupt – Totenkronen in Kindergräbern

Fundmeldung:	Denkmalamt
Verbleib:	Archäologisches Museum
Bericht:	Denkmalamt
Literatur:	Koch (1972). – Hampel (1993) 39. – Dies. (2002) 26 mit ält. Lit- Dies. 2019, 210–214. – Häck/Nerlich 2016. – Dies. 2018. – Kleinfeld/Weirich (1984). – Lippok 2007. – Totenruhe (2004).

Im Jahr 2018 wurde eine Neubaumaßnahme in der Schießhüttenstraße 12, ehemals Metzgergasse, realisiert. Das Areal war bei Arbeitsbeginn unbebaut.

Die Erdarbeiten begannen im September zunächst unter der örtlichen Grabungsleitung von Rolf Skrypzak, dann unter der Leitung von Michael Obst (vgl. FEC 1;

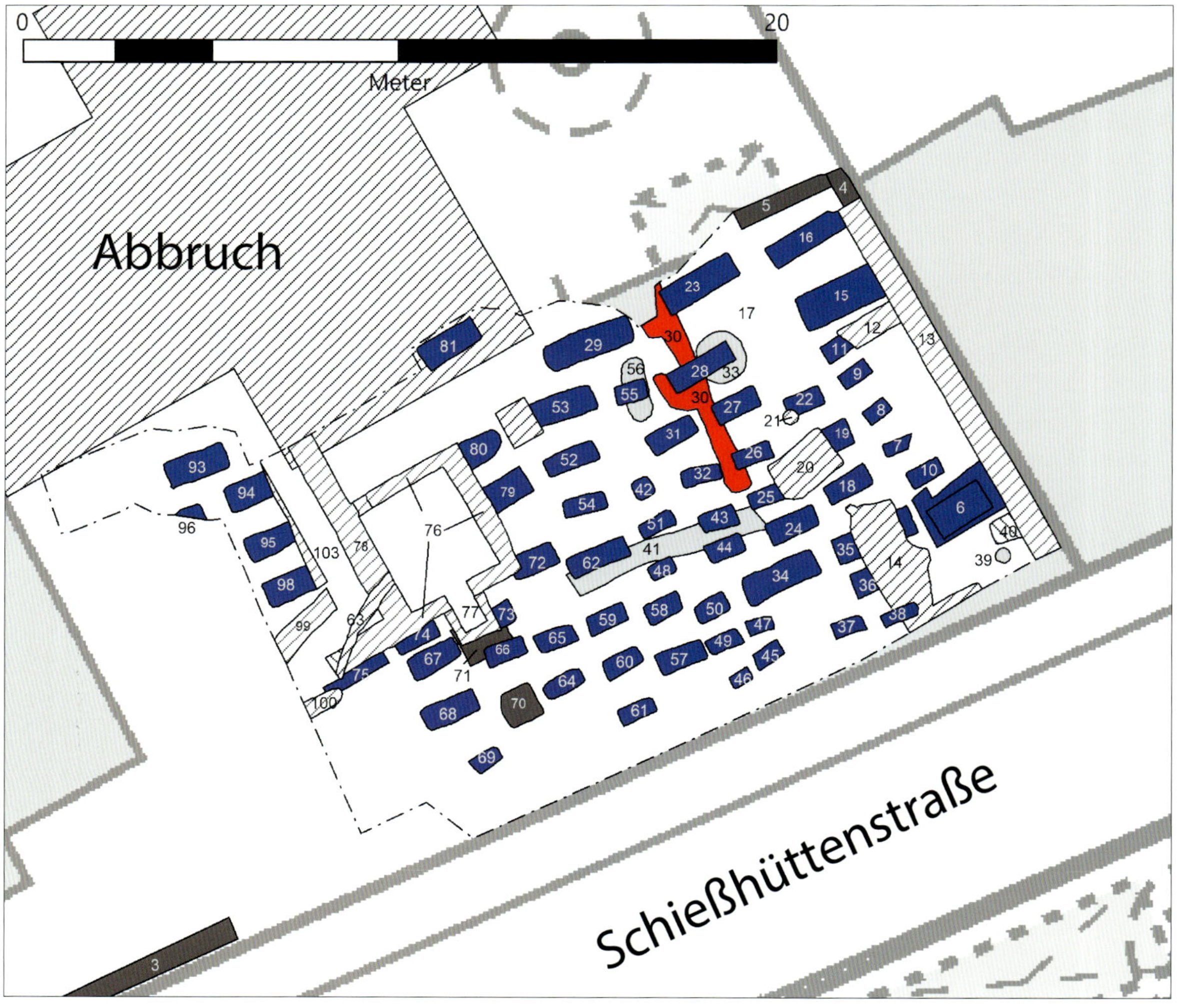

■ **Abb. 51** Gesamtplan.

■ **Abb. 52** Blick auf die Grabungsfläche nach Norden. Rechts eine Reihe Kindergräber, unten die Gruft St. 6. Links die vergrabenen Grabsteine, dahinter ein Fundamentrest.

■ **Abb. 53** Bestattung St. 93 mit gut erhaltenen Sargresten.

■ **Abb. 54** Durchbrochener Sargbeschlag aus Eisen an den Resten des Holzsarges der Bestattung St. 29.

Abb. 51). Abschließende Arbeiten für Versorgungsleitungen und – anschlüsse aller Art wurden im September 2019 auch durch Denis Neumann beobachtet. Dabei wurde, entsprechend der vorherigen Absprache, auch eine bereits erfasste Grablege abschließend freigelegt und bearbeitet.

Das Grundstück liegt im Bereich des alten Fechenheimer Friedhofs, der seit 1856 aufgelassen war. Bereits ab 1845 wurde auf dem neuen Friedhof beerdigt. Der neue Friedhof besteht bis heute und liegt südlich entlang des Mains, östlich der Steinäckerstraße.

Leider gibt es keine Eintragungen, wo genau der alte Friedhof gelegen hat. Bereits die Karte von 1865 gibt keine Hinweise weder auf den Friedhof noch auf die Kapelle nördlich der ehemaligen Metzgergasse. Auch von der ersten Kirche, die im Bereich des Lindenplatzes, heute Burglehen gestanden haben soll, ist heute nichts erhalten.

Bereits 1257 wird für den Ort eine Philippus- und Jakobus-Kapelle erwähnt und ab 1395 besteht eine eigene Pfarrei, der Bestattungsplatz ist demnach vermutlich lange belegt. Seine Größe erstreckte sich nach Norden bis zur Straße Mainbörnchen, ehemals

■ **Abb. 55** Kinderbestattung St. 59 auf vier Steinen abgestellt.

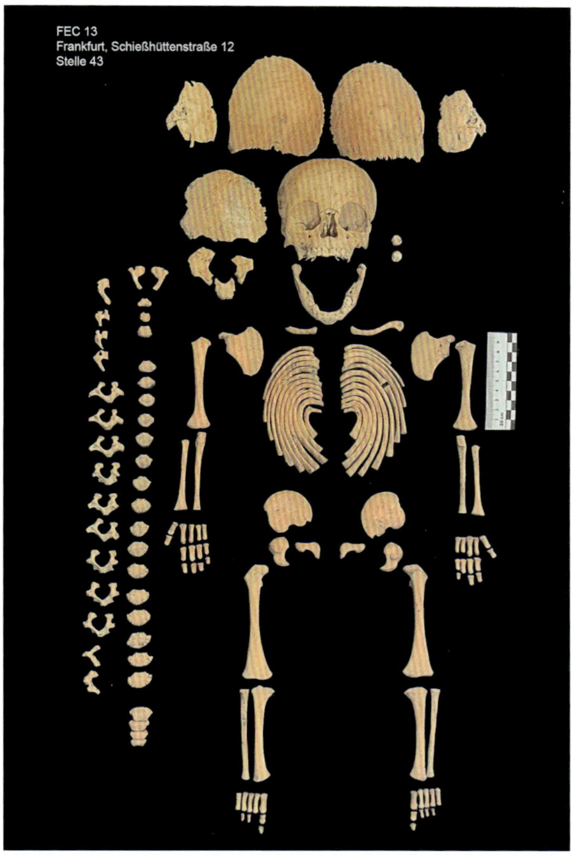

■ **Abb. 56** Gut erhaltenes Skelett des Kleinkindes St. 43, Foto D. Welper B.A.

Schulgasse, wo 1987 Skelettfunde nachgewiesen sind.

Das Baugrundstück war entlang der Grundstücksgrenze zu Hausnr. 8, Starkenburger Straße 1 und am westlichen Ende Schießhüttenstraße 12 mit einer Bruchsteinmauer begrenzt, die in Abschnitten noch erhalten war. Das heute vorhandene Schulhaus der benachbarten Freiligrathschule und das Kriegerdenkmal stammen aus dem Jahr 1897 stehen unter Denkmalschutz und sind auf dem Friedhofsareal errichtet.

Während der Ausgrabungen konnten insgesamt 61 Bestattungen *in situ* nachgewiesen werden.

Es handelt sich mit der Ausnahme einer Kindergruft (St. 6, Abb. 52) um Erdbestattungen. Alle Toten waren in Holzsärgen beigesetzt, die unterschiedlich gut erhalten waren (vgl. St. 93, Abb. 53). Während regelhaft eiserne Sargnägel vorhanden waren, gab es auch Hinweise auf aufwendigere Dekorationen. Dabei handelt es sich um einfache runde Bleche in Blütenform, die mindestens einmal einen silberfarbenen Weißmetallüberzug besaßen. Besonders ist der Sarg für den Erwachsenen in St. 29 zu nennen (Abb. 54). Hier waren 8 Sarggriffe montiert und zusätzlich zu den einfachen Blechen in Blütenform an

■ **Abb. 57** Skelett des Kleinkindes St. 43 während der Ausgrabung.

Abb. 58 Rippenfraktur und Anzeichen einer Hirnhautentzündung bei dem Kind St. 43, Fotos D. Welper B.A.

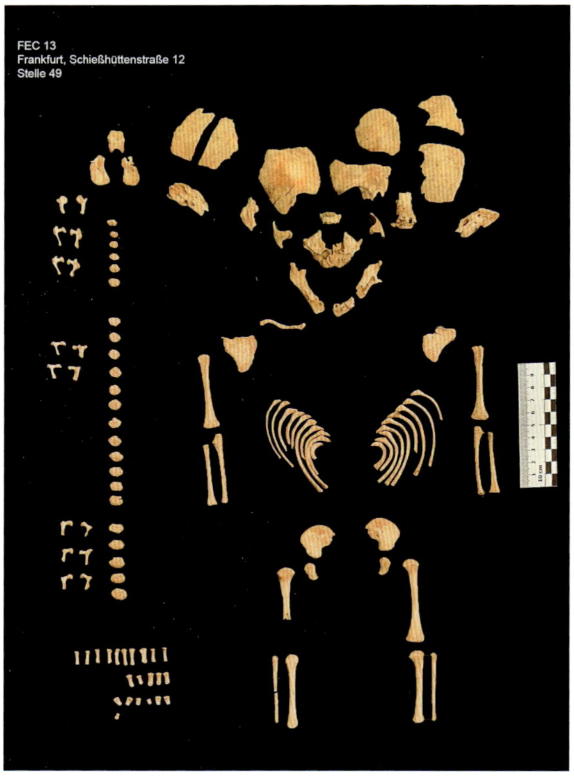

Abb. 59 Gut erhaltenes Skelett des Neugeborenen St. 49, Foto D. Welper B.A.

jedem Griff ein rechteckig gestaltetes durchbrochenes Blech, das ebenfalls einen Weißmetallüberzug besaß. Ein Sarg eines Kleinkindes war auf vier Steinen abgestellt (Abb. 55).

Die Gräber waren grundsätzlich ostwestlich in geordneten Reihen ausgerichtet und lagen in nur einer Bestattungsebene. Im Bereich des ehemaligen Kindergartens (vgl. FEC 1) konnten keine Bestattungen *in situ* angetroffen werden, allerdings zeigte sich eine dichte Knochenpackung, die unter der ehemaligen Bebauung aufplaniert war (St. 82).

Bei den Toten handelt es sich um 18 Erwachsene, wobei der Anteil der Erwachsenen im Westteil der Fläche zunimmt. Der östliche Teil war fast ausschließlich mit Kindern belegt. Mindestens 37 konnten nachgewiesen werden, weitere 6 Gräber sind aufgrund der geringen Größe wohl zuzuweisen, enthielten aber keine Skelettreste. Dabei handelt es sich mit zwei Ausnahmen St. 68 und St. 74 offensichtlich um Säuglinge, bzw. kleine Kinder, die zum Teil sehr gut erhalten waren.

Anthropologie

Für vier Skelette St. 43, 49, 60 und 61 erfolgte eine anthropologische Begutachtung durch Dustin Welper:

Das Individuum aus St. 43 (Abb. 56–57) war vermutlich um die 12 Monate alt. Es lassen sich pathologische Auflagerungen im Schädelinneren feststellen (Hirnhautentzündung?) sowie ein noch nicht verheilter Rippenbruch (Abb. 57). Es lassen sich keine Mangelerscheinungen an Zähnen oder Orbitadächern feststellen. Die Körperhöhe kann auf ungefähr 67 cm geschätzt werden.

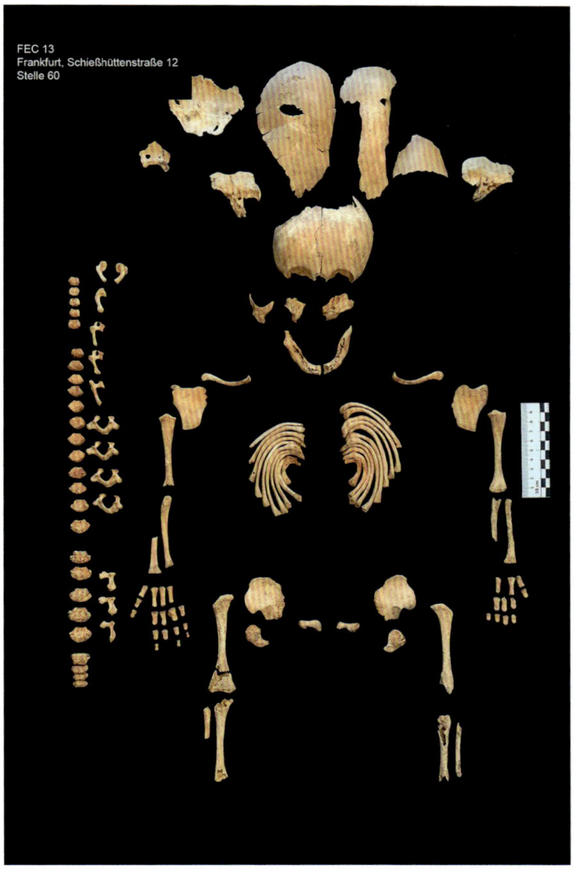

■ **Abb. 60** Gut erhaltenes Skelett des Säuglings St. 60, Foto D. Welper B.A.

■ **Abb. 61** Skelett des Säuglings St. 60 während der Ausgrabung.

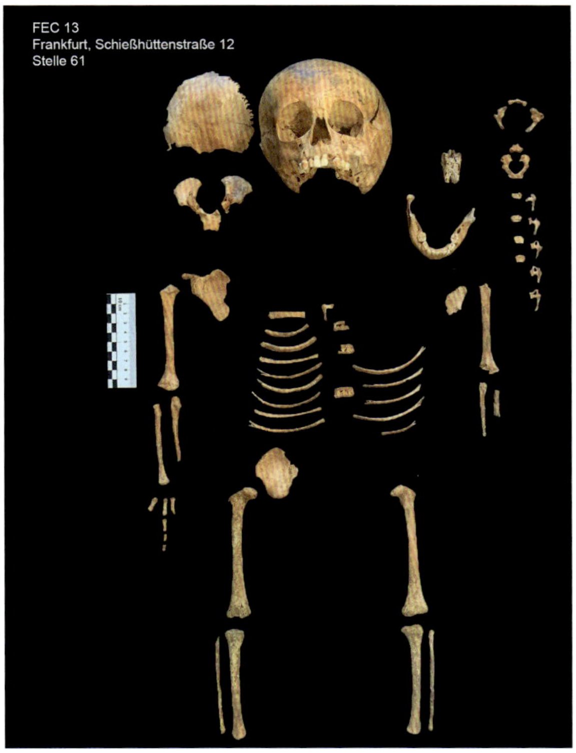

■ **Abb. 62** Gut erhaltenes Skelett des Kleinkindes St. 61, Foto D. Welper B.A.

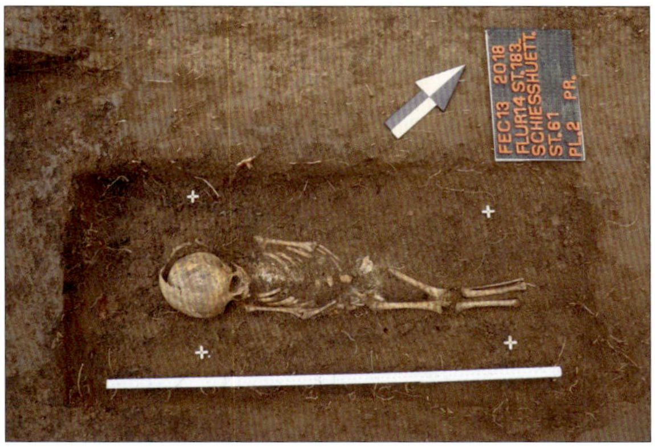

■ **Abb. 63** Skelett des Kleinkindes St. 61 während der Ausgrabung.

Das Individuum aus St. 49 (Abb. 59) konnte anhand der Diaphysenmessungen auf ein ungefähres Alter von 36–40 Wochen geschätzt werden. Durch das junge Alter des Neonatus ist eine Geschlechtsbestimmung anhand morphologischer Ausprägungen nicht möglich. Die entsprechenden körperlichen Merkmale sind in diesem Alter noch nicht ausgeprägt, um das

■ **Abb. 64** Kindergruft mit Backsteinboden. Die eisernen Sarghenkel markieren den Standort des Sarges. Links des Kopfes sind die Reste der Totenkronen mit Glaskugeln erkennbar.

Individuum als Mädchen oder Junge anzusprechen. Zudem lassen sich keine pathologischen Veränderungen am Skelettmaterial erkennen. Die Körperlänge konnte anhand der Femora und nach der Formel von Ruff et al. (2007) auf ungefähr 52 cm rekonstruiert werden.

Für das Individuum aus St. 60 (Abb. 60–61) konnte ein Sterbealter von 6 bis 12 Monaten festgestellt werden, daher war eine morphologische Geschlechtsbestimmung ebenfalls nicht möglich. Es gab keine sichtbaren Anzeichen für anatomische und pathologische Auffälligkeiten. Die Körperhöhe liegt bei ungefähr 62 cm.

Für das Individuum aus St. 61 (Abb. 62–63) konnte ein Sterbealter von etwa 2–3 Jahren festgestellt werden. Es konnte die Körperhöhe anhand der Oberschenkelknochen auf 77 cm rekonstruiert werden. Außerdem zeigt die pathologische Veränderung in der Orbita einen Ernährungsmangel an. Eine Geschlechtsbestimmung war aufgrund des Alters erwartungsgemäß nicht möglich.

Beigaben in Kindergräbern

Ein Bereich, in dem vorwiegend Kinder beerdigt werden, kann nicht überraschen. Auch heute wird auf Friedhöfen häufig ein Bereich speziell für Kindergräber eingerichtet. Eine Taufe ist im 17./18. Jh. nicht mehr die Voraussetzung für eine Beerdigung auf einem christlichen Friedhof, so dass auch sehr jung und damit eventuell vor der Taufe verstorbene Kinder auf dem Friedhof ihre letzte Ruhe finden konnten.

Fast alle Gräber enthielten Stecknadeln aus Messing. Diese waren häufig verzinkt, bzw. mit einem Weißmetallüberzug. Ihre Anzahl war sehr unterschiedlich, d. h. zwischen 1–2 und über 10 Nadeln sind belegt; eine regelhafte Anordnung im Grab war nicht zu erkennen. Solche Nadeln werden mit Leichentüchern und Schleiern in Verbindung gebracht; denkbar ist auch eine Verwendung im Innenfutter der Särge. Bekannt sind auch aufgesteckte Schleifen o.ä., wodurch sich die zum Teil große Anzahl von Nadeln in einem Grab erklären kann.

Seltener sind Bein- und Bronzeknöpfe nachgewiesen; auch diese Knöpfe können mit dem Leichentuch in Verbindung gebracht werden.

Die Kindergräber enthielten zudem in fast allen Fällen Reste aus Eisendrähten, selten Messing- und Silberdrähten, die meist als fragmentierte Totenkronen angesprochen werden können. Die Fragmente lagen häufig im Bereich des Körpers, d. h. sie wurden mit in den

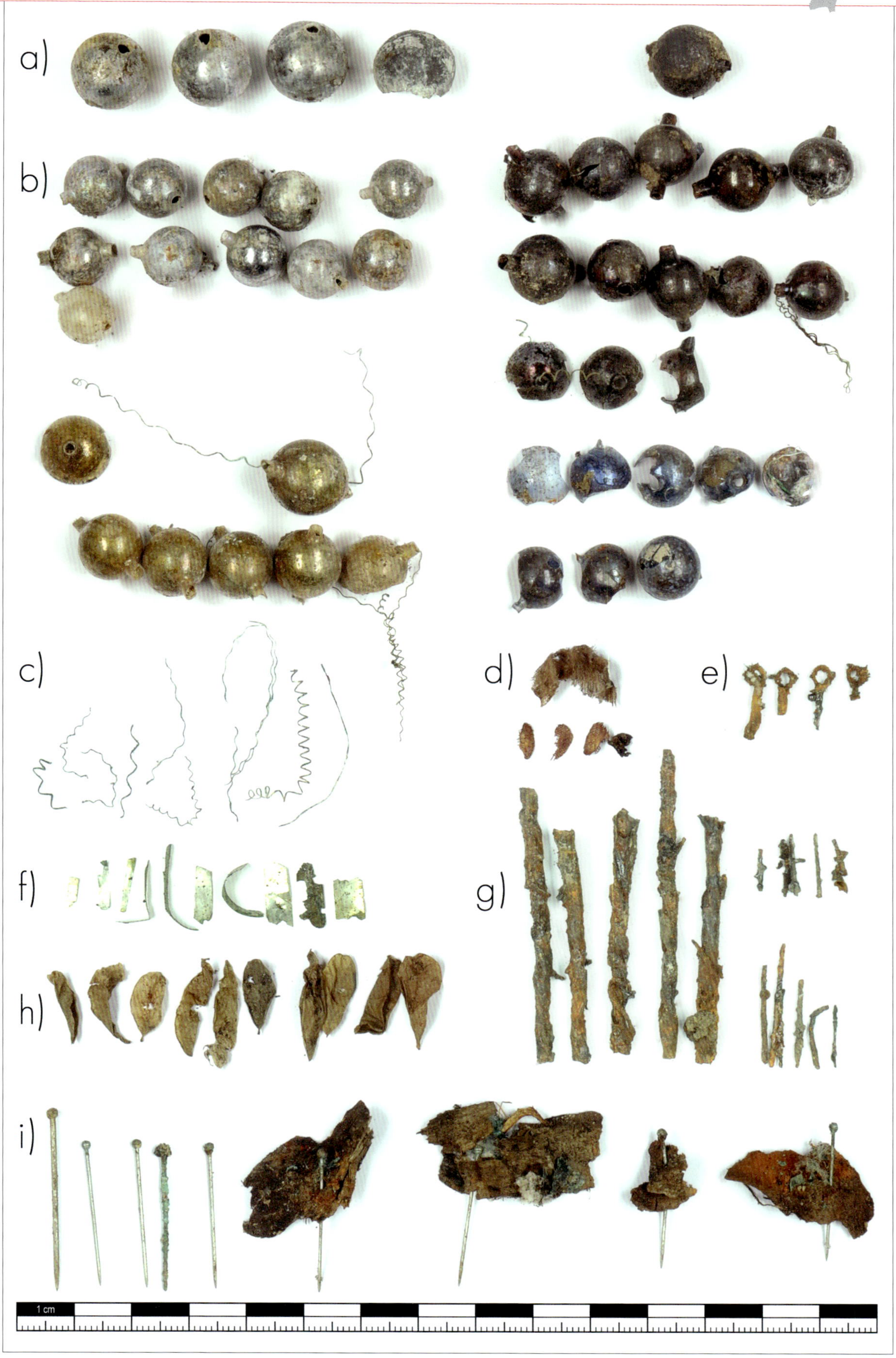

■ **Abb. 65** Ausgewählte Fragmente der Totenkrone von St. 6 mit a) großen und b) kleinen Glaskugeln, c) Bronzedrähten, d) Textilresten, e) Schlaufen aus Eisendraht, f) Silberflitter, g) Eisendraht verschiedener Stärken, h) botanischen Resten, i) Stecknadeln blank und mit Lederresten, Maßstab 1:1.

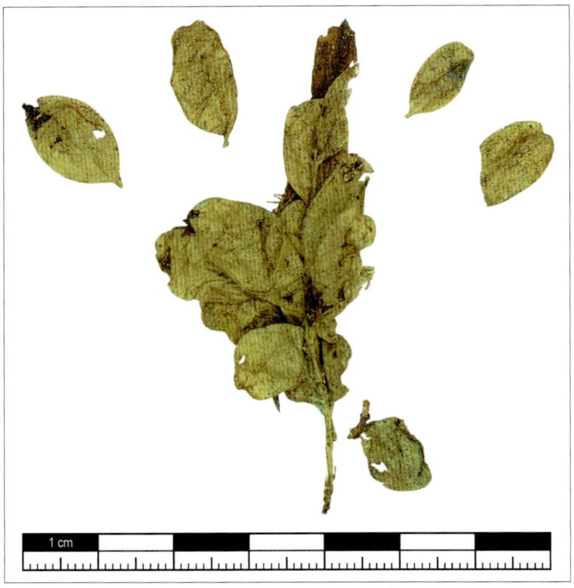

■ **Abb. 66** Fragmentiertes Buchsbaumsträußchen, Maßstab 1:1.

■ **Abb. 67** Links das Kindergrab, im Kniebereich die beiden grün verfärbten Bronzebleche. Rechts eines der Bleche im Maßstab 1:1.

Sarg gelegt. Dabei ist die Totenkrone in der Kindergruft St. 6 aufwendig gearbeitet und lag links neben dem Kopf (Abb. 64–65). Diese aufwendigste Totenkrone bestand aus Flachdrähten und Glaskugeln. Letztere sind als Hohlglasperlen anzusprechen, die innen versilbert und in verschiedenen Farben ausgelegt sind (Abb. 65, a–b). Im vorliegenden Fall treten neben silbernen auch goldfarbene, blaue und violette Exemplare in zwei Größen auf – insgesamt über 30 Perlen (Abb. 65). Diese Hohlglasperlen wurden ab dem 17. Jh. hergestellt. Die aufwendige Produktion erfolgte im 18. Jh. in einer sog. Klautsche, d. h. mehrere Perlen wurden gleichzeitig hintereinander in einer zweiteiligen Metallform geblasen. Die anschließende Trennung der Perlen voneinander zeigt sich im Befund in Form charakteristischer beidseitiger Ansätze, die auch hier vorhanden sind. Mehr als 250 Reste von Eisendraht (Abb. 65, e, f) dürfen der Unterkonstruktion zugewiesen werden. Auf einer dickeren Eisendrahtkonstruktion als »Seele« ist der übrige Schmuck mit dünnerem Eisendraht befestigt. Grundsätzlich könnte es sich auch um ein Diadem gehandelt haben, das anders als eine Krone nicht um den Kopf herumgeführt war, was aufgrund des schlechten Erhaltungszustandes jedoch nicht abschließend zu bestimmen ist. Zwischen den aufgefädelten Glasperlen sind dünne, kurze, silberfarbene Blechstreifen verteilt; insgesamt lagen 227 Flitter im Grab (Abb. 65, f). Gewebe- (Abb. 65, d) und Lederreste sowohl an den Drähten als auch im Zusammenhang mit Stecknadeln (Abb. 65, i), sprechen für eine Verwendung an der Totenkrone. Vereinzelt sind Reste einer schmalen Borte mit kleinen Schlaufen erhalten.

In Grab St. 79 gelang der Nachweis von Buchsbaum und Nadelzweigen (Abb. 66). Dabei dürfte es sich um kleine Sträußchen oder auch um Reste von floralen Kränzen handeln. Da die Sträußchen in der Regel auch mit Draht zusammengehalten werden, ist bei der Interpretation von wenigen Drahtresten als Totenkrone Vorsicht geboten.

Der Brauch der Totenkronen ist seit dem 13./14. Jh. in ganz Europa sowohl bei Protestanten als auch Katholiken bekannt. Ihm liegt die Vorstellung einer Totenhochzeit zugrunde, da die Verstorbenen zu Lebzeiten unverheiratet und damit nach der mittelalterlichen Vorstellung den »Idealzustand« der Ehe nicht erreicht hatten.

Damit waren die Totenkronen unverheirateten Personen vorbehalten. Das trifft einerseits auf Kinder zu, die unter den Bestattungen zahlreich nachweisbar waren. Andererseits gehören auch Geistliche zur Gruppe der Unverheirateten. Die Totenkronen oder Totenkränze erfreuten sich großer Beliebtheit, auch wenn ihre Herstellung zum Teil sehr kostspielig war. Aus diesem Grund begann man, ab dem 17. Jh. die Totenkronen nach der Bestattung den Toten wieder vom Kopf zu nehmen und anschließend in der Kirche aufzubewahren. In ei-

■ **Abb. 68** Eine Auswahl der gefundenen Grabsteine, oben Fundnummer 4, 5, 9, unten 7 und 10, Maßstab 1:10.

nigen Fällen gab es auch »Leihkronen«, die ausschließlich während der Bestattungszeremonie verwendet und danach der Kirche zurückgegeben wurden. Im 19. Jh. hatten diese Ledigenbegräbnisse zu einem derartigen Aufwand geführt, dass der Brauch schließlich verboten wurde und Totenkronen aus den Kirchen entfernt werden mussten. Trotzdem kann der Brauch der Totenhochzeit noch bis in das 20. Jh. verfolgt werden.

Eine besondere Fundgattung stellen dünne Bronzebleche dar, die in 8 Gräbern, zumeist paarweise nachgewiesen wurden. Die äußerst fragilen Bleche sind in der Regel zerbrochen und nur in wenigen Resten dokumentiert. Vergleichsweise gut erhalten sind bei Kind St. 44 zwei Bleche im Bereich der Oberschenkel (Abb. 67, links). Diese Fundlage ist auch in den anderen Gräbern belegt, nur einmal lag ein solches Blech am Oberkörper.

Die Bronzebleche sind außerordentlich dünn, fast wie eine Folie und soweit erkennbar etwa 2 × 2 cm groß. Die Fundstücke sind in der Regel nur äußerst fragmentarisch erhalten und kaum zu bergen. Ein außerordentlich gut erhaltenes Exemplar aus Grab St. 44 ist an drei Seiten gezackt, eine Seite ist glatt abgeschnitten, es gibt keine Löcher, Haken oder Ösen, ausnahmsweise ist ein Eisendraht auf der Rückseite dokumentiert (Abb. 67, rechts). Reste von Gewebe können auf eine Befestigung am Körper durch Anbinden hinweisen.

Solche Funde sind in etwas anderer Form als Kupferbleche und als »Fontanellenbleche« in der Literatur bekannt und erst kürzlich mit dem Ableiten von Körpersäften, d.h. medizinhistorisch erklärt worden. Zwar fehlen im vorliegenden Fall Hinweise auf Schlitze und andere Öffnungen, wie sie für Fontanellenbleche charakteristisch sind, es ist jedoch zu bedenken, dass es sich bei den Gräbern um die Bestattungen von Kleinstkindern handelt. Dieser Ansatz muss weiterverfolgt werden, da in den bisherigen Fundorten solcher Bleche keine Kindergräber nachgewiesen werden konnten (freundl. Auskunft Dr. B. Häck).

Sicherlich war man bestrebt, diesen offensichtlich lebensbedrohlich erkrankten Kindern, jede nur mögliche Behandlung angedeihen zu lassen. Zudem wird gerade diese Therapiemaßnahme in medizinischen Werken des 17. und 18. Jhs. beschrieben, einem Zeitraum in dem die Kinder aus Fechenheim verstorben sein dürften.

Reste von Grab- und Sockelsteinen, auf denen hölzerne und eiserne Kreuze rekonstruiert werden können (St. 14), dokumentieren die oberirdische Kennzeichnung von Gräbern ab dem 16. Jh. (vgl. Abb. 52). Die Steine lagen gesammelt vergraben flach oberhalb der Gräber. Die wenigen Lebensdaten lassen einmal ein Kleinkind erkennen: geb. 1. März 1733, gestorben 1735. Drei weitere Daten verweisen in das 17. bis in das 19. Jh. (Geburtsjahr 1666, Todesjahr 1706 und als jüngster Nachweis ein Geburtstag 1801; Abb. 68).

Erfreulicherweise hat sich die Bauherrschaft entschieden, einen Teil der Steine am Ort zu belassen und durch eine Tafel auf den alten Friedhof hinzuweisen.

In den Grabgruben lagen als Beifunde wenige römische Ziegel und Scherben (vgl. FEC 1), was aufgrund der römischen Fundstelle an gleicher Stelle nicht verwundern kann. Seltener sind Einfüllungen des 20. Jhs., dabei wenige glasierte Scherben, aber auch Salzglasiertes und auch ein niederländischer Soldatenhelm des Zweiten Weltkriegs.

FEC 22

Der Main zurück in alten Bahnen – Renaturierung der Mainschleife

Fundmeldung:	Denkmalamt
Verbleib:	Archäologisches Museum
Bericht:	Denkmalamt
Literatur:	Hampel (2017) 53.

Ab Mai 2019 begannen die ausgedehnten Baggerarbeiten zur Renaturierung der Mainschleife, ein Zwischenstand ist zu sehen auf dem Stadtteilcover Fechenheims, S. 54. Im Bereich der Maßnahmen war bisher kein archäologisches Denkmal bekannt. Trotzdem haben wir die Baggerfirma gebeten, bei auffälligen Objekten im Baggeraushub Bescheid zu sagen. Das Verfahren verlief reibungslos und es wurden zahlreiche Holzreste gemeldet, die allerdings in der Regel keine Bearbeitungsspuren zeigten (vgl. FEC 23). Außerdem wurden wenige verrollte Scherben gefunden. Darunter konnte auch ein allseitig stark abgerollter Rest eines römischen Leistenziegels identifiziert werden (St. 97).

Das Fundstück kann aus der bekannten Ansiedlung an der Schießhüttenstraße stammen (vgl. FEC 1), könnte aber auch beim Transport auf dem Main verloren gegangen sein, da die Baukeramik aus der römischen Militärziegelei in Nied auch über die Wasserstraßen geliefert wurde.

■ **Abb. 69** Rolf Skrypzak beim Anfertigen einer technischen Zeichnung.

FEC 23

Alte Boote – mittelalterliches Reisen auf dem Main

Fundmeldung:	Denkmalamt
Verbleib:	Archäologisches Museum
Bericht:	Denkmalamt

Ab Mai 2019 wurde die Mainschleife renaturiert (vgl. Stadtteil-Cover, hier ist die Mainschleife während der Erstellung abgebildet). Durch vorangegangene Feldbegehungen waren in diesem Bereich keine Flächendenkmale fassbar (vgl. FEC 22). Im Rahmen der ausgedehnten Baggerarbeiten wurden in 6 m Tiefe verschiedene Holzstücke ausgebaggert (St. 97). Dabei handelte es sich in der Regel um unbearbeitetes Holz, was auf natürlichem Weg im Schlick versunken ist.

Eine Ausnahme bildeten drei bearbeitete Eichenholzstücke, die offenbar von Booten stammten. Das längste Stück ist immerhin noch 170 × 32 cm groß. Des Weiteren wurde ein angespitzter Obstholzpfahl

■ **Abb. 70** Oben die Reste von mindestens zwei hölzernen Einbäumen, unten ein bearbeiteter Holzpfahl. Länge der Skala 2 m.

geborgen, Länge 68,4 cm, ovaler Querschnitt von 17,2 × 20,2 cm (Abb. 70).

Die dendrochronologische Datierung der Hölzer gestaltete sich schwierig, da die Herkunft besonders der Boote nicht dem Fundort zuzuweisen war. Tatsächlich deutet sich aufgrund der Baumringfolgen eine Herkunft der Eichen aus dem Spessart an (freundlicher Hinweis Dr. Westphal, Curt-Engelhorn-Zentrum für Archäometrie, Mannheim).

Die Datierung konnte für zwei der Eichenproben erfolgen (MA-202713 Lab.Nr. 3254 – MA202716 Lab.Nr. 3257 CEZA Mannheim). Dabei entzogen sich die dritte Eichenprobe durch den extrem unregelmäßigen Wuchs und das Obstholz durch die zu geringe Ringzahl einer Datierung.

Die beiden anderen Proben zeigten 153, bzw. 193 Ringe und ergaben ein Fälldatum um/nach 1418, bzw. 1404.

Reste von Holzbooten sind sehr selten. Es handelt sich in diesem Fall um Bruchstücke von mindestens 2, vermutlich 3 Booten. Die Holzstämme sind in der Art von Einbäumen ausgebeilt und alle Fundstücke zeigen ein ausgearbeitetes Ende. Aufgrund der geringen Maße erscheint auch eine Verwendung in der Art eines Auslegers denkbar. In diesem Fall könnte es sich auch um ein größeres Wasserfahrzeug, das möglicherweise nicht nur gerudert wurde, handeln. Ob der Fundort auch dem »Heimathafen« entspricht, oder ob es sich um Reste vorbeifahrender Schiffe handelt, bleibt offen.

Bei den wenigen anderen Fundstücken aus dem Baggergut handelt es sich um stark abgerollte frühneuzeitliche Keramik und den Rest eines kleinen eisernen Pfahlschuhs, der stark fragmentiert ist und keine Holzreste enthielt.

Abb. 71 Nicht nur Archäolog:innen mögen Holz. Nagespuren eines Bibers an der Mainschleife.

■ Frankfurter Berg: Archäologie am Bahngleis entlang.

FRANKFURTER BERG

Am 1. Juli 1996 wurde die Gemarkung zu Frankfurts jüngstem offiziellen Stadtteil festgelegt. Das Areal umfasst den südlichen Teil der ehemaligen Gemarkung Bonames, die Nidda bildet die Nordgrenze.

Bestehende Bezeichnungen im Ortsarchiv in diesem Bereich mit wenigen bisher bekannten Fundstellen werden nicht geändert. Im Rahmen einer Neuordnung entstand 1996 südlich der Nidda der Stadtteil Frankfurter Berg, wodurch dieses Areal nun von Bonames abgetrennt ist. Aus diesem Grund können hier erstmals Fundstellen aus dem neuen Ortsteil vorgestellt werden (siehe FBE 1).

FBE 000

Achtung, Tiere im Gleis

Fundmeldung:	Hr. Wolf, Deutsche Bahn AG, Dr. Schade-Lindig, LfDH
Verbleib:	–
Bericht:	Denkmalamt
Literatur:	Landesamt für Denkmalpflege Hessen (2021) Homburger Landstraße 465.

Die Haltestelle Frankfurter Berg markiert einen historischen Bahnhof der Main-Weser-Bahn. Das neobarocke Gebäude, gebaut 1911–1914, steht als Einzelkulturdenkmal unter Denkmalschutz (Abb. 72).

Im Rahmen von großangelegten Erdbewegungen zum Aus- und Umbau der Station meldeten im Dezember 2018 die Deutsche Bahn und die Kripo einen Knochenfund. Ein sofortiger Ortstermin zusammen mit Bahnmitarbeitern und Mordkommission fand statt. Ein gemeinsamer Ortstermin von Denkmalamt und Kriminalpolizei ist bei Knochenfunden üblich, um im Fall einer historischen Fundstelle ein Verbrechen auszuschließen. Die Untersuchung von D. Neumann und E. Sichert vor Ort ergab, dass es sich um ein Tier, vermutlich ein größeres Säugetier, handelt, das aufgrund der Lage im Oberboden neuzeitlich oder modern ist (Abb. 73). Die Knochen wurden geborgen und nach Beurteilung ausgeschieden.

Abb. 72 Das denkmalgeschützte Bahnhofsgebäude vor der Sanierung im August 2017.

Abb. 73 Fund von Tierknochen bei Bauarbeiten am Frankfurter Berg.

FBE 1

Die Schlacht bei Bonames im Spiegel archäologischer Funde

Fundmeldung:	D. Pittenger
Verbleib:	privat
Bericht:	Denkmalamt
Literatur:	Hampel (2017) 46 mit ält. Lit.

Im Südosten vor der ehemaligen Stadtmauer von Bonames ist im Bereich des Nordparks und des Niddaaltarms in den vergangenen Berichtszeiträumen der Nachweis eines frühneuzeitlichen Schlachtfeldes gelungen. Dabei sind besonders zahlreiche Musketenkugeln ein Indiz für das Geschehen und können im Einzelfall Auskunft über den Ablauf der Auseinandersetzung geben. Da das Absammeln letztlich die Bodenurkunde zerstört, ist eine genaue Dokumentation unabdingbar, wie sie durch die lizensierten, der Fundmeldung verpflichteten Sondengänger des Denkmalamtes erfolgt. Damit konnte direkt nördlich der Nidda und östlich der Homburger Landstraße, aber vor der ehemaligen Stadtmauer des Ortes Bonames das frühneuzeitliche Schlachtfeld im Ortsarchiv als BON 12 aufgenommen werden.

Donald Pittenger beging im Jahr 2017 die Flächen auf der Südseite der Nidda. Die Fundstelle in einem begrenzten Gebiet zeigt, dass hier möglicherweise im Rahmen der Auseinandersetzung auch über den Fluss hinweg Geschosse landeten, bzw. die Auseinandersetzung auch jenseits des Südufers stattfand. In diesem Zeitraum konnte Donald Pittenger 53 Musketenkugeln aus Blei, nur eine mit einer deutlichen Prallmarke, dazu zwei Fragmente von Bronzeschnallen und zwei große Bleistücke sammeln (Abb. 74).

Damit war auch 2017 das Schlachtfeld wohl des 18. Jhs. an der Nidda immer noch durch charakteristische Oberflächenfunde nachweisbar.

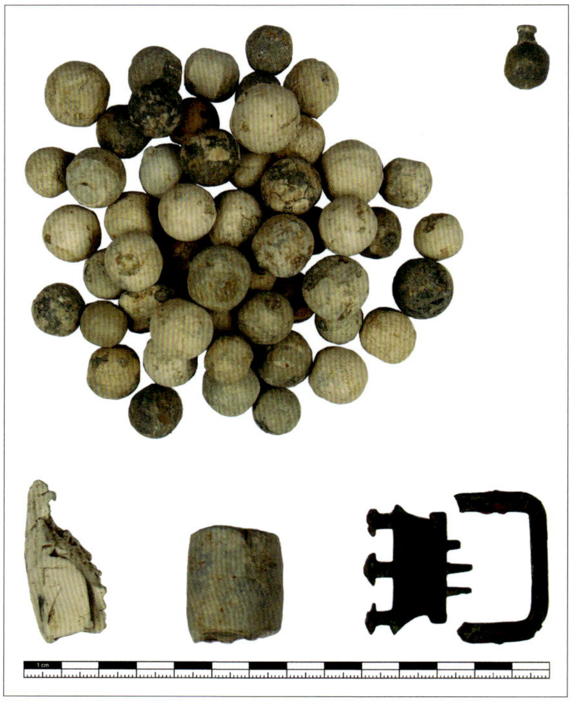

Abb. 74 Musketenkugeln, Bleireste und fragmentierte Bronzeschnallen als Nachweis einer kriegerischen Auseinandersetzung auf den Feldern, Maßstab 1:2.

■ Abb. 75 Im wahrsten Sinne des Wortes vielschichtige Sanierung in St. Leonhard 2018.

Frankfurt am Main: Innenstadt: Der Kaiserdom gleich unter dem Schutz zweier Regenbögen im Oktober 2019.

FRANKFURT AM MAIN – INNENSTADT

Das Arbeitsgebiet der Innenstadt umfasst nicht nur den Bereich innerhalb des sogenannten Anlagenrings, sondern erstreckt sich auch auf die direkten Erweiterungsgebiete bis zum sogenannten Alleenring mit dem städtisch geprägten West-, Nord- und Ostend. Aus Gründen der ursprünglichen Einteilung gehören aber auch das Gallusviertel, das Bahnhofsviertel, das Gutleutviertel, der Riederwald und der Dornbusch dazu.

Die hohe Zahl an Fundstellen, die im Berichtszeitraum die Zahl 218 erreicht hat ist also einerseits der großen Fläche, aber in erster Linie dem hohen Bauaufkommen innerhalb der Anlagenrings geschuldet. Folgerichtig beziehen sich von 21 Berichten 19 auf Fundstellen innerhalb des Anlagenrings und nur zwei liegen außerhalb.

Ein ungewöhnlicher Zufallsfund ist vom Kaiserdom zu berichten. Im Zuge der Umsetzung eines Magistratsbeschlusses werden sukzessive die Denkmalbeschilderungen an zunächst insgesamt 100 Kulturdenkmälern im Frankfurter Stadtgebiet erneuert. Dabei ist in einem neuen Design eine zweisprachige Beschreibung in Deutsch und Englisch zu lesen. Größe, Form und Farbleitsystem wurden beibehalten und somit können die neuen Schilder ohne Änderung der Befestigung angebracht werden. Durch fortwährende Sanierungs- und Restaurierungsmaßnahmen am Frankfurter Kaiserdom St. Bartholomäus konnte sein Schild erst im Berichtszeitraum ausgetauscht werden. Dabei zeigten sich hinter dem alten Schild überraschend Funde mit einer zeitlichen Tiefe von 1969 bis mindestens 2002 und eine symbolträchtige Spielkarte (Abb. 76).

■ **Abb. 76** Funde hinter dem Schild: eine 50-Pfennig-münze, geprägt 1969, eine 5-Cent Münze geprägt 2002 und ein Pik-As mit Alpha und Omega der katholischen »jungen Erwachsenen«, Maßstab 1:2 außer untere Zeile.

■ **Abb. 77** Die Amtsleiterin mit den Abteilungen Bau- und Kunstdenkmalpflege sowie Verwaltung bei einer gemeinsamen Besichtigung 2019.

FFM 32

Alte Grabsteine neu gefunden – die Sanierung des Peterskirchhofs

Fundmeldung:	Denkmalamt
Verbleib:	Archäologisches Museum
Bericht:	Denkmalamt
Literatur:	Hampel (2015) 46. – Hampel (2017) 59 mit ält. Lit.

Die Peterskirche und ihr Friedhof sind heute als Parkanlage gestaltet. Die Bedeutung des Ortes für die Stadtgeschichte wird durch eine Vielzahl von Epitaphien an den Friedhofsmauern dokumentiert, die neben fast allen Frankfurter Patrizierfamilien auch bedeutende Frankfurter Bürger repräsentieren. Bekanntermaßen liegen hier auch die Eltern des Frankfurter Dichterfürsten Johann Wolfgang von Goethe begraben.

Die zum Teil sehr aufwendig gestalteten Epitaphien bestehen zu einem großen Teil aus Sandstein. Sie sind durch Witterungseinflüsse stark geschädigt, aber auch durch die Tatsache, dass das Friedhofsgelände flächig aufgeschüttet ist und die Grabdenkmäler dadurch in ihrem unteren Abschnitt im Boden stehen. Gravierende bauphysikalische Schäden entstanden auch an den Rückseiten zu den Mauern hin.

Um den Verfall aufzuhalten, hat die Stadt Frankfurt ein Sanierungsprogramm bewilligt, das unter anderem auch die Freilegung der unteren Abschnitte der Steine beinhaltet (Abb. 78).

Im Rahmen dieser Erdarbeiten wurden im ersten Halbjahr 2017 durch Denis Neumann verschiedentlich Mauerzüge unterschiedlicher Art dokumentiert, die niedrige Vorbauten und Einfassungen belegen.

Trotz des geringen Erdeingriffs konnten auch verschiedene Grabplatten in der Auffüllung erfasst werden (Abb. 79), die sich jedoch keiner Grabstätte zuweisen ließen.

Im Humusbereich fanden sich auch wenige verräumte Skelettreste, sie wurden geborgen und im November 2017 in geeigneter Form wieder bestattet.

Abb. 78 Sanierung und Freilegung der Epitaphien an der Nordwand des Friedhofs an der Bleichstraße.

■ **Abb. 79** Zerbrochene Grabsteinfragmente in der Auffüllung.

FFM 40

Gallustor und Stadtmauer

Fundmeldung:	Denkmalamt
Verbleib:	Archäologisches Museum
Bericht:	Denkmalamt
Literatur:	Fischer 1962, 35 »Neustadt«. – Hampel (2015) 79 f.

Das Grundstück Große Gallusstraße 16–18 liegt direkt anschließend an das historische Gallustor und im Verlauf der nördlich anschließenden Stadtmauern, deshalb konnte der Baumaßnahmen nur unter Bedingungen zugestimmt werden (Abb. 80).

Bereits 1954 wurden bei Baumaßnahmen gegenüber, d. h. auf dem Grundstück Große Gallusstraße 19, die Reste der südlichen Wange des Gallustors mit einer Holzrinne nachgewiesen. Das Grundstück war mit einer Altbebauung bereits unterkellert und Otto Stamm betont ausdrücklich, dass unterhalb der Kellersohlen keine Stadtmauerreste vorhanden waren. Er dokumentierte jedoch einen nordsüdlich verlaufenden Holzkanal aus Eichenbohlen und -balken (Abb. 81). Im Grundstück war weiterhin der verfüllte, ehemalige Wassergraben vorhanden.

Direkt im Anschluss, d. h. in Höhe der Ecke Große Gallusstraße und Neue Mainzer Straße konnte beim U-Bahnbau 1967 neben Mauerresten die Gründungsplatte für das Haus Humbracht von 1688 dokumentiert werden (vgl. FFM 49).

Zuletzt konnte 2010 im Rahmen einer Neubebauung Taunustor 1–3 an der Ecke Neue Mainzer Straße ein 10 m langes Stück der Stadtmauer nachgewiesen

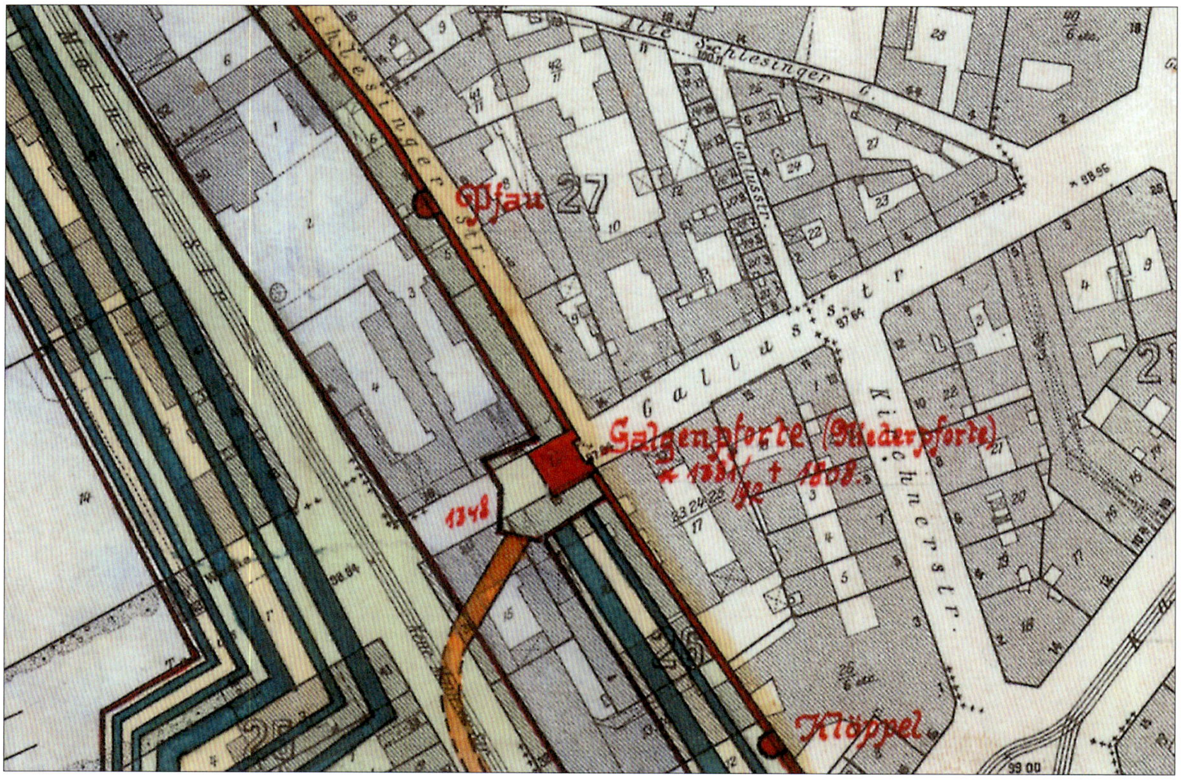

■ **Abb. 80** Lage des historischen Gallustores/Galgenpforte an der Großen Gallusstraße auf dem sog. Ritterplan Das Baugrundstück liegt auf der Nordseite oberhalb der Jahreszahl 1348 (Kartengrundlage Institut für Stadtgeschichte).

■ **Abb. 81** Rechteckige Holzrinne im Profil der Maßnahme 1954.

■ **Abb. 82** Die anstehende Kalkbank im Anschnitt, Foto A. Ruiken.

werden. Seine Unterkante war bereits bei 5 m unterhalb der heutigen Oberfläche erreicht. Die sehr geringe Tiefe der Fundamentierung ergab sich aus der Tatsache, dass der Mauerzug auf einer natürlichen Kalkbank auflag und aus diesem Grund auch keine Holzroste unterlegt werden mussten (vgl. FFM 171).

■ **Abb. 83** Schwarzer »Frankfurter Ton« in der Baugrube, im Hintergrund die Kalkbank; rechts die Bohrpfahlwand, Foto A. Ruiken.

Bei Arbeitsbeginn 2017 war das Grundstück Große Gallusstraße 16–18 vollständig unterkellert, die Kellersohlen erreichten zwischen 5 und 7 m unter der heutigen Oberfläche. Die Erdarbeiten konnten aus Gründen, die die Bauherrschaft zu verantworten hat, nicht im Original beobachtet werden, es liegt jedoch eine Dokumentation der Arbeiten sowohl schriftlich als auch fotografisch vor.

Grundsätzlich ist deutlich zu erkennen, dass nach dem Abbruch der Kellersohlen bereits in einer Tiefe von 5 m stellenweise eine ausgeprägte Kalkbank besonders im Südwestteil der Baugrube das Areal durchzieht (Abb. 82). Diese Kalkbank erscheint nach oben gekappt, so dass davon auszugehen ist, dass die Stadtmauern flach fundamentiert auf der tragfähigen Bank aufsaßen. Dafür spricht, dass im gesamten Baufenster keine Mauerreste, weder aus Kalkbruchsteinen noch aus Rotsandsteinen vorhanden waren. Im Rahmen der Erdarbeiten wurde ein Balken aus vermutlich Buchenholz (?) ausgebaggert, der stark beschädigt war. Hierbei könnte es sich um einen Teil eines mittelalterlichen Holzrostes handeln, wie er an anderer Stelle nachgewiesen ist. Es könnte sich jedoch auch um den Rest eines Holzkanals analog zum Befund von 1954 handeln.

Zwischen den Resten der Kalkbänke zeigt sich der sog. Frankfurter Ton (Abb. 83), hier ist zweifellos auch der verfüllte Stadtgraben erfasst. Aufgrund der Arbeitsweise und der Tatsache, dass das Baugrundstück allseitig mit einer Bohrpfahlwand umschlossen war, fehlen Aussagen zum Profil des Grabens; Funde waren nicht erkennbar.

FFM 104

Holz aus dem Frühen bis Späten Mittelalter am Mainkai

Fundmeldung: Denkmalamt
Verbleib: Archäologisches Museum
Bericht: Denkmalamt
Literatur: Hampel (2017) 67 ff.

Im Rahmen der Ausgrabungen am Mainkai 2016 wurden mehrere Pfostenreihen nachgewiesen. Die Hölzer bildeten langrechteckige Umfassungen, die sich offenbar an der Uferlinie und damit an der bis heute gültigen Bauflucht orientierten.

Eine Datierung anhand von Funden war nicht möglich, so dass eine Datierung der Hölzer anhand ihrer Jahrringe in den Fokus rückte. Leider besaßen die Querschnitte der Hölzer keine ausreichende Anzahl von Jahrringen, deshalb erfolgte im Archäometriezentrum Mannheim eine 14C-Datierung. Dabei ergab sich 2018 für den Pfosten St. 33, 1 die bemerkenswerte Einordnung in das 7. Jh. (Klaus-Tschira-Archäometriezentrum CEZA MAMS 35595; Abb. 84, unten sowie 85).

Aufgrund des hohen Alters wurden 2019 acht weitere Proben nach Mannheim geschickt (Klaus-Tschira-Archäometrie-Zentrum am Curt-Engelhorn-Zentrum Archäometrie in Mannheim. Probennummer 41044–41051. Hier ergab sich eine Altersbestimmung zwischen dem Ende des 11. Jhs. bis zum Beginn des 13. Jhs., einmal zwischen 1279 und 1377 (Abb. 84, oben).

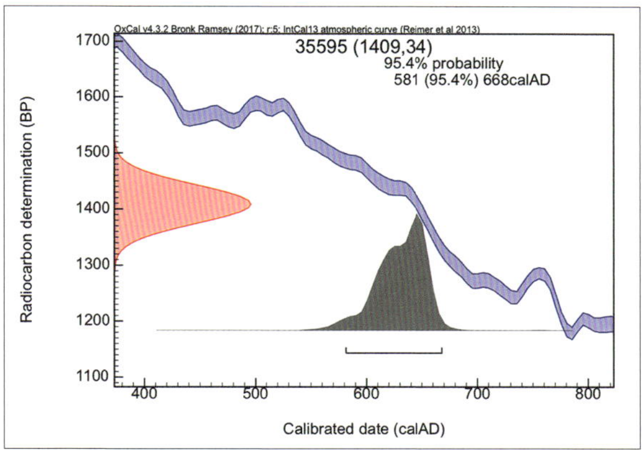

Abb. 85 Die Kalibrationsgrafik der frühmittelalterlichen Probe MAMS 35595 (Dr. R. Friedrich, CEZA).

Die Befunde markieren somit die Flachwasserzone des Mains mit einer Nutzung, die vermutlich mit der Fischerei in Verbindung zu bringen ist. Denkbar sind etwa Fischbecken oder -reusen (Abb. 86).

Labornr MAMS	Probenname	^{14}C Alter [yr BP]	±	δ13C AMS [‰]	Cal 1-sigma	Cal 2-sigma	C [%]	Material
41044	FFM104-18,1	884	24	-25,2	cal AD 1057-1206	cal AD 1045-1217	46,8	wood
41045	FFM104-23,1	861	23	-26,4	cal AD 1165-1210	cal AD 1053-1246	51,7	wood
41046	FFM104-23,2	882	24	-27,7	cal AD 1059-1207	cal AD 1046-1218	50,5	wood
41047	FFM104-24,1	892	24	-29,8	cal AD 1050-1200	cal AD 1044-1213	49,9	wood
41048	FFM104-34,1	867	23	-26,6	cal AD 1163-1209	cal AD 1050-1240	44,9	wood
41049	FFM104-35,1	837	23	-23,4	cal AD 1170-1240	cal AD 1164-1254	38,6	wood
41050	FFM104-36,1	905	23	-27,0	cal AD 1047-1164	cal AD 1039-1202	54,6	wood
41051	FFM104-44,1	684	23	-24,3	cal AD 1279-1377	cal AD 1273-1385	58,3	wood

Labornr MAMS	Probenname	^{14}C Alter [yr BP]	±	δ13C AMS [‰]	Cal 1-sigma	Cal 2-sigma	C:N	C [%]	Kollagen [%]	Material
35595	FFM 104	1409	34	-18,1	cal AD 615-655	cal AD 582-667		11,6		wood

Abb. 84 Datierung von Hölzern nach der 14C-Methode im Klaus-Tschira-Archäometriezentrum CEZA, oben die hoch- und spätmittelalterlichen Hölzer, unten das frühmittelalterliche Holz (Dr. R. Friedrich, CEZA).

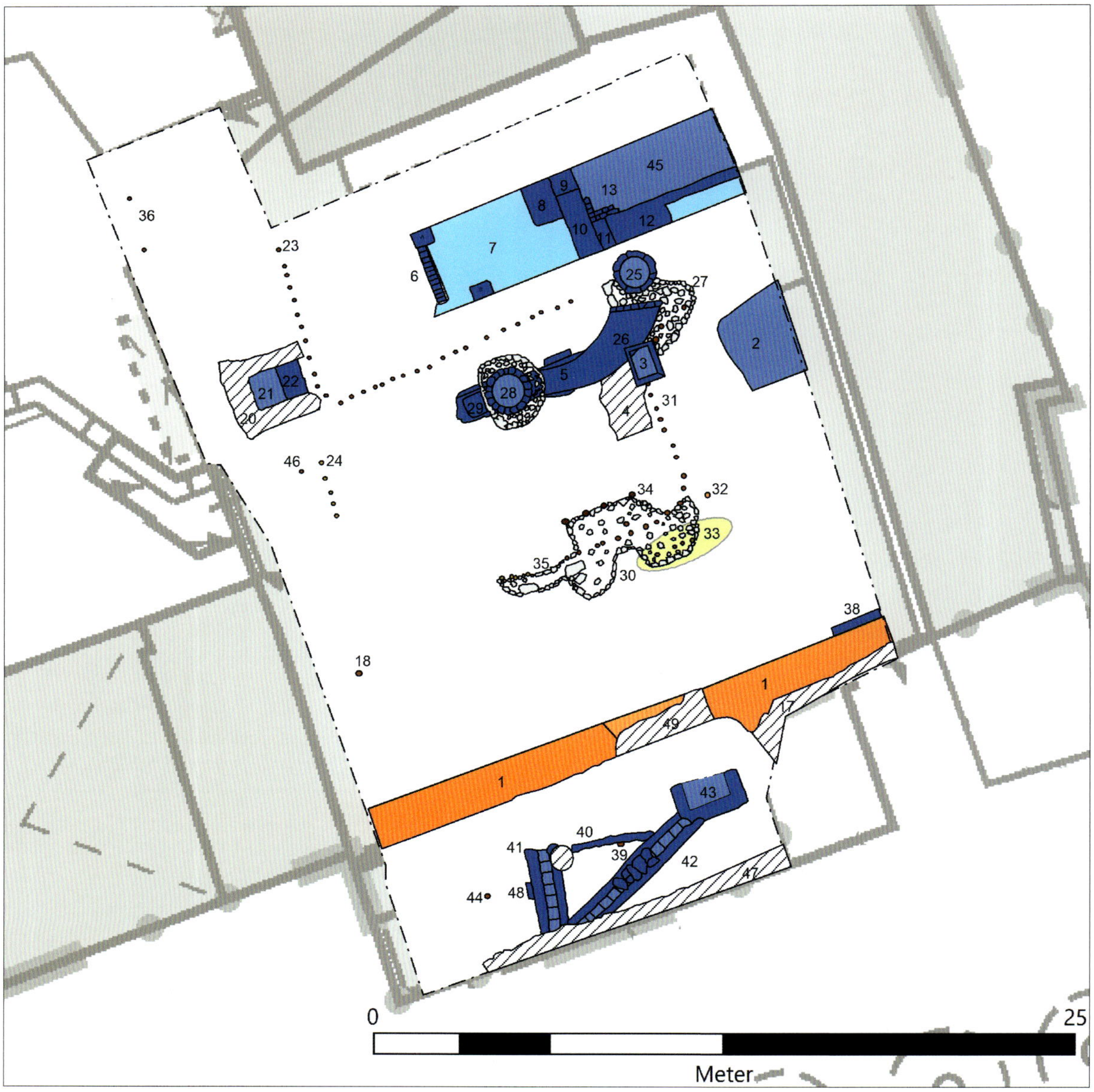

■ **Abb. 86** Gesamtplan der Maßnahme, in Orange die Stadtmauer, Dunkelblau mittelalterliche Mauern, Blau wasserführende Systeme, Hellblau Innenräume, Gelb die frühmittelalterlich datierende Pfostenreihe.

Hierbei ist zu betonen, dass alle Befunde bis auf Pfosten St. 44,1 nördlich der Stadtmauer des 14. Jhs. liegen; hier zeigt sich eine deutliche und aktive Erweiterung des städtischen Siedlungsraums nach Süden ins ehemalige Mainbett. Es ist besonders in der Entwicklung am gegenüberliegenden Saalhof erkennbar, dass die Stadtentwicklung und -vergrößerung stets nicht nur nach Norden sondern auch über mehrere Meter nach Süden erfolgte. Aufgrund der Datierung der Fischereianlagen mindestens bis an den Beginn des 13. Jhs. und wohl bis zum Beginn der Bauarbeiten für die Stadtmauern, dürfte es sich hier um eine bewusste Landgewinnung in diese Richtung handeln.

FFM 106

Ein Brunnen im Keller an der Liebfrauenkirche

Fundmeldung: Denkmalamt
Verbleib: Archäologisches Museum
Bericht: Denkmalamt
Literatur: Atzert (1955).

Am nördlichen Rand des Liebfrauenbergs steht die namengebende Kirche (Abb. 87); eine ursprünglich spätgotische Hallenkirche aus der Zeit um 1310. Der höhere Chor wurde 1506–1509 angefügt. Die Kirche steht direkt anschließend an die staufische Stadtbefestigung, nach Norden schließt das Areal an den ehemaligen trockenen »Holzgraben« an. Der Kirchturm war ursprünglich ein Befestigungsturm dieser Umwehrung. An seiner Westseite ist der Ansatz der Wehrmauer sichtbar.

Kirche und Kloster standen bis 1855 eingebunden in die Bebauung, ein Durchgang nach Norden zur Zeil war bis dahin nicht möglich. Dann wurde die nordsüdlich verlaufende Liebfrauenstraße durchgebrochen. Während von der ehemaligen Bebauung heute oberirdisch nichts mehr erkennbar ist, sind im Untergrund Kelleranlagen erhalten. Diese Hohlräume sind in der Regel den Belastungen etwa einer Müllabfuhr nicht gewachsen.

Dies gilt auch für eine Kelleranlage, die das Kloster nutzt, die unter dem Pflaster liegt und nur von außen zugänglich ist. Über eine Treppe gelangt man zunächst in den Heizungskeller und über eine Steigleiter in einen höher gelegenen Kellerraum, der sekundär mit einer Kalksteinwand in zwei Räume geteilt ist.

Abb. 87 Die Liebfrauenkirche 2019.

Im September 2019 begannen unter der örtlichen Grabungsleitung von Denis Neumann die Ausgrabungen zunächst im Innenraum mit der Fragestellung, ob sich unerkannte Hohlräume unter dem Bestandsboden befinden und ob die Fundamentunterkante erreicht werden kann. Weiterhin stand die Frage im Raum, ob es sich bei der Nordmauer um einen Rest der ehemaligen staufischen Stadtmauer handelt (Abb. 88).

Die Kellerwände bestehen aus inhomogenem Mauerwerk, zwischen Rotsandsteinen befinden sich Kalksteine und Backsteine (24 x 12 x 6 cm) in einer Fenstervermauerung der Westwand St. 20. In der Nordmauer war ein Luftschutzgang St. 19 durchgebrochen, der mit Backsteinen (24 x 12 x 6 cm) und Beton verschlossen wurde. Reste von Verputz sind vorhanden. Die niedrige Decke ist aus Beton gegossen (Abb. 89).

Der Boden besteht aus unregelmäßigen Rotsandsteinplatten, die zum Teil gebrochen sind. Nahe der Nordwand zeichnet sich mittig ein eingefasster quadratischer Bereich mit Sandsteinrahmung ab (St. 21). Auf Bodenhöhe ist die Fläche mit Beton verstrichen und trägt die Inschrift HR 1944 (Abb. 90).

Ein Suchschnitt entlang der Nordwand bestätigte zunächst, dass es sich um einen Brunnen handelt, eine Bohrung zeigt einen Hohlraum bis mindestens 3 m Tiefe. Unter dieser Abdeckung liegt eine weitere aus größeren Rotsandsteinen (St. 22), die langrechteckigen Steine (25 x 95 x 26 cm) zeigen Bearbeitungsspuren mit einem Spitzeisen.

Darunter folgt der eigentliche Brunnenring ebenfalls aus Rotsandstein (St. 23), der außen einen Durchmesser von rund 1,70 m erreicht.

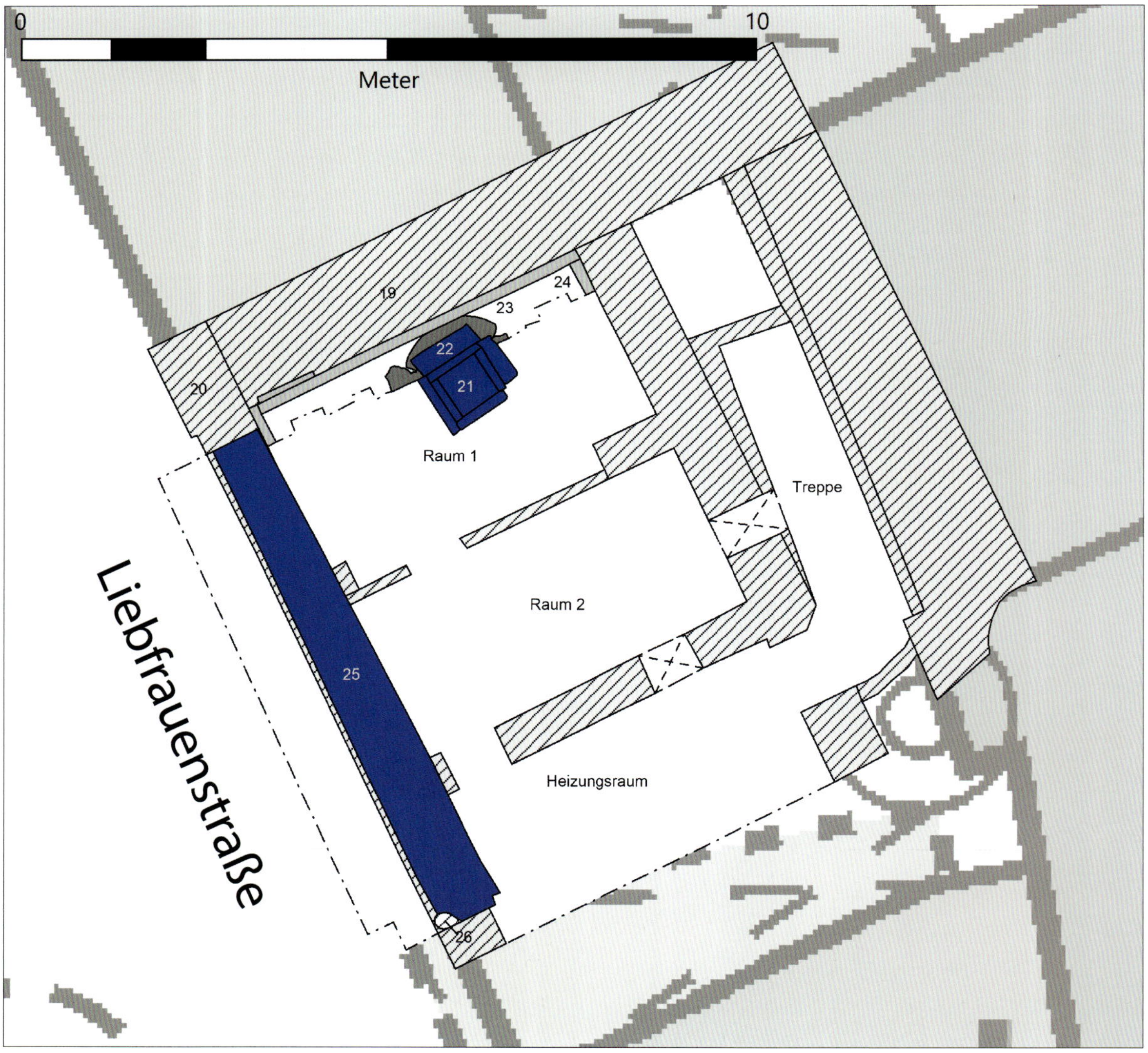

Abb. 88 Lage des Kellers westlich an den Kirchturm anschließend unter dem Pflaster; St. 21/22 markiert den Brunnen.

Abb. 89 Blick nach Westen im Keller. Links die sekundäre Raumteilung mit weißen Kalksteinen, rechts hinten der ehemalige Luftschutzgang mit Backsteinen zugesetzt. Nach oben ist die moderne Betondecke erkennbar, erhalten ist der Sandsteinboden. Am unteren Bildrand markiert das Bohrloch den Brunnenstandort.

Entlang der Nordmauer wurde der Fundamentvorsprung St. 24 in einer Breite von 4 cm erfasst. Er überlagert den Brunnenring St. 23 und ist somit jünger. Dieser sichtbare Teil der Nordwand kann daher als Rest der Stadtmauer ausgeschlossen werden. Allerdings ist an dieser Stelle darauf hinzuweisen, dass auch schmale Vormauerungen in der Altstadt zahlreich nachgewiesen sind und daher die Stadtmauer auch dahinterliegen kann.

In der Folge wurde die westliche Außenwand des Kellers freigelegt (Abb. 91). Die Mauer St. 25 konnte bis zu einer Tiefe von 1,60 m unter heutiger Oberfläche freigelegt werden, Unterkante wurde nicht erreicht. Die Mauer besteht aus lagenhaft in gelbem Setzmörtel gelegten Rotsandsteinen und feinkörnigen gelben Kalksteinen. Die Oberkante ist unregelmäßig abgebrochen und liegt teilweise frei; die Mauerbreite konnte durch eine Bohrung auf 0,83 m festgelegt werden. Außer einer Störung am südlichen Ende erscheint die Mauer homogen und ungestört. Auf der Kellerinnenseite führen Wasser- und Gasleitungen in die Mauer, die außen jedoch nicht erfasst wurden. Parallel zur Mauer verläuft

Abb. 90 Mehrfach abgedeckter Brunnenschacht, zuletzt mit Betondeckung mit Einritzung von 1944 vor dem Fundamentvorsprung der Nordwand.

Abb. 91 Blick auf die Außenseite der Westwand des Kellers aus Bruchsteinmauerwerk.

frostfrei ein modernes Kabelpaket, was die weitere Ausgrabung verhinderte. Die Störung St. 26 verläuft im oberen Abschnitt direkt unter der Oberfläche bis zur Grabungstiefe. Der Eingriff ist heute mit Sand verfüllt und stört die Kellermauer St. 25 ebenso, wie die Profilwand gegenüber, verläuft also schräg quer zum Grabungsschnitt. Weder die Länge noch die Breite des Eingriffs ist erkennbar; im Kellerinnenraum ist nichts zu sehen.

FFM 125

Ein schmaler Schnitt durch die einstige Barfüßergasse

Fundmeldung:	Mainova und Denkmalamt
Verbleib:	Archäologisches Museum
Bericht:	Denkmalamt
Literatur:	Hampel (2017) 71 ff.

Denis Neumann begleitete als örtlicher Grabungstechniker im August 2017 eine tiefgreifende Kanalbaumaßnahme. Dabei wurde entlang des Nordbaus des sog. Alten Rathauses gebaggert im Verlauf der ehemaligen Barfüßergasse.

Das Areal war bis zu den Zerstörungen im Zweiten Weltkrieg dicht bebaut und im Bereich der heute unbenannten Fahrbahn verlief bis zur Straße Kornmarkt die Barfüßergasse (Abb. 92). Heute verläuft nördlich der Paulskirche die Berliner Straße und der Bereich bis zum Nordbau des Rathauses ist heute unbebaut.

Der Schnitt verlief über 60 m Länge und im Rahmen der Erdarbeiten konnte Denis Neumann auf der gesamten Länge verschiedene Baureste erfassen (Abb. 93). Der Bereich war bereits durch Leitungs- und Kanalführungen stark gestört und der Untersuchungsraum

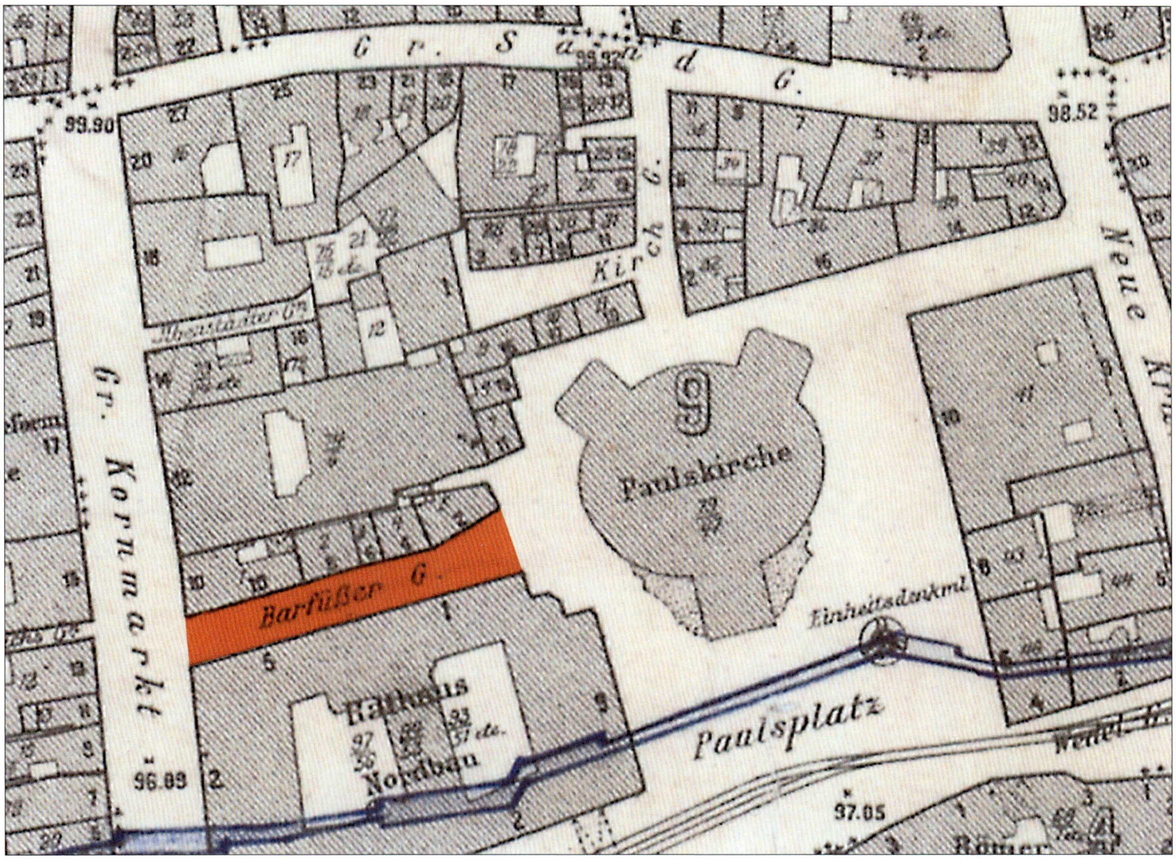

Abb. 92 Bebauung des Areals vor 1945; rechts die Paulskirche, links in Rot die Barfüßergasse. Südlich davon der Nordbau des Rathauses und nördlich die kleinteilige Bebauung mit den Hausnummern 2–10 bis zur Straße Kornmarkt.

■ **Abb. 93** Blick in den zu beiden Seiten verschalten Kanalschacht; oberhalb verläuft ein Kabelbündel schräg darüber.

schmal und musste zudem schnell verschalt werden. Grundsätzlich handelt es sich bei den gefundenen Resten um Mauerfragmente, die zu Kelleranlagen gehören (Abb. 94 und 95). Nur ausnahmsweise waren die ursprünglichen Kellerdecken in Gewölbeansätzen erhalten (Abb. 96). Ausgemauerte, kleine Durchlässe verbanden die Keller als Fluchtwege zu Luftschutzzwecken (Abb. 97). Aufgrund des kleinen Ausschnitts ergibt sich zwar kein zusammenhängender Kellerplan, allerdings sind die Mauerzüge den Wohnhäusern Barfüßergasse 2–10 zuzuweisen.

Es zeigten sich erstaunlich wenig Funde, weder Hausrat noch Bauschutt; nur eine profilierte Sandsteinplatte war vorhanden (Abb. 98)

■ **Abb. 94** Nordsüdlich verlaufende Kellermauer dicht unter der heutigen Oberfläche; rechts verlaufen mehrere Rohre.

■ **Abb. 95** Mauerwinkel teilweise abgetragen, nach Norden deutlich höher erhalten. Auf der Westseite (links) ist mit einer Backsteinstärke vorgemauert, dahinter ist das historische Bruchsteinmauerwerk vorhanden.

■ **Abb. 96** Kellerwand mit Gewölbeansatz aus rötlichen Backsteinen.

■ **Abb. 97** Luftschutzgang oberhalb des Kellerbodens gebrochen und ausgemauert; unterhalb sind zwei Steigeisen erhalten.

Abb. 98 Bauteil aus Rotsandstein mit Profilierung aus dem Baggerschutt.

Abb. 99 Die Paulskirche im Juli 2019.

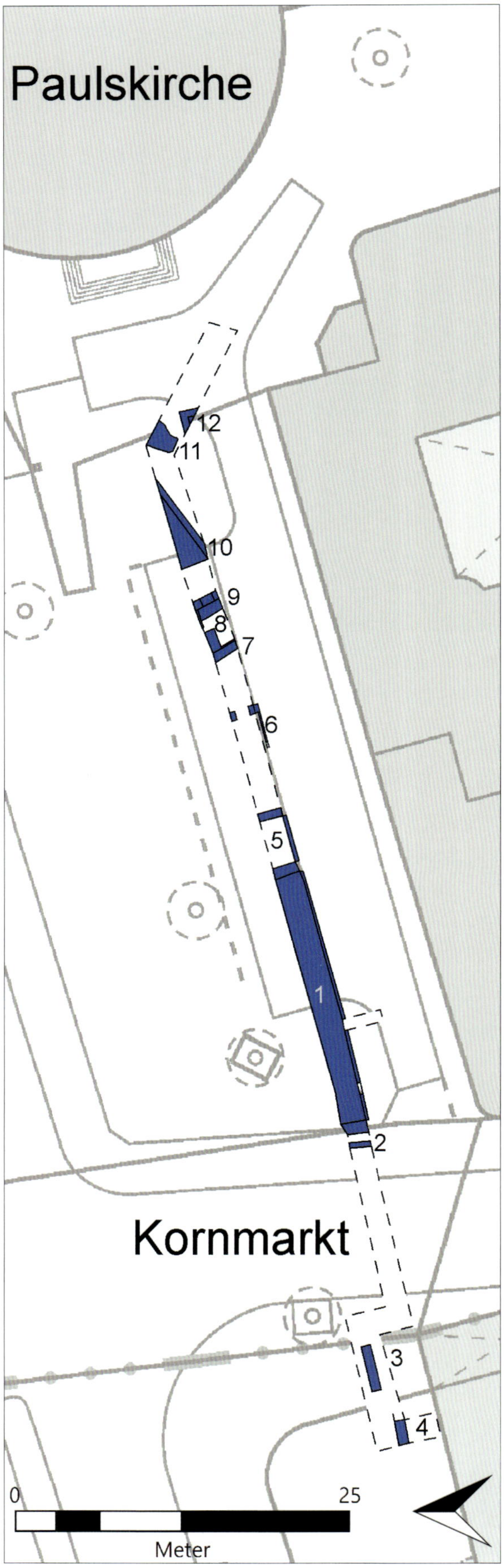

Abb. 100 Die Befunde in der Barfüßergasse.

FFM 134

Eine herausragend alte Anlegestelle hält die Wissenschaft in Atem

Fundmeldung: Denkmalamt
Verbleib: vor Ort
Bericht: Denkmalamt
Literatur: Hampel (2017) 74 ff. mit ält. Lit.

Die im Original erhaltene Kaianlage am staufischen Saalhof, heute Teil des historischen Museums (Abb. 101) wurde während des gesamten Berichtszeitraums denkmalpflegerisch betreut.

Erwartungsgemäß war die Erhaltung der Hölzer und Steine an einer wassergefüllten Uferlinie eine restauratorische Herausforderung.

Während die Taubenabwehr und die Regulierung des Wasserstandes weitgehend erfolgreich waren, ist die abschließende Lösung für einerseits die Feuchthaltung der Balkenoberseite und andererseits das Verhindern einer Vergrünung nicht abschließend gelöst (Abb. 102).

Im Rahmen des DFG-Projektes »Binnenhäfen in Zentraleuropa« konnte durch die Bearbeiterin Frau Doris Wollenberg im Jahr 2017 eine weitere dendrochronologische Probenentnahme erfolgen. Während vom liegenden Balken bereits zwei Daten mit den Jahren 1301 und 1314 ermittelt werden konnten, erfolgte nun eine Probenentnahme im Bereich der liegenden Unterkonstruktion (Abb. 103). Dabei konnte durch Dr. Thorsten Westphal ein Fälldatum um/nach 1228 er-

Abb. 101 Ein Blick auf das historische Museum 2019, dahinter die Türme der Alten Nikolaikirche (links) und Kaiserdom (rechts).

■ **Abb. 102** Blick auf die erhaltene Kaianlage mit biogenem Befall aus Moosen und Algen im Neubau des Historischen Museums.

■ **Abb. 103** Erneute Probenentnahme aus den Konstruktionshölzern.

mittelt werden (Klaus-Tschira-Archäometrie-Zentrum am Curt-Engelhorn-Zentrum Archäometrie in Mannheim. Probennummer MA 175682; Labor-Nummer 1653, Abb. 104). Da solche Konstruktionshölzer in der Regel nicht gelagert wurden, dürfte dieses Datum auch die Bauzeit widerspiegeln.

MA-Nr.	Lab-Nr. MAD	Probe	Holzart	Beginn	Ende	Fälldatum	Zusatz	Ringe
MA-175682	1653	3a	Eiche	1110	1207	1228	um/nach	98

■ **Abb. 104** Dendrochronologisches Datierungsergebnis um/nach 1228.

FFM 135

Eine Spolie aus der alten Altstadt

Fundmeldung: Denkmalamt
Verbleib: Archäologisches Museum
Bericht: Denkmalamt
Literatur: Mäckler 2016, 172 ff.

Im Jahr 2019 wurde durch das Denkmalamt in einem Kanalschacht östlich der Alten Nikolaikirche in einer Planierung aus Kriegsschutt ein beschädigter Rotsandstein geborgen. Es handelt sich um einen Arkadenstein mit einer Breite von 72,5 cm, einer Tiefe von 42,5 cm und einer Höhe von rund 57,0 cm (Abb. 105).

Er gehört zur Renaissancearkade des Hauses »Zu den drei Römern«, das heute mit der Adresse »Markt 40« den westlichen Abschluss der neuen Altstadt bildet (Abb. 106).

Die Sandsteinarkaden zeigen deutliche Kriegsschäden und folgerichtig ist unser Fundstück durch einen neuen Sandstein ersetzt, wobei sogar Schäden imitiert wurden (Abb. 107).

Das Haus wurde 2013 nach einem Architektenentwurf durch das Büro Jordi & Keller errichtet und in dem

Abb. 105 Die Spolie in drei Ansichten, Maßstab 1:10.

Abb. 106
Haus »Zu den drei Römern« als Wiederaufbau mit Spolien in der neuen Altstadt.

Abb. 107
Detailansicht mit den Arkaden über dem Erdgeschoss mit Fehlstelle in den Spolien.

Gebäude verschiedene Spolien wiederverwendet. Dabei kamen insgesamt 60 Bauteile aus verschiedenen Häusern zur repräsentativen Wiederverwendung. Die Spolien wurden nicht den ursprünglichen Gebäuden zugeordnet sondern frei eingebaut. So stammt die historische Erdgeschossarkade »Hinter dem Lämmchen 5« sogar von einem Haus in der Schillerstraße, also außerhalb der »Altstadt«. Selbiges Haus war bereits 1906, also lange vor dem Zweiten Weltkrieg, abgebrochen worden.

Aus diesem Grund kann auch der Fundort des Sandsteins nahe der Alten Nikolaikirche nicht verwundern, denn das Haus, zu dem die Sandsteinarkaden des Neubaus »Zu den drei Römern« ursprünglich gehören, ist das 1636 errichtete und 1950 abgerissene Erdgeschoss des Hauses »Zum kleinen Saalhof« in der Saalgasse 29.

FFM 135,6

Kranfundamente gewähren Einblick in den Untergrund am Dom

Fundmeldung:	Denkmalamt
Verbleib:	Archäologisches Museum
Bericht:	Denkmalamt
Literatur:	Hampel (2017) 94.

Der Frankfurter Kaiserdom ist als Dotationskirche im Besitz der Stadt. Im Rahmen der Bauunterhaltung ist die Denkmalpflege bei diesem bedeutenden Kulturdenkmal dauerhaft gefordert. Im letzten Berichtszeitraum begann die Sanierung der Dächer und es kam für die notwendigen Kranstandorte auch zu Erdeingriffen, die archäologische Maßnahmen nach sich zogen. Vom 26. bis zum 29. Juni 2017 konnte Denis Neumann den Aushub für die Fundamentierung im letzten Kranstandort an der Südseite beobachten (Abb. 108). Aufgrund des bestehenden Höhenunterschieds zwi-

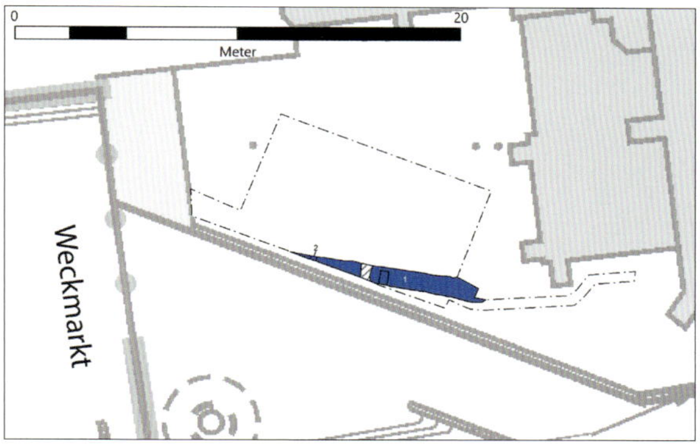

■ **Abb. 108** Gesamtplan der Befunde im Domgarten.

■ **Abb. 109** Blick nach Norden in den Domgarten, der deutlich über dem Straßenniveau im Vordergrund liegt. Rechts ist die Westseite des südlichen Querhausarms zu sehen, im Hintergrund die Südwand des Hauptschiffs.

Abb. 110 Blick nach Westen auf das Mauerfundament St.1 und 2.

Abb. 111 Schmaler Mauerdurchlass nach Süden.

Abb. 112 Ein- und Anbauten an den Mauerzug.

schen Garten und Bürgersteig erfolgte die Ausschachtung nur im Bereich des Domgartens, während ein Teil des Kranfundaments nach Süden auf der Straßenoberfläche angelegt wurde (Abb. 109). Im Baufenster befand sich eine Bruchsteinmauer St. 1 und 2, die aus Kalksteinen und sehr wenigen, kleinen Rotsandsteinen bestand. Sie verlief mehr oder weniger parallel der bestehenden Gartenmauer und konnte über knapp 9 m verfolgt werden (Abb. 110). Dabei kann es sich nicht um eine ältere Zaunanlage handeln, denn die Mauerbreite beträgt rund 0,85 m und es zeigen sich schmale Eingänge (Abb. 111) und Einbauten (Abb. 112).

Auf dem Merianplan von 1628 ist eine Reihe kleiner Häuschen an dieser Stelle erkennbar, ebenso etwas verändert auf dem Ravensteinplan von 1861.

Leider konnten keine Fundstücke nachgewiesen werden, es bleibt der Hinweis, dass der Faber'sche Plan von 1552 ausschließlich eine Friedhofsmauer ohne jegliche Anbauten zeigt.

Im März 2018 wurden beim Fundamentieren einer Straßenlaterne Knochen gefunden. Die Fundstelle liegt nördlich vor dem Dom bereits auf der gegenüberliegenden Straßenseite. Alle Skelettreste wurden verworfen im Oberboden angetroffen und sind vermutlich im Rahmen des Abbruchs des benachbarten Beinhauses in den Boden gelangt.

FFM 143

Grabplatten als Baumaterial in St. Leonhard

Fundmeldung: Denkmalamt
Verbleib: Archäologisches Museum
Bericht: Denkmalamt
Literatur: Hampel (2019) mit ält. Lit.

Das Denkmalamt war begleitend zu den noch andauernden Bauarbeiten erneut in St. Leonhard aktiv (Abb. 113). Nachdem im Rahmen der Kirchensanierung im Innenraum der Fußboden auf das Niveau des 16. Jh. abgesenkt wurde, mussten auch Maßnahmen an den Eingängen zur Anpassung durchgeführt werden.

Im Juli 2018 begannen die Vorbereitungen für das Absenken des Bodens im Bereich des Hauptportalgewändes. Die Sandsteingewände und der Durchgangsbereich waren im 19. Jh. hochgesetzt worden, nachdem der Fußboden der Kirche aufgefüllt wurde. Dies sollte rückgängig gemacht und gleichzeitig ein barrierefreier Zugang gewährleistet werden (Abb. 114). Denis Neumann konnte die Maßnahmen beobachten und fand dabei Bruchstücke von Grabplatten, die als Unterbau der Erhöhung dienten (Abb. 115). Offenbar wurden mindestens zwei Grabplatten (St. 314) zerschlagen und im Rahmen der letzten Fußbodenerhöhung im Innenraum als Baumaterial wiederverwendet. Dabei wurden die Treppenanlage am Hauptportal ebenso (Abb. 116) wie auch die Sandsteingewände unterlegt (Abb. 117).

Die Grabplatten dürften vermutlich im alten Fußboden der Kirche gelegen haben, was auf historischen

■ **Abb. 113** St. Leonhard 2019, im Vordergrund der Main, im Hintergrund die Skyline.

■ **Abb. 114** Nordwestportal der Leonhardskirche während der Absenkung auf das Niveau des 16. Jhs.

■ **Abb. 115** Zerschlagene Grabplatte in Zweitverwendung im Durchgang des Haupteingangs zur Vorhalle.

■ **Abb. 116** Detailaufnahme der Grabplatte im Durchgang mit Verzierungs- und Inschriftenresten.

Bildern erkennbar ist und bis in das 19. Jh. gängige Praxis war. Die Platten wurden im Rahmen der Auffüllung entfernt und anderweitig verwendet.

Ein beredtes Beispiel bieten auch die 16 sekundär als Unterbau verlegten Grab- und Altarplatten, die im Rahmen der Ausgrabungen im mainseitigen Seitenschiff gefunden wurden.

Leider existiert kein Verzeichnis der ehemaligen Grabplatten die im Fußboden lagen und somit ist auch nicht bekannt, wo sie ursprünglich gelegen haben.

■ **Abb. 117** Rest einer zweiten Grabplatte aus Rotsandstein aus der entfernten Vermauerung am Hauptportal.

FFM 146

Auf Abwegen – beim Kanalbau in alte Keller geraten

Fundmeldung:	Denkmalamt
Verbleib:	Archäologisches Museum
Bericht:	Denkmalamt
Literatur:	Lübbecke (1939).

Im Februar 2019 wurde auf der Südseite der Berliner Straße in Höhe der Hausnummer 27 eine Kanalbaumaßnahme durchgeführt.

Die Berliner Straße ist im Rahmen des Wiederaufbaus südlich der Zeil ausgebaut worden. In ihrem Verlauf folgt sie grundsätzlich der älteren Schnurgasse, allerdings ist der neue Straßenzug deutlich breiter.

Da die schmale Schnurgasse dicht bebaut war und diese Häuser in der Regel auch unterkellert waren, kamen diese Strukturen durch die Verbreiterung im heutigen Straßenraum zum liegen.

In der Regel wurden Keller nicht ausgebaut, sondern verfüllt und mit der neuen Straßendecke überdeckt.

Im Rahmen der Kanalbauarbeiten geriet man in einen dieser Keller (St. 18), der bereits durch die Vorgängermaßnahme gestört war (Abb. 118). Eine Meldung erfolgte in keinem Fall. Leider waren die Maße des verfüllten Kellers nicht zu ermitteln, Funde waren nicht erkennbar. Sichtbar waren jedoch Teile der gewölbten, aus Backsteinen gemauerten Kellerdecke, wobei der Bogenscheitel auf der gesamten Länge eingeschlagen war. Die Backsteine maßen 24 × 12 × 6 cm in einem feinkörnigen dunkelgelben Mörtelbett. Der Keller hatte in der Westwand einen Durchlass und lag parallel zur Berliner Straße, d. h. er war ostwestlich orientiert.

Es könnte sich um den Keller des ehemaligen Hauses Schnurgasse 45 oder 47 handeln.

Abb. 118 Blick nach Westen auf die verputzte Kellerwand mit dem halbrunden oberen Abschluss einer schmalen Öffnung; darüber ist in Teilen das Deckengewölbe aus roten Backsteinen erhalten.

FFM 150

Alte Keller unter der Limpurger Gasse

Fundmeldung:	Denkmalamt
Verbleib:	Archäologisches Museum
Bericht:	Denkmalamt
Literatur:	Hampel (2017) 96.

Abb. 119 Kanalarbeiten in der Limpurger Gasse. Der Bestandskanal mit senkrechtem Einlauf aus Backsteinen.

Im März 2017 konnte Denis Neumann einen Kanalbau in der Limpurger Gasse beobachten. In einem Radius von 9 m wurde bis zu einer Tiefe von 2,40 m unter heutiger Oberfläche der Boden aufgegraben. Zunächst zeigte sich der aus Backsteinen gemauerte Bestandskanal St. 18 mit dem Zulauf und der eigentlichen Kanalführung (Abb. 119).

Diese Kanalführung griff in bestehende Mauerzüge ein (St. 17, Abb. 120 und 121). Diese Mauern

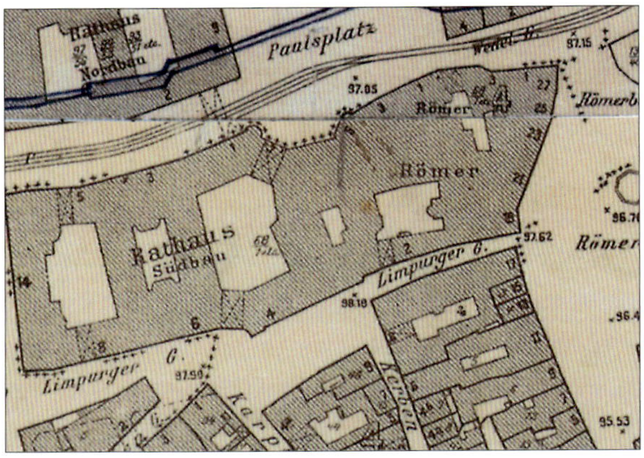

Abb. 122 Historischer Verlauf der Limpurger Gasse vor 1945.

aus Kalkbruchsteinen mit einem festen, dunkelgelben Mörtel können der ehemaligen Bebauung der Südseite der Limpurger Gasse zugewiesen werden. Die Mauer verlief zunächst ostwestlich mit einer Breite von 0,80 m und knickte nach 2,30 m nach Norden ab, hier erreichte sie eine Breite von 1 m und konnte auf einer Länge von 3,90 m verfolgt werden. An der Westseite des nordsüdlichen Mauerabschnitts war ein Gewölbeansatz erhalten. Die heutige Nachkriegsbebauung weicht grundsätzlich von der ursprünglichen mittelalterlichen Bauflucht ab und zeigt an dieser Stelle eine Grünanlage. Die mittelalterliche Gasse war schmal und zu beiden Seiten bebaut (Abb. 122).

Die Mauerreste können anhand der Stadtpläne der Vorkriegsbebauung der Liegenschaft Limpurger Gasse 8 zugewiesen werden. Da die Gasse erheblich schmaler als heute war, fanden sich die Baureste im Bereich der heutigen Fahrbahn.

Die Unterkante der Mauern waren bei 95 m ü. NN erreicht und sie mussten im Baufenster vollständig entfernt werden.

Funde konnten nicht geborgen werden.

■ **Abb. 120** Der Backsteinkanal war in die historische Bruchsteinmauer gesetzt.

■ **Abb. 121** Halbrund gesetztes Endstück und ausgedehnte Zerstörungen der historischen Bausubstanz.

FFM 160

Überraschend wiedergefunden – ein Stück alte Stadtmauer

Fundmeldung:	Denkmalamt
Verbleib:	Archäologisches Museum
Bericht:	Denkmalamt
Literatur:	Hampel (2017) 99 f. mit ält. Lit.

Im März 2017 begannen die Erdarbeiten für eine Neubebauung in der Seilerstraße 7 unter der örtlichen Grabungsleitung von Denis Neumann.

Das Grundstück war nach einem Kriegsschaden nicht wieder bebaut worden und lag brach. Es liegt an der Südseite der Seilerstraße, die einen Teil des Frankfurter Anlagenrings darstellt (Abb. 123).

Der Baumaßnahme konnte nur unter denkmalrechtlichen Bedingungen zugestimmt werden, da hier Reste der mittelalterlichen Stadtbefestigung zu vermuten waren.

Tatsächlich durchzog das Grundstück von Nordwesten nach Südosten die Stadtmauer (Abb. 124). Die Mauern St. 9 und St. 10 bestanden aus Kalkbruchsteinen und hatte eine Stärke von 1,05 m. Nach innen sind zwei Strebepfeiler St. 9,1 und 9,2 bis zu einer Stärke von insgesamt 1,85 m gemauert. Jüngere Kelleranbauten wurden mit Mauerdurchbrü-

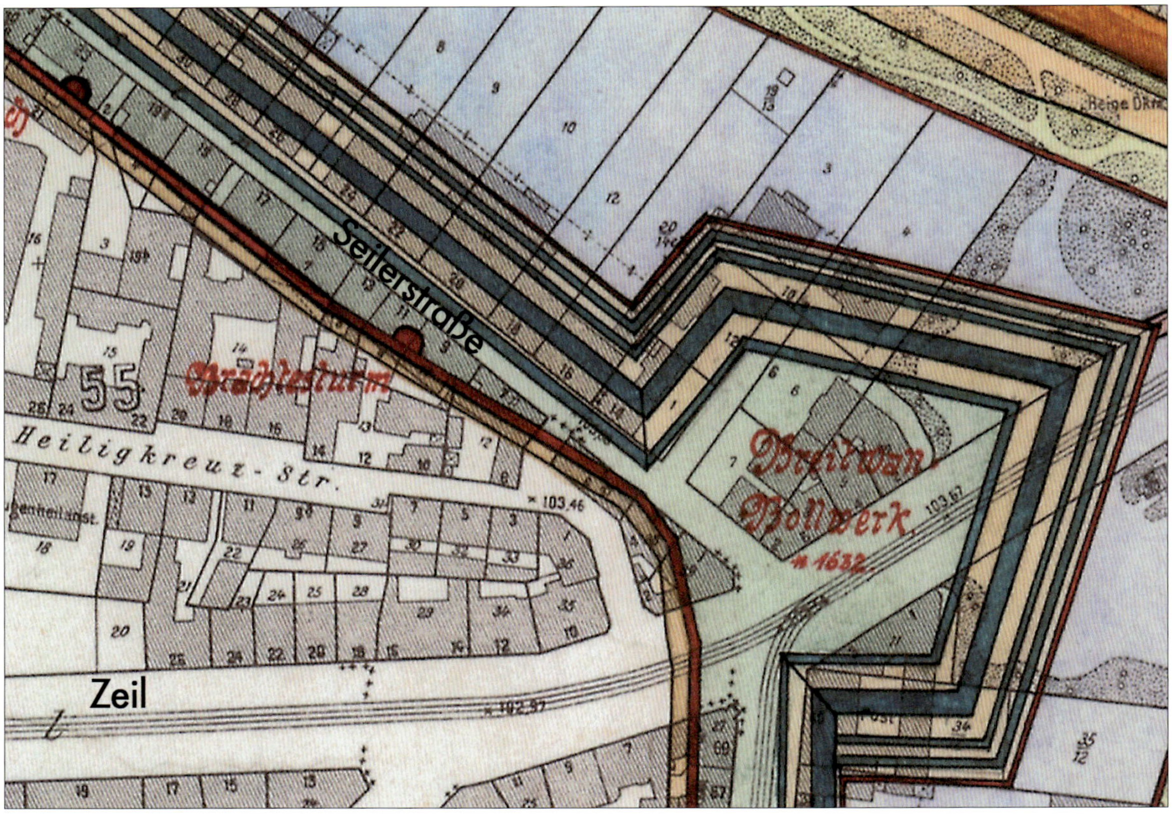

Abb. 123 Lage des Baugrundstücks Seilerstraße 7 auf dem sog. Ritterplan mit Eintragung der Stadtbefestigung. In Rot ist die Stadtmauer dargestellt.

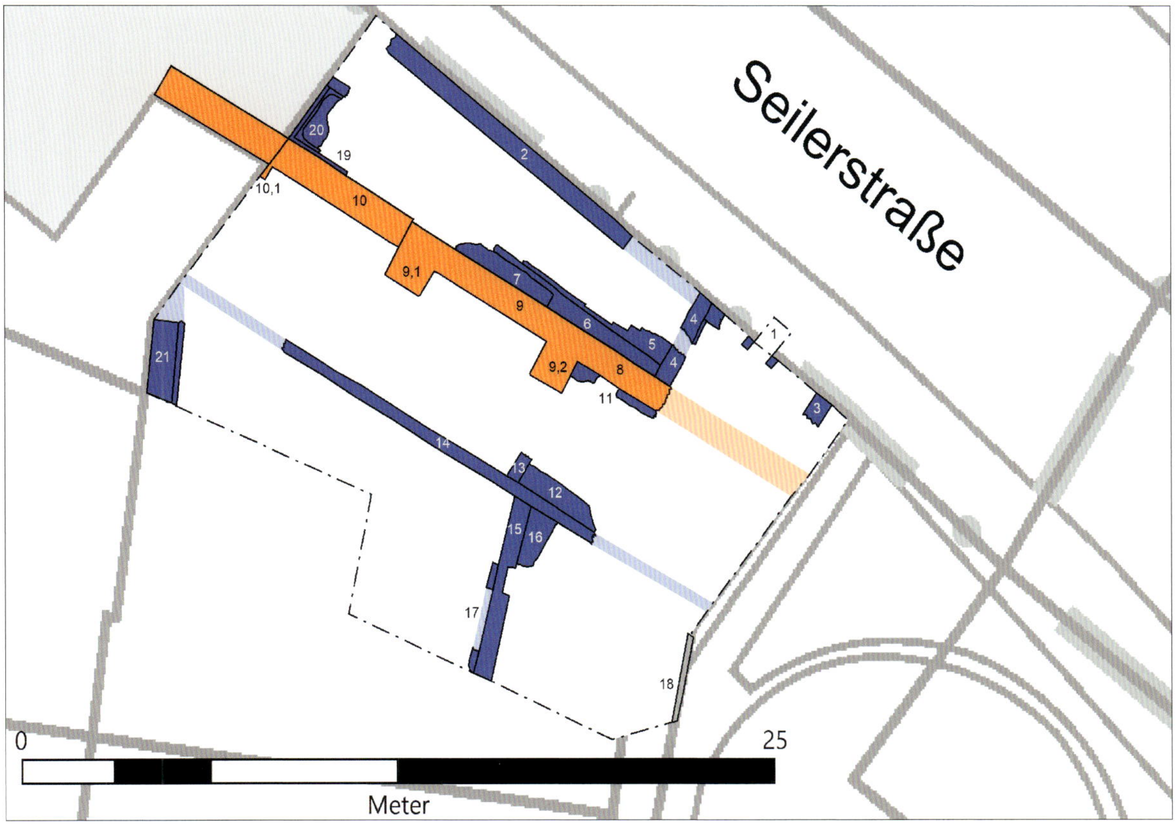

■ **Abb. 124** Gesamtplan der Ausgrabung in der Seilerstraße. Die Stadtmauer ist in Orange hervorgehoben, ihr Verlauf teilrekonstruiert.

■ **Abb. 125** Stadtmauer und jüngere Kelleranbauten aus Bruchsteinmauerwerk in der Baugrube.

■ **Abb. 126** Mauerstumpf an der Hauswand Seilerstraße 9.

■ **Abb. 128** Stehende Mauer in der Rechneigrabenstraße, parallel zur Lange Straße.

■ **Abb. 127** Sehr gute oberirdische Erhaltung der Befestigungsmauer bis zu einer Höhe von rund 5 m.

■ **Abb. 130** Das Steinzeug-Probestück in drei Ansichten, Maßstab 1:1.

chen (St. 8) begehbar gemacht (Abb. 125). Sie lagen beiderseits der Stadtmauer bis zur Straßenkante.

Eine große Überraschung zeigte sich an der Grundstückgrenze zur Hausnummer 9. Hier ragte ein Mauerstumpf in das Baugrundstück, der sich als aufgehender Rest der Stadtmauer erwies (Abb. 126). Offenbar bildet die Südwand des stehenden Gebäudes die Stadtmauer des 14. Jhs. bis zu einer Höhe von über 5 m (Abb. 127). Ob sich dieser Befund in den Bestandsgebäuden entlang der Seilerstraße nach Nordwesten fortsetzt, ist nicht bekannt.

In diesem Zusammenhang wurde 2017 auch die Bruchsteinmauer südlich anschließend an die Hausnummer Lange Straße 23 begutachtet. Sie bildet die west-

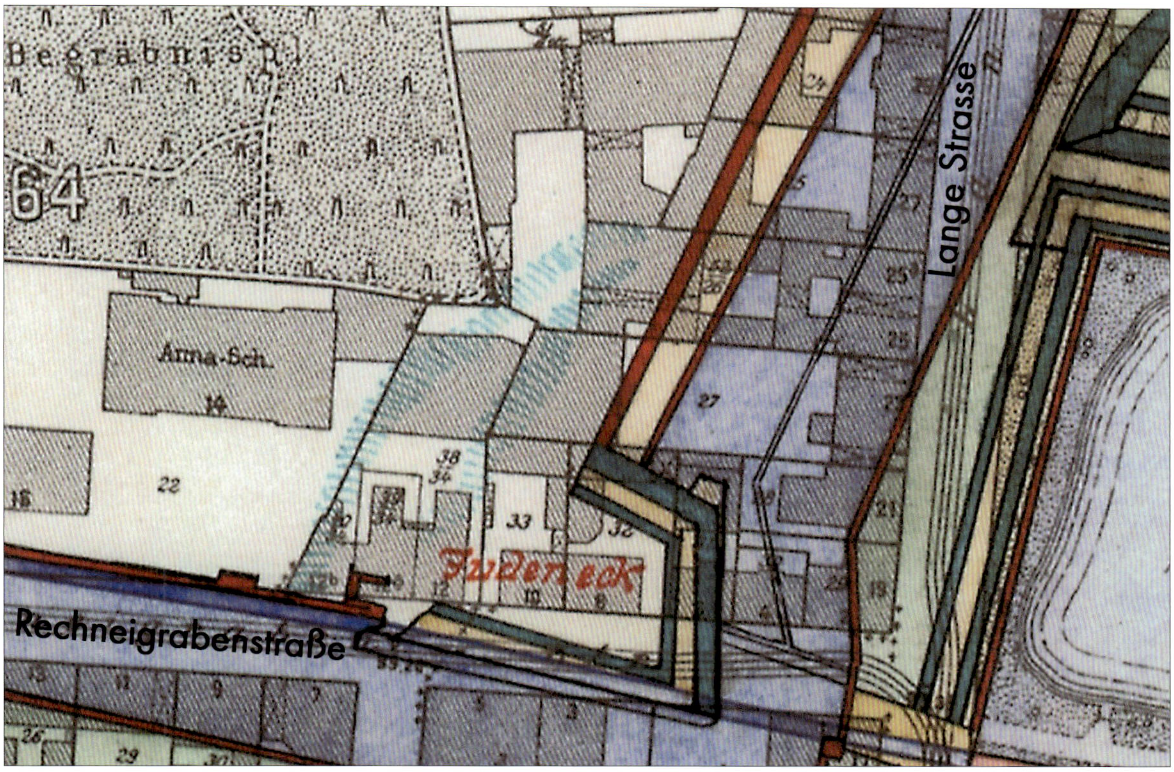

Abb. 129 Lage des Baugrundstücks Lange Straße 25–27 auf dem sog. Ritterplan mit Eintragung der Stadtbefestigung. In Rot ist die Stadtmauer dargestellt.

lichen Grundstücksgrenzen der anschließenden Liegenschaften Rechneigrabenstraße 2 und 4 (Abb. 128). Zweifellos handelt es sich um eine historische Mauer mit einer deutlichen Baunaht. Während der kürzere Abschnitt einer Vorgängerbebauung zugewiesen werden kann, handelt es sich beim hinteren Teil offenbar um die Grenzmauer. Im Aufgehenden weist nichts auf einen Rest einer Stadtmauer hin.

Eine weitere Maßnahme mit Bezug zu den Befestigungsanlagen wurde 2018 durch Elke Sichert in der Lange Straße 25–27 im Hinterhof beobachtet. Der Baubereich liegt im Verlauf von mittelalterlichem und frühneuzeitlichem Mauerwerk für Bastionen und Stadtmauern (Abb. 129). Es fanden sich ausschließlich moderne Störungen und Auffüllungen, aus denen nur ausnahmsweise moderne Fundstücke gesammelt werden konnten; sie wurden ausgeschieden. Inventarisiert wurde ein kurioser Fund: Ein Tonwürstchen, zu Steinzeug gebrannt (Abb. 130). Bei dem Fund dürfte es sich um das Probestück handeln, das versuchsweise in einem Töpferofen mitgebrannt wurde, beispielsweise um die Tonqualität zu testen. Eine Seite ist geriffelt von der Unterlage, auf der der Ton trocknete, die anderen Seiten zeigen deutliche Fingerabdrücke des Töpfers. Sie sprechen für eine hastige Herstellung des rein funktionalen Objekts.

FFM 172

Goethes Keller

Fundmeldung:	Denkmalamt
Verbleib:	Archäologisches Museum
Bericht:	Denkmalamt
Literatur:	Hampel (2017) 101 f.

Während die Straße Großer Hirschgraben weitgehend ihrem historischen Verlauf als trockener Graben der staufischen Stadtmauer folgt (Abb. 131), ist die vorhandene Bebauung das Ergebnis des Wiederaufbaus der Nachkriegszeit. Dies gilt auch für den Bereich des sog. Cantatesaals und das anschließende Goethehaus. Ausgedehnte Baumaßnahmen in diesem Bereich westlich der Straße führten im vorangegangenen Berichtszeitraum zum Nachweis von Kellerresten der historischen Bebauung auf dem Grundstück Großer Hirschgraben 17–21.

Die Maßnahmen wurden 2017 in Teilbereichen fortgesetzt und es zeigten sich wenige Baureste (Abb. 132). Dabei handelt es sich um Kellerreste, die in der Regel aus Bruchsteinmauern errichtet waren. Dabei wurden gelegentlich auch Rotsandsteine und Backsteine verwendet. Mindestens einmal zeigte sich eine deutliche Baunaht auf einer sorgfältig gesetzten Mauer mit einer vorkragenden Überbauung mit deutlich kleinstückigeren Bruchsteinen (Abb. 133). Bei den Bauresten handelt es sich um die Reste der Vorkriegsbebauung, die bis an die hintere Grundstücksgrenze vorhanden war.

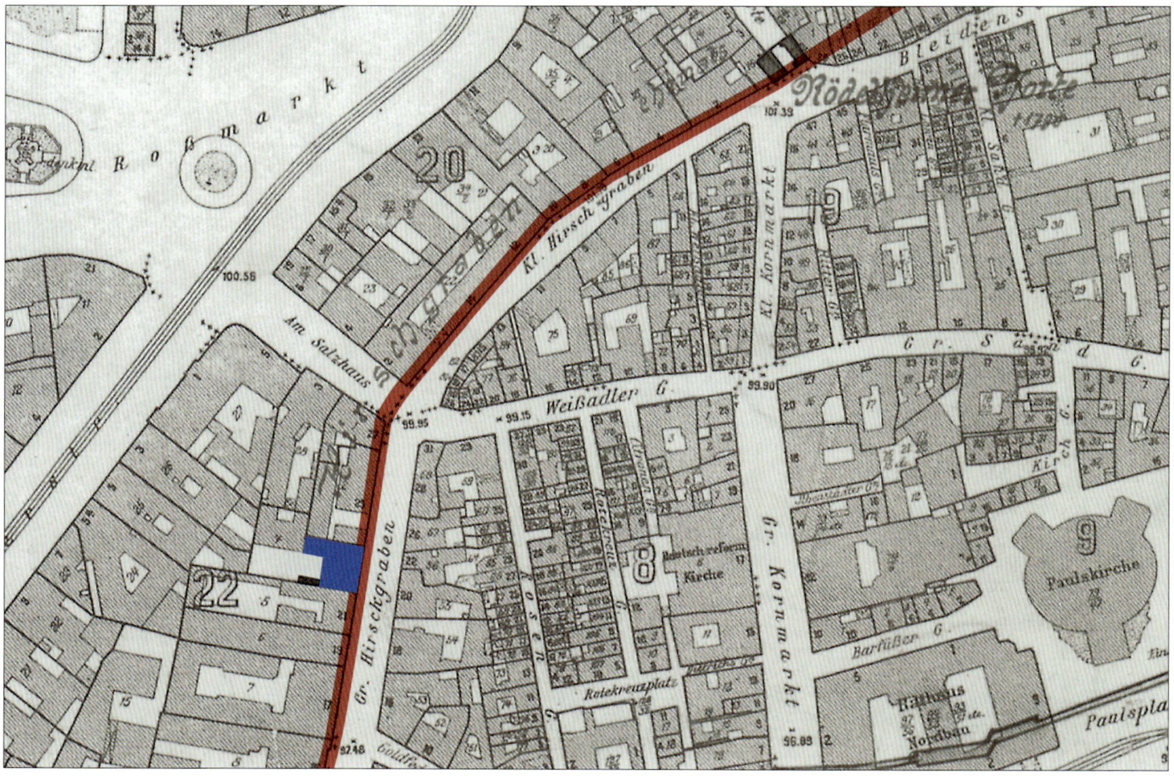

■ **Abb. 131** Lage des Grundstücks im sog. Ritterplan mit dem Hirschgraben: Rot ist der vermutliche Verlauf der staufischen Stadtmauer rekonstruiert, in Blau das Goethehaus kartiert.

Abb. 132 Keller im Baufeld aus schmalem Bruchsteinmauerwerk.

Abb. 133 Zweiphasiger Mauerabschnitt; oben ein kleinteiliges, überkragenden Mauerwerk, darunter sorgfältig gesetztes Bruchsteinmauerwerk aus deutlich größerem Material.

Abb. 136 Mauerzug unter dem Trottoir, der dem Verlauf der Straße folgt.

■ **Abb. 134** Unterirdischer Gang als Verbindung zwischen dem Goethehaus und dem Neubau.

■ **Abb. 135** Links Portrait auf einem barocken Blumentopf, rechts gelbglasierte Handhabe mit Putto, darunter Westerwälder Krug mit Löwenapplikation, Maßstab 1:2.

Unter der örtlichen Grabungsleitung von Denis Neumann und Michael Obst wurden im Mai und Juni 2017 Erdarbeiten im Hof des Goethehauses beobachtet. Dabei wurde auch die trennende Bestandsmauer zwischen den Grundstücken untergraben mit dem Ziel, einen unterirdischen Verbindungsgang zu schaffen (Abb. 134).

Weiterhin wurde im Gartenbereich eine schmale Fundamentierung aus Bruchsteinen mit einem hohen Anteil an Rotsandsteinen erfasst. Auch in diesem Bereich sind auf den alten Stadtplänen Nebengebäude zu erkennen, ohne dass der Befund zugeordnet werden kann. Form und Ausführung lassen jedoch auf einen eingeschossigen Bauteil schließen.

In den Auffüllschichten lagen Fundstücke des 18./19. Jhs. und dokumentieren einen gehobenen Haushalt. Neben einer gelbglasierten Handhabe eines vermutlichen Bräters in Form eines geflügelten Puttos, soll auch ein Schankgefäß sog. »Westerwälder Steinzeug« genannt werden. Der salzglasierte Krug ist nur in

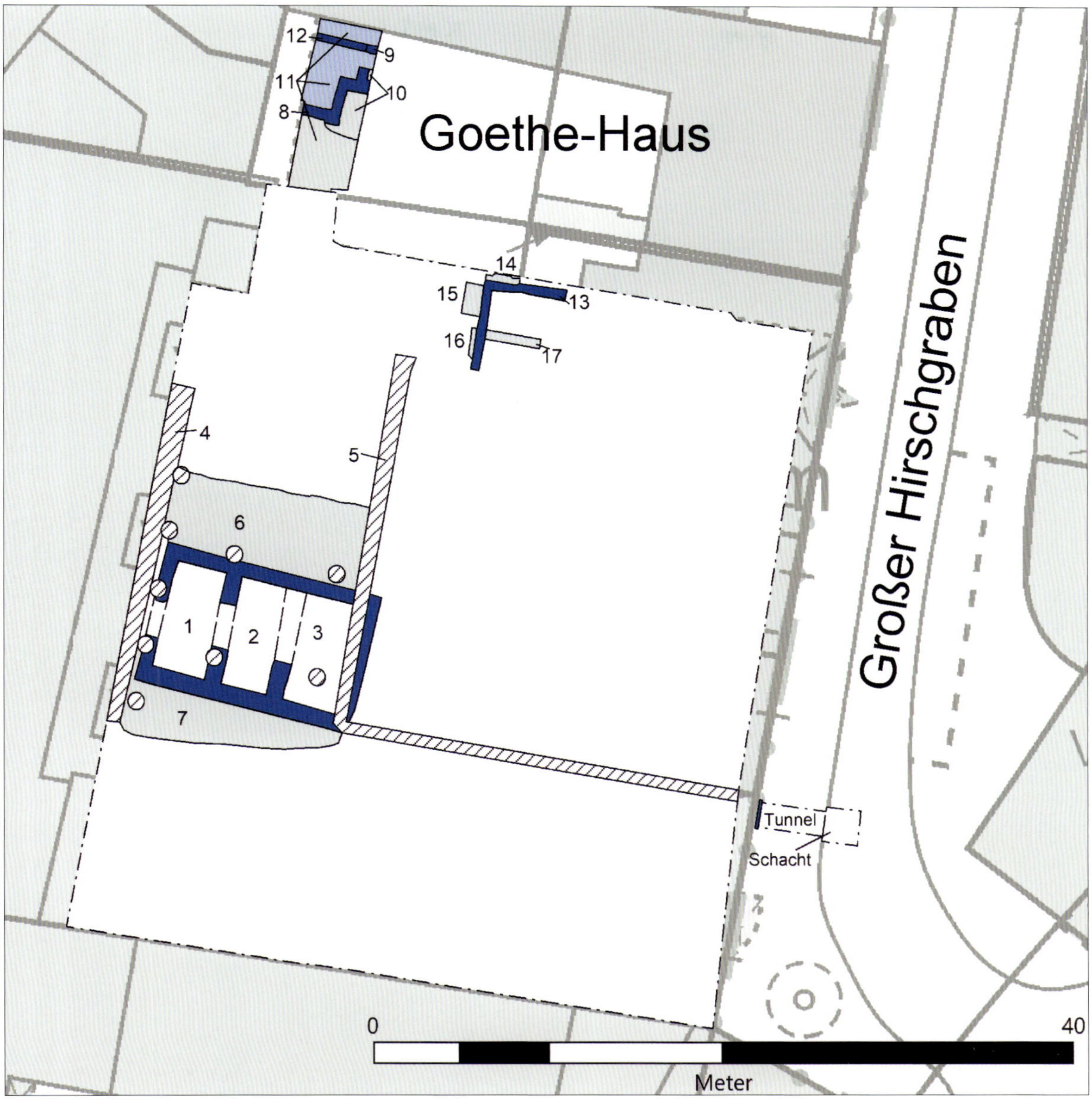

Abb. 137 Gesamtplan der durchgeführten Ausgrabungen.

einem Fragment erhalten und zeigt am Fuß sehr detailliert ausgearbeitete Löwenköpfe als Applikationen. Ein ausdrucksstarkes Portrait schmückte einen unglasierten Blumentopf (Abb. 135).

Im April 2019 wurde der notwendige Kanalanschluss im Bereich des Trottoirs ausgehoben. Dabei war in 5 m Tiefe eine parallel zur Straße verlaufende Mauer aus Rotsandsteinen und Blasenbasalten vorhanden, stadtseitig befanden sich zwei schmale Fundamentvorsprünge (Abb. 136). Leider konnte die Mauerbreite nicht dokumentiert werden, obwohl sie für den Kanalanschluss durchbrochen wurde.

Die Mauer befindet sich im projizierten Verlauf der staufischen Stadtmauer (vgl. Abb. 131). Während im Osten die Mauer stehend und archäologisch gemäß den Eintragungen im sog. Ritterplan nachgewiesen wurden, fehlen die Angaben im Westteil der Stadt. Hier zeigt sich vielmehr eine Lücke zwischen der sog. Rödelheimer Pforte an der Bleidenstraße/Kleiner Hirschgraben und dem Bereich Großer Hirschgraben/Bethmannstraße.

FFM 176

Aufzugunterfahrt in historische Auffüllung

Fundmeldung:	Denkmalamt und Bauherrschaft
Verbleib:	Archäologisches Museum
Bericht:	Denkmalamt
Literatur:	Grünewald (2012) 360f.

Im August 2017 meldete Frau Stefan Fundstücke aus dem Bereich des Jüdischen Museums. Die Fundstelle war schon mehrfach Ziel der archäologischen Denkmalpflege, da ein großer Neubau errichtet wird.

Diesmal handelte es sich jedoch um Erdarbeiten unter dem bestehenden Kellerboden des denkmalgeschützten Rotschildpalais auf einer Fläche von rund 30 qm bis zu einer Tiefe von 94,79 m ü. NN. für eine Aufzugsunterfahrt. Die Fundstelle liegt im Keller des Hauses Untermainkai 14 im nordöstlichen Kellerteil (Abb. 138).

Ein Ortstermin mit Michael Obst, Denis Neumann und Andrea Hampel zeigte flächig eine dunkle Kulturschicht, die beiderseits und unter einer abzubrechenden Trennmauer vorhanden war.

Bei den Fundstücken handelt es sich um gelb und grün glasierte Küchengeschirre des späten Mittelalters und der frühen Neuzeit, wahrscheinlich handelt es sich um eine Aufschüttung nach der Schleifung der Stadtbefestigung am Beginn des 19. Jhs.

Neben einigen häufig auftretenden Tierknochen ist auch ein ungewöhnliches Fundstück (Abb. 139) zu nennen. Es handelt sich um einen Leuchter für Öl

■ **Abb. 138** Dunkle Kulturschicht im Schacht für die Aufzugsunterfahrt; Baustrukturen sind nicht vorhanden.

Abb. 139 Grünglasierte Öllampe mit Kerzenhalter, links Schrägansicht, rechts Maßstab 1:2.

und Kerzen. Dabei sind beiderseits einer grünglasierten flachen Ölschale mit Schneppe symmetrisch zwei ebenfalls grün glasierte Kerzenhalter vorhanden, wobei einer abgebrochen war. An dem Leuchter kann ein unglasierter, runder Standfuß ergänzt werden, ein Henkel war nicht vorhanden.

Dabei dürften die teuren Kerzen nur zu besonderen Anlässen entzündet worden sein, während sonst eine preiswertere Öllampe Licht gespendet haben wird. Vergleichsfunde, allerdings nur mit einem Kerzenhalter und einem Henkel sind aus dem Kloster Liebenau bekannt (Grünewald (2012) Abb. S. 361).

Ein unglasierter Fuß und eine weitere grün glasierte Ölschale weisen auf mindestens einen weiteren Leuchter hin. In Frankfurt waren diese Leuchter bisher nicht im Fundgut vertreten.

Im Oktober 2019 wurden im historischen Gebäudeteil bei Arbeiten im Innenraum ein einzelner Tierknochen gefunden. Das Fundstück lag unter dem Erdgeschossboden in der Schüttung und kann im Rahmen der Baumaßnahmen des 19. Jh. eingefüllt worden sein. Solche Funde im Fehlboden sind nicht selten, das Fundstück wurde nach Begutachtung ausgeschieden.

FFM 212

Ein Finger aus dem Grab Rübenach

Fundmeldung:	Grünflächenamt
Verbleib:	Archäologisches Museum
Bericht:	Denkmalamt
Literatur:	Erche (1999) 166.

Das Grab Rübenach steht auf dem Frankfurter Hauptfriedhof, Gewann B, 30–31. Das imposante Grabmal wird gegliedert durch zwei Querarme mit Bänken, dazwischen ein Postament mit kniendem Engel. Die älteste Bestattete ist laut Inschrift Kath. Rübenach, geb. Rübner im Jahre 1823 (Abb. 140). Das Grab der Familie Rübenach entstand zum Ende des 19. Jhs. nach einem Entwurf von 1877. Die aufwändige Grabanlage besteht aus gelbem Sandstein. Der Grabschmuck ist heute stark verändert, außer dem Verlust der Metalleinfassung sind auch Teilverluste und Veränderungen am Grabstein zu verzeichnen. Eine unsachgemäße Restaurierung an der Engelsfigur war deutlich sichtbar, Teile der Hände und Flügel sind verloren (Abb. 141), heute jedoch erfreulicherweise durch Nachbildungen ersetzt (Abb. 142). Die Abteilung Baudenkmalpflege betreute 2015–2021 Instandsetzungsarbeiten an diesem Grabmal.

Abb. 140 Das Grab Rübenach nach der Restaurierung des Engels im Dezember 2016.

■ **Abb. 141** Der Engelsskulptur hatte die Zeit zugesetzt. Die Hände fehlten mindestens seit 1999 bis zur Restaurierung 2015.

Im Frühjahr 2017 meldete ein Mitarbeiter der Fa. Steinmetz-Schüssler verschiedene Fundstücke, die bei der Restaurierung gefunden wurden.

Dabei handelt es sich um einen eisernen Sarggriff und ein Sargschloss sowie um ein steinernes Fingerbruchstück (Abb. 143).

Ohne Zweifel kann das Fingerfragment der Skulptur zugewiesen werden. Die Herkunft der Sargbeschläge kann nicht zweifelsfrei belegt werden, jedoch ist die Grabstelle bis heute in Nutzung, so dass die Stücke durchaus bei jüngeren Eingrabungen zutage getreten sein können. Die Verzierungen lassen sich zwanglos zeitlich der Datierung des Grabes zuweisen.

Abb. 142 Eine Auswahl an Händen aus Gips bei der Anpassung an den Engel.

Abb. 143 Verzierte eiserne Sargbeschläge und Griff und, oben links, ein Sandsteinfinger der Skulptur.

FFM 213

Typisch Innenstadt: Viele Mauern und ein Luftschutzgang

Fundmeldung:	Denkmalamt
Verbleib:	Archäologisches Museum
Bericht:	Denkmalamt

Das Grundstück hatte ursprünglich die Hausnummer Zeil 39 und reichte nach Süden wie heute noch, bis an den Holzgraben Hausnummer 12.

Die Straße Holzgraben markiert den Verlauf des staufischen Stadtgrabens nördlich der steinernen Wehrmauer des 12. Jhs. und war hier auch als »Burggraben«, bzw. »Schießgraben« benannt.

Da der Holzgraben heute als schmale Gasse vorhanden ist, bestand die Vermutung, im Rahmen der Erdarbeiten die nördliche Grabenmauer zu erfassen. Gleichzeitig liegt das Grundstück im Bereich der Stadterweiterung, die Kaiser Ludwig IV. ab 1333 genehmigte. Im Zuge dieser Erweiterung, die bis an den heutigen Anlagenring reichte, kam es zur Überbauung des Grabens.

Ein Abrissantrag, der die gesamte Parzelle umfasste, konnte deshalb nur mit denkmalrechtlichen Bedingungen genehmigt werden. Denis Neumann konnte im Jahr 2017 die Bauarbeiten begleiten. Die Abbrucharbeiten waren unkoordiniert und langwierig; endlich standen nur noch die Trennmauern links und rechts. Diese Mauern waren zum Teil verputzt und bestanden im unteren Abschnitt, d. h. auf Erdgeschoss- und Kellerniveau, aus Sandsteinquadern, darüber soweit erkennbar vornehmlich aus Backstein. Unter dem Kellerboden markierte St. 5 die ehemalige Hauswand zur Zeil und in einem Abstand von rund 3 m ein ebenfalls ostwestlicher Mauerzug St. 1 mit St. 3 weitere Reste der Vorgängerbebauung. Diese wurden zum Teil durch das Betonfundament St. 2 überlagert. Dicht an der west-

Abb. 144 Rest eines Steinbrunnens unter der Nachkriegsbebauung.

Abb. 145 Schmaler Durchlass in den westlichen Nachbarkeller, sekundär vermauert.

lichen Hausmauer lag unter den älteren Mauern ein Steinbrunnen St. 4 (Abb. 144) in einer Tiefe von rund 4 m unter der heutigen Oberfläche, der einer älteren Nutzung zugewiesen werden kann; Funde waren nicht vorhanden.

Mit St. 6 wurde ein sekundär vermauerter Durchlass aufgenommen. Der rundbogige Durchgang verlief ostwestlich und war mit einem Entlastungsbogen und gemauerten Wangen aus Backstein ausgeführt (Abb. 145). Die spätere Vermauerung erfolgte ebenfalls in Backstein; soweit erkennbar, handelt es sich in jedem Fall um Reichsformate. Da der Durchgang parzellenübergreifend war und in die bestehende Rotsandsteinwand gebrochen wurde, dürfte es sich um einen der zahlreichen Luftschutzgänge handeln. Da in der Altstadt, d. h. im gesamten Areal innerhalb des heutigen Anlagenrings kein bombensicherer Bunker vorhanden war, waren die Luftschutzkeller miteinander verbunden. Zwar war die Hauptrichtung zum Main hin, es gab aber auch Ostwestverbindungen. Nach dem Krieg wurden die Durchlässe in der Regel wieder vermauert.

Denis Neumann konnte nur wenige Lesefunde sammeln, dabei handelte es sich einmal um eine Porzellantasse und ein Eisenobjekt mit Porzellanrolle sowie eine kleine, profilierte Säulentrommel aus Rotsandstein (Abb. 146) einer Vorgängerbebauung.

Abb. 146 Die kleine Sandsteinsäulentrommel aus dem Schutt, Ober- und Unterseite identisch scharriert; Maßstab 1:3.

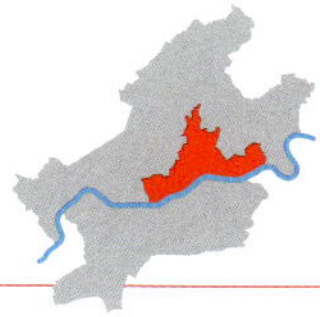

FFM 214

Kuhhörner und Mauern in der Reineckstraße

Fundmeldung:	H. Kadner (Stadtentwässerung) und Denkmalamt
Verbleib:	Archäologisches Museum
Bericht:	Denkmalamt
Literatur:	Lübbecke (1939).

Im März 2017 meldete Herr Kadner von der Stadtentwässerung einen Mauerzug in der Reineckstraße. Ein sofortiger Ortstermin mit Denis Neumann bestätigte das Vorhandensein von Mauerresten (Abb. 147). In einer Tiefe von rund 1,20 m war im Rahmen von Kanalarbeiten ein Schacht von 4 x 1,50 m ausgehoben worden. Die begrenzte Grabungsfläche von nur 6 qm ließ eine rechteckige Ummauerung aus Kalkbruch- und Sandsteinen erkennen. Das Schachtbauwerk konnte bis zu einer Tiefe von 3 m verfolgt werden, die Unterkante wurde nicht erreicht.

Während der obere Abschnitt U-förmig mit einer Öffnung nach Osten und leicht geschwungenen Kanten gemauert war, folgt in 1,20 m Tiefe eine rechteckige Sandsteinmauerung mit den Maßen 0,70 × 0,60 m und einer leichten Fase, eventuell zum Auflegen einer Metallabdeckung.

Denis Neumann konnte 4 Kuhhörner aus der Füllung bergen (Abb. 148), was möglicherweise für eine Knochen-, bzw. Schusterwerkstatt in der Nähe spricht. Kuhhörner sind für den Abfall eines Metzgers untypisch.

Die Straßenführung heute als verkehrsberuhigte Fläche einer Fußgängerzone südwestlich der Konstablerwache ist das Ergebnis der Nachkriegsbebauung (Abb. 149). Ursprünglich lag die Reineckstraße südlich der alten Markthalle und mündete nicht direkt auf die Fahrgasse, sondern weiter westlich in die nordsüdlich verlaufende Straße »An der Markthalle«. Die Trasse verläuft noch heute direkt nördlich der staufischen Stadtmauer im Bereich des zugehörigen Stadtgrabens, der hier »Gänsegraben« hieß. Mit der Stadterweiterung ab dem 14. Jh. wurde der Graben überbaut.

Die Fundstelle lag im Bereich bebauter Parzellen, hier die Liegenschaften Fahrgasse 113–117. Das Kanalbauwerk dürfte diesen Häusern zuzuweisen sein; Material und Ausführung sprechen für eine frühneuzeitliche Bauzeit.

Abb. 147 Blick nach Westen auf das ältere Schachtbauwerk.

Abb. 148 Die vier Kuhhörner, der Rest der Rinder fehlt. Maßstab 1:3.

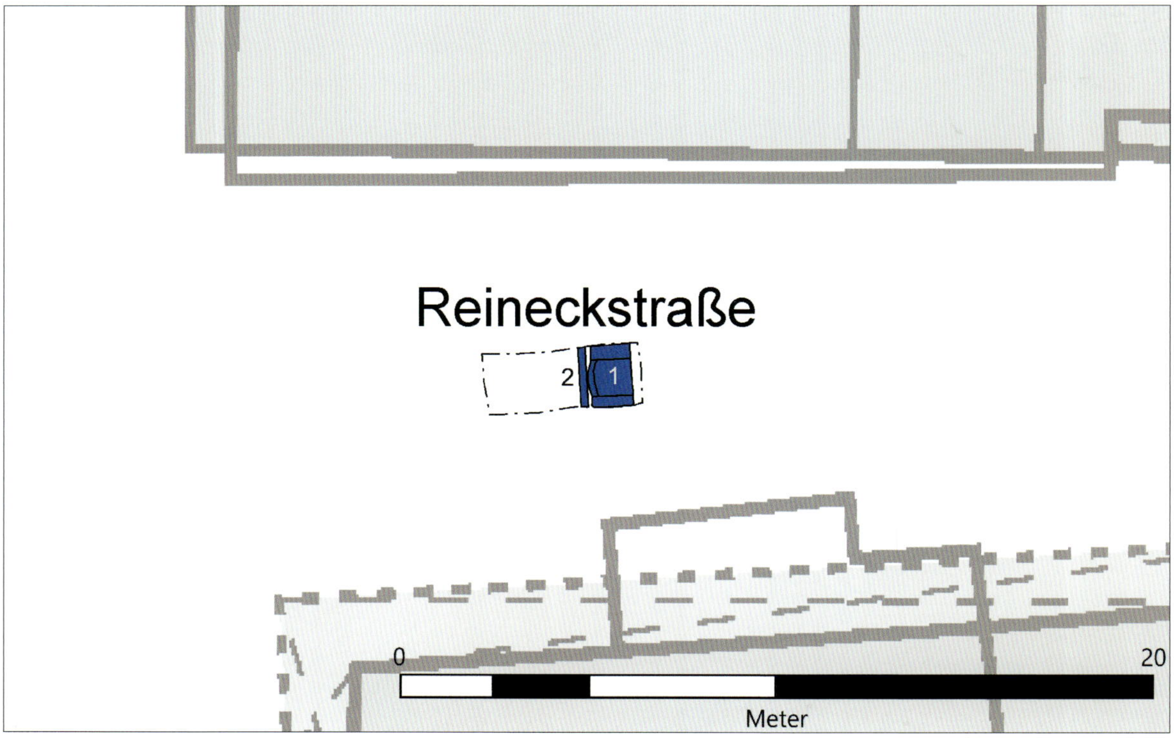

Abb. 149 Ein kleiner Einblick in die Reineckstraße: Lage der Ausgrabung.

FFM 215

Das Braubachufer

Fundmeldung:	Denkmalamt
Verbleib:	Archäologisches Museum
Bericht:	Denkmalamt
Literatur:	Eckstein (2006). – Hampel (2019) 37 ff. und Abb. 45 (1993). – Thomas (1908). – Bredsten Antik (o. J.). – Auktionshaus Oelsnitz (2020). – Auktionshaus Bergmann (2003). – kult Westmünsterland (2021). – Museum Baruther Glashütte (2022).

Im Frühjahr 2018 begannen die Erdarbeiten für die Neubebauung im Hof der Braubachstraße 3–5. Bei Arbeitsbeginn war die Garagenanlage niedergelegt und zunächst sollte der Verbau hergestellt werden. Die hierfür notwendigen Baggerarbeiten standen unter der örtlichen Grabungsleitung von Denis Neumann.

Im sog. Ritterplan ist von Osten nach Westen sowohl die mittelalterliche Antauche sowie die karolingische Pfalzmauer im Bereich der Neubaumaßnahme eingetragen (Abb. 150). Es zeigte sich im gesamten Areal die ausgedehnte Altbebauung, die 1944 zerstört wurde. Die Baureste lassen sich der spätmittelalter-frühneuzeitlichen Bebauung zuweisen (Abb. 151, 152), ältere Baureste waren nicht vorhanden.

Dies ist darin begründet, dass der ehemalige Braubach das Grundstück durchzieht. Dieser ehemalige Altarm des Mains stellt die nördliche Grenze der Domhügelbebauung dar, da das sumpfige Gelände auch im Mittelalter als Bauland gemieden wurde. Die Lage des Altarms hatte eine aufwendige Umplanung in der Fundamentierung des Neubaus zur Folge. Dabei konnte der Braubach bis zu einer Tiefe von über 6 m unter heutiger Oberfläche nachgewiesen werden (Abb. 153).

Entsprechend der Befundlage stammt der überwiegende Teil der Funde aus der Neuzeit und waren als Lesefunde im Schutt vorhanden. Gleichwohl sind auch wenige mittelalterliche Fundstücke nachgewiesen, d. h. neben nur zwei gotischen Becherscherben auch

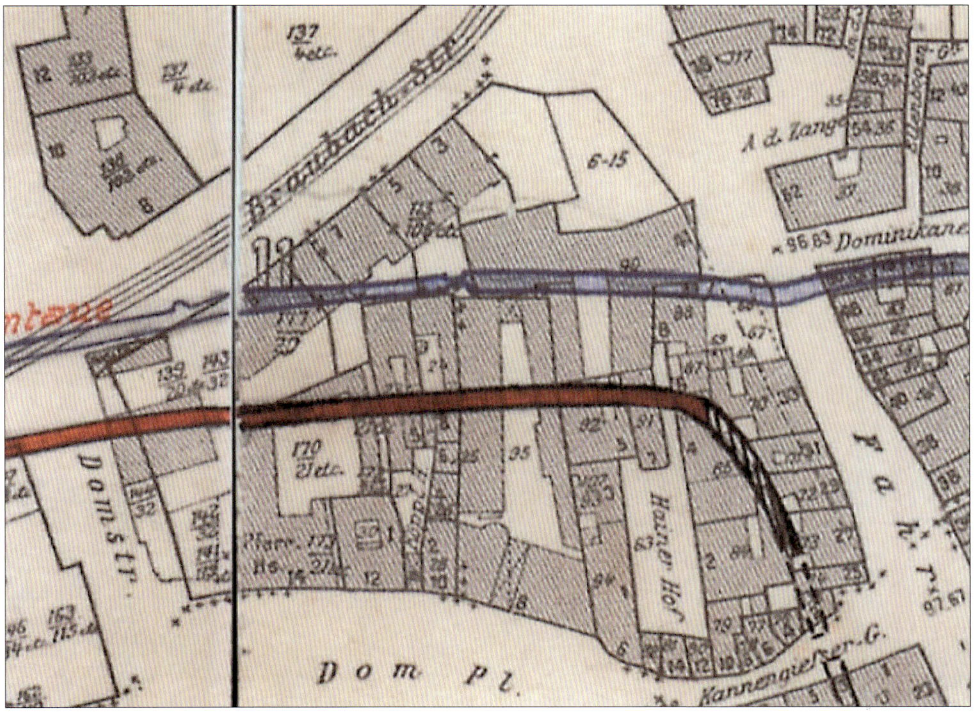

■ **Abb. 150** Lage des Baugrundstücks im Stadtplan vor 1945 mit der ostwestlich verlaufenden »Antauche« und der karolingischen Stadtmauer weiter südlich.

Abb. 153 Unter den Kellern hebt sich der Braubach als schwarz-humoser Befund deutlich vom braunen, ungestörten Erdreich ab.

Abb. 151 Ein Keller der Altbebauung mit Bodenfliesen aus Sandstein und erhaltenem Treppenabgang.

Abb. 154 St. 0: Geprägte Bodenfliesen des 13. und 14. Jhs. im Maßstab 1:2.

zwei mittelalterliche, geprägte Bodenfliesen (Landgraf (1993). Einmal handelt sich um eine Prägung ähnlich K2m, wie sie auch aus St. Leonhard bekannt geworden ist und einmal um eine jüngere Fliese mit geprägtem Blatt H194 und roten Farbresten in den Vertiefungen (Abb. 154). Die Fliesen gehören in das 13., bzw. das 14. Jh. und könnten im Rahmen von Reparaturen in einem Boden verbaut worden sein.

Der Schutt dokumentiert auch die Zerstörungen in den Bombennächten, wobei die Bewohner nahezu alles Hab und Gut verloren haben. Als Beispiel soll hier ein vollständiges Nähset gelten, wobei hier sogar die Beschriftung erhalten ist und das Objekt als Qualitätsprodukt der Nähfadenfabrik Göggingen ausweist (Abb. 155).

Zum klassischen Haushaltsinventar gehören auch zwei gläserne Lampenschirme (Abb. 156). Einer der Lampenschirme wurde in St. 1 dokumentiert. Ihn ziert ein gewellter Rand, hier in einer scharf profilierten und stark ausgestellten Variante. Die Wellen sind leicht unregelmäßig von Hand mit einem Werkzeug ins heiße, formbare Glas eingekniffen worden. Auffällig ist das leuchtend blaue Milchglas, aus dem der Lampenschirm gefertigt wurde. Schirme dieser Form gibt es für Petroleum- und Elektrolampen. Das lichtundurchdringliche Material spricht für eine nach oben strahlende Petroleumlampe; im Fundmaterial fand sich zudem ein Glaszylinder einer solchen. Im 19. Jh. erfreute sich hellblaues Milchglas großer Beliebtheit. Neben Lampenschirmen wurde es auch für Vasen und Schalen verwandt.

Ein Lesefund aus dem Schutt, St. 0, ist ein Lampenschirm aus Milchglas. Die Oberfläche ist sanft gewellt, den Rand ziert eine kirschrote, transluzide Fadenauflage. Diese gelippten Lampenschirme für elektrische Lampen wurden in Massen hergestellt, die Lippen durch einen Apparat und nicht mehr von Hand geformt. Dementsprechend erschwinglich war das Produkt – es war über den Esstischen einfacher Handwerker- und Arbeiterfamilien um 1900 zu finden (Museum Baruther Glashütte 2022).

Vorgestellt werden soll auch eine Flasche Kölnisch Wasser 4711 mit der Aufschrift Jean Marie Farina. Rue du Rhin No. 23 (Abb. 157, links). Stehende Flaschen mit dem Parfüm von Johann Maria Farina wurden ab 1836 verkauft und in dieser Form und wohl ursprünglich mit einem schwarz-weißen Etikett nach dem Ge-

■ **Abb. 155** Vollständiges Nähset der Fa. Göggingen aus dem Kriegsschutt St. 1.

stalter Molanus-Flasche genannt. Hier fehlt noch die später charakteristische Halsverdickung; sie dürfte ans Ende des 19. Jhs. zu datieren sein.

Insgesamt konnten diverse Glasflaschen unterschiedlichen Inhalts und Form gesammelt werden. Da die Etikettierung in der Regel verloren ist, erschließt sich kaum der Inhalt; Ausnahmen bilden Tintenfässer durch ihre charakteristische Form (Abb. 157, rechts, dunkelblau verfärbt durch Tintenrest) oder Flaschen mit Prägungen. So liegen aus der Braubachstraße Flaschen mit eingeprägten Patenten (braune Flasche, »PATENT / T-K«), Flaschen mit Handlungsempfehlungen (farblose Flasche in der Mitte, »ÄUSSERLICH«) sowie solche mit Firmennamen vor (grüne Flasche in der Mitte, »M HOLLUP / UNG JAEGER / S[…]BART« sowie farblose Flasche 2. von rechts, »CUNTZE«).

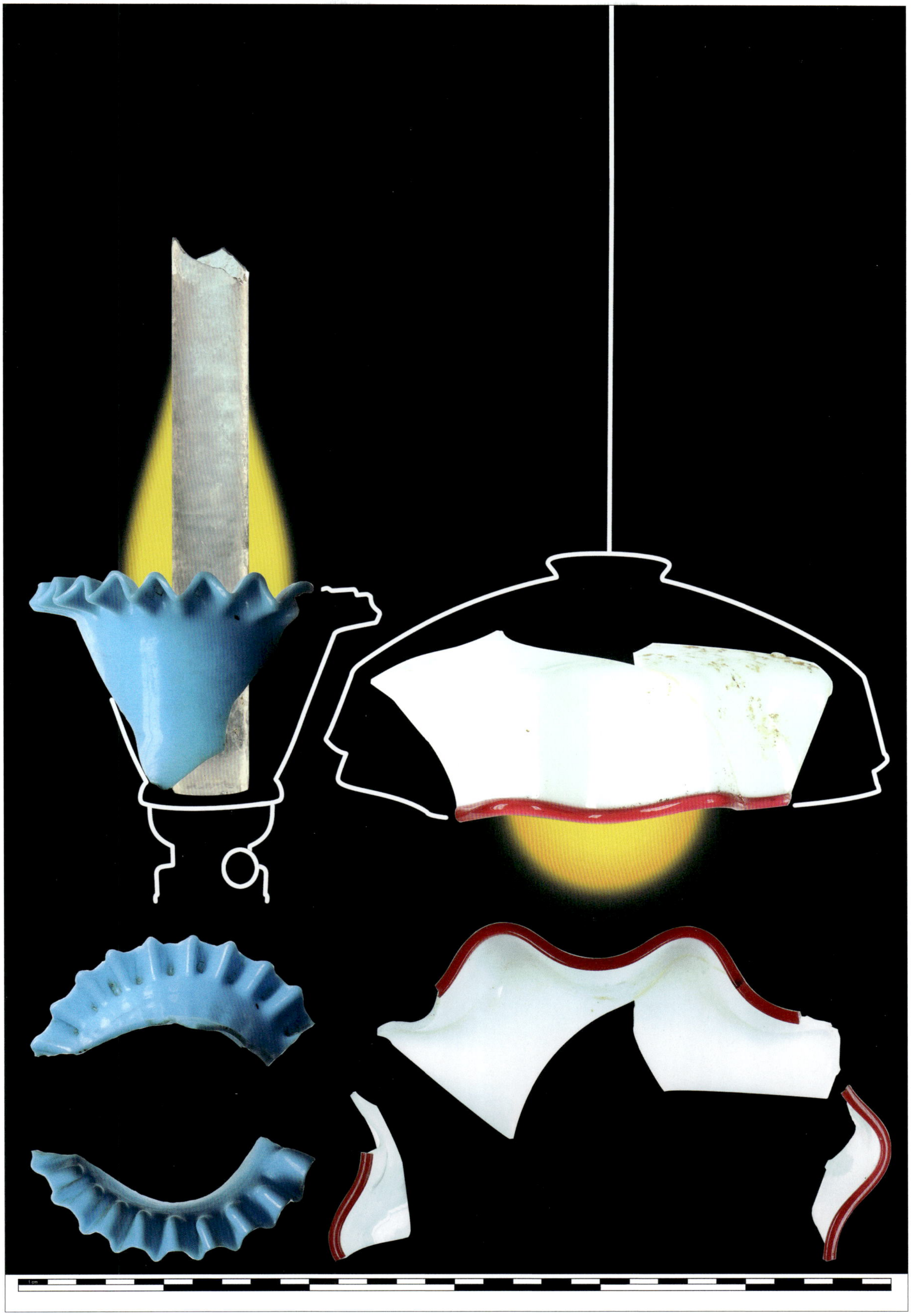

■ **Abb. 156** St. 0: Zwei gläserne Lampenschirme dokumentieren den Fortschritt in der Beleuchtungstechnik. Rekonstruktion links nach kult Westmünsterland (2021), Rekonstruktion rechts nach Museum Baruther Glashütte (2022).

Abb. 157 Aus St. 0 und 1: Kölnisch Wasser (links) und weitere Flaschen aus dem Kriegsschutt.

Abb. 152 Plan der archäologischen Befunde.

FFM 216

Ein Flakfundament im Schulgarten

Fundmeldung:	Frau Wagner, ABI
Verbleib:	keine Funde
Bericht:	Denkmalamt
Literatur:	Hampel (2012).

Im November 2018 wurde dem Denkmalamt ein Betonfundament an der Merianschule gemeldet. Bei Bauarbeiten war im ehemaligen Schulgarten in der Ostecke des Grundstücks das Fundament knapp unter der Oberfläche erfasst worden. Im Rahmen eines sofortigen Ortstermins konnten Rolf Skrypzak und Denis Neumann eine achteckige Betonstruktur freilegen (Abb. 158). Das Fundament hat eine maximale Länge von 5 m; dabei zweigten nach Südwesten zwei Betonzungen ab. Alle Außenseiten waren mit einer Backsteinlage verkleidet, die verputzt war. Das Fundament reichte noch 0,50 m unter die Oberfläche.

Die Merianschule steht als Einzelkulturdenkmal unter Denkmalschutz. Das Hauptgebäude ist 1885 errichtet worden, im Jahr 1902 entstand östlich anschließend der Erweiterungsbau.

Das Fundament ist jedoch nicht im Zusammenhang mit den Schulgebäuden entstanden, vielmehr handelt es sich um eine Flakstellung. In Frankfurt sind Flugabwehrkanonen nicht auf Bunkern sondern ebenerdig angelegt. Zwar sind ausgedehnte Flakstellungen die Regel, allerdings waren offenbar auch vereinzelte Stellungen im Stadtgebiet vorhanden.

■ **Abb. 158** Achteckiges Fundament für eine Flugabwehrkanone (Flak).

FFM 217

Keller in der Saalgasse

Fundmeldung:	Denkmalamt
Verbleib:	Archäologisches Museum
Bericht:	Denkmalamt
Literatur:	Landgraf (1993) 232 ff.

Im Mai 2019 kam es zu flachen Erdarbeiten im Bereich des Durchgangs zwischen dem Historischen Museum und dem Haus Saalgasse 17. Es handelt sich um einen nordsüdlichen Durchgang von der Saalgasse zum Main, der erst nach 1945 entstanden ist. Bis zu diesem Zeitpunkt war das »Geistpförtchen« etwas weiter östlich der Durchgang zum Main und die Saalgasse zu beiden Seiten eng bebaut. Nach den Zerstörungen des Zweiten Weltkriegs wurde einerseits der Verlauf der ostwestlichen Saalgasse verschoben, und die Häuser Saalgasse 27 und 28 nicht wiederaufgebaut, stattdessen die Saalhofkapelle freigestellt.

Denis Neumann konnte mehrere Keller dokumentieren, die alle ins Spätmittelalter oder jünger datiert werden können, obwohl Funde fehlen. Dies deshalb, weil das Gelände ursprünglich deutlich zum Main abfiel und diese Topographie im benachbarten Saalhof an den sichtbaren Buckelquadern der Saalhofkapelle bis heute ablesbar ist. Die Auffüllungen auf der ursprünglichen Oberfläche erfolgte erst nach dem Bau des Saalhofes im Spätmittelalter.

Die Erdarbeiten wurden mit einer maximalen Tiefe von 0,90 m nur flach ausgeführt, allein eine Schürfe am südlichen Ende erreichte eine Tiefe von 2,20 m. Die Grabungsfläche war maximal 6,80 m breit und 9,80 m lang und sehr unregelmäßig (Abb. 159).

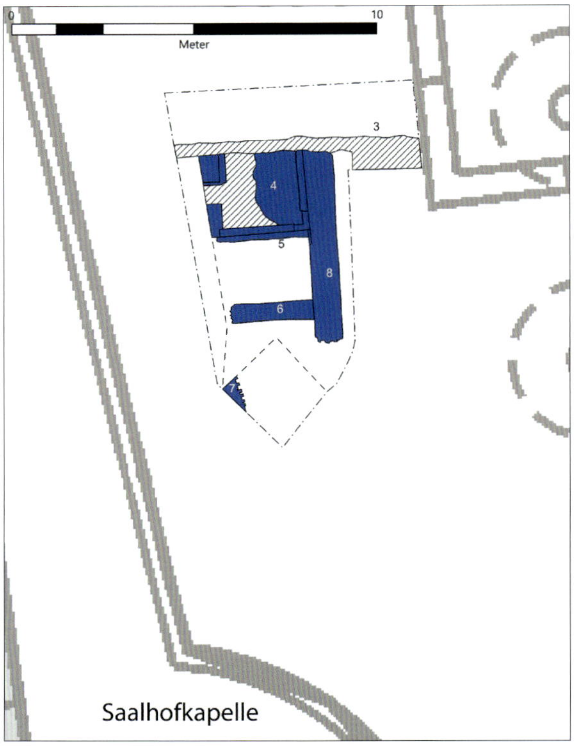

■ **Abb. 159** Gesamtplan der Ausgrabung zwischen Historischem Museum (links) und dem Haus Saalgasse 17 (rechts).

Denis Neumann konnte insgesamt 6 verschiedene Befunde dokumentieren (St. 3– St. 8; Abb. 160). Dabei ist zunächst ein ostwestlich verlaufendes Betonfundament St. 3 zu nennen, das alle anderen Befunde überlagerte. Eine Kalkbruchsteinmauer St. 8 verlief nordsüdlich bei einer Mauerbreite von 0,80 m auf einer Länge von 5,20 m. Nahe dem südlichen Ende schloss sich mit St. 6 eine gleichartige, aber nur 0,50 m breite Mauer an, die durch eine Baufuge getrennt war. Ein quadratischer Bereich war mit Rotsandsteinen westlich abgetrennt (St. 5), er war mindestens 2,40 m breit und konnte auf 2,20 m Länge verfolgt werden; der westliche Abschluss St. 4 war ebenso wie der östliche mit Backsteinen vorgeblendet.

Es konnten wenige Lesefunde (St. 9) gesammelt werden, neben einer glatten, gelb glasierten Bodenfliese (14,7 × 14,7 × 1,5cm) auch eine geprägte mittelalterliche Bodenfliese (Abb. 161), die auf der Oberseite Reste eines jüngeren Estrichs zeigte. Das mittelalterliche Fundstück ist hart gebrannt, mit den Maßen 12 × 12 cm kleiner, mit charakteristisch schräg abgestrichenem Rand und mit 2,4 cm Dicke deutlich stärker ausgeführt. Auf der Oberseite ist der bräunliche Ton rot engobiert und ein Blattmotiv in der Art H 193a »Spitzoval mit Fiederblatt« nach Landgraf geprägt und kann damit in das 14. Jh. datiert werden. Damit kann diese Fliesenprägung nunmehr eindeutig mit dem Fundort Frankfurt verbunden werden, da bisher nur ein weiteres Stück ohne Fundortangabe in Frankfurt bekannt war.

Sowohl das Vorblenden besonders mit Backsteinen als auch die Erneuerung von Böden durch das Auflegen neuer Böden ist an vielen Stellen in der Altstadt beobachtet worden und zusammen mit den zum Teil erheblichen Niveauveränderungen bei kleinen und dazu flachen Grabungsflächen archäologisch schwer zu fassen.

Die Baureste dürften zur ehemaligen Liegenschaft Saalgasse 28 gehören, die nach der Zerstörung nicht wiedererrichtet wurde.

Abb. 160 Blick nach Süden zum Main, rechts ist die Saalhofkapelle sichtbar. Kleinteilige Kellerstrukturen sind im Fundamentbereich freigelegt.

Abb. 161 Aus St. 9, links die gelbglasierte Bodenfliese, rechts die bräunliche Bodenfliese, deren Motiv mit roter Engobe hervorgehoben wurde. Beide teilrekonstruiert, Maßstab 1:2.

FFM 218

Das Mainpförtchen

Fundmeldung:	Denkmalamt
Verbleib:	Keine Funde
Bericht:	Denkmalamt
Literatur:	Lübbecke (1939).

Am westlichen Ende der Alten Mainzer Gasse an der Einmündung der Seckbächer Gasse steht ein Pumpwerk, das erneuert und umgebaut werden soll.

Direkt südlich verläuft ein Stück der mittelalterlichen Stadtmauer und das sog. Main- oder Frauenpförtchen ermöglicht den Durchlass zum Mainufer. Links und rechts anschließend stehen Bauten des Wiederaufbaus, bzw. Luxuswohnungen des 21. Jhs.

Im Juli 2019 wurden unter der örtlichen Grabungsleitung von Denis Neumann mehrere flache Schnitte und Wurzelsuchgräben durchgeführt, um Bestandstrassen und den Ausgriff der großen Platane zu ermitteln. Hintergrund war auch die Frage nach einer möglichen Verlegung des Pumpwerks in den Bereich der Grünanlage vor, d. h. südlich der Stadtmauer sowie die Planung einer neuen Kanaltrasse.

Ehemals stand östlich der Pforte, aber nördlich der Mauer, ein Zollhaus, zudem südlich der Mauer ein weiteres Gebäude, was wohl zugehörig erscheint. Das Areal südlich und westlich des ehemaligen Karmeliterklosters war durch die Nachkriegsbebauung stark verändert und alte Straßenverläufe aufgegeben. Da die Aufbauten der Nachkriegsbebauung jetzt bis auf die sog. Schlosservilla niedergelegt und in der Folge neu strukturiert wurden, hat man sich der historischen Durchwegung wieder angenähert.

Allerdings konnten dabei keine archäologischen Nachweise besonders der Stadtbefestigung erbracht werden, da die modernen Keller sehr tief hinabreichten.

Heute verläuft die Alte Mainzer Gasse wieder bis zur Neuen Mainzer Straße und folgt weitgehend ihrer historischen Trasse, die wiederrum den Verlauf der mittelalterlichen Stadtmauer markiert.

Auf dem sog. Ritterplan von 1907 ist außerdem eine Kanaltrasse dargestellt. Der Kanal führt westlich außerhalb des Arbeitsgebiets unter der Stadtmauer hindurch, verläuft dann in einem weiten Bogen nach Süden und mündete etwa auf der Höhe des Durchlasses vor der Mühlschanze in den sog. Müllermain (Abb. 162).

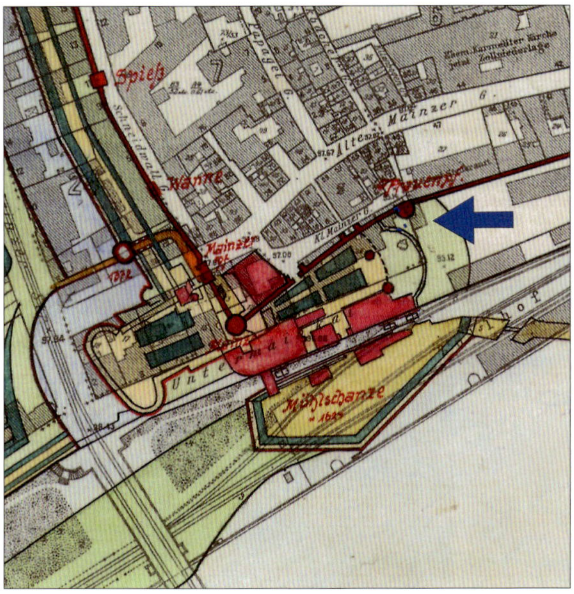

■ **Abb. 162** Lage der Frauenpforte im Verlauf der mittelalterlichen Stadtmauer im Stadtplan vor 1945. Nach Süden sind die bastionären Ergänzungen sowie die zugehörigen Bauteile eingetragen. Südlich der Frauenpforte der Grabungsbereich in Blau.

In der Fläche konnte der Kanal nachgewiesen werden. Er besteht im Unterbau aus Rotsandsteinen, die gewölbte Decke ist aus Backsteinen in Barockformaten ausgeführt (Abb. 163). Der Kanal war leer, an einer Stelle war ein Versturz erkennbar.

Die ehemalige Stadtmauer ist offenbar auf der gesamten Länge auf einem Betonsockel wiederaufgebaut; dies konnte bis unter das westliche Gewände der Pforte nachgewiesen werden Weiterhin führen diverse Leitungen und Leitungsschächte durch die Mauer, die offenbar nicht alle zum Pumpwerk gehören, sondern jünger sind.

Direkt vor der Mauer konnte die Westwand des zur Zollstation gehörenden Gebäudes nachgewiesen werden. Die Mauerzüge sind flach fundamentiert und bestehen aus gemischtem Bruchsteinmauerwerk, zahlreiche Rotsandsteine sind vorhanden. Aufgrund der Bauausführung dürfte es sich um ein eingeschossiges Bauwerk des späten 19. oder frühen 20. Jhs. handeln.

Diese Mauer stößt an die rudimentär erhaltene Stadtmauerfundamentierung. Hier zeigt sich ein zweischaliges Gussmauerwerk in dem keine Rotsandsteine verbaut sind. Über die Breite des Mauerzugs kann keine Aussage gemacht werden, da die Nordseite durch den Betonunterzug und die aufgehende Mauer verdeckt ist. Die Unterkante konnte nicht erreicht werden – hier muss sich die Archäologie bis zur nächsten Baumaßnahme gedulden, wenn sie an dieser Stelle einen Blick in die Frankfurter Stadtgeschichte werfen möchte.

■ **Abb. 163** Bogenförmig angelegter Kanalbau aus Rotsandsteinen und Backsteinen. Im Hintergrund das Frauenpförtchen.

■ **Abb. 164** Reste der ehemaligen Stadtmauer vor dem Betonfundament des Wiederaufbaus im Hintergrund unter der Bestandsmauer. Davor jüngere Anbauten.

■ Griesheim: Eines der denkmalgeschützten Beamtenhäuser in der Stroofstraße.

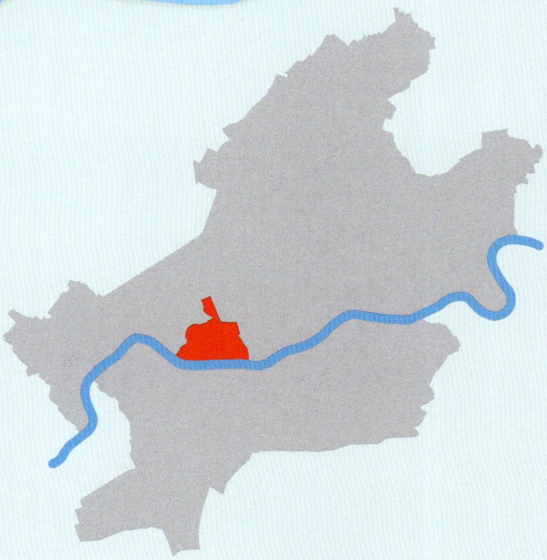

GRIESHEIM

Der Ortsteil liegt westlich der Kernstadt direkt am Main und ist vor allem durch die großflächigen Industrieanlagen, die bereits ab 1856 angelegt wurden, geprägt.

Somit sind in der Gemarkung trotz ihrer Größe nur wenige archäologische Denkmäler bekannt.

Aufgrund der Lage in einem Waldstück war in der Vergangenheit die seit langem bekannte römische Fundstelle im Niedwald in den Fundberichten vertreten. Dies geschah in der nicht aufgrund von Baumaßnahmen, sondern durch Fund in natürlichen Aufschlüssen, häufig in den Wurzeltellern umgestürzter Bäume. Auch im Berichtszeitraum 2017–2019 war die Denkmalpflege deshalb im Niedwald im Einsatz.

GRI 5

Ein römisches Bad im heutigen Niedwald

Fundmeldung: H. Haarstark
Verbleib: Archäologisches Museum
Bericht: Denkmalamt
Literatur: Hampel (2017) 124 mit ält. Lit. – Wolff 1900.

Die seit über hundert Jahren bekannte Fundstelle ist in der Regel immer in den Fundberichten vertreten.

Bereits im Jahre 1891 wurde beim Bau der Oeserstraße ein römisches Steingebäude angetroffen und dokumentiert. Da das Areal damals zum Ortsteil Nied gehörte, wurden die Grabungsergebnisse unter dieser Bezeichnung veröffentlicht. Die Fundstelle erstreckt sich nach Süden in ein Waldstück, in dem auch das römische Badegebäude lokalisiert werden konnte. Da in der Zwischenzeit keinerlei moderne archäologischen Grabungen notwendig waren, muss der Wissenstand als ungenügend gelten. Zwar ist die römische Fundstelle eindeutig belegt, der Charakter der Fundstelle jedoch nicht abschließend geklärt. Es könnte sich um eine Straßenstation, eine öffentliche Hygieneeinrichtung oder einen Privathaushalt handeln.

Die Fundstelle wird regelmäßig durch H. Haarstark begangen, der dabei immer wieder einzelne Fundstücke sammeln kann.

So konnte er in einem Baumwurzelbruch in der Nähe des bekannten römischen Bades im September 2019 das Bruchstück eines Leistenziegels bergen. Diese Ziegel gehören zur römischen Dachdeckung; ein Stempel ist nicht erhalten. Form und Machart sind typisch für diese römische Fundgattung.

Abb. 165 Ein emporragender Wurzelteller im Niedwald 2021 – in der aufgeworfenen Erde können sich archäologische Funde finden.

■ Harheim: Das gesamte Team passt in eine halbe Kegelstumpfgrube.

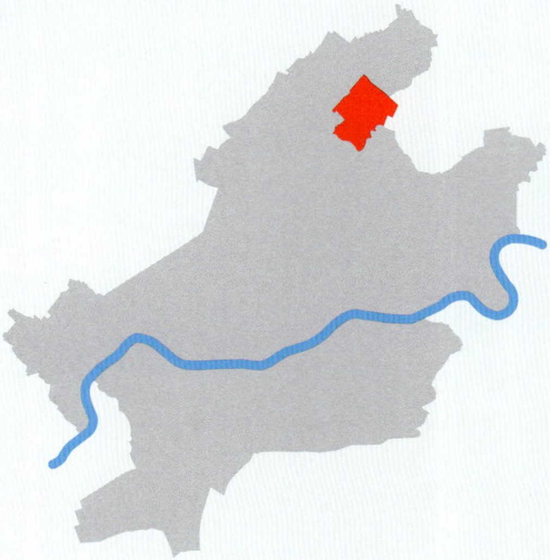

HARHEIM

Der Ortsteil liegt im östlichen Stadtgebiet und bildet an seiner Ostseite einen Teil der Stadtgrenze nach Bad Vilbel. Das bebaute Gebiet erstreckt sich weit nach Norden und Osten da hier zahlreiche Neubaugebiete realisiert wurden, ebenso wurde mit dem Bebauungsplan Harheim-Süd eine Erweiterung in diese Richtung ausgeführt. Allerdings haben die Erweiterungen auch zu einer Veränderung im ehemals dörflichen Erscheinungsbild des Ortes geführt.

Zahlreiche Baumaßnahmen waren im Berichtszeitraum Ziel der archäologischen Denkmalpflege – jetzt sind insgesamt 60 Fundstellen bekannt geworden.

Der fränkische Ursprung des Ortes ist durch die großflächigen Ausgrabungen im merowingerzeitlichen Gräberfeld nachdrücklich bewiesen.

Zahlreiche ältere Fundstellen sind bekannt und nur aus dieser Gemarkung sind bisher Fundstellen aus der jungsteinzeitlichen Hinkelsteingruppe bekannt geworden.

Im Berichtszeitraum konnte auch die bisherige zeitliche Lücke der Urnenfelderzeit mit dem Nachweis eines kleinen Friedhofs geschlossen werden.

HAR 3

Ein neues Frankengrab vom Rand des Harheimer Gräberfeldes

Fundmeldung: Denkmalamt
Verbleib: Archäologisches Museum
Bericht: Denkmalamt
Literatur: Hampel (2017) 125 mit ält. Lit. – von Freeden 2020.

Eine Sanierungsmaßnahme in der Hochfeldstraße 15 führte zur Entdeckung eines langgestreckten, modernen Kanalgrabens, der nordsüdlich von der zurückgesetzten Bebauung bis zur Straße führte. Er verlief nahe der östlichen Grundstückgrenze und wurde nach Westen durch mehrere große Obstbäume und eine Fichte begrenzt. Die darin enthaltene Leitung musste erneuert werden, im Zuge dessen konnte der Graben archäologisch untersucht werden. So konnte Michael Obst im Mai 2017 einen weiteren Befund des bekannten frühmittelalterlichen Friedhofs dokumentieren (Abb. 166; vgl. HAR 15).

Der Befund war aufgrund der schwierigen Lage nur in Abschnitten fassbar. Es zeigte sich eine ostwestlich ausgerichtete Kammer ohne Keramikbeigaben mit zum Teil stark gestörten Skelettresten.

Insgesamt konnten zwei Körperbestattungen nachgewiesen werden, die übereinander lagen. Dabei war der weiter oben liegende Tote oberhalb der Knie stark verworfen, während die Unterschenkel und Füße

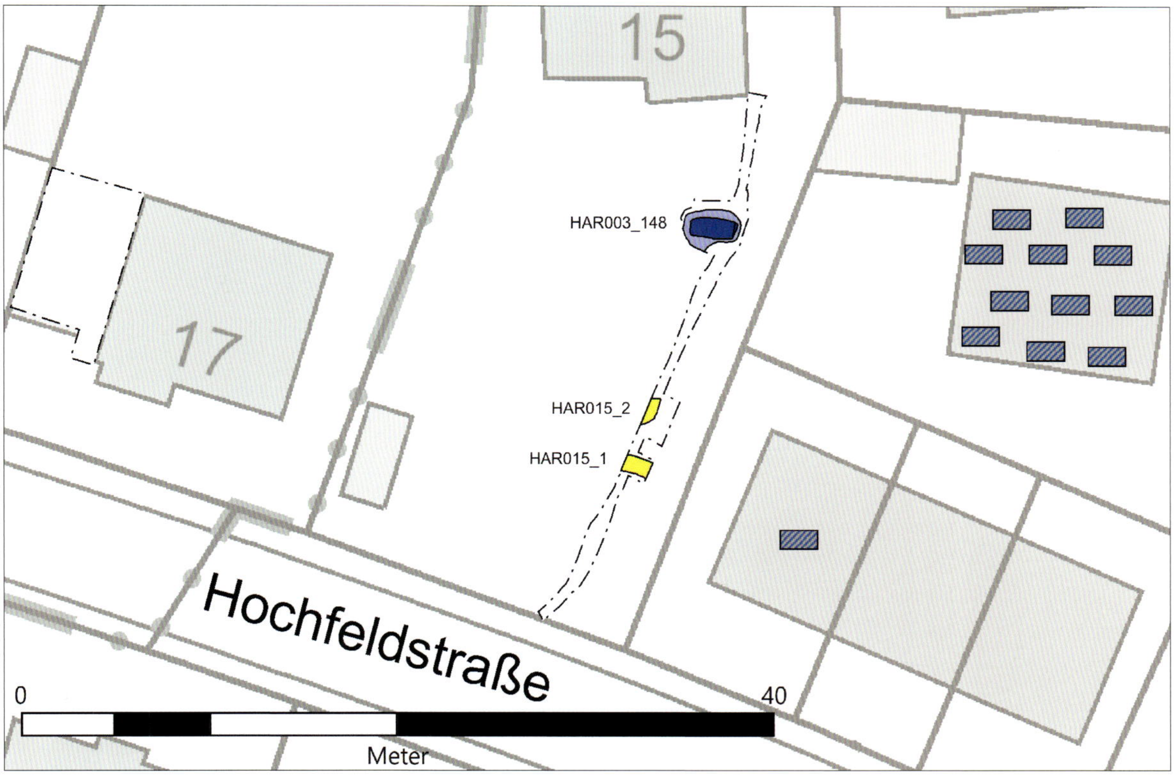

Abb. 166 Ausschnitt aus dem Gesamtplan des Friedhofs nördlich der Hochfeldstraße; die Baugrube westlich Hausnummer 17 war fundleer, schraffiert-blaue Rechtecke stehen für Altfunde.

■ **Abb. 167** Obere Bestattung in deutlicher Grabgrube. Die Unterschenkel liegen an der südlichen Kammerwand *in situ*.

■ **Abb. 168** Zahlreiche verworfene Knochen in der Grabgrube.

■ **Abb. 169** Untere Bestattung, deren linke Seite weitgehend erhalten ist. Links im Bild mit nassem Textil umhüllte Wurzeln zum Baumschutz.

■ **Abb. 170** Der fragile Kamm *in situ* – in der Mitte die mit eisernen Nieten befestigte Querleiste, oben und unten davon die Zinken.

unverändert am Südostrand der Grabkammer lagen (Abb. 167). Dieser Bestattung konnten keine Beigaben zugewiesen werden.

Die unterliegende Bestattung war ebenfalls stark verworfen (Abb. 168), jedoch lagen ein Teil des linken Beines und der Hüfte sowie des Unterarms *in situ* (Abb. 169). Am Kammerboden konnten ein einfacher Dreilagenkamm aus Bein (Abb. 170) und ein Bronzebeschlag sowie weitere Eisenreste erfasst werden (St. 148).

Durch den Befund konnte das bisher südwestlichste Grab des fränkischen Friedhofs nachgewiesen werden. Dies ist für die Bewertung und Ansprache der Fundstelle von großer Wichtigkeit, da es bislang schwierig war, die Grenzen dieser Fundstelle exakt zu benennen. Auch die Beobachtung der archäologischen Denkmalpflege, dass auf dem westlichen Nachbargrundstück Hochfeldstraße 17 keine frühmittelalterlichen Befunde nachgewiesen werden konnten (vgl. Karte Abb. 166) unterstreicht die These, dass die Friedhofsgrenze im Südwesten erreicht ist.

HAR 6

Steinzeit in der Keltenstraße – neue Funde aus der Bandkeramik

Fundmeldung:	Denkmalamt
Verbleib:	Archäologisches Museum
Bericht:	Denkmalamt
Literatur:	Hampel (2017) 127f.

Am 6. Mai 2019 begannen die Erdarbeiten für den 1. Bauabschnitt in der Keltenstraße. Das Baugrundstück liegt im Bereich von bereits bekannten archäologischen Denkmälern, die bereits 1911, bzw. 1971 bekannt geworden sind.

In der Folge wurde das gesamte Baugrundstück unter der örtlichen Grabungsleitung von Rolf Skrypzak ausgegraben. Insgesamt konnten 264 Befunde nachgewiesen werden, die sich auf insgesamt 5 verschiedene Kulturgruppen verteilen (vgl. HAR 7, HAR 51, HAR 59 und HAR 60).

Ein Großteil der Befunde waren durch ihre Schwarzerdeverfüllung bereits als neolithisch anzusprechen. Da auf der Fläche nun erstmals auch mittel- und endneolithische Siedlungsreste dokumentiert wurden (vgl. HAR 51 und HAR 59), können fundleere Befunde nur im Einzelfall der linienbandkeramischen Siedlung zugewiesen werden.

Grundsätzlich lagen die steinzeitlichen Befunde im nördlichen Abschnitt der Fläche (Abb. 171 und 172).

Es zeigte sich eine Schwarzerdefüllung und die charakteristische Ausrichtung der hausbegleitenden Gruben sowie der Rest eines Hausgrundrisses (Abb. 173). Die Keramik bestätigt die Zeitstellung der bandkeramischen Stufen II und III nach Meier-Arendt, jüngeres Material konnte nicht geborgen werden (Abb. 174 und 175).

Damit zeigt sich erneut eine ausgedehnte Siedlung des Altneolithikums, die sich in nördlicher Richtung mindestens bis zum Rand der Bebauung und nach Osten bis zur Stadtgrenze erstreckt.

Durch die langjährige Nutzung als Gärtnereibetrieb mit zahlreichen Gewächshäusern und zugehörigen Leitungsgräben waren auch zahlreiche Störungen zu verzeichnen

■ **Abb. 172** Legende der für den Gesamtplan verwendeten Farben.

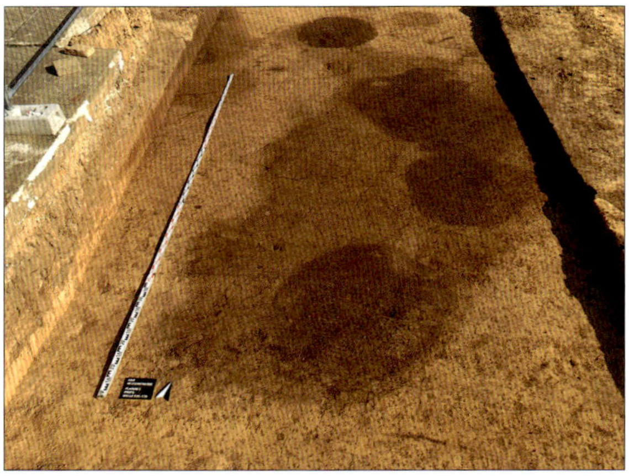

■ **Abb. 173** Blick auf den Grubenkomplex St. 538–539 mit der deutlichen Schwarzerdefüllung im anstehenden hellen Löß.

■ **Abb. 171** Gesamtplan der Befunde an der Keltenstraße.

■ **Abb. 174** Typische Keramik der Bandkeramik mit Haupt- und Nebenmustern, oben Randfragmente, unten Wandfragmente Maßstab 1:2.

■ **Abb. 175** Ein Steinbeilfragment sowie eine seltene Tonperle, jeweils in mehreren Ansichten, Maßstab 1:1.

Unter den Lesefunden St. 280 soll eine Medaille aus Aluminium genannt werden (Abb. 176). Das Fundstück mit einem Durchmesser von 3,3 cm zeigt auf der Vorderseite im Brustbild halbrechts den General der Kavallerie Gottlieb von Haeseler (1836–1919) mit der Umschrift »GRAF VON HAESELER« darunter Lorbeerkränze. Auf der Rückseite das Ritterkreuz mit der Umschrift »ZUR ERINNERUNG AN MEINE DIENSTZEIT BEIM 16. ARMEECORPS«. Das Kommando in Metz hatte er bis 1903 inne, daher dürfte die Medaille in diesem Jahr entstanden sein; die Feste Haeseler in der Festung Metz wurde nach ihm benannt. Im Ersten Weltkrieg bekam er altersbedingt kein Kommando.

Von der Medaille, die an einer Öse getragen werden konnte, existieren mindestens zwei unterschiedliche Fassungen, die sich in der Ausführung, aber nicht inhaltlich unterscheiden.

■ **Abb. 176** Die Medaille des 16. Armeecorps mit dem Brustbild Graf von Haeselers, Maßstab 2:1.

■ **Abb. 177** Alina Bulka bei der Vermessung.

HAR 7

Der Apfel liegt nicht weit vom Pferd: Zwei seltene keltische Funde

Fundmeldung: Denkmalamt
Verbleib: Archäologisches Museum
Bericht: Denkmalamt
Literatur: Hampel (2017) 128 f. – Hampel (2022). – Hampel/Pasda 2022. – Kull (2003). – Sicherl (2012) 133 ff. – https://www.3sat.de/wissen/nano/pferd-aus-der-kelten-zeit-100.html (01.09.2021).

Am 6. Mai 2019 begannen die Erdarbeiten in der Keltenstraße unter der örtlichen Grabungsleitung von Rolf Skrypzak. Auch die keltische Siedlung ist bereits seit langem bekannt, eine Neuerkenntnis war allerdings die Ausdehnung nach Süden. Auf der Grabungsfläche lagen die überwiegende Mehrzahl der eisenzeitlichen Befunde im südlichen Drittel (vgl. Abb. 171, gelb); es handelte sich ausschließlich um Gruben. Insgesamt 59 Befunde können der Eisenzeit zugewiesen werden, davon waren 13 fundleer.

Die Befunde zeichneten sich dunkel und in der Regel kreisrund im Planum ab (Abb. 178); im Profil zeigten sich überwiegend Kegelstumpfgruben, welche typischerweise in Kegelform nach unten zur Sohle immer breiter werden und am Boden einem erheblich größeren Durchmesser haben als an ihrer Oberkante

■ **Abb. 178** Grabungsausschnitt mit zahlreichen runde Gruben im Planum, die sich dunkle im anstehenden hellen Löß abzeichnen.

■ **Abb. 179** Profilschnitt durch die Grube St. 290, die sich nach unten stark verbreitert.

(Abb. 179). Diese Befunde sind als Vorratsgruben anzusprechen und liegen häufig in größeren Gruppen am Rand einer Siedlung. Nur in Ausnahmefällen haben sich Reste des gelagerten Materials erhalten. In der Regel wurden diese Silogruben am Ende ihrer Nutzung mit Abfällen verfüllt.

Die Füllung enthielt zahlreiche Scherben, die offenbar alle eine Datierung in die Spätlatènezeit ermöglichen (zu diesem Thema entsteht eine Masterarbeit durch E. Georg an der Goethe-Universität Frankfurt); auffällig war die häufige Verwendung von Birkenpech (Abb. 180).

Nur eine Bronzefibel in St. 510 war als Metallobjekt unter den Funden zu nennen (Abb. 181).

Bemerkenswert sind wenige Bruchstücke von Briquetage, was den Salztransport, vermutlich aus der Saline Bad Nauheim, belegt.

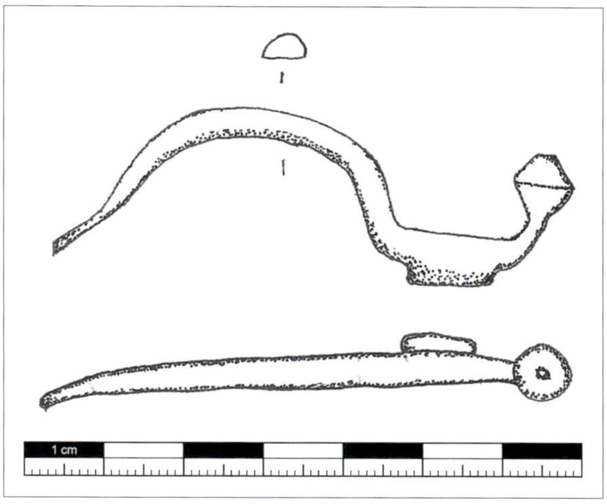

■ **Abb. 181** Die bronzene Fibel mit linsenförmiger Fußzier, Maßstab 1:1, Zeichnung E. Georg.

■ **Abb. 180** Birkenpechreste in einem Keramikgefäß aus St. 540.

■ **Abb. 182** Pferdeskelett in der Kegelstumpfgrube St. 316.

■ **Abb. 183** Rippenserienbruch des Pferdes (Foto K. Pasda).

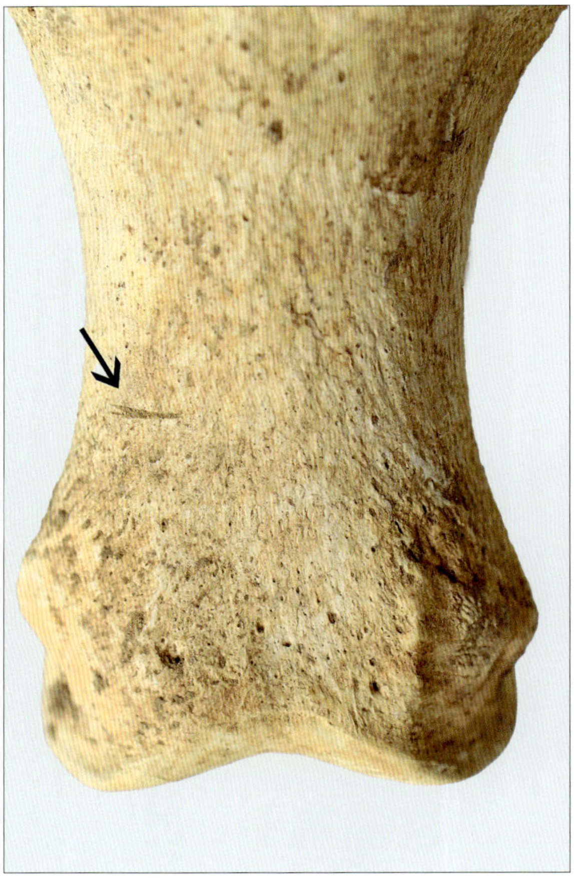

■ **Abb. 184** Schnittspuren an den Beinen (Foto K. Pasda).

Das keltische Pferd

In der großen Grube St. 316 lag ein vollständiges Tierskelett (Abb. 182).

Die archäozoologische Untersuchung durch PD Dr. Kerstin Pasda ergab folgendes Ergebnis: Das Tier ist eine Stute, die zwischen 19 und 22 Jahre alt geworden ist.

Es fehlt das linke Vorderbein inklusive des Schulterblatts und die linke Seite der Rippen. Dies geschah mit großer Wahrscheinlichkeit postmortal, Schnittspuren, die auf das Entfernen der Köperteile hindeuten würden, sind jedoch nicht vorhanden.

Das Tier lag mit gestreckten Beinen in der Grube, die Wirbelsäule war im Bereich der Lendenwirbel getrennt, Spuren von Schnitt- oder Trennspuren waren an dieser Stelle jedoch nicht vorhanden.

Das Tier hatte an der rechten Körperseite einen Rippenserienbruch an mindestens 5 Rippen (Abb. 183). Möglicherweise wurde dies durch ein anderes, auskeilendes Pferd verursacht. Der Bruch begann zu verheilen und war nicht todesursächlich. Das Skelett zeigt keinerlei Schnittspuren, die auf eine Schlachtung hinweisen. Man muss also davon ausgehen, dass das Tier nicht als Fleischlieferant diente, sondern im Gegenteil fast vollständig in die Grube kam.

Bemerkenswert sind Schnittspuren an den Beinen oberhalb der Hufe (Abb. 184). Dies kann mit dem Transport zur Grube in Zusammenhang stehen, d. h. der Kadaver wurde an den Beinen mit einem Seil zur Grube gezogen und abgelassen, dann der Strick mit einem Messer durchtrennt.

Das Pferd hatte etwa die Größe eines kleinen Ponys, kaum größer als ein heutiges Shetlandpony, was für die Keltenzeit als charakteristisch gelten kann. Antike Abbildungen von Reitern zeigen stets Erwachsene, die mit den Füßen fast den Boden berühren und betonen so die geringe Größe der Pferde.

AB ZUM VIDEO!

■ **Abb. 185** Das Video ist bis zum 21.08.2025 online verfügbar.

■ **Abb. 186** Verkohlte Frucht aus Grube St. 317, links Seitenansicht, rechts Aufsicht mit Blick auf einen Kern.

Der Sender 3sat besuchte für seine Sendung NANO das Frankfurter Denkmalamt und das Pferd auf der Baustelle und veröffentlichte dazu ein Video (Abb. 185).

Vom Apfel und seinem Nutzen

Aus St. 317 konnte eine verkohlte Frucht geborgen werden (Abb. 186). Aufgrund der Analyse durch Lisa Rühl handelt es sich um einen Apfel (Malus sylvestris). Holz-/Wildäpfel sind kleiner als die heutigen Gartenäpfel und können zu Most oder Essig verarbeitet werden. Sie helfen außerdem gegen Fieber (Tee aus getrockneten Früchten) und Brandwunden (Salbe aus frischen Äpfeln) (Kalis/Tegtmeier 1999, 136).

Eisenzeit

HAR 15

Ein Kelte im Kanal

Fundmeldung:	Denkmalamt
Verbleib:	privat
Bericht:	Denkmalamt
Literatur:	Moscati u.a. (1991) 323f.

Im Rahmen einer Ortsbesichtigung konnte Andrea Hampel in der Hochfeldstraße einen langgestreckten modernen Kanalgraben erkennen. Das Grundstück liegt im Bereich eines ausgedehnten fränkischen Gräberfeldes (vgl. HAR 3) und in der Straße sind als Altfunde auch metallzeitliche Scherben bekannt. Eine detaillierte Begutachtung des Grabens ergab erste Hinweise auf archäologische Denkmäler (vgl. Abb. 166).

Unter der örtlichen Grabungsleitung von Michael Obst wurde im Mai 2017 auch ein Grab der Latènezeit aufgenommen.

Das Grab St. 1 zeichnete sich ostwestlich orientiert mit einer grauen Füllung nur wenig im anstehenden Löß ab (Abb. 187). Der Baumbestand verhinderte eine flächige Freilegung, ließ aber die Bearbeitung der Bestattung zu.

Das Skelett lag mit dem Kopf im Westen und war schlecht erhalten. Um den Hals trug der Tote einen Bronzehalsreif (Abb. 188) und am wohl am linken Arm einen einzelnen rundstabigen Armring ebenfalls aus Bronze sowie einen einfachen bandförmigen Fingerring aus Bronze (Abb. 189).

Abb. 187 Grab St. 1 ist als schwache graue Verfärbung im Kanalgraben erkennbar.

■ **Abb. 188** Schädelrest mit Bronzehalsring *in situ* während der Ausgrabung.

■ **Abb. 189** Das Skelett ist stark vergangen; am rechten Rand ein Bronzearmreif und in der Körpermitte die eiserne Schildfessel.

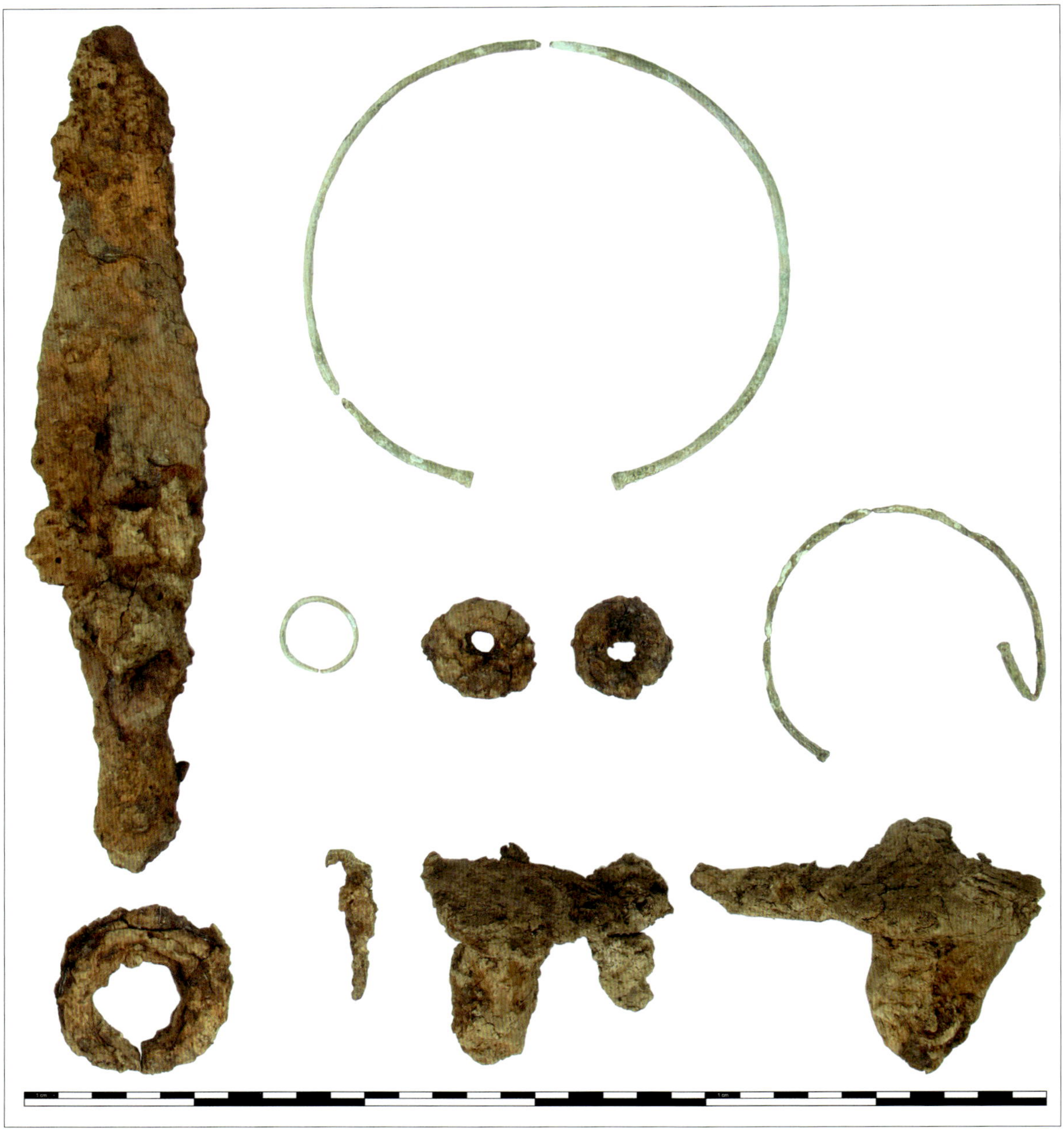

■ **Abb. 190** Beigaben aus Grab St. 1. Rechts unten die Schildfessel, links die Lanzenspitze, in der Mitte Hals-, Arm- und der Fingerring aus Bronze sowie Eisenringe, Maßstab 1:2.

Auch im Grab gut geschützt

Als besonderes Fundstück ist eine eiserne Schildfessel zu nennen, die in der Körpermitte gefunden wurde. Direkt anschließend lagen die Fingerknochen der rechten Hand. Damit deutet alles darauf hin, dass der Tote, der sich dadurch als Mann zu erkennen gibt, mit seinem Schild abgedeckt lag. Dieses war aus organischen Materialien gefertigt und ist deswegen längst vergangen – die eiserne Schildfessel ist der letzte erhaltene Beweis für seine Existenz.

Es handelt sich um eine gleicharmige Schildfessel aus Eisen (Abb. 190, unten rechts), die häufig mit einem eisernen Schildbuckelbeschlag und gelegentlich mit einem eisernen Randbeschlag des Schildes kombiniert ist. Eine ähnliche Schildfessel stammt aus dem Grab Ecury (Marne) (Moscati u. a. (1991) Abb. S. 244 unten) und wird dort in die 1. Hälfte des 3. Jhs. v. Chr. datiert.

Im Grab fanden sich neben zwei kleineren Eisenringen auch ein größeres Exemplar und ein weiterer

Eisenrest, bei dem es sich um das Fragment eines Scheidenbeschlags handeln könnte. Weiterhin war eine Tüllenlanzenspitze vorhanden (Abb. 190, oben links). Unsere Rekonstruktion zeigt einen stehenden keltischen Krieger mit allen im Grab angetroffenen Beigaben. Den Schild hat er Dank der Schildfessel im Kampf fest in der Hand, die Schauseite des Schildes weist nach hinten (Abb. 191).

Das Grab enthielt keine Keramikbeigabe. Latènezeitliche Gräber sind im Stadtgebiet eher selten dokumentiert, sie liegen häufig in weiten Abständen oder einzeln; große Friedhöfe sind bisher nicht bekannt.

Eine weitere Grube St. 2 zeichnete sich um Profil des Grabens ab und konnte aufgrund der Fundleere nicht näher angesprochen werden.

■ **Abb. 191** Rekonstruktion eines keltischen Kriegers mit den Beigaben aus Grab 1.

HAR 38

Vorgeschichtliche Keramik

Fundmeldung:	Denkmalamt
Verbleib:	Archäologisches Museum
Bericht:	Denkmalamt
Literatur:	Hampel (2015) 148 mit ält. Lit.

Im Juni 2017 begannen die Erdarbeiten für einen Neubau in der Bürgerstraße 16. Das Grundstück liegt im Bereich bekannter vorgeschichtlicher Fundstellen der Stein- und Metallzeiten, daher konnte der Maßnahme nur unter denkmalrechtlichen Bedingungen zugestimmt werden.

Nachdem der Humus entfernt war, konnte Michael Obst keine archäologischen Befunde dokumentieren (Abb. 192), er fand jedoch im Baggeraushub zwei Scherben. Diese waren unverziert und können nur grundsätzlich der Vorgeschichte zugewiesen werden.

Die Maßnahme des Denkmalamts war somit nach wenigen Stunden beendet. Bei zukünftigen Baumaßnahmen in der Umgebung wird das Denkmalamt wieder vor Ort sein, um dem Boden mehr Informationen zu der vorgeschichtlichen Fundstelle HAR 38 zu entlocken.

Abb. 192 In Harheim selten, aber möglich: Beim Aufbaggern zeigt sich nur steriler Erdboden ohne archäologische Befunde.

HAR 43

Eisenzeitliche Gräber in Harheim-Süd

Fundmeldung:	Denkmalamt
Verbleib:	Archäologisches Museum
Bericht:	Denkmalamt
Literatur:	Breitwieser (im Druck). – Hampel (2017) 338 ff. – Herrmann (1966). – Willms (2010).

Im August 2017 begannen die archäologischen Ausgrabungen auf einem der letzten unbebauten Grundstücke im Neubaugebiet »Harheim-Süd«. Auf der Parzelle konnten unter der örtlichen Grabungsleitung von Michael Obst verschiedene Gräber freigelegt werden. Dabei lagen auf dem großen Grundstück von 5.800 qm insgesamt 9 Bestattungen. Dabei handelt es sich einmal um drei Bestattungen der Eisenzeit (Abb. 204) und um 5, bzw. 6 Gräber der Bronzezeit (vgl. HAR 56). Von den jüngeren Gräbern der Eisenzeit datiert eines in die Stufe HaD (St. 266; Abb. 192). Es handelt sich um ein Frauengrab mit herausragender Ausstattung mit Arm- und Beinringen aus Bronze (Abb. 192), dazu ein Gürtelgehänge aus Bernsteinperlen, Bronzeröllchen und Klapperblechen (Abb. 195). In der Grabkammer stand zudem ein Geschirrsatz.

■ **Abb. 193** Grab St. 266 im letzten Planum.

■ **Abb. 194** Bronzearmringe aus Grab St. 266, Maßstab 1:2.

sowie ein kleiner (Spitz ?)Becher und einem weiteren Gefäß (dieses Gefäß wurde zunächst als St. 273 aufgenommen und später als zugehörig erkannt).

Dicht daneben ist mit Grab St. 272 ein weiteres Brandgrab erfasst (Abb. 197), wobei der Leichenbrand in einer Urne lag, weitere Beigaben waren nicht vorhanden. Die Urne kann jedoch eindeutig der Hallstattzeit zugewiesen werden.

Im April 2018 wurden im Rahmen des Straßenausbaus mit Parkplätzen und Radwegen zahlreiche Pflanzgruben ausgehoben, die durch Michael Obst beobachtet wurden. Hierbei konnten keine Gräber nachgewiesen werden.

Im gleichen Zeitraum wurde der Radweg südlich des Neubaugebiets ausgebaut. Hierbei konnte Michael Obst in der Flur 9, Flst. 135 als St. 344 wenige Musketenkugeln aus Blei sammeln, dabei eine mit Anprallmarke; es gab keine vorgeschichtlichen Funde oder Befunde.

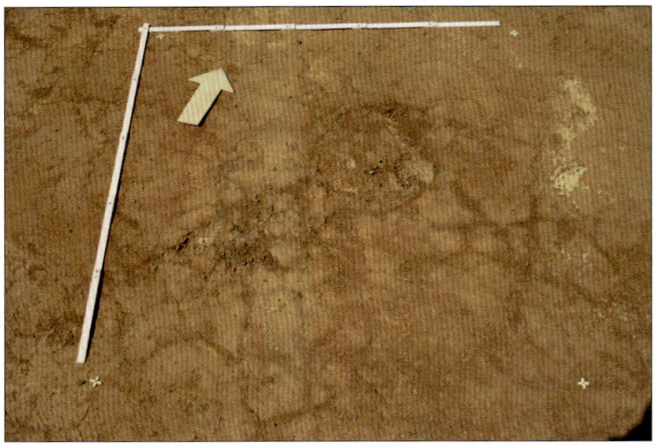

■ **Abb. 196** Grab St. 267 während der Ausgrabung.

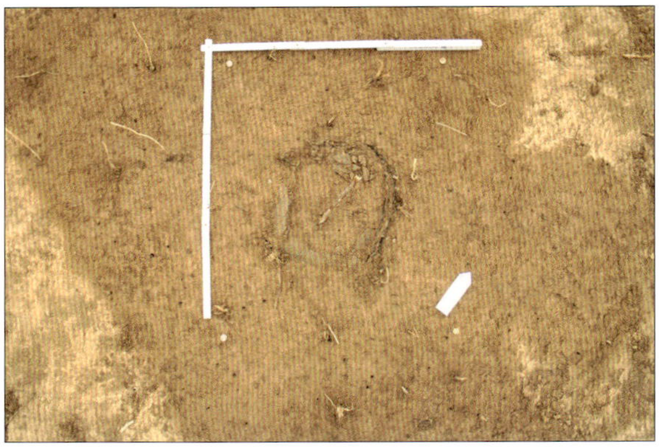

■ **Abb. 197** Urne aus Grab St. 272 während der Ausgrabung.

Ein weiteres Grab kann grundsätzlich der Hallstattzeit zugewiesen werden (St. 267, Abb. 196). Von diesem Körpergrab ist nur ein Stück einer Rippe vorhanden sowie wenige Fragmente eines Großgefäßes

■ **Abb. 195** Das Gürtelgehänge aus St. 266 nach der Restaurierung. Es besteht aus einem bronzenen Miniaturschild, daran befestigt sind Klapperbleche, Bronzeröllchen und Bernsteinperlen. Ca. Maßstab 1:1, Foto und Zeichnung Chr. Breitwieser, Bildbearbeitung E. Sichert.

HAR 50

Seltenes Insekt: Eine Zikadenfibel Am Auweg

Fundmeldung:	D. Pittenger
Verbleib:	privat
Bericht:	Denkmalamt
Literatur:	Wamers 1990.

Im Januar 2018 meldete Donald Pittenger den Fund von zwei Bronzeobjekten, die er im Bereich südlich des Neubaugebiets Harheim-Süd gefunden hatte. Es handelt sich dabei um eine schlecht erhaltene Riemenzunge oder einen Beschlag. Der Fund ist noch 4 cm lang und maximal 1,3 cm breit, der hintere Teil ist abgebrochen (Abb. 198). Das Objekt besteht aus dünnem, in der Längsachse leicht gebogenem Blech. In unregelmäßigen Abständen sind zahlreiche Löcher durchgebohrt, die möglicherweise eine Verzierung gehalten haben.

Weiterhin fand er eine kleine Zikadenfibel. Dabei handelt es sich um eine Bronzefibel in der Form eines Insekts, als Zikade bezeichnet (Abb. 199). Die Gesamtlänge beträgt 2,4 cm, die Flügel und der runde Kopf sind ausgearbeitet, die Oberflächen glatt. An der Unterseite sind Nadelhalter und Nadelrast vorhanden. Solche Fundstücke haben ihr Hauptverbreitungsgebiet in Südosteuropa, sind aber auch aus Frankreich oder Belgien bekannt. Neben Exemplaren aus Edelmetall gibt es auch die einfacher ausgeführten Stücke, wie das vorliegende. Das Fundstück kann als Verlustfund gelten und gehört zeitlich in das 4./5. Jh. n. Chr., kann also als spätrömisch, bzw. völkerwanderungszeitlich angesprochen werden.

Abb. 198 Schlecht erhaltene Riemenzunge oder Beschlag mit zahlreichen Durchlochungen, Maßstab 1:1.

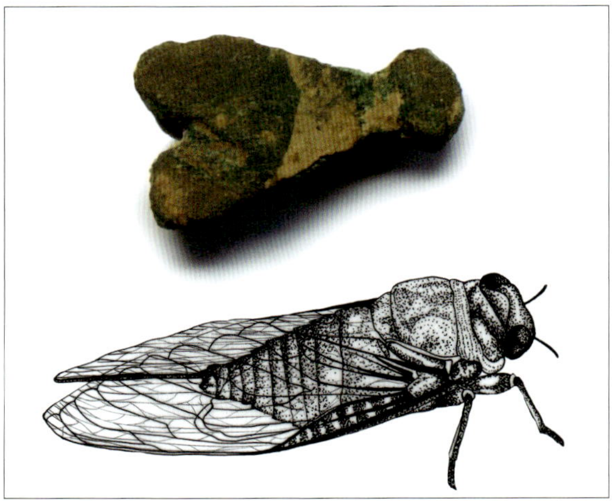

Abb. 199 Zikadenfibel aus Bronze mit naturalistischer Tuschezeichnung einer Zikade, vergrößerte Darstellung.

HAR 51

Hinkelstein an der Keltenstraße

Fundmeldung:	Denkmalamt
Verbleib:	Archäologisches Museum
Bericht:	Denkmalamt
Literatur:	Hampel (2017) 144 ff. mit ält. Lit.

Im Rahmen der Erdarbeiten für die Neubebauung des ehemaligen Gärtnereiareals an der Keltenstraße konnte im Juli 2019 unter der örtlichen Grabungsleitung von Rolf Skrypzak Siedlungsreste des Mittelneolithikums nachgewiesen werden (vgl. Abb. 171).

Mit Grube St. 451 konnte nur ein einzelner Befund von 264 Befundnummern dieser Zeitstellung zugewiesen werden. Dies bestätigt nachdrücklich das im gesamten Stadtgebiet selten nachgewiesene Mittelneolithikum. Unter den Funden sind erneut Gefäße der Hinkelsteinkultur (5000–4800 v. Chr.) zu nennen, die bisher ausschließlich im Ortsteil Harheim dokumentiert ist (Abb. 200). Die wenigen anderen Nachweise verteilen sich in weiten Abständen am nördlichen Ortsrand und sind bei größeren Flächenuntersuchungen dokumentiert worden. Es lässt sich also eindeutig eine sehr weite Streuung dieser Befunde und/oder eine Nutzung mit geringen Erdeingriffen erkennen. Aus diesem Grund kann es sich bei den bisherigen Nachweisen um ein und dieselbe Siedlung handeln.

Erneut ist der Nachweis mit einer bandkeramischen Siedlung an gleicher Stelle verbunden, ohne dass sich ein zeitlicher Anschluss nachweisen lässt. Im Gegenteil fehlen an dieser Stelle Belege der jüngeren (5200–5000 v. Chr.) und jüngsten linienbandkeramischen Kultur (5100–4900 v. Chr.). Aus diesem Grund zeichnet sich archäologisch eine Siedlungslücke zwischen den Siedlungen von mindestens mehreren Hundert Jahren ab.

Abb. 200 Keramik der mittelneolithischen Hinkelsteinkultur aus Grube St. 451, Maßstab 1:2.

HAR 54

Typisch Urnenfelderkultur – ein Bronzemesser

Fundmeldung: W. Kallweit
Verbleib: Archäologisches Museum
Bericht: Denkmalamt
Literatur: Herrmann (1966).

Im September 2017 fand Wolfhard Kallweit, der im Auftrag des Denkmalamtes Feldbegehungen durchführt, ein seltenes Fundstück auf einer Ackerfläche am Pfingstberg (Abb. 201).

Es handelt sich um ein einschneidiges Bronzemesser mit rechteckigem Griffdorn. Es ist noch 10,5 cm lang, wobei die Schneide 7 cm Länge erreicht, der Rest bildet den Griffdorn. Hier war das Messer einst mit einem organischen Griff versehen, dieser ist nicht erhalten. Der Griffdorn ist rechteckig und verjüngt sich zum Ende, das nach oben gebogen ist; hier ist ein kleines Stück abgebrochen. Der Messerrücken ist gebogen und dadurch erreicht die Schneidenbreite in der Mitte maximal 1,1 cm. Die Messerspitze ist abgebrochen, d. h. es fehlen etwa 2 cm in der Gesamtlänge. Das Messer ist insgesamt leicht gebogen, was möglicherweise der Nutzung geschuldet ist.

Das Messer gehört in die späte Bronzezeit und kann somit der Urnenfelderkultur zugewiesen werden.

Aus Frankfurt sind bisher von insgesamt 8 Fundstellen solche Messer bekannt, die sich auf die Arbeitsgebiete Höchst, Nied, Niederursel, Sindlingen, Stadtwald und Zeilsheim sowie den Frankfurter Osthafen verteilen. Für die Harheimer Gemarkung handelt es sich um eine bisher unbekannte Fundstelle.

Solche Bronzemesser sind bisher ausnahmslos in Grabzusammenhang nachgewiesen, sie sind jedoch keineswegs regelhaft vorhanden; folgerichtig sind sie von keiner der dokumentierten urnenfelderzeitlichen Siedlungen bekannt.

Aus diesem Grund dürfte es sich auch hier um den Rest eines Grabes, vermutlich eines Brandgrabes handeln. Weitere Feldbegehungen sind notwendig, um den Charakter der Fundstelle zu klären.

Abb. 201 Urnenfelderzeitliches Bronzemesser mit rekonstruierter Spitze, Maßstab 1:1.

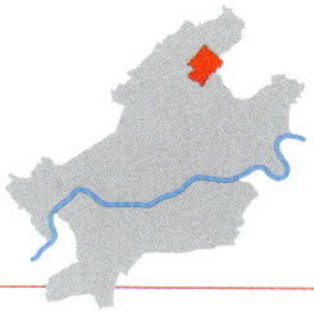

HAR 55

Münzfunde entlang der römischen Straße

Fundmeldung: W. Kallweit
Verbleib: Archäologisches Museum
Bericht: Denkmalamt
Literatur: Hampel (2015) 223.

Entlang der römischen Straße NES 59, die auf weiten Strecken die Gemarkungsgrenze zwischen den Ortsteilen Harheim und Nieder-Eschbach bildet, sind zahlreiche Bodendenkmäler nachgewiesen. Dabei fanden sich die meisten Nachweise innerhalb der Gemarkung Nieder-Eschbach, während die Harheimer Seite bisher weitgehend fundleer erschien.

Dies hat sich nunmehr auch für die Römerzeit gewandelt (vgl. HAR 54). Wolfhard Kallweit fand im Sommer 2017 zwei Münzen auf der Harheimer Seite der Römerstraße.

Beide Fundstücke sind schlecht erhalten (Abb. 202). Es handelt sich einmal um einen Sesterz mit einem Durchmesser von 32 mm und einem Gewicht von 18,562 g. Auf der Vorderseite ist die Kaiserbüste sichtbar, im Übrigen ist die Oberfläche stark angegriffen und zerstört.

Die zweite Münze ist mit einem Durchmesser von 20 mm deutlich kleiner, wiegt nur 4,135 g und ist vollständig abgegriffen.

Abb. 203 Wolfhard Kallweit.

Abb. 202 Zwei römische Münzen an der römischen Straße.

HAR 56

Ein kleiner Friedhof der späten Bronzezeit

Fundmeldung:	Denkmalamt
Verbleib:	Archäologisches Museum
Bericht:	Denkmalamt
Literatur:	Breitwieser/Hampel 2018, 62 ff.

Im Ortsteil Harheim war bisher keine urnenfelderzeitliche Fundstelle dokumentiert, weitere aber im Stadtgebiet bereits in 21 Ortsteilen und der Innenstadt bekannt (vgl. HAR 54).

Die urnenfelderzeitlichen Gräber, die in Harheim 2018 erstmals nachgewiesen werden konnten, lagen im nördlichen Teil des Grundstücks Im Niederfeld 2–14, während die eisenzeitlichen Bestattungen in einem Abstand von 20 bis 40 m nach Süden lagen (vgl. HAR 43) (Abb. 204).

Es kann nicht abschließend geklärt werden, ob der bronzezeitliche Friedhof vollständig erfasst wurde; im Rhein-Main-Gebiet werden offenbar kleinere Grabgruppen mit nur wenigen Bestattungen angelegt.

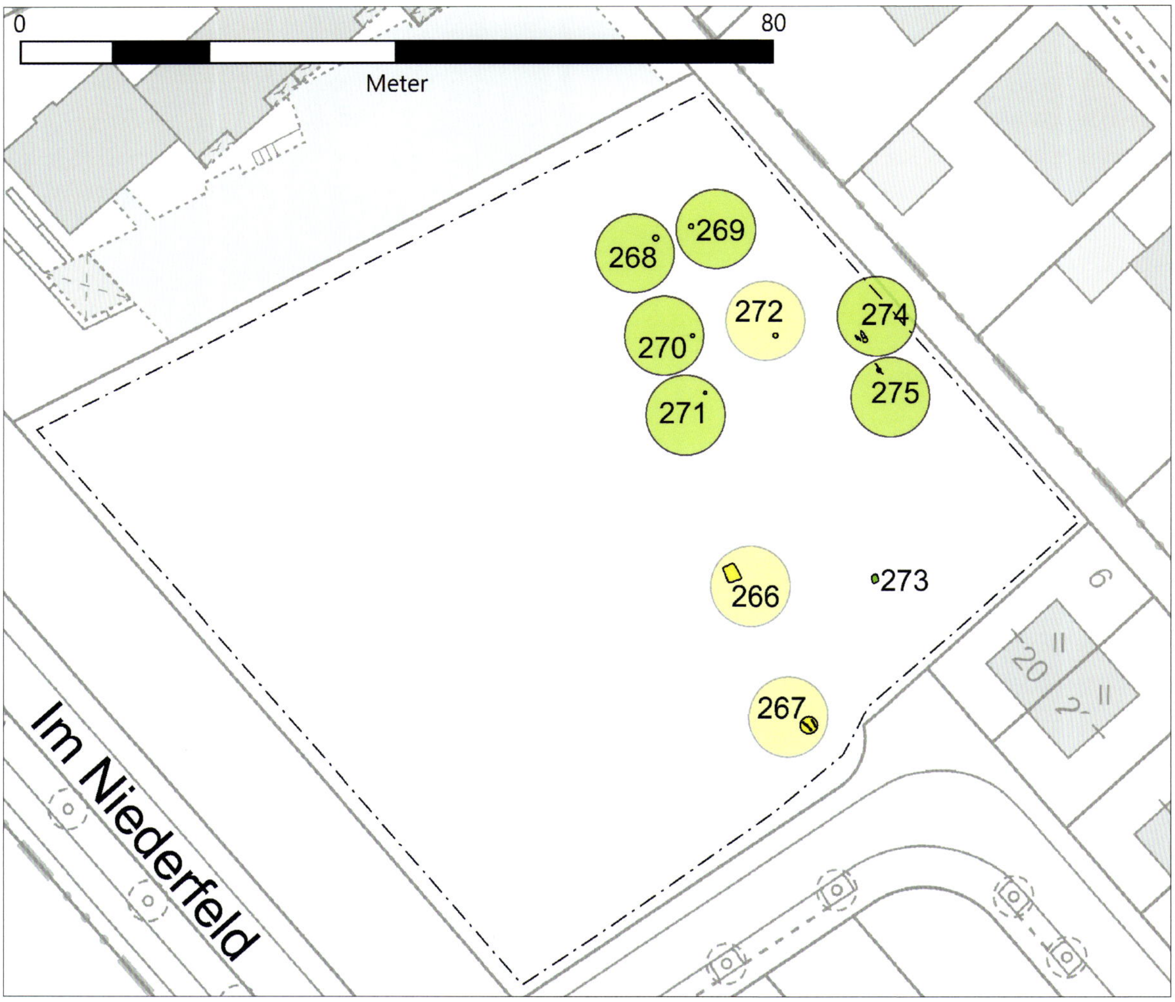

■ **Abb. 204** Gesamtplan der spätbronzezeitlichen Brandgräber in Hellgrün, die jüngeren Hallstattgräber HAR 43 in Gelb.

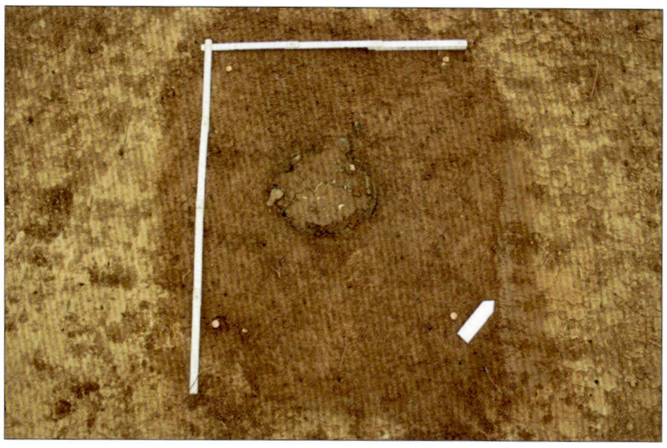

■ **Abb. 205** Urnengrab St. 270 im Planum während der Ausgrabung.

■ **Abb. 206** Urnengrab St. 271 im Planum während der Ausgrabung.

■ **Abb. 207** Urnengrab St. 268 im Planum während der Ausgrabung.

■ **Abb. 208** Urnengrab St. 269 im Planum während der Ausgrabung, deutlich sind die innen liegenden Gefäße erkennbar.

Deshalb könnte die Fundstelle mit dem Nachweis von 5 Gräbern auch vollständig dokumentiert sein.

Alle Bestattungen sind als Flachbrandgräber anzusprechen und wurden direkt unter dem Humus erfasst; archäologisch gibt es keine Hinweise auf eine ehemalige Überhügelung einer oder mehrerer Bestattungen.

Allerdings sind alle Gräber durch die landwirtschaftliche Nutzung beschädigt. Alle Gefäße mit Ausnahme der Deckschalen, standen ursprünglich aufrecht, d. h. mit der Mündung nach oben, was zu einer charakteristischen Zerstörung oberhalb des Schulterbereichs geführt hat. Trotz der schlechten Erhaltung kann für die Gräber St. 268 und 269 eine Abdeckung mit einer Schale wahrscheinlich gemacht werden.

Die Bestattungen St. 270 und 271 enthielten nur jeweils eine Urne mit Leichenbrand (Abb. 205–206), die Gräber St. 268 und 269 hatten eine umfangreichere Ausstattung.

Dabei befand sich der Leichenbrand grundsätzlich innerhalb der Urne und, soweit vorhanden, die Beigaben obenauf.

Grab 268

In Grab 268 lag der Leichenbrand in einer Urne, die bis zum Schulterumbruch vorhanden war; sie ist mit 3 Riefen verziert. Im Inneren lagen 6 Gefäße, d. h. 4 Schalen mit Horizontal- bzw. Schrägrand; ein steilwandiges Gefäß mit scharfem Umbruch, ein weiteres Gefäß war verbrannt (Abb. 207).

Grab 269

Die umfangreichste Ausstattung hatte Grab St. 269 (Abb. 208). Darin stand eine große Urne, die noch bis zu einer Höhe von 20 cm erhalten war, ein wohl zugehöriges Randstück lag im Inneren. In der Urne lagen insgesamt 8 Gefäße und die unverbrannten Bronzebeiga-

■ **Abb. 209** Inventar von Grab St. 269 nach der Restaurierung. Im Vordergrund die Bronzebeigaben und der Polierstein.

ben (Abb. 209). Zunächst sind 6 Schalen zu nennen, die einen Durchmesser von 8 bis 15 cm haben. Neben flachen Schalen mit ausgeprägten Horizontalrändern sind auch steilwandige Exemplare mit wenig ausgeprägtem Rand vorhanden. Bemerkenswert ist ein fein gearbeiteter kleiner Becher mit hohem Hals und scharf profiliertem Horizontalrand sowie mit Rillen- und Riefenzier und rundem, kaum abgesetztem Boden. Herausragendes Gefäß ist ein Exemplar der sog. Adelskeramik mit glattem Zylinderhals. Am Gefäßumbruch zeigt eine Verzierungszone mit 3 parallelen Rillen, über denen kleine schraffierte Dreiecke vorhanden sind, die nach oben von einer umlaufenden Reihe feiner, eng gesetzter Einstiche begrenzt werden. Unterhalb der Rillen ist eine einfache Girlande sichtbar, deren Ansatz durch runde Eindrücke markiert wird. Die ursprünglich tiefschwarze, polierte Oberfläche ist an wenigen Stellen erhalten und betont die besondere Qualität des Gefäßes. Solche Gefäße sind bisher in Frankfurt in Oberrad und in der Sandhofgruppe im Stadtwald nachgewiesen worden.

Bei den Bronzebeigaben handelt es sich um einen schmalen, am Rand mit sehr kleinen Punkten verzierten Ring mit rautenförmigem Querschnitt, einen mit Fischgrätenmuster und senkrechten Trennlinien ornamentierten und verdickten Enden versehenen Armring sowie eine Bronzenadel mit doppelkonischem Kopf. Bemerkenswert sind außerdem zwei gussgleiche, glatte Bronzeniete. Weitere, verbrannte Scherben können weder der Urne noch den übrigen Beigaben zugewiesen werden. Eventuell stammen sie von einer Abdeckung, deren Form jedoch nicht näher bestimmbar ist. Als Besonderheit lag in der Urne ein runder mugeliger Kieselstein. Solche Fundstücke sind vereinzelt nachgewiesen, so enthielt ein Grab aus Mainz-Kostheim 4 kleine Rollkiesel und ebenso ein Grab aus Mainz-Bischofsheim 3 Rollkiesel. Solche Steine werden zum Glätten und

■ **Abb. 210** Urnengrab St. 274 im Planum während der Ausgrabung.

■ **Abb. 211** Brandschüttung St. 275 ohne Beigaben im Planum.

Polieren der lederharten Gefäße genutzt. Gräber mit solchen Glättsteinen werden deshalb als Frauengräber angesprochen. Dies dürfte auch für die vorliegende Bestattung gelten, besonders da auch charakteristisch »männliche« Beigaben fehlen.

Grab 274 und 275

Im Rahmen der noch ausstehenden Baggerarbeiten konnte Denis Neumann 2018 zwei weitere Gräber St. 274 und St. 275 nachweisen. Beide Fundstellen sind stark fragmentiert, so dass neben dem Nachweis der Brandbestattung in St. 274 nur der Urnenrest mit rotem Überzug sowie ein kleiner, verschmolzener Bronzerest fassbar waren (Abb. 210) und in St. 275 nur die Brandschüttung dokumentiert werden konnte (Abb. 211). Während Grab St. 274 durch die Beigaben zeitlich ebenfalls der Spätbronzezeit zugewiesen werden kann, war dies für Grab St. 275 nicht möglich. Der Befund ist daher aufgrund des Befundes weder dem urnenfelderzeitlichen noch dem hallstattzeitlichen Friedhof zuzuweisen, da Brandschüttungsgräber in beiden Abschnitten nachweisbar sind.

Obwohl alle Gräber durch die landwirtschaftliche Nutzung zum Teil stark zerstört waren, fanden sich mit drei Wandscherben nur wenige Lesefunde und alle Gräber konnten glücklicherweise *in situ* dokumentiert werden. Somit konnte ein Friedhof mit insgesamt mindestens 5 vielleicht 6 Bestattungen der späten Bronzezeit nachgewiesen werden. Die Gräber gehören in eine entwickelte Stufe der Urnenfelderzeit (Ha A2, etwa 1100–1050 v. Chr.).

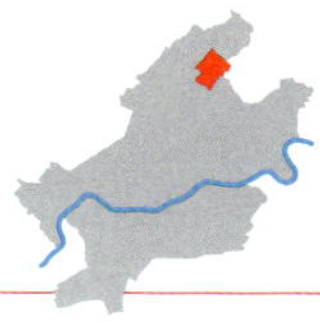

HAR 58

Zwei frühmittelalterliche Grubenhäuser

Fundmeldung:	Denkmalamt
Verbleib:	Archäologisches Museum
Bericht:	Denkmalamt
Literatur:	Thiedmann (2019).

Im Ortskern wurde im Mai 2019 unter der örtlichen Grabungsleitung von Rolf Skrypzak der erste Bauabschnitt in der Korffstraße 9 realisiert. Die Bauherrschaft plant einen vollständigen Abbruch der Bausubstanz mit anschließender Neubebauung. In einem ersten Arbeitsschritt wurde die alte Bebauung niedergelegt und im hinteren Teil des Grundstücks mit den Erdarbeiten für den Neubau begonnen.

In einer Fläche von rund 70 qm konnten zwei Grubenhäuser nachgewiesen werden (Abb. 212–213).

Zunächst entstand Grubenhaus 1 (St. 562) mit den Pfosten St. 352–354; weitere notwendige Pfostenstellungen im nördlichen Abschnitt konnten nicht erkannt werden, da der Befund durch einen jüngeren Bau, Grubenhaus 2, überlagert wird. Der jüngere Befund ist mit den Maßen 3 × 2 m vollständig dokumentiert (St. 351) je drei Pfostenstellungen an den Schmalseiten (St. 355, 357–359, 368 und 369). Dazu ist an der nordwestlichen Langseite mittig ein weiterer Pfosten vorhanden (St. 356), eine gleichartige Konstruktion ist gegenüber zu erwarten, war jedoch nicht erkennbar.

Außerhalb der Grubenhäuser waren außer Grube St. 360 weitere 6 Pfostengruben wenige Zentimeter eingetieft erhalten, die sich jedoch ohne zugehörige Baubefunde in der Fläche verteilten (St. 361–366).

Aufgrund der gleichartigen Einfüllungen konnten die Befunde erst im 2. Planum eindeutig als zwei Häuser angesprochen und voneinander abgegrenzt werden (Abb. 214).

Archäologische Funde stammen aus den Grubenhäusern sowie aus Grube St. 359, weiterhin sind Lesefun-

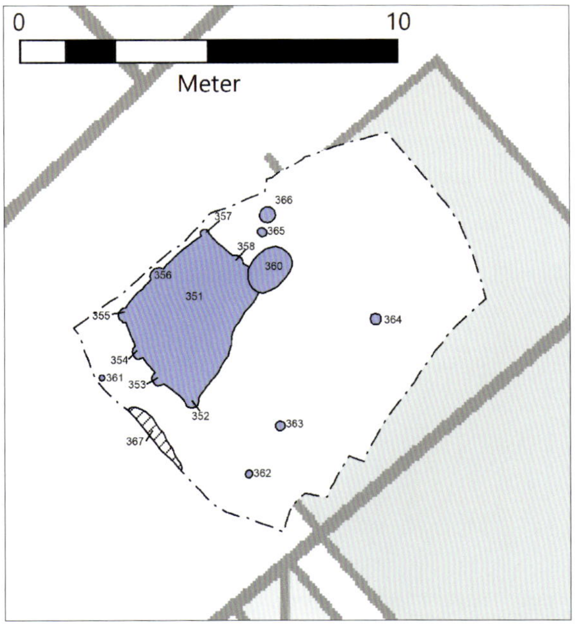

■ **Abb. 212** Die Befunde auf Planum 1.

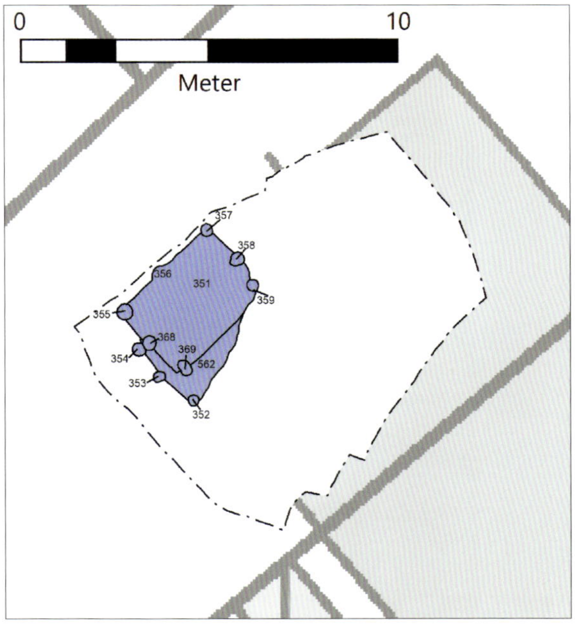

■ **Abb. 213** Die Befunde auf Planum 2, nun sind die Grubenhäuser klar voneinander abgrenzbar.

■ **Abb. 214** Die Grubenhäuser negativ ausgenommen während der Ausgrabung.

■ **Abb. 215** Auswahl der Funde aus St. 351: Oben Randfragmente, Mitte links Bodenfragment, daneben Knochen, Maßstab 1:2.

de zu nennen. Während die Grube 359 eine frühmittelalterliche Wandscherbe und einen römischen Krughals enthielt, fand sich in der Füllung der Grubenhäuser ein breiteres Spektrum. Die Funde der beiden Grubenhäuser waren jedoch nicht zu trennen und können nur beiden Häusern gemeinsam zugewiesen werden.

Neben einer Schlacke und einem Eisenrest, sind wenige, teils verbrannte Tierknochen zu nennen, außerdem etwas Rotlehm mit Rutenabdrücken, etwas Holzkohle und zwei Schieferreste. Bemerkenswert waren 49 Steine, dazu 18 Wandscherben, zwei Boden- und 6 Randscherben sowie ein Webgewicht (Abb. 215–216).

Einmal könnte es sich um das Bruchstück eines römischen Leistenziegels handeln.

Mit Ausnahme der römischen Funde, die zurzeit keiner Fundstelle zugeordnet werden können, handelt es sich ausschließlich um Fundmaterial des Frühmittelalters.

Während einerseits Bruchstücke der Karolingerzeit zuzuweisen sind, könnten einzelne Stücke bereits in das 10./11. Jh. gehören. Damit deutet sich die zeitliche Tiefe der Grubenhäuser an. Frühmittelalterliche Siedlungsbefunde gehören zu den seltenen Befunden im Stadtgebiet, da sie häufig im Bereich dicht bebauter Ortskerne zu erwarten und kaum mehr zu fassen sind.

Abb. 216 Das Webgewichtfragment wiegt 147,3g. Abgebildet in drei Ansichten, Grundform rekonstruiert, Maßstab 1:2.

HAR 59

Von Harheim ins Labor – Analyse eines steinzeitlichen Schädels

Fundmeldung: Denkmalamt
Verbleib: Archäologisches Museum
Bericht: Denkmalamt
Literatur: Heimatmuseum Northeim, Kat.-Nr. 487:35 (ohne Jahr). – Landesmuseum für Vorgeschichte Halle, HK-Nr. 73:20a (2021). – Prähistorische Sammlung Köthen, EK 33/1 (2021). – https://www.3sat.de/wissen/nano/200821-steinzeitfrau-nano-104.html (01.09.2021).

Im Rahmen der Erdarbeiten für die Neubebauung des ehemaligen Gärtnereiareals an der Keltenstraße konnte im Juli 2019 unter der örtlichen Grabungsleitung von Rolf Skrypzak auch Gruben der Michelsberger Kultur nachgewiesen werden (vgl. Abb. 171).

Im mittleren Abschnitt der Grabungsfläche können insgesamt 7 Befunde dem Jungneolithikum zugewiesen werden (345–347, 404, 461, 550 und 551). Die charakteristischen Keramikfunde lassen eine eindeutige Ansprache zu. Auffällig war Grube St. 345, die hauptsächlich Rotlehm enthielt.

Der Klang der Steinzeit

Ein ungewöhnliches Fundstück stammt aus Grube St. 404 (Abb. 217). Sie war braun lehmig verfüllt, im Planum rundlich und zeigte im Profil einen muldenförmigen Querschnitt mit einer maximalen Tiefe von 0,20 m.

Die Grube enthielt neben einem Silex und einem Beilfragment (Abb. 218) auch ein bearbeitetes Kuhhorn und ein auffälliges Keramikobjekt (Abb. 219). Das Fundstück ist hart gebrannt, die Außenseite rot. Der Randdurchmesser beträgt 40 cm, das Gefäß ist

Abb. 217 Muldenförmiges Profil der Grube St. 404, deutlich sind die Funde erkennbar.

Jungsteinzeit

Abb. 218 Die Steinfunde aus St. 404 – links ein Silex, rechts ein Beilfragment, jeweils in verschiedenen Ansichten, Maßstab 1:1.

bis zu einer Höhe von 13,4 cm erhalten, der Boden fehlt. Der ausgestellte Rand zeigt einen Arkadenrand mit sorgfältiger Durchlochung in gleichen Abständen. Die Löcher sind von auffallend geringem Durchmesser. Sie maßen auf der Außenseite 3–4, auf der Innenseite nur 1,8 mm. Das Gefäß ist ungewöhnlich und lässt an eine Trommel denken, deren Bespannung mithilfe der zahlreichen Löcher stramm befestigt werden konnte. Vergleichsfunde von jungsteinzeitlichen Trommeln insbesondere der Bernburger Kultur weisen jedoch eine Sanduhr- oder Doppelkegelform auf und sind nicht am Rand durchlocht. Die Bespannung der Trommelhaut erfolgte über Nuppen oder Ösen, die, wie beim Harheimer Fund, weiter unten am Gefäß angebracht sind. Von den Bernburger Trommeln unterscheidet sich das neu entdeckte Keramikobjekt zudem durch seine Glockenform. Das fragmentierte Gefäß kann also nicht sicher als Trommel angesprochen werden – es könnte sich auch um ein Vorratsgefäß handeln, an dem eine organische Abdeckung (aus Textil? Aus Rohhaut?) festgenäht wurde.

Herausragend war jedoch der Fund eines Schädels und eines wohl zugehörigen Beinknochens in Grube St. 346 (Abb. 220 und 221).

Der Schädel wurde im Rahmen einer Pressekonferenz vorgestellt und erregte große Aufmerksamkeit. Der Sender 3sat begleitete für seine Sendung NANO den Schädel auf seiner Reise ins Labor und veröffentlichte dazu ein Video (Abb. 222).

Ein Schädel im Labor

Der Schädel wurde dem Römisch-Germanischen Zentralmuseum (RGZM) zur weiteren Bearbeitung übergeben. Dort koordinierte Prof. Dr. Detlef Gronenborn die Analysen, einmal die 14C-Datierungen über das Curt-Engelhorn-Zentrum Archäometrie gGmbH CEZA sowie die dortigen anthropologischen Untersuchungen durch PD Dr. Jörg Orschiedt. Dieser kam zu dem Ergebnis, dass es sich um eine Frau in einem Alter zwischen 20 und 40 Jahren handelt, mit einer Tendenz zum höheren Alter. Deutlich sichtbar sind die Abnutzungen der Schneide- und Eckzähne durch die Nutzung der Zähne als sog. »Dritte Hand«, d.h. als Werkzeug. Der Rest des Wadenbeins (fibula) zeigte deutliche Fraßspuren, war also eine Zeit lang für fleischfressende Tiere zugänglich. Vor den Eingriffen in den Befund wurde dieser am RGZM 3-dimensional photogrammetrisch erfasst, so dass die Originalsituation der Blockbergung vollständig dokumentiert ist. Die 14C-Datierung ergab die

■ **Abb. 219** Die Trommel aus St. 404 mit Banane zum Größenvergleich, oben Maßstab 1:3, Rekonstruktionsvorschläge als Trommel (unten links) oder Vorratsgefäß (unten rechts).

■ **Abb. 220** Muldenförmige Grube St. 346 im Profil.

AB ZUM VIDEO!

■ **Abb. 222** Das Video ist bis zum 21.08.2025 online verfügbar.

für die Michelsberger Kultur zu erwartenden Zeiträume, d.h. für den Oberschädel 3942–3714 cal Jahre BC, also v. Chr., und für den Beinknochen 3952–3798 cal Jahre BC. Menschliche Überreste der Michelsberger Kultur sind in Frankfurt bisher nicht nachgewiesen, der Schädel somit in Frankfurt einzigartig.

Derzeit befinden sich Proben des Skelettes zur genetischen Analyse im Max-Planck-Institut für Evolutionäre Anthropologie in Leipzig. Im Rahmen eines Kooperationsprojektes zwischen dem RGZM und dem MPI werden Skelette der Michelsberger Kultur untersucht – darunter auch die Knochen aus Harheim.

Die Forscher:innen konnten Schädel und Wadenbein bereits viele Details entlocken und es bleibt spannend, was die genetische Analyse erbringen wird. Ein Rätsel wird jedoch bleiben: Vom restlichen Körper fehlt weiterhin jede Spur.

Abb. 221 Menschlicher Oberschädel in Fundlage in Grube St. 346.

Abb. 223 Großes Medieninteresse bei der Präsentation der Neufunde. Rechts im Vordergrund Planungsdezernent Mike Josef, dahinter Frankfurter Oberbürgermeister Peter Feldmann.

HAR 60

Germanische Gruben

Fundmeldung:	Denkmalamt
Verbleib:	Archäologisches Museum
Bericht:	Denkmalamt
Literatur:	Hampel (2015) 213 f.

Im Rahmen der Ausgrabungen 2019 zur Wohnbebauung in der Keltenstraße konnten zahlreiche Fundstellen aus unterschiedlichen Zeitstellungen erfasst werden (vgl. Abb. 171). Während einige Kulturstufen bereits aus anderen Maßnahmen in der Nachbarschaft bekannt waren (vgl. HAR 6, HAR 7 und HAR 51) kamen bisher unbekannte Zeitstufen hinzu (vgl. HAR 59).
In den Gruben St. 341 und St. 342 fand sich ein Fundmaterial, das bisher in der Gemarkung nicht nachgewiesen war und auch im gesamten Stadtgebiet außerordentlich selten ist (vgl. NES 47). So sind nur maximal 5 Fundstellen bekannt und nur drei davon gesichert zuzuweisen.

Es handelt sich um zwei Gruben mit germanischem Fundmaterial (Abb. 224).

Abb. 224 Grube St. 342 im Planum, deutlich sind die Brandlehmbrocken erkennbar.

Abb. 225 Links das vollständige Steinwerkzeug aus St. 341, rechts das abgebrochene aus St. 342, Maßstab 1:3.

■ **Abb. 226** Keramik aus St. 342. Oben Schale mit zwei Reihen amorpher Warzen und mind. 5 Reihen an Wulstgruben mit Fingernagelabdruck, in der Bildmitte Wandscherben mit Kammstrichdekoren, unten Scherben mit geradem Boden, Maßstab 1:3.

Die rundlichen und länglichen Befunde lagen nahe beieinander und waren braun-fleckig verfüllt und nur noch wenige Zentimeter tief erhalten.

In der Füllung fanden sich zahlreiche Steine und Rotlehmbrocken, dazu Knochen, wobei in Grube St. 342 bemerkenswerte 42 Knochenreste geborgen wurden. Hierbei ist nochmals zu betonen, dass die gesamte Fundstelle durch die außerordentlich gute Erhaltung von Knochenmaterial hervorsticht. Auch zwei Steine mit Gebrauchsspuren wurden dokumentiert (Abb. 225). Die Keramik ist zwar in der Unterzahl, aber eindeutig ansprechbar (Abb. 226). Somit konnte die Frankfurter Fundlandschaft um eine neue germanische Fundstelle ergänzt werden.

■ **Abb. 227** Elke Sichert und Dr. Andrea Hampel auf der Ausgrabung in der ehemaligen Gärtnerei.

Heddernheim: Archäologie als Teamleistung. Ein in Epoxidharz gebannter Befund wird gemeinsam von der Ausgrabung der Römerstadtschule getragen.

HEDDERNHEIM

Während der Ortsteil, der bis 1803 zum Mainzer Erzbistum, dann zu Nassau und 1910 nach Frankfurt eingemeindet wurde, im Ortskern durch eine kleinteilige Bebauung mit dörflichem Charakter geprägt ist, ist er überregional durch die »Römerstadt« als herausragendes Beispiel des sogenannten Neuen Frankfurts bekannt. Unter der Federführung von Ernst May wurde in den 1920er Jahren auf den Ackerflächen zwischen Heddernheim und dem östlich gelegenen Praunheim eine moderne Wohnsiedlung errichtet. Rund 40 Jahre später folgte mit der »Nordweststadt« eine weitere Wohnsiedlung nördlich im Anschluss an die »Römerstadt«. Beide Wohnprojekte wurden auf dem Areal der römischen Stadt NIDA errichtet und führten zu erheblichen Zerstörungen des Bodendenkmals, die unterschiedlich umfassend dokumentiert wurden.

Es kann daher nicht verwundern, wenn auch im Berichtszeitraum die Mehrheit der archäologischen in die Römerzeit datieren. Herausragend waren dabei die neuen Erkenntnisse zur römischen Stadtstruktur, die durch die Ausgrabungen zum Neubau der Römerstadtschule gewonnen wurden.

Im Rahmen dieser Maßnahmen konnten natürlich auch ältere Kulturstufen nachgewiesen werden, wenngleich die sehr intensive römische Landnutzung hier zu erheblichen Verlusten geführt haben dürften.

HED 11

Steinbeile und Tulpenbecher aus der Michelsberger Kultur

Fundmeldung:	Denkmalamt
Verbleib:	Archäologisches Museum
Bericht:	Denkmalamt
Literatur:	Hampel (2009) 75 mit ält. Lit. – Willms (2006) 6 Abb. 2.

Bereits im vergangenen Berichtszeitraum begannen die Ausgrabungen für die Neubauten der Römerstadtschule (vgl. HED 30). Neben den herausragenden römischen Befunden konnten im März 2017 auch ältere Befunde nachgewiesen werden (vgl. HED 21).

Knapp unter der römischen Kulturschicht waren mindestens 4 Gruben vorhanden, die Fundstücke der Michelsberger Kultur enthielten (St. 1430–1433) (Abb. 228 und 229). Daneben fand sich sekundär

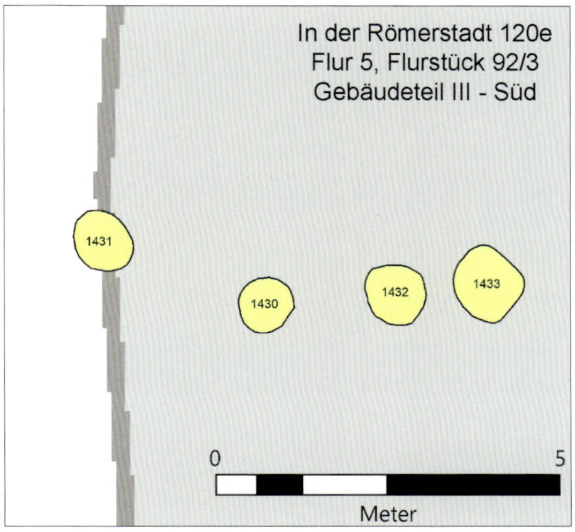

Abb. 228 Planausschnitt der Ausgrabungen an der Römerstadtschule reduziert auf die Gruben der Michelsberger Kultur, die ausschließlich unter dem heutigen Gebäudeteil III-Süd lagen.

Abb. 229 Archäologisches Planum im Bereich der Römerstadtschule mit vorgeschichtlichen Befunde. Im Vordergrund Grube St. 1431.

■ **Abb. 230** Profilschnitt in Grube St. 1430 mit guter Knochenerhaltung.

■ **Abb. 231** Gut erhaltener Tulpenbecher in Grube St. 1431, rechts ein unbearbeiteter Grünschiefer.

verlagerte, vorgeschichtliche Keramik im römischen Laufhorizont St. 1428.

Dabei enthielt Grube St. 1430 neben charakteristischen Scherben auch Tierknochenreste (Abb. 230). Aus St. 1431 sind zahlreiche Scherben zu nennen, darunter insbesondere ein zur Hälfte erhaltener Tulpenbecher in außergewöhnlich guter Erhaltung (Abb. 231–232). Weiterhin sind zwei fast unbeschädigte Beilklingen aus Amphibolit zu nennen. Es handelt sich um spitznackige Exemplare mit ovalem Querschnitt, wie sie für die Michelsberger Kultur bekannt sind (Abb 233).

Während die neolithische Nutzung des Areals an verschiedenen Stellen seit 1960 nachgewiesen war, bestätigte sich nunmehr auch die bisherige Vermutung, dass es sich dabei um Fundstellen der Michelsberger Kultur (etwa 4400-3500 v. Chr.) handeln könnte.

■ **Abb. 233** St. 1431, Die beiden Steinbeile in je drei Ansichten, Maßstab 1:2.

■ **Abb. 232** St. 1431, Tulpenbecher mit einem max. Ø 22,5 cm, Maßstab 1:2.

HED 21

Mitten unter den Römern – eine eisenzeitliche Kegelstumpfgrube

Fundmeldung:	Denkmalamt
Verbleib:	Archäologisches Museum
Bericht:	Denkmalamt
Literatur:	Fundberichte Hessen 1963. – Fundberichte Hessen 1971, 225.

Im Rahmen der Ausgrabungen für den Neubau der Römerstadtschule kamen nur wenige ältere Befunde der Vorgeschichte zutage, obwohl das gesamte Areal einer intensiven Nutzung während der Römerzeit unterlag (vgl. HED 11 und HED 30. Neben neolithischen Befunden konnte mit St. 1615 in den Jahren 2017/18 eine einzelne Kegelstumpfgrube dokumentiert werden.

Der Befund unterschied sich in Lage, Form und Einfüllung von den älteren steinzeitlichen (vgl. HED 11) und wurde erwartungsgemäß durch die römische Nutzung des Geländes gestört (Abb. 234).

Erste Befunde der jüngeren Eisenzeit sind bereits beim Bau der Grundschule 1962, bzw. 1969 im Rahmen des Kanalbaus südlich des Kindergartens in der Ernst-Kahn-Straße nachgewiesen worden. Die nun entdeckte Kegelstumpfgrube fügt sich nahtlos in die damals gemachten Beobachtungen ein, womit sich eine intensive Nutzung des Geländes nicht nur in römischer Zeit, sondern auch während der Vorgeschichte bestätigt.

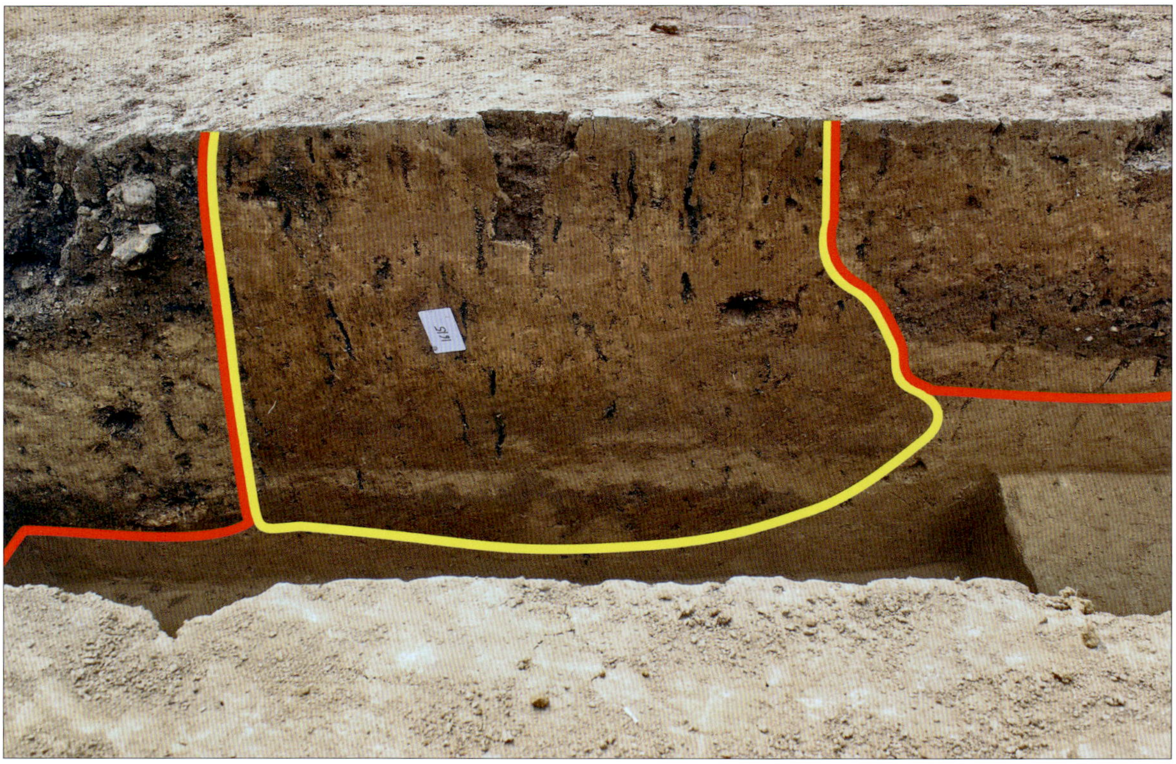

■ **Abb. 234** Profilschnitt der Kegelstumpfgrube St. 1615 (gelb), die von einer römischen Kulturschicht überlagert und links durch römische Befunde abgeschnitten wird (beide rot).

HED 30

Auflösung alter Privatsammlungen aus NIDA

Fundmeldung:	Archäologisches Museum
Verbleib:	Archäologisches Museum
Bericht:	Denkmalamt
Literatur:	Hampel/Wenzel 2020, 129 ff.

Im November 2017 übergab Dr. Rietschel verschiedene römische Fundstücke. Sie wurden bereits 1964/65 beim Bau der Nordweststadt gesammelt. Über die Fundumstände ist nichts bekannt. Wir danken für die Übergabe, so dass die Funde nun auch der Öffentlichkeit und Forschung zugänglich gemacht werden können.

Es handelt sich um einen Terra Sigillata Becher vom Typ Dragendorff 32 mit Stempel, einen Räucherkelch sowie verschiedene Bronze- und Beinfunde. Für letztere Kategorien werden neben Ohrsonde, Nadel und Bronzeringen auch beinerne Haarnadeln, Würfel und Scharniere genannt. Das Konvolut kann in das 2./3. Jh. datiert werden.

Im August 2019 wurde dem Archäologischen Museum die Sammlung Dechert von den Erben übergeben (Abb. 235). Das Konvolut wurde während der Erdarbeiten zum Bau der Nordweststadt in den 1960er Jahren gesammelt und hat seine besondere Bedeutung in den überraschend detaillierten Fundberichten. Wir danken der Familie ausdrücklich für die Entscheidung, die Sammlung des Vaters der Wissenschaft bereitzustellen. Auch diese Sammlung enthält Fundstücke des 2. und 3. Jhs. n. Chr.

Abb. 235 Die Altsammlung Dechert bei der Übergabe.

HED 30 (Am Holzweg 4)

Römisches vom Gelände der neuen Heddernheimer Feuerwache

Fundmeldung: Denkmalamt
Verbleib: Archäologisches Museum
Bericht: Denkmalamt
Literatur: Hampel (2017) 148 ff.

Im vergangenen Berichtszeitraum konnte für den Neubau einer Feuerwache eine Fläche von über 4.000 qm ausgegraben werden. Das Areal liegt direkt vor dem Nordtor der römischen Stadt. Es zeigte sich eine zivile Nutzung des Geländes auch nach dem Bau der Stadtmauer, wohingegen man ursprünglich davon ausging, dass sich das Leben im Inneren der stadtmauerumfassten Stadt abspielte. Die Grabungsergebnisse führten nach der Fund- und Befundbearbeitung zu einem qualifizierten Gesamtplan, der die verschiedenen Befunde farbig unterscheidet (Abb. 236).

Es zeigt sich deutlich, dass die Bebauung vor der Stadtmauer auf die Straßentrasse Bezug nimmt, die ihrerseits ältere Befunde überlagert.

Ein ausgedehntes Töpferareal ist hier nicht erkennbar, wenngleich durch ältere Grabungen in einiger Entfernung beiderseits der Straße erkennbar. Die beiden nachgewiesenen Gräber können als Sonderbestattungen angesprochen werden und markieren in keinem Fall den Beginn der Gräberstraßen, die in jedem Fall nördlich außerhalb der Grabungsflächen liegen.

Die Überschneidungen im Bereich der Straßentrasse und auch im Bereich der Stadtmauern und -gräben legen nahe, dass es im Zusammenhang mit der Sicherung der Stadt durch eine Umwehrung mit Mauer und Graben auch zum Neubau zumindest in Teilen dieser Straße kam.

Erfreulicherweise konnten innerhalb des Geländes die Steine des römischen Kellers in der Gestaltung des Außengeländes verwendet werden (Abb. 237) und im Inneren des Neubaus fand das monolithische Fenster (Abb. 238) als Dauerleihgabe des Archäologischen Museums ebenfalls einen Platz (Abb. 239).

Abb. 237 Mauerzug aus römischen Kalkbruchsteinen ohne Bearbeitungsspuren.

Abb. 239 Präsentation des Fenstersteins im Neubau der Feuerwache 21.

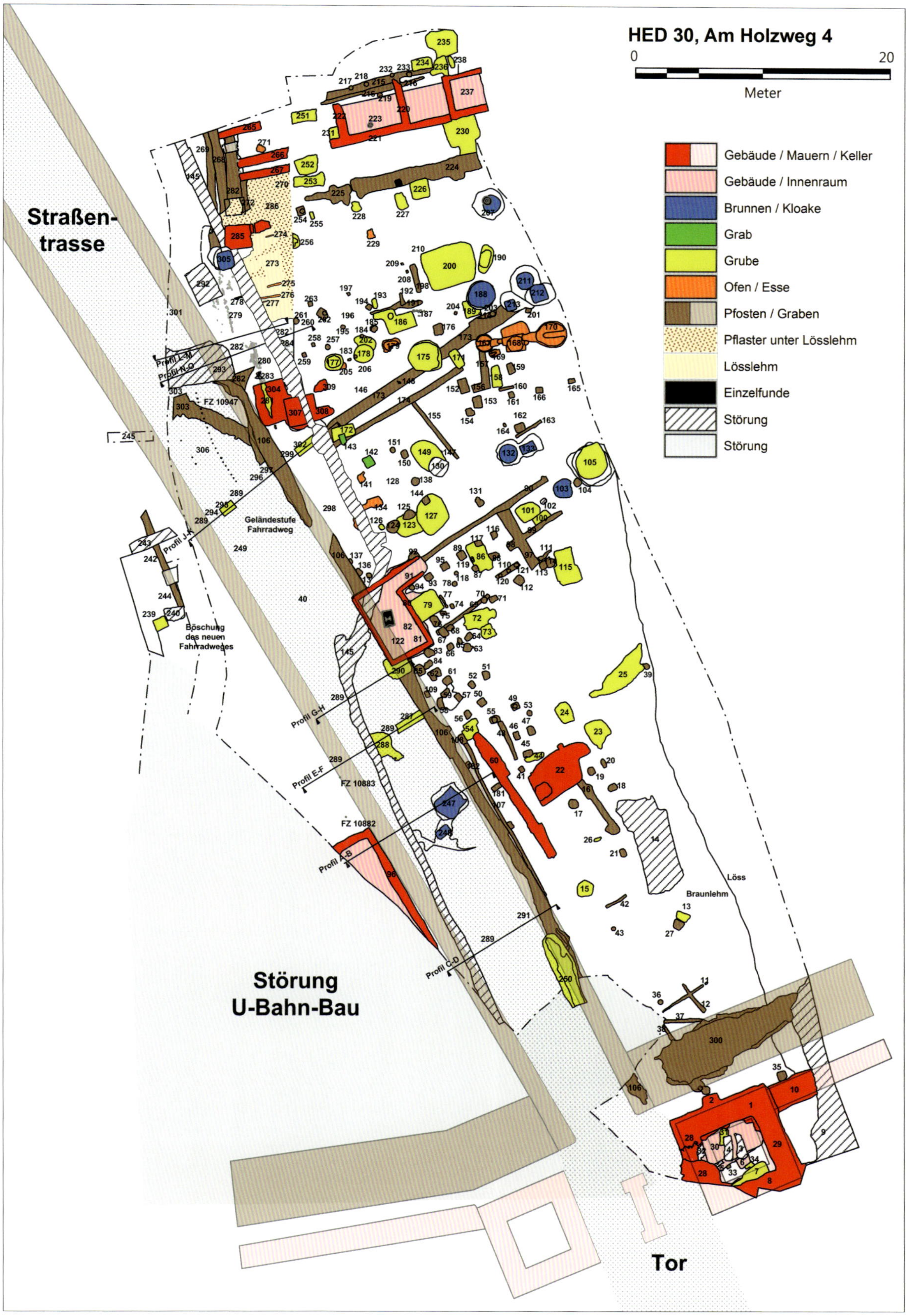

■ **Abb. 236** Gesamtplan der Ausgrabungen an der Feuerwache 21. Bis auf die beiden in grün kartierten Gräber sind alle Befunde römisch; Kartierung nach Befundtyp; römische Straße und Tor teilrekonstriert.

Abb. 238 Abtransport des monolithischen Fensters mit sanduhrförmiger Öffnung bei der Ausgrabung 2014.

HED 30 (In den Wingerten 4)

Ein einzigartiger Fundplatz: Der römische Tempelbezirk von NIDA

Fundmeldung:	Denkmalamt
Verbleib:	Archäologisches Museum
Bericht:	Denkmalamt
Literatur:	Fasold u.a. (1998). Ders. (2017). – Huld-Zetsche (2014) 128 ff. – Rupp (1987). – Meier-Arendt (1983) 46 (Kopie). – Hampel (2017) 161 ff. – Flügen/Hampel/Wenzel 2017. – Hampel/Scholz 2018. – Hampel/v. Kurzynski 2018, 9 ff.

Die Großgrabung in Zusammenhang mit dem Neubau der Römerstadtschule auf einer rund 4.000 qm großen Fläche, die ehemals durch die amerikanische Armee genutzt wurde, wurde während des gesamten Jahres 2017 fortgesetzt. Am Ende waren insgesamt 2830 Befunde aufgenommen. Mit wenigen älteren Fundstellen (vgl. HED 11 und HED 21) und abzüglich moderner Störungen handelt es sich ausschließlich um Nachweise der römischen Nutzung des Geländes.

Die Grabungsergebnisse sind wissenschaftlich von besonderem Wert und von überregionaler Bedeutung für die römische Forschung. In diesem Zusammenhang war es eine Freude, dass der Fundplatz in der Ausstellung zum Kulturerbejahr 2018 »Bewegte Zeiten. Archäologie in Deutschland« im Berliner Gropiusbau vorgestellt werden konnte.

Die Befunde und Funde, die nördlich der Alpen ihresgleichen suchen, sollen umfangreich erforscht

■ **Abb. 240** Teilabschnitt 7 des Steinbrunnens St. 1292 mit Resten der Steinfüllung durch den Versturz.

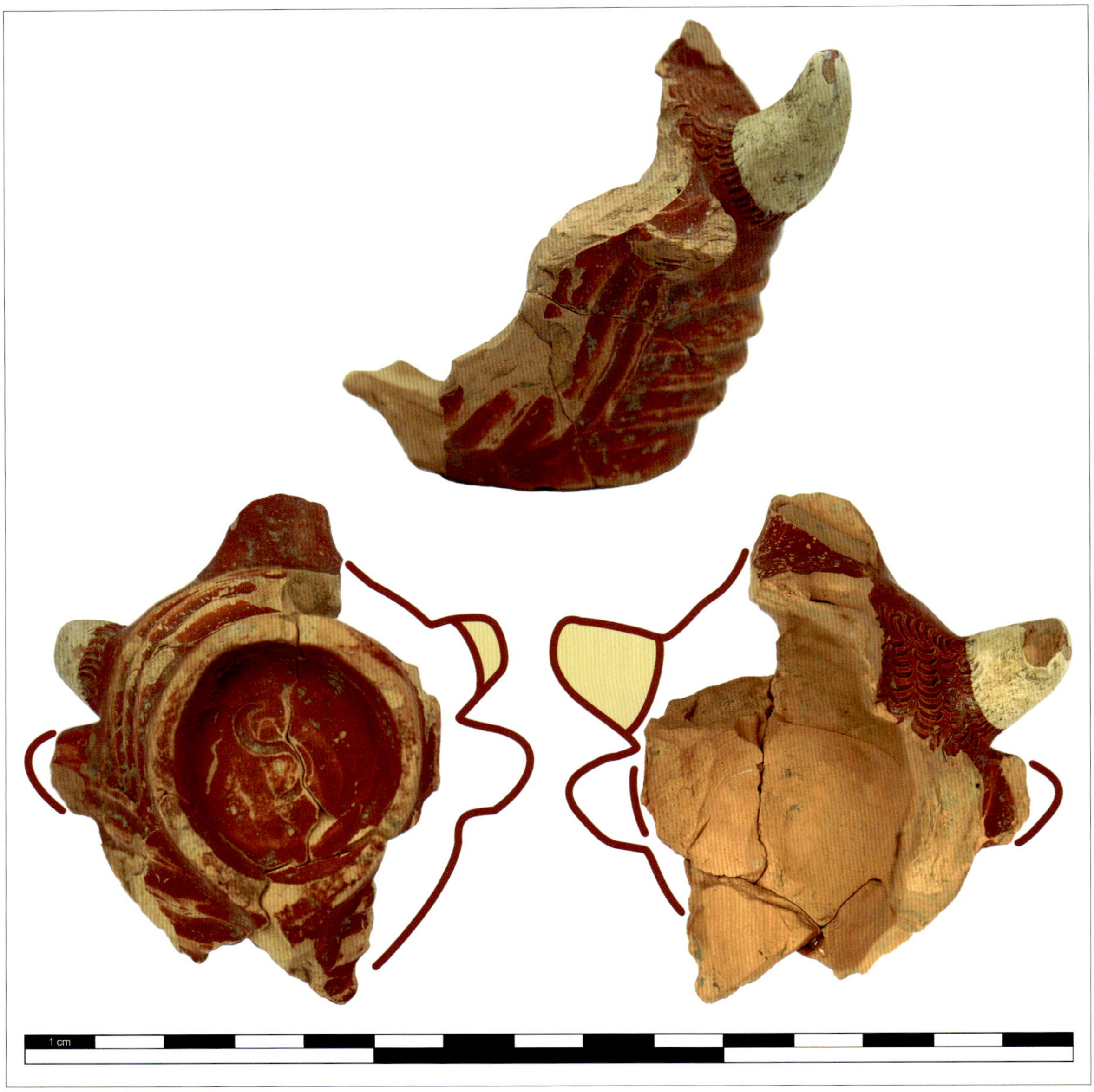

■ **Abb. 241** Stierkopflampe aus »Wetterauer Ware« Maßstab 1:1.

werden. Deshalb ist im Zusammenspiel verschiedener Forschungseinrichtungen, d.h. der Goethe-Universität Frankfurt, dem Archäologischen Museum, der Römisch-Germanischen-Kommission des Deutschen Archäologischen Instituts, der Universität Basel und dem Denkmalamt ein Forschungsantrag bei der Deutschen Forschungsgemeinschaft (DFG) gestellt worden.

Um der Forschung im Rahmen dieses Antrags nicht vorzugreifen, sollen an dieser Stelle nur die bereits veröffentlichten Sonderfunde und -befunde aus den beiden römischen Brunnen als Ergebnisse vorgestellt werden.

Der Brunnen 1292 und die Stierkopflampe

Bei der Bearbeitung des Brunnens St. 1292 zeigte sich, dass der steingemauerte Schacht offenbar kurz nach der Fertigstellung eingestürzt ist (Abb. 240). Die Schäden zeigten sich im Profil und in der Tatsache, dass der Brunnenschacht fast vollständig mit Brunnensteinen verfüllt war.

Auf der Sohle fand sich das Bruchstück einer figürlichen Lampe aus rosa Ton (Abb. 241). Es handelt sich um eine sog. Stierkopflampe, die in Frankfurt-Nied hergestellt wurde und zur sogenannten »Wetterauer Ware« gehört (Typ 12). Auf der Unterseite ist innerhalb des Standrings die Signatur »S« *ante cocturam*, also vor

■ **Abb. 242** Brunnensohle St. 1711 mit Bronzefunden und Menschenknochen.

dem Brand, in den Boden geritzt worden. Das Bruchstück zeigt eine herausragende Qualität in der Ausführung mit Felldarstellung und sorgfältiger Bemalung. Die Länge beträgt 10–12 cm und die Breite an den Ohren 7–7,5 cm; die Höhe 6 cm. Bisher sind 20 dieser Lampen bekannt, davon 4 ohne Fundort. Die meisten stammen aus dem Rhein-Main Gebiet, davon insgesamt 6 aus Heddernheim, Praunheim oder Nied; auch die Signatur ist mehrfach vertreten. Aufgrund der Nacharbeiten an der Lampenoberfläche ist eine Zuweisung zu den bekannten Modeln grundsätzlich schwierig. Die Produktion beginnt im späten 1. Jh. n. Chr., größere Stückzahlen dieser auffälligen Keramik werden jedoch offensichtlich ab 125/130 n. Chr. hergestellt.

Der Brunnen 1711 und die Götterstatuen

Der andere Brunnen St. 1711 lag unweit der südlichen Begrenzungsmauer des Areals und dieser Befund war stratigrafisch die letzte fassbare römische Baumaßnahme in diesem Bereich. Es handelte sich um einen holzverschalten Brunnenschacht, wobei leider keine organischen Funde die Bauzeit datieren konnten. Anders als sein nördliches Pendant enthielt dieser Befund jedoch eine große Zahl an Fundstücken. Die zahlreichen Steine im Schacht dokumentieren zunächst eine Abbruchmaßnahme, die im Umfeld stattgefunden hat. Verbrannter Schiefer und Brandspuren an den Steinen belegen zudem ein Schadfeuer. Weiterhin enthielt der Brunnenschacht vornehmlich Scherben und Tierknochen sowie als besondere Fundstücke zwei Bronzegötterstatuen und ihre Sockel (Abb. 242). Dabei handelt es sich einmal um einen runden, 3,5 cm hohen Sockel mit einem Durchmesser von maximal 7,8 cm, auf dessen Oberseite die Fußabdrücke einer stehenden Figur vorhanden sind. Sowohl Größe als auch die Anordnung passen exakt zur ebenfalls vorhanden Götterfigur einer Diana (13 cm). Nur wenige Zentimeter daneben lag ein quadratischer (12 × 12 cm) und 13,5 cm hoher Sockel, der aus verschiedenen Teilen zusammengelötet war. Auf der Vorderseite trägt er eine elfzeilige Inschrift für den Gott Merkur (Abb. 243). Auch hier sind auf der Oberseite der Deckplatte zwei Füße erkennbar, die jedoch zu einer erheblich größeren Figur gehören. Etwas unterhalb des Befundes lag als Rest dieser Figur

■ **Abb. 243** Bronzesockel mit Inschrift für Merkur, Foto S. Martins, AMF.

■ **Abb. 244** Das Team um R. Skrypzak mit dem aufwändig freipräparierten Brunnen St. 1292.

ein nackter Fuß, 5,5 cm lang, der knapp oberhalb des Knöchels abgebrochen war. Größe, Form und Anpassung belegen, dass es sich um die verlorene Merkurstatuette handelt. Die elfzeilige Inschrift konnte durch Prof. Dr. M. Scholz, Goethe-Universität Frankfurt am Main aufgelöst werden und gibt neben dem Namen des Stifters auch das exakte Fertigungsdatum preis – ein Glücksfall für die Archäologie.

> I(n) h(onorem) d(omus) d(ivinae) / Deo Mercu/rio Alatheo Theonam / C(aius) Alex<a=e>ndrin(i)us / Montanus / dupl(icarius) leg(ionis) XXII / ex pr(a)ece(pto) numi(nis) eijus v(otum) s(olvit) l(ibens) l(aetus) m(erito) / (ante diem) V i(dus) Sep(tembres) Praesente et Albino co(n)s(ulibus).

Übersetzung:
»Zu Ehren des vergöttlichten Kaiserhauses, dem Gott Merkur Alatheus Theonam (geweiht). Caius Alexandrinius Montanus, Empfänger doppelten Soldes der 22. Legion, hat sein Gelübde auf Geheiß göttlicher Eingebung eingelöst, (und zwar) gerne, freudig und wie es sich gehört, am 5. Tag vor den Iden des September des Jahres, als Praesens und Albinus Konsuln waren (= 9. September 246 n. Chr.)«.

Abb. 245 Elke Sichert beim Freilegen des Brunnens St. 1711.

HED 43

Römer im Wenzelweg

Fundmeldung:	Denkmalamt
Verbleib:	Archäologisches Museum
Bericht:	Denkmalamt
Literatur:	Fasold (2017).

Unter der örtlichen Grabungsleitung von Denis Neumann wurde im Oktober 2019 ein Anbau an das Wohnhaus Wenzelweg 11 realisiert (Abb. 246). Nach dem Abriss der Bestandsgarage konnte eine Fläche von rund 28 qm bearbeitete werden (Abb. 247). Zunächst zeigte sich eine erhebliche Auffüllung von 0,40 m; da eine Zisterne und eine Teilunterkellerung geplant war, konnten in einem tieferen Planum insgesamt drei Befunde dokumentiert werden. Dabei enthielt ein Befund (St. 2783) römisches Fundmaterial, während die übrigen mittelalterlich sind (vgl. HED 48).

Die römische Grube war rundlich mit einem Durchmesser von 1,20 bis 1,30 m; die ebene Sohle wurde nur rund 0,14 m unter Planum 1 erreicht. Die Befundränder waren flau und nur schwer erkennbar. Entsprechend gering ist der Fundanfall, in der homogen braunen Füllung fand sich ein Basalt, zwei Ziegelreste und eine Wandscherbe.

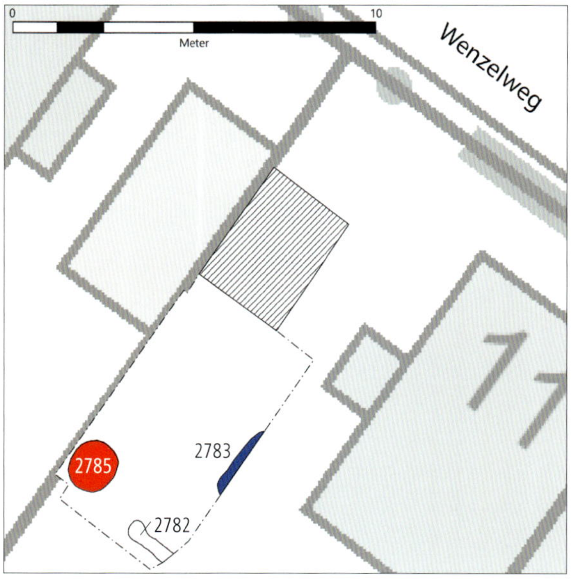

■ **Abb. 246** Gesamtplan der Grabung im Wenzelweg.

■ **Abb. 247** Ein Blick auf Planum 1 der Ausgrabung, die römische Grube St. 2783 ist in der hinteren rechten Ecke der Fläche. Sie hebt sich farblich kaum von Untergrund ab.

Der Wenzelweg liegt südöstlich der römischen Stadt NIDA und hier ist bisher nur ein römischer Stein bekannt geworden. Durch den Fund einer Grube gelang der Nachweis einer Siedlungsnutzung in der Römerzeit bis in diesen Bereich. Ob es sich dabei um einen außenliegenden Gutshof, etwa in Zusammenhang mit der »Philippseck« genannten Villa rustica oder um einen weiteren Hof entlang der römischen Straße nach Bad Vilbel handelt, kann nicht entschieden werden.

Unter den Lesefunden (St. 2784) fand sich bemerkenswerterweise der Henkel einer römischen Lampe.

HED 47

Ein Steinfund wirft Fragen auf

Fundmeldung: Dr. D. Krautwig
Verbleib: Archäologisches Museum
Bericht: Denkmalamt

April 2019 fand Dr. Dirk Krautwig am Ufer der Nidda, unterhalb der Hadrianstraße einen bemerkenswerten Stein (Abb. 248). Er meldete seinen Fund unverzüglich zunächst dem Historischen Museum. Wir danken Dr. Cilleßen, dass er sich mit der Bodendenkmalpflege in Verbindung gesetzt und die Übergabe des Steins auf den Weg gebracht hat. Es handelt sich um einen feinen Rotsandstein, der 0,24 m hoch, 0,20 m breit und 0,10 m tief ist. Die Rückseite erscheint unbearbeitet, die Seiten sind jeweils etwa maximal bis zur Hälfte bearbeitet und geglättet, der jeweils hintere Abschnitt ist nur grob zugerichtet (Abb. 249,

■ **Abb. 249** Fundstück aus der Nidda in verschiedenen Ansichten, Maßstab 1:4.

Mitte). Wahrscheinlich war das Objekt ursprünglich eingemauert und stand rund 3 cm heraus.

Die Vorderseite ist sorgfältig ausgearbeitet, allerdings kann kaum entschieden werden, welche Seite oben ist. Während oben und unten jeweils symmetrisch zwischen begrenzenden Eckwinkeln je drei dreieckige Zacken zu sehen sind, wird der Stein an beiden Seiten durch gedrehte Säulen mit Basen und Kapitellen sowie Kämpfern begrenzt; die Säulen sind oben, bzw. unten verdickt. Darauf liegt durchgängig ein Architrav, gefolgt von den Dreiecken, getrennt durch eine Ritzlinie. Dazwischen bildet sich eine fast quadratische Nische aus, die in der Mitte durch einen Absatz gegliedert ist. Dieser Absatz ist jeweils beidseitig und symmetrisch dreifach abgetreppt. Reste von einer eventuellen Farbfassung oder Grundierung sind nicht erkennbar.

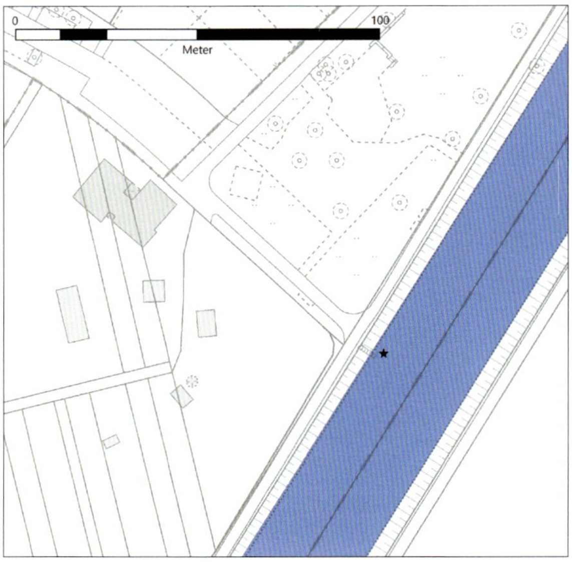

Abb. 248 Der Fundort am Rande der Nidda.

Da es keinen Fundkontext gibt, kann nichts über Herkunft und ursprünglichen Verwendungszweck gesagt werden.

Es könnte sich um ein Hauszeichen handeln, ein religiöser Hintergrund kann nicht verifiziert werden. Auch eine Datierung fällt schwer. Zeitlich könnte das Fundstück im späten Mittelalter oder der frühen Neuzeit gearbeitet worden sein; aufgrund der Säulenformen kann ein älteres Datum ausgeschlossen werden.

HED 48

Wohlig-warm am mittelalterlichen Kachelofen

Fundmeldung: Denkmalamt
Verbleib: Archäologisches Museum
Bericht: Denkmalamt

Die Baumaßnahme im Wenzelweg 11 wurde durch Denis Neumann im Oktober 2019 archäologisch begleitet. Neben einer römischen Grube (vgl. HED 43) konnten auch mittelalterliche Befunde nachgewiesen werden (Abb. 246). Es handelt sich um zwei Gruben (St. 2782 und 2785) sowie um die Lesefunde (St. 2784).

Die zwei Gruben konnten aufgrund der kleinen, tiefen Baugrube in einer Hanglage mit moderner Aufschüttung aus Sicherheitsgründen nicht vollständig bearbeitet werden.

Grube St. 2782 erschien mindestens 1,30 m lang und auf einer Breite von 0,50 m fassbar; nach Südosten verschwand sie in der Baugrubengrenze, so dass die Gesamtlänge nicht ermittelt werden konnte. Die Befundgrenzen waren flau und kaum erkennbar, die Füllung war durch zahlreiche Rotlehmbrocken geprägt,

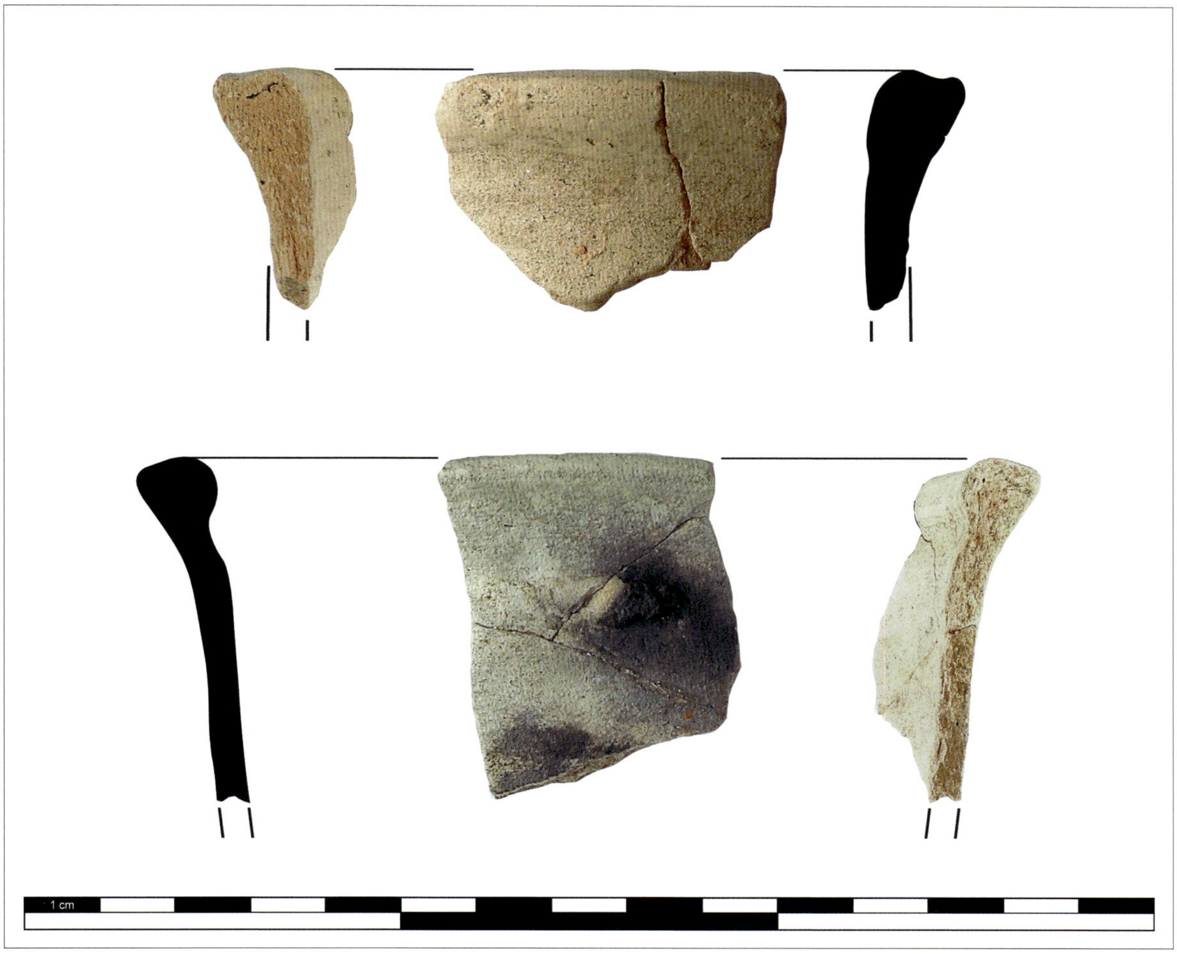

■ **Abb. 250** Die beiden Randfragmente von Becherkacheln aus St. 2785 in jeweils zwei Ansichten, Maßstab 1:1.

dazu fanden sich ein Schieferbruchstück und ein Tierknochen sowie 4 Scherben. Dabei ist das Bruchstück einer Kanne aus grauer Ware hervorzuheben. Die Fundschicht war 0,20 bis 0,30 m stark, darunter folgte eine Schwemmschicht. Möglicherweise handelt es sich um den Rest einer Kulturschicht.

Die langestreckte Grube St. 2785 konnte am südöstlichen Baugrubenrand dokumentiert werden. In der homogenen, hellgrauen Füllung befanden sich zwei Rotsandsteinreste, ein Eisenfragment und 6 Scherben, wobei zwei Randscherben zu sog. Becherkacheln gehören (Abb. 250). Auch hier waren die Befundgrenzen und besonders die Grubensohle im Profil kaum zu identifizieren, während sie im Planum gut sichtbar waren.

Zusammen mit den Lesefunden, die glasierte und unglasierte Scherben, darunter auch manganviolette Ware und Steingut umfassen, zeigt sich in diesem Bereich eine mittelalterliche Nutzung. Die Reste der zwei unglasierten Becherkacheln aus weißlichem Ton aus dem 13./14. Jh. belegen zudem einen gewissen Wohlstand mit beheizbaren Räumen. Eine zugehörige Bebauung konnte nicht erfasst werden. Die Fundstelle liegt durchaus im inneren Ortskern, da bereits die Ravenstein'sche Flurkarte 1904 eine Nutzung des Geländes mit der heutigen Straßenführung südwestlich der heutigen Straße In der Römerstadt (damals Praunheimer Straße) nachweist. Im 13./14. Jh. gehörte der Ort zu Praunheim, wo die mächtigen Ritter zu Praunheim ihre Stammburg hatten. Ein Verwalter des einflussreichen Adelsgeschlechts konnte sich ohne Zweifel einen Kachelofen leisten und genoss damit einen Luxus, der der normalen Bevölkerung nicht zugänglich war.

Zwei vorgeschichtliche Scherben aus den Lesefunden können nicht näher angesprochen werden, sollen aber erwähnt werden.

Abb. 251 Die Baggerarbeiten 2019.

Abb. 252 Restaurator und Grabungstechniker Denis Neumann bei der Fundbergung auf der Ausgrabung FEC 13.

■ Höchst: Blick durch den Zollturm auf den Höchster Schloßplatz.

HÖCHST

Der Ortsteil ist geprägt durch seine gut erhaltene Altstadt mit zahlreichen Fachwerkhäusern, nicht umsonst ist Höchst ein Haltepunkt auf der bekannten Route der »Deutschen Fachwerkstraße«, zumal eine große Zahl von Gebäuden auch umfassend restauriert wurde. Auch Höchst hat eine steinerne Stadtmauer, die in weiten Teilen mit den Türmen erhalten ist.

Hier steht mit dem Bolongaropalast die einzige barocke Palastanlage der Stadt und es sind mit dem alten und dem neuen gleich zwei Schlossanlagen vorhanden.

Mit dem Ortsnamen ist auch der 1863 gegründete Chemiebetrieb Farbwerke Höchst verbunden.

In Höchst sind zahlreiche Baumaßnahmen durch die archäologische Denkmalpflege begleitet worden, die erneut auch das frührömische Lager betrafen, das einen herausragenden Fundpunkt für die römische Geschichte im Rhein-Main-Gebiet einnimmt.

Die archäologisch vielversprechende Baumaßnahme in der Bolongarostraße 122 zeigte jedoch nur die Stadtentwicklung nach Osten am Beginn des 20. Jhs. durch wenige zeittypische Scherben ohne Fundzusammenhang; sie wurden nicht aufbewahrt.

HOE000

Echte Soldaten und ein falscher Römer

Fundmeldung: M. Patino
Verbleib: privat
Bericht: Denkmalamt

Im April 2019 brachte der lizensierte Sondengänger Michael Patino neben drei schönen Knöpfen auch eine römische Münze, die er im Stadtpark gefunden hatte.

Außer den ungewöhnlichen Fundumständen auf einem Brombeergebüsch und der Fundlage, war die Münze auch haptisch auffällig. Es stand der Verdacht im Raum, es handle sich um eine Fälschung. Trotzdem zeigte sie eine korrekte Darstellung auf der Vorderseite mit dem Kaiser Augustus nach rechts mit Lorbeerkranz CAESAR AVGVSTVS DIVI PATER PATRIAE und auf der Rückseite AVGVSTI F COS DESIG PRINC IVVENT C L CAESARES. Gaius und Lucius Caesares stehen von vorn jeweils mit Schild und Speer, dazwischen Lituus und Simpulum (Abb. 253d). Original-römische Funde dieser Münzart datieren in die Zeit 2 v. bis 1. Jh. n. Chr. mit Prägeort Lugdunum, das heutige Lyon (RIC 207). Das auffällig hohe Gewicht von 3,61 g ließ auch Dr. Berger, Historisches Museum, dem wir die Datierung verdanken, an der Echtheit zweifeln. Vermutlich handelt es sich also um einen Nachguss.

Echt sind hingegen die drei auffälligen Knöpfe. Zu nennen ist einmal ein Knopf mit der Umschrift VIRTUTIS FORTUNA COMES (Das Glück ist mit den Tapferen) und darunter THE WESTRIDING mit sich aufbäumen-

Abb. 253 Zwei amerikanische Militärknöpfe (a und b), britischer Militärknopf (c) und eine Silbermünze, vermutlich Imitat (d).

den Löwen mit Fahne und einem Durchmesser von 2,8 cm (Abb. 253). Es handelt sich um Uniformknöpfe des britischen West Riding Regiments des Duke of Wellington. Auf der Rückseite ist eine abgerundete Öse zum Annähen vorhanden.

Die beiden anderen Knöpfe unterscheiden sich in einer Messingoberfläche und einer verchromten; der Durchmesser beträgt 2,5, bzw. 2,6 cm (Abb. 253 a–b). Corps Castle gehört zur Militäruniform des U.S. Army Corps of Engineers (USACE). Die Darstellung geht auf die amerikanische Revolution zurück, ursprünglich eine weiße Burg auf rotem Grund. Die Knöpfe zeigen auf der Rückseite einen feinen Stab mit Gewinde, auf den ein Druckknopf aufgesetzt war, der den Knopf am Kragen hielt.

Die genannten Militärknöpfe gehören in die Zeit des Zweiten Weltkriegs, als Angehörige dieser Einheiten im Rhein-Main-Gebiet stationiert waren.

HOE 17

Mit mächtigen Mauern – Die Sanierungsarbeiten am Alten Schloß

Fundmeldung:	Denkmalamt
Verbleib:	Archäologisches Museum
Bericht:	Denkmalamt
Literatur:	Hampel (2015) 165 ff. – Hülsmann (2013) 268. – Metternich (1989). – Ders. (1995). – Sichert (unpubliziert) 124. – Spohr 2019.

Ein Ölschaden führte Ende August 2018 zu Erdarbeiten im Höchster Alten Schloß. Der Öltank befand sich auf der Terrasse anschließend an die Bebauung und durch einen Baum verdeckt (Abb. 254). Unter der örtlichen Grabungsleitung von Michael Obst musste auf einer Fläche von rund 16 qm das Erdreich unter dem undichten Öltank ausgetauscht werden.

Der Erdeingriff war 0,40 m tief und enthielt ausschließlich Bauschutt. In diesem Bauschutt fand sich ein bearbeiteter Rotsandstein 62 × 18 × 14 cm; er war in zwei Teile zerbrochen (Abb. 255). Das Objekt gehört ursprünglich zur Fassadengestaltung und datiert in die Zeit um 1900. Das Fundstück wurde nach der Dokumentation am Ort belassen.

Abb. 254 Lage des Öltanks auf der Terrasse des Höchster Schlosses, teilweise durch den Baum verdeckt.

Abb. 255 Profiliertes Sandsteinwerkstück, in zwei Teile gebrochen.

Im Herbst 2019 wurden die Zwingermauern des Schlosses vom Bewuchs, vornehmlich Efeu, befreit und eine bauhistorische Aufnahme durchgeführt. Es handelte sich um die Ostseite der westlichen Zwingermauer bis zum Turm (Abb. 256). Sie besteht aus Basaltbruchsteinmauerwerk, dazwischen selten Rotsandsteine.

Es stellte sich die Frage, ob die identifizierten Schießscharten wieder geöffnet werden und wie mit dem Füllmaterial zu verfahren ist (Abb. 257–258). Dabei kam es zu einem Ortstermin mit Andrea Hampel und Elke Sichert, woraus sich eine Korrektur der Bauaufnahme ergab, da es unbearbeitete Fehlstellen und weitere Hinweise auf Schießscharten gab. Das Füllmaterial der Scharten enthielt neben Scherben und Knochen auch zahlreiche Glasscherben. Dabei war auch eine kleine Flasche aus grünlichem Glas mit der Prägung »Franz Schulz Roedelheim«, was wohl dem Chemie-Fabrikanten Franz Schulz zuzuweisen ist; leider gibt es keine Hinweise auf den ehemaligen Inhalt (Abb. 259). Die Flasche ist formgeblasen, die Nähte der Model erstrecken sich vom Boden bis über den Flaschenhals. Nur die Randlippe ist händisch gefertigt. Dies spricht für eine Datierung ans Ende des 19. Jhs.

■ **Abb. 256** Die Zwingermauer während der Sanierung.

■ **Abb. 257** Schlitzschießscharte in der Detailansicht.

■ **Abb. 258** Liegende Scharte mit Rotsandsteinrahmung.

Auch in den Zwischenräumen der Steine konnten die Steinmetz:innen und Steinrestaurator:innen der Fa. Nüthen einige Funde bergen (Abb. 260). Diese kamen im Rahmen der Neuverputzung zutage und wurden dem Denkmalamt jeweils abschnittsweise übergeben. Der Firma Nüthen sei an dieser Stelle für die fortwährend kollegiale Zusammenarbeit gedankt.
Unter den Funden war auch der Mittelteil eines Kelchglases. Das Fragment wurde aus dem Mörtel des nördlichen Rundturms aus den unteren zwei Metern geborgen. Das farblose Glas hat einen zylindrischen Stiel

■ **Abb. 259** Aus St. 435: Die Glasflasche von Franz Schulz aus Rödelheim, Maßstab 1:1.

■ **Abb. 260** Das Kelchglasfragment, Maßstab 1:1.

mit rundem Nodus, darüber eine flache Scheibe. Der Fuß fehlt, der Ansatz der konischen Kuppa ist erhalten. Das Kelchglas ist frei geblasen. Es ist typisch für die 1. Hälfte des 18. Jhs. und kam beim Genuss von Wein und Spirituosen auf den Tisch.

Da die Fundstücke auch in Fugen zutage kamen, die deutlich über Greifhöhe lagen dokumentiert sich hier eine offenbar übliche handwerkliche Praxis der frühen Neuzeit.

HOE 20

Vom alten Friedhof an der Justinuskirche

Fundmeldung:	Denkmalamt
Verbleib:	Archäologisches Museum
Bericht:	Denkmalamt
Literatur:	Hampel (2015) 167 ff. mit ält. Lit. – Metternich 1986. – Ders. (1987). – Robiné (2020) 127 f.

Unmittelbar um die Kirche herum liegt der ehemalige Friedhof von St. Justinus. Auch kleine Erdeingriffe haben in der Vergangenheit verworfene Knochen zutage gefördert; das Denkmalamt war zuletzt 2015 vor Ort. Im August 2019 wurde unter der örtlichen Grabungsleitung von Elke Sichert auf der Nordseite der

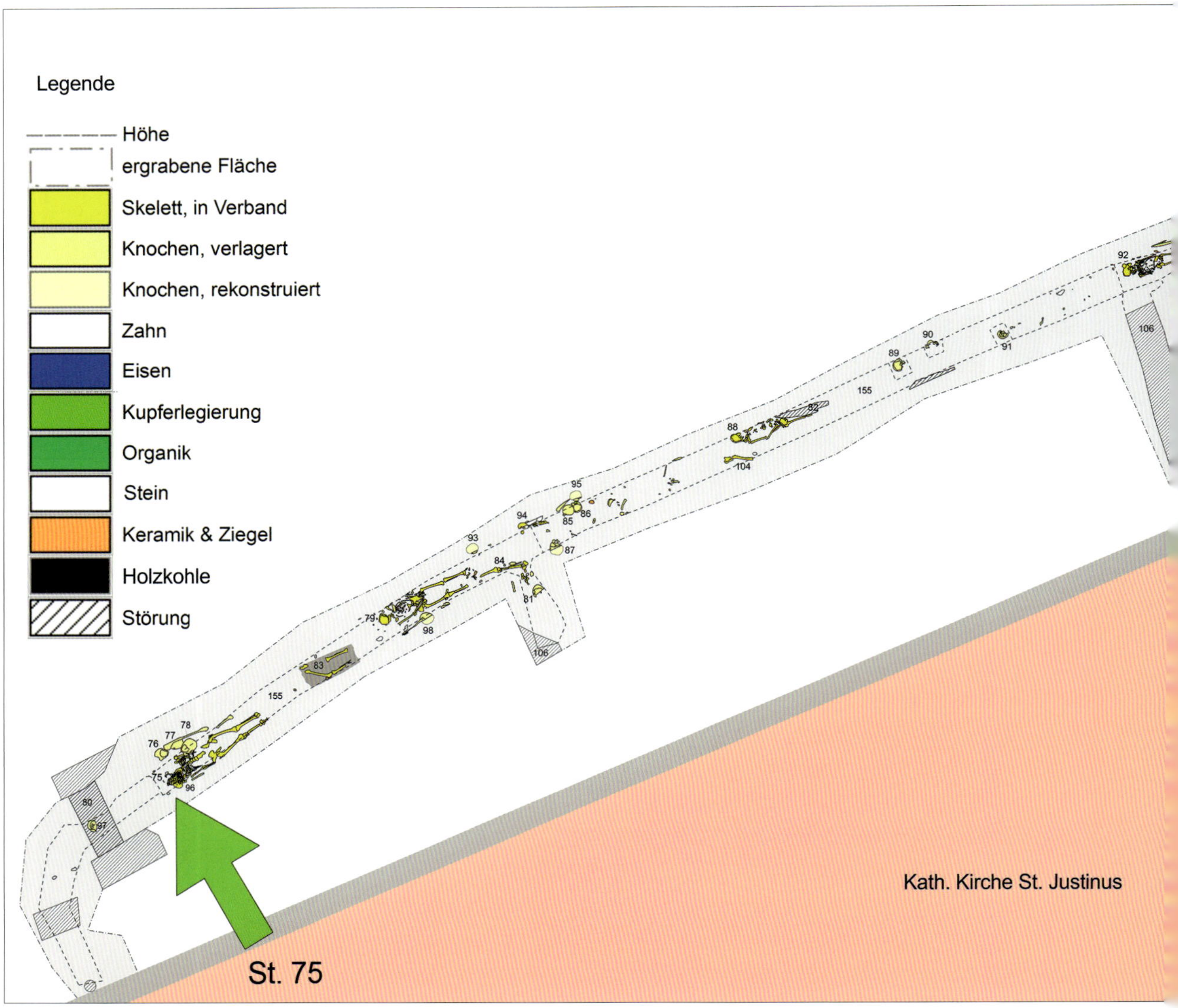

■ **Abb. 261** Gesamtplan der Maßnahme im Bereich des Kanals mit lagegenauer Kartierung der Skelette. Der grüne Pfeil markiert das Kindergrab St. 75 mit der Totenkrone.

Kirche ein Kanal erneuert. Dazu wurde der in ostwestlicher Richtung liegende alte Kanal im Boden belassen und etwas nördlich eine neue Trasse gebaggert, die jedoch an die vorhandenen Kanalschächte angebunden werden sollte (Abb. 261). Die Fläche war bei Arbeitsbeginn kleinteilig gepflastert, nach rund 0,20 m Tiefe kam ein älterer Pflasterbelag zum Vorschein. Darunter lagen zunächst in der Friedhofserde verworfene Knochen. Allerdings lagen in einer Tiefe von nur ca. 0,80 m unter heutiger Oberfläche die Bestattungen noch *in situ* (Abb. 262). Die Befunde wurden aufgenommen und in geeigneter Weise wieder bestattet. Bemerkenswert war ein Kindergrab mit Resten einer Totenkrone (Abb. 263–264). Die Bronzereste waren am Schädel erhalten. Eine Datierung der Gräber fällt schwer, als *terminus post quem* gilt das Jahr 1810, bzw. 1811, in dem der Friedhof aufgelassen wurde. Totenkronen werden bis zur Auflassung besonders bei Kindern ins Grab gegeben und dort belassen (vgl. FEC 13).

Im Garten südöstlich der Kirche fand sich ein Platz zur Wiederbestattung (Abb. 265). Das Loch wurde 1,70 m tief ausgehoben und auch dort fand sich ein Skelett *in situ*, auf dem das Bruchstück eines römischen Leistenziegels lag (Abb. 266). Dabei fand sich eine Silbermünze, ein sog. Handheller (Abb. 267). Es handelt sich um Kleingeld aus der Zeit zwischen dem 13. und dem 15. Jh. Bezeichnenderweise zeigt eine Seite eine Hand, die Rückseite ein Gabelkreuz mit Kugeln. Auf-

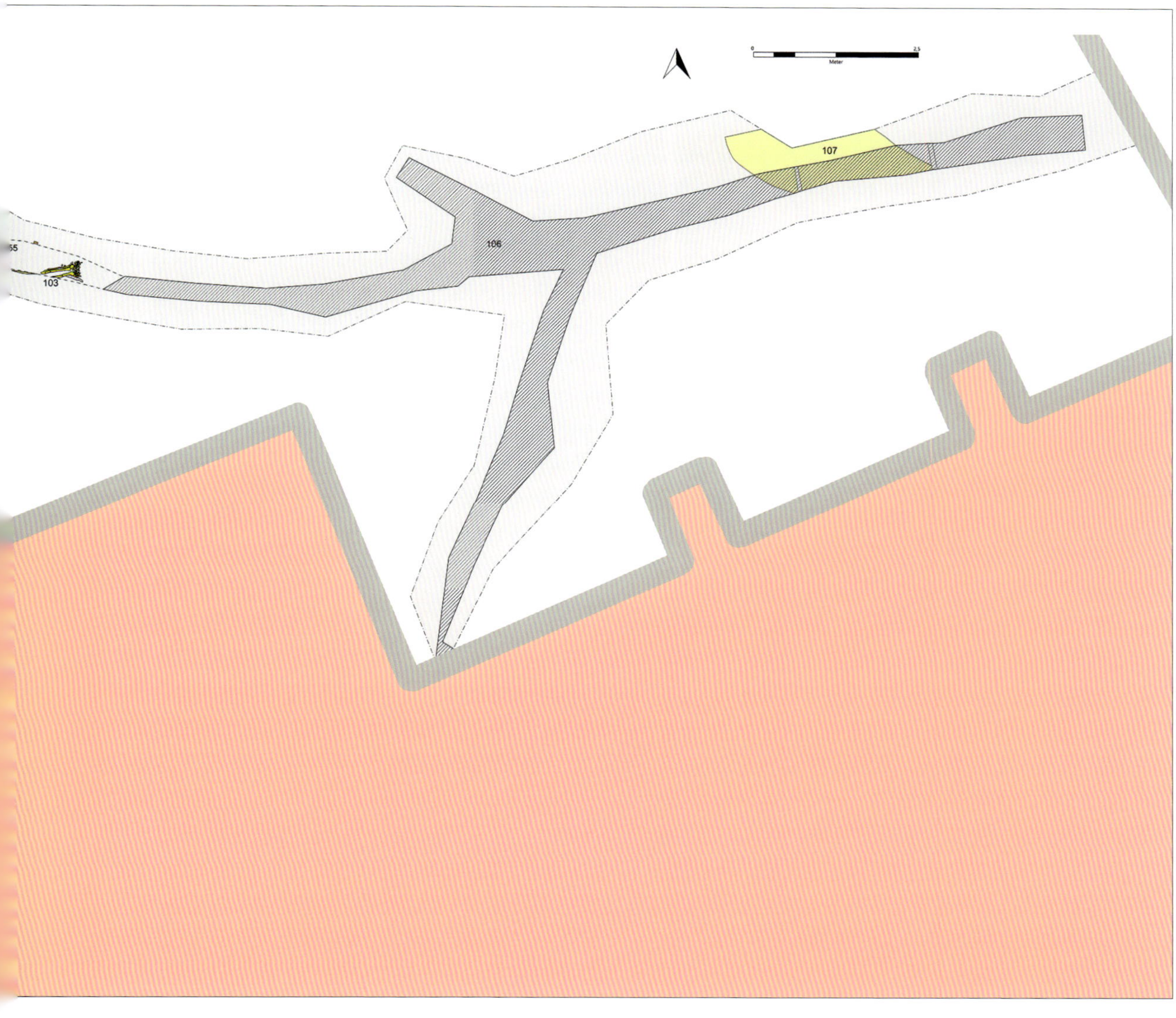

Abb. 262 Blick in den Kanalgraben. Im oberen Abschnitt verräumte Knochen, darunter Skelette *in situ*.

Abb. 263 Kindergrab St. 75 mit Resten einer Totenkrone im Bereich des Schädels.

grund der Ausprägung dürfte es sich um eine Münze des 13./14. Jhs. handeln. Sie wurde unmittelbar im Umfeld des Schädels gefunden und gibt einen Anhaltspunkt für dessen Datierung. Demnach erstreckt sich der einstige Friedhof mit seinen älteren Gräbern wohl bis in den heutigen Pfarrgarten hinein.

Überraschend kam in dem kleinen Loch für die Wiederbestattung auch ein Mauerzug aus sorgfältig gesetzten Kalkquadern zutage. Während die unteren drei Lagen trocken gesetzt waren, zeigte sich nach oben ein heller, fester Setzmörtel. Die Mauer verlief ostwestlich, etwa parallel zur Stadtmauer. Die Mauerkrone war 1,50 m unter der heutigen Geländeoberfläche abgebrochen. Breite und Unterkante konnten nicht ermittelt werden.

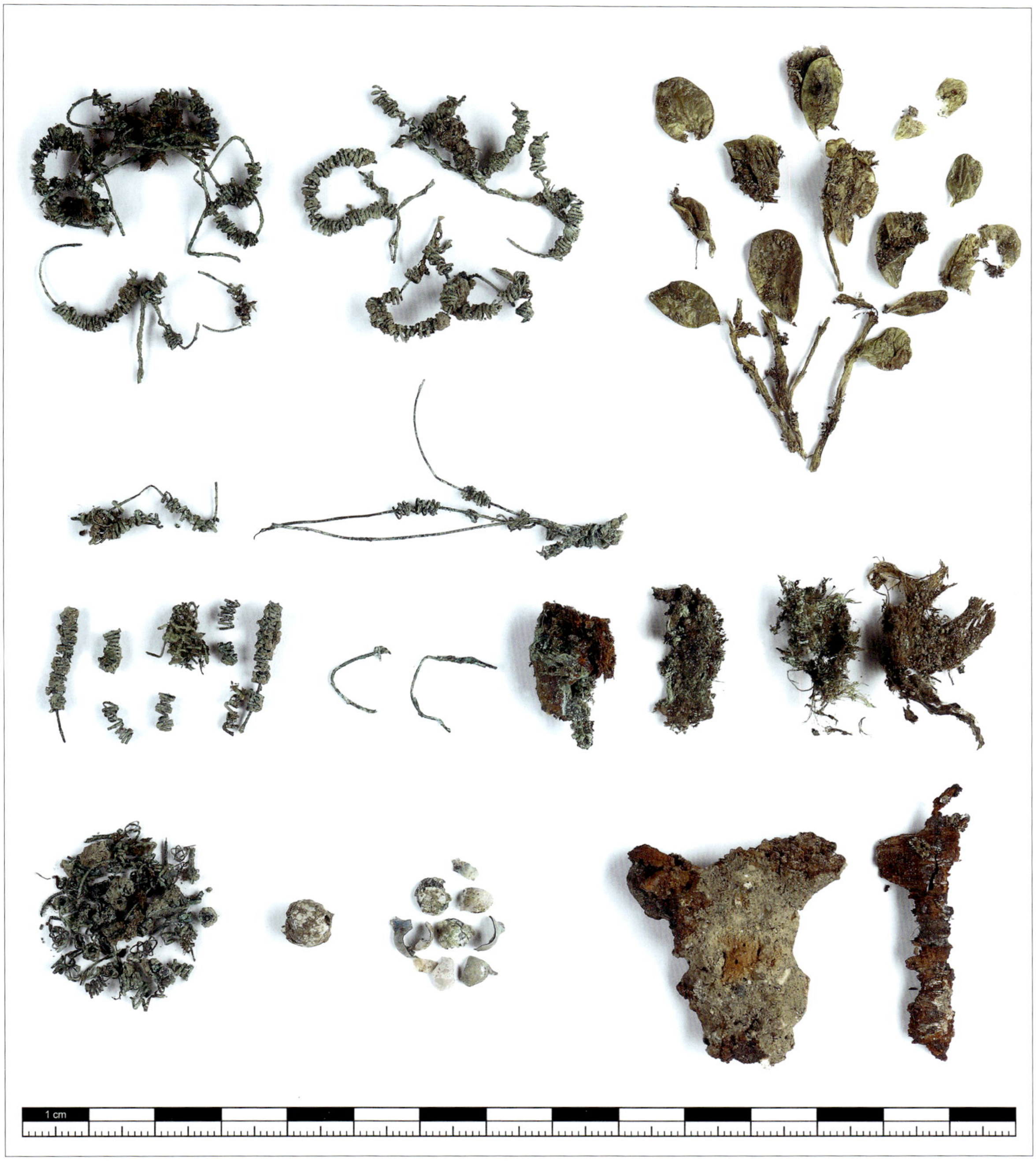

■ **Abb. 264** Die Bestandteile der Totenkrone: Oben links Drahtblüten, oben rechts Buchs, Mitte und unten links Draht- und Organikfragmente, unten Mitte Glaskugel(-fragmente), unten rechts Eisen, Maßstab 1:1.

■ **Abb. 267** Sog. Handheller; eine Silbermünze mit Darstellung einer Hand und eines Gabelkreuzes, Maßstab 2:1.

■ **Abb. 266** Ort der Wiederbestattung mit einem Skelett in originaler Lage; dahinter die sorgfältig gesetzte Bruchsteinmauer.

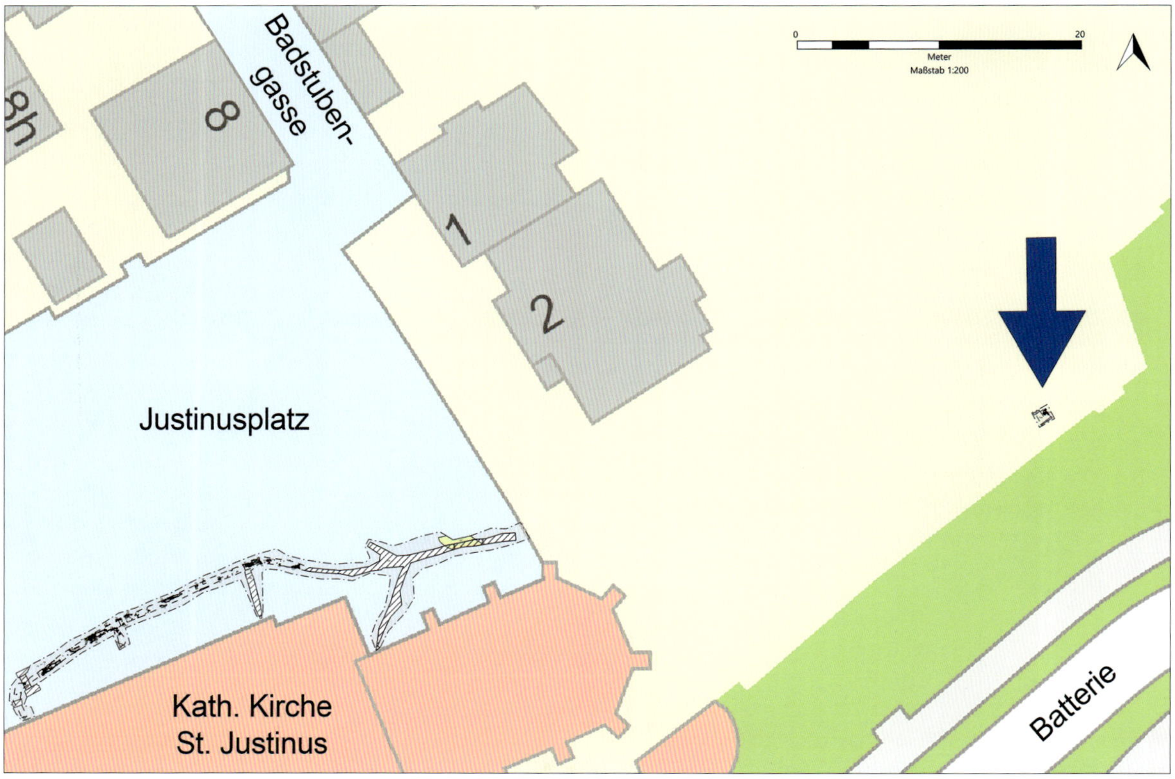

■ **Abb. 265** Links die Ausgrabung, rechts, gekennzeichnet mit einem blauen Pfeil, der Ort der Wiederbestattung.

HOE 56

Das Grab eines Römers in der Ludwig-Scriba-Straße

Fundmeldung:	Denkmalamt
Verbleib:	Archäologisches Museum
Bericht:	Denkmalamt
Literatur:	Hampel (1993) 142.

Im Herbst 2019 wurde eine Baumaßnahme in der Ludwig-Scriba-Straße 25 begonnen. Das Grundstück ist durch die Altbebauung mit einer Tiefgarage stark gestört, so dass außerhalb der ehemaligen Baugrube nur wenige Flächen archäologisch untersucht werden konnten (Abb. 268).

Die Ergebnisse zeigen jedoch eindrücklich, dass es sich auch lohnt, vormals dicht bebaute Flächen zu untersuchen. So konnte in der nördlichen Teilfläche unter der örtlichen Grabungsleitung von Rolf Skrypzak aus den Gruben St. 110–113, 115, 118, 122–124 römisches Fundmaterial geborgen werden (Abb. 269–271). In den west- und östlichen Flächen konnten zahlreiche Störungen und moderne Eingrabungen dokumentiert werden, Funde und Befunde der Römerzeit fehlen hier gänzlich.

Bemerkenswert ist, dass trotz der Nähe zum großen bekannten augusteischen Lager (HOE 70, Augustus war von 27 v. bis 14. n. Chr. Kaiser) die Funde nicht aus dieser Zeit stammen, sondern grundsätzlich dem 1./2. Jh. n. Chr. zugeordnet werden können. Diese römische Nutzung ist bereits seit 1990 in dem Areal zwischen Ludwig-Scriba-Straße, Zuckschwerdtstraße und Bolongarostraße nachgewiesen.

In Grube St. 111 fand sich ein fragmentiertes Skelett, von dem Teile der unteren Extremitäten und besonders der Schädel fehlten (Abb. 272). Der Befund ist durch die Tiefgarage und einen modernen Kanal gestört, nur der mittlere Bereich noch erhalten. Die Knochen waren in einem eher schlechten Zustand, zeigten aber deutliche Verschleißerscheinungen.

Die anthropologische Untersuchung durch Dustin Welper ergab folgendes Ergebnis:

Das tendenziell männliche Individuum aus HOE 56 St. 111 war über 40 Jahre alt und besaß eine ungefähre Körperhöhe von 172 cm. Im pathologischen Befund sind die degenerativen Verschleißerscheinungen sowie eine kongenitale Veränderung des Sacrums (offener Rücken) festzuhalten. Zudem ist der fünfte Lendenwirbel mit dem Sacrum verwachsen. Dadurch ergaben sich zu Lebzeiten deutliche Bewegungseinschränkungen und wohl auch Schmerzen.

Abb. 268 Grundstück in der Ludwig-Scriba-Straße während des Abbruchs der Tiefgarage.

Abb. 269 Langgestreckte Grabungsfläche am Rand der Tiefgarage während der Ausgrabungen.

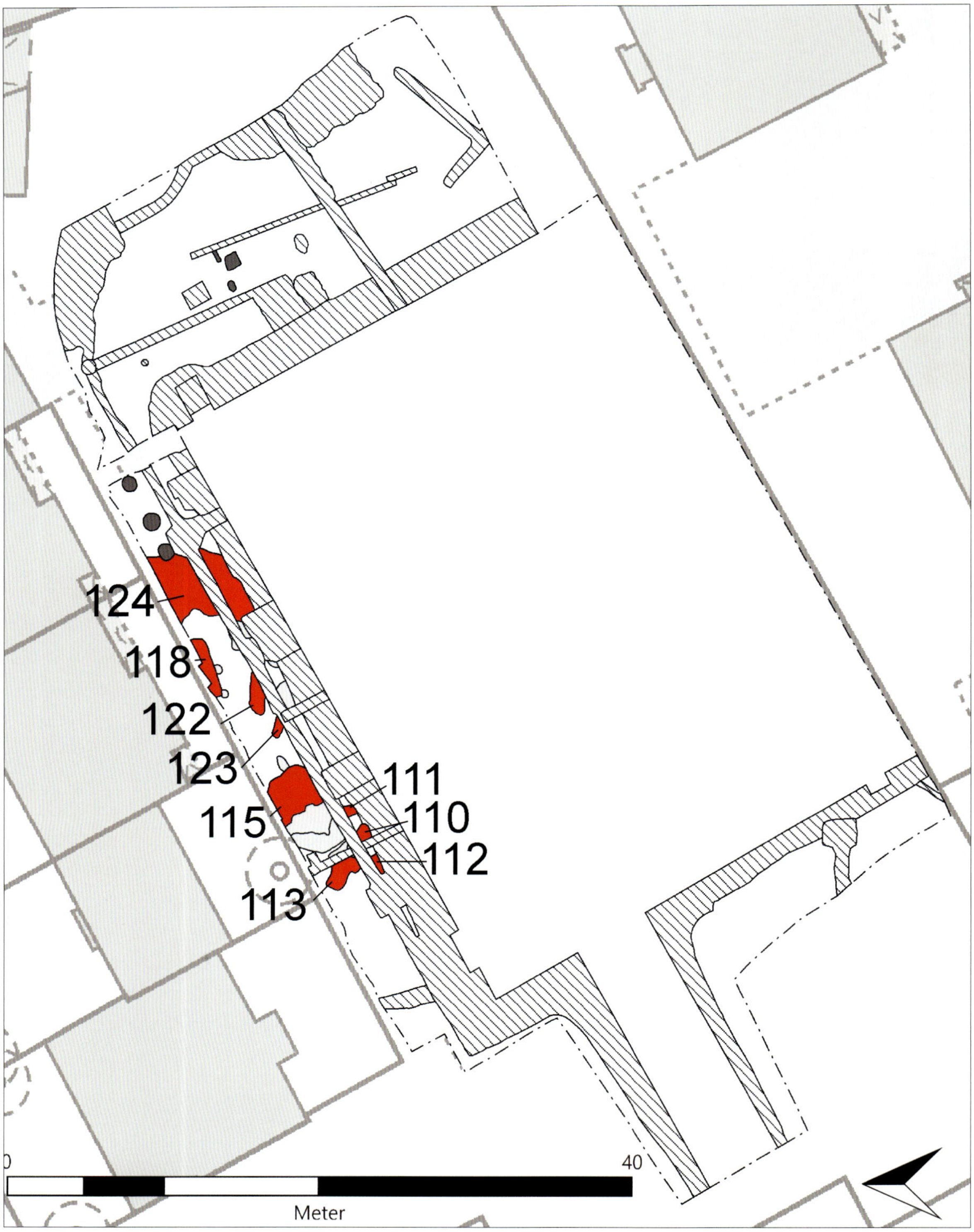

■ **Abb. 270** Gesamtplan der Maßnahme; römische Befunde beschränken sich auf den nördlichen Geländestreifen.

Der Körperbestattung können leider keine Funde oder Beigaben zugeordnet werden. Eine gleichartige Einfüllung hat zu einer Zuordnung zur Römerzeit geführt, da die benachbarten Befunde zugehörig scheinen.

■ **Abb. 271** Flächenausschnitt während der Freilegung mit zahlreichen Störungen und den Stellen St. 124-127.

■ **Abb. 272** Rest der Körperbestattung in St. 111.

HOE 63

Jungsteinzeit in der Karl-Blum-Allee

Fundmeldung:	Denkmalamt
Verbleib:	Archäologisches Museum
Bericht:	Denkmalamt
Literatur:	Hampel (2002) 105 ff. und 115 ff.

Im Jahr 2019 wurde in der Karl-Blum-Allee eine Neubaumaßnahme umgesetzt. Das Grundstück liegt randlich zum Neubaugebiet im Höchster Oberfeld, südlich des Hans-Loskant-Wegs. In diesem Areal sind zahlreiche archäologische Denkmäler bekannt, wobei ein besonderes Augenmerk auf dem bekannten römischen Friedhof lag (vgl. HOE 67).

Im Rahmen der Baggerarbeiten zeigte sich der gesamte Ostteil des Grundstücks fundleer, allerdings konnte Denis Neumann beim Baggern vorgeschichtliche Scherben sammeln. Es handelt sich um 5 Wandscherben und eine Bodenscherbe, die aufgrund ihrer Machart der Michelsberger Fundstelle zugewiesen werden sollen. Die Fundstelle ist rund 130 m weiter nördlich, in einer einzeln liegenden Grube St. 50, aber auch südlich in der ehemaligen Kaserne (vgl. HOE 2) bereits im Jahr 2000 als ausgedehnt erkannt worden.

HOE 67

Ein römisches Brandgrab mit Faltenbecher

Fundmeldung:	Denkmalamt
Verbleib:	Archäologisches Museum
Bericht:	Denkmalamt
Literatur:	Hampel (2002) 121 ff.

Im Rahmen der Neubebauung des sogenannten Höchster Oberfeldes ab dem Jahr 2000 konnte die archäologische Denkmalpflege zahlreiche Bodendenkmäler dokumentieren. Die Baumaßnahmen orientierten sich östlich der Karl-Blum-Allee. Beiderseits des Karl-Loskant-Weges konnte ein weiterer, bisher unbekannter, römischer Friedhof nachgewiesen werden, der sich räumlich trennt und deutlich weiter südlich angelegt war. Die Befunde lagen in lockerer Streuung und reichten im Süden an die Bestandsbebauung und erreichten damit den südlichen Rand des Neubaugebietes.

Im Februar 2019 wurde in diesem Bereich die Altbebauung zugunsten eines Neubaus niedergelegt. Dabei konnte Rolf Skrypzak ein weiteres Brandgrab dokumentieren (Abb. 273). Neben wenigen Leichenbrandflittern, die nicht geborgen werden konnten, fand sich ein Faltenbecher mit Brandspuren (Abb. 274).

Damit sind jetzt 10 römische Befunde dort bekannt, dabei sind insgesamt 5 sicher als Brandgräber anzusprechen, eines war ein Bustum.

Der gesamte Ostteil des Baugrundstücks war fundleer. Aus dem Baggeraushub konnten keinerlei römische Funde oder Scherben geborgen werden, die wenigen Keramikfunde gehören in die Vorgeschichte (vgl. HOE 63).

Abb. 273 Brandgrab im Planum.

Abb. 274 Nur wenige Scherben erhalten, und dennoch eindeutig zu identifizieren: Der Faltenbecher aus St. 73 nach der Restaurierung.

Römer und Germanen

HOE 70

Ein Schuh und Keramik aus der Zeit von Kaiser Augustus

Fundmeldung:	Denkmalamt
Verbleib:	Archäologisches Museum
Bericht:	Denkmalamt
Literatur:	Hampel (2017) 171 ff. – Kubon (2011).

In der Zuckschwerdtstraße konnten im Sommer 2017 Michael Obst und Denis Neumann den Neubau der Gleisanlagen beobachten. Dabei wurden die vorhandenen Straßenbahngleise auf der gesamten Länge erneuert. Während im nördlichen Abschnitt bis zur Einmündung Andreasstraße bisher keine römischen Funde bekannt geworden sind, war im südlichen Bereich mit Funden zu rechnen. In diesem Areal erstreckt sich das frührömische Lager auf einer erheblichen Fläche und ist zuletzt 2014 im Rahmen der Neubebauung Zuckschwerdtstraße 1 archäologisch dokumentiert worden.

Tatsächlich zeigten sich in der Trasse insgesamt 4 dunkel verfüllte Gruben (St. 1, 3, 4, 6), die sich ebenso wie ein hell verfüllter Kanalgraben (St. 2 und 5)

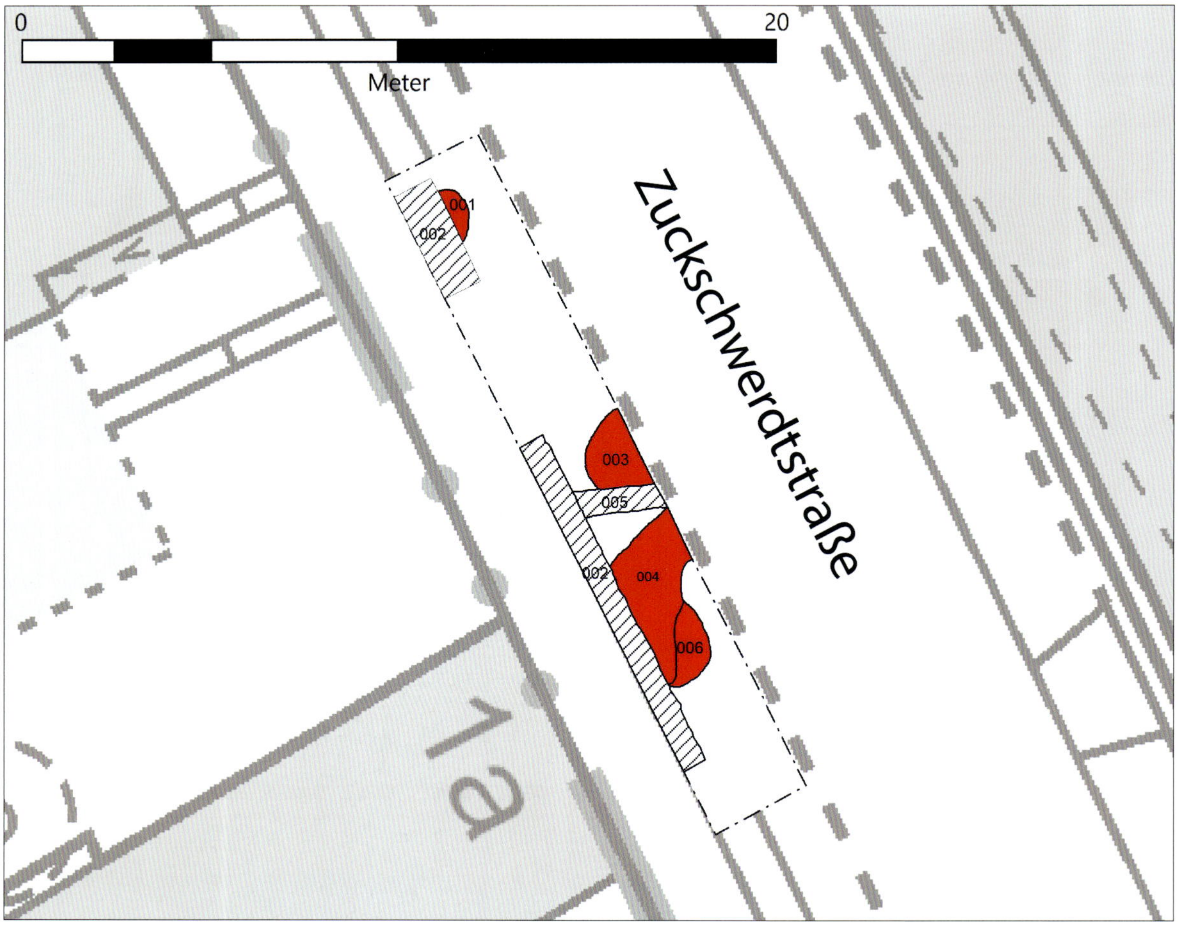

Abb. 275 Die schmale Grabungsfläche zwischen den Straßenbahngleisen.

deutlich im anstehenden Löß abzeichneten (Abb. 275 und 276). Die Befunde konnten aufgrund der Lage unter den Schienen nicht vollständig erfasst werden, allerdings sind die wenigen Fundstücke eindeutig der augusteischen Zeit zuzuweisen und damit der Regierungszeit von Kaiser Augustus, 30 v. Chr.–14 n. Chr. Bemerkenswert ein kleines bauchiges Trinkgefäß in dessen hart gebrannter Oberfläche flächig schräge Kerben vorhanden sind. Neben frührömischer Keramik sind vier miteinander verbackene eiserne Schuhnägel zu nennen (Abb. 277).

Bemerkenswert war, dass im Bereich der Einmündung in die Bolongarostraße keine Befunde nachgewiesen werden konnten, allerdings ist der Grabungsbereich schmal und somit eng begrenzt.

■ **Abb. 276** Zwei dunkel verfüllte römische Gruben im hellen anstehenden Löß; links greift der Kanalgraben in die runde Grube ein.

■ **Abb. 277** Gefäßrest und vier eiserne Schuhnägel aus Befund St. 1, rechts das rekonstruierte Muster der Schuhnägel.

HOE 82

Archäologie in der Zimmerdecke – Funde aus einer Deckenschüttung

Fundmeldung:	Denkmalamt
Verbleib:	Archäologisches Museum
Bericht:	Denkmalamt
Literatur:	Eckstein (2006). – Hampel (2015) Abb. 117. – Seifen und Fette (1953). – Sichert (unpubliziert) 124 ff.

Das in seinem Ursprung barocke Fachwerkhaus in der Bolongarostraße 166 (Abb. 278) steht als Einzelkulturdenkmal innerhalb einer Gesamtanlage unter Denkmalschutz. Eine Gesamtsanierung zeigte auch in einigen Bereich geschädigtes Holz und aus diesem Grund musste die Deckenschüttung über dem 1. OG in Teilen entfernt werden. Die Bodendenkmalpflege hat bereits mehrfach archäologische Fundstücke aus den Schüttungen bergen können, die entweder zufällig oder absichtlich niedergelegt waren. Aus diesem Grund wurde bei der Maßnahme im Jahr 2017 der Inhalt der Sandschüttung begutachtet. Es handelte sich bei den Funden um Bruchstücke von Haushaltswaren, die in das 18./19. Jh. datiert werden können.

Neben Scherben sind auch andere Materialien nachgewiesen. So fanden sich Lederreste, ein Schöpflöffel und eine kleine Spanschachtel mit der Aufschrift GEORG MUTH FRANKFURT ERSTE MOELLON WICHSE (Abb. 279). Moellon ist eine Bezeichnung für Gerberfett, das im Gerbeprozess durch das Auswringen des Leders nach dem Einweichen in Wasser gewonnen wird. Hierbei handelt es sich um ein Qualitätsprodukt zum Fetten von Leder. Ein Artikel in der Zeitschrift Fette und Seifen von 1953 betont jedoch, dass

Abb. 279 Moëllonwichse – ein Frankfurter Qualitätsprodukt. Deckel der Spanschachtel in doppelter Größe.

■ **Abb. 280** Eine Flasche Kölnisch Wasser. Auf dem Etikett steht »Johann Maria Farina seel[...], gegenüber dem Altenmarkt No [...]«, das Original 4711 war jedoch am »Jülichs-Platz« beheimatet. Maßstab 1:1.

■ **Abb. 278** Das Haus Bolongarostraße 166 nach der Sanierung im Oktober 2018.

die Produkte in der Spanschachtel Schuhcreme auf der Basis von Wachs und nicht von Moellon enthalten und als minderwertig einzustufen sind.

Unter den Fundstücken war auch eine Flasche Kölnisch Wasser, mit einer Form und einem Etikett, das ab 1881 verwendet wurde (Abb. 280). Das Eau de Cologne erfreute sich größter Beliebtheit und war natürlich auch in Frankfurt zu erwerben. Das beliebte Markenprodukt wurde vielfach gefälscht, so auch hier: Das Etikett gleich dem des populären »4711«, nur die Adresse weicht vom Original ab. Die formalen Merkmale der Glasflasche – formgeblasen, die Nähte der Form reichen bis zur Mitte des Flaschenhalses, Randlippe frei geformt, Heftmarke am Boden deutlich erkennbar – datieren die Flasche ebenfalls ans Ende des 19. Jhs.

HOE 83

Wenn Schüler in den Krieg ziehen müssen – ein Gedenkstein in der Leibnizschule

Fundmeldung: Leibnizschule
Verbleib: Archäologisches Museum
Bericht: Denkmalamt
Literatur: Rödel (2007). – Thorwarth (2015).

Im März 2017 wurden dem Denkmalamt drei Bruchstücke eines Gedenksteins in der Leibnizschule gemeldet (Abb. 281). Es handelt sich um einen Gedenkstein für gefallene Schüler und Lehrer des Ersten Weltkriegs. Die drei Marmorbruchstücke waren zwar anpassend, der Stein jedoch fragmentarisch. Es handelt sich um eine rund 1,20 m breite Platte, die ursprünglich mit einer Girlande aus Metall geschmückt war, die heute fehlt. Unterhalb der Jahreszahlen 1914–1919 folgt der Text »DEM GEDENKEN DER IM KRIEGE GEFALLENEN LEHRER UND SCHÜLER« und darunter offenbar zweispaltig die Namensliste. Es sind zehn Namen erhalten. Die Namen sind in unterschiedlichen Schriftgrößen ausgeführt, es könnte

■ **Abb. 281** Bruchstücke einer Gedenktafel aus schwarzem Marmor, Maßstab 1:10, linker Rand rekonstruiert.

Abb. 282 Die Schrecken des Krieges in Bronze verewigt: Die Skulptur »Der Krieg« von Richard Biringer im Brüningpark.

sich um die Unterscheidung von Lehrern und Schülern handeln, d. h. demnach wären 4 der Namen den Lehrern zuzuweisen. Der ursprüngliche Standort, der sicherlich auf dem Schulgelände zu suchen ist, konnte nicht ermittelt werden. Genauso wenig kann der Gedenkstein nach unten ergänzt werden, d. h. sein ursprüngliches Aussehen bleibt unbekannt.

Nach dem Ersten Weltkrieg wurden eine Vielzahl von Gedenksteinen errichtet, die heute weitgehend aus dem Stadtbild verschwunden sind. Einige sind auf Friedhöfen auf und nahe der zugehörigen Gräber errichtet und bis heute erhalten geblieben. Nicht selten wurden die Gedenksteine und Epitaphien nach dem Zweiten Weltkrieg durch entsprechende Inschriften und Namenslisten ergänzt.

HOE 84

Der Bolongaropalast

Fundmeldung:	Hochbauamt und Denkmalamt
Verbleib:	Archäologisches Museum
Bericht:	Denkmalamt
Literatur:	Schäfer (1975).

Die Gebrüder Bolongaro sind seit 1735 in Frankfurt am Main als Händler nachweisbar. Neben dem Kaffee-, Tee-, Wein- und Gewürzhandel, begründeten sie die größte Tabak- und Schnupftabakmanufaktur Europas. Trotzdem kam es zu mehrfacher und schließlich endgültiger Ablehnung der Anträge der Familie Bolongaro um das Frankfurter Bürgerrecht. Im nahegelegenen Höchst wurde an Josef Maria Bolongaro und seine Nachkommen dann durch den Mainzer Kurfürst 1772 das Bürgerrecht verliehen. Die Bolongaros wurden somit Höchster. Die Familie errichtete bis 1775 den Bolongaropalast, der Gesamtkomplex war bis 1783 fertiggestellt.

Es entstand eine Dreiseitenanlage mit einer 117 m langen Fassade an der Südseite der Bolongarostraße mit winklig eingestellten Baukörpern in den Ecken, so dass westlich und östlich jeweils Innenhöfe entstanden. Das Grundstück erstreckt sich nach Süden auf zwei Terrassen bis zur Nidda (Abb. 283). Es handelt sich um die größte und einzige barocke Palastanlage auf Frankfurter Boden.

Abb. 283 Blick auf den Mittelbau des Palastes von der Gartenseite aus.

■ **Abb. 284** Ehemaliger Keller aus Backsteinen, mittig ein jüngerer Schachteinbau. Am unteren Bildrand die teilweise abgebrochene Treppe.

Die Familie Bolongaro verkaufte 1862 den Palast an einen Mainzer Fabrikanten, der dort eine Fabrik einrichtete; 1880 kaufte der Rödelheimer Pfarrer den Bolongaropalast. In den Jahren 1907/08 kaufte die Stadt Höchst die parzellierte Liegenschaft, die mit der Eingemeindung 1928 an die Stadt Frankfurt kam.

Während des gesamten Berichtszeitraums war der Bolongaropalast Gegenstand einer ausgedehnten Sanierungs- und Restaurierungsmaßnahme. In diesem Rahmen kam es auch erstmals zu Erdarbeiten unterschiedlicher Natur.

Die Keller im Innenhof

Im April 2017 konnte Michael Obst Erdarbeiten gartenseitig im östlichen Hof beobachten. Dabei kam mittig ein aufgegebener Kellerraum zutage, der aus Backsteinen errichtet war, in der Mitte war ein jüngerer Leitungsschacht vorhanden, der zum Abbruch der Kellertreppe geführt hatte (Abb. 284). In der Verlängerung der geplanten Kanaltrasse zeigten sich weitere Mauer- und Gewölbereste, die zum Teil ebenfalls durch ältere Kanäle ge- und zerstört waren (Abb. 285).

■ **Abb. 285** Kanaltrasse von einem ehemaligen Keller abzweigend. Im Hintergrund Reste von Kanalrohren und Mauern.

Ein weiterer Kellerbau konnten ebenfalls nur angeschnitten werden (Abb. 286); der Raum war ebenfalls aus Backsteinen errichtet und aufgegeben worden. Die zahlreichen Keller dürften mit der Parzellierung der Liegenschaft durch den Rödelheimer Pfarrer nach 1880 in Verbindung stehen, da die zahlreichen Käufer sicher Bedarf an Kellerräumen hatten.

■ **Abb. 286** Verfüllter Kellerraum mit Kellertreppe.

■ **Abb. 288** Tonnengewölbe aus roten Sandsteinbruchsteinen im Vordergrund, dahinter Gewölbe aus Backsteinen, gefolgt von Wand- und Treppenresten.

■ **Abb. 287** Durchfahrt in den westlichen Innenhof.

■ **Abb. 289** Freigelegtes Tonnengewölbe mittig in der Durchfahrt.

Das Tonnengewölbe unterm Tor

In der Folge sollte die Durchfahrtshöhe durch den historischen Torbau erhöht werden, indem der Boden der Durchfahrt etwas abgesenkt werden sollte (Abb. 287). Es zeigte sich allerdings mitten in der Durchfahrt ein Tonnengewölbe, das die Höhe der Durchfahrt bedingte und am höchsten Punkt nur wenig Überdeckung hatte. Es musste für die Lasten ertüchtigt werden. Das Gewölbe aus Rotsandsteinbruchsteinen ließ sich auch außerhalb der Durchfahrt verfolgen und auch hier schlossen sich weitere, jüngere Kellergewölbe auch Backsteinen an (Abb. Abb. 288 und 289).

Kanalarbeiten unter Beobachtung

Im Rahmen der Sanierungsarbeiten mussten auch Anschlüsse bis zur Straße ertüchtigt werden, so dass 2017 auch Kanalarbeiten in der Amtsgasse östlich des Palastes durch Michael Obst beobachtet werden muss-

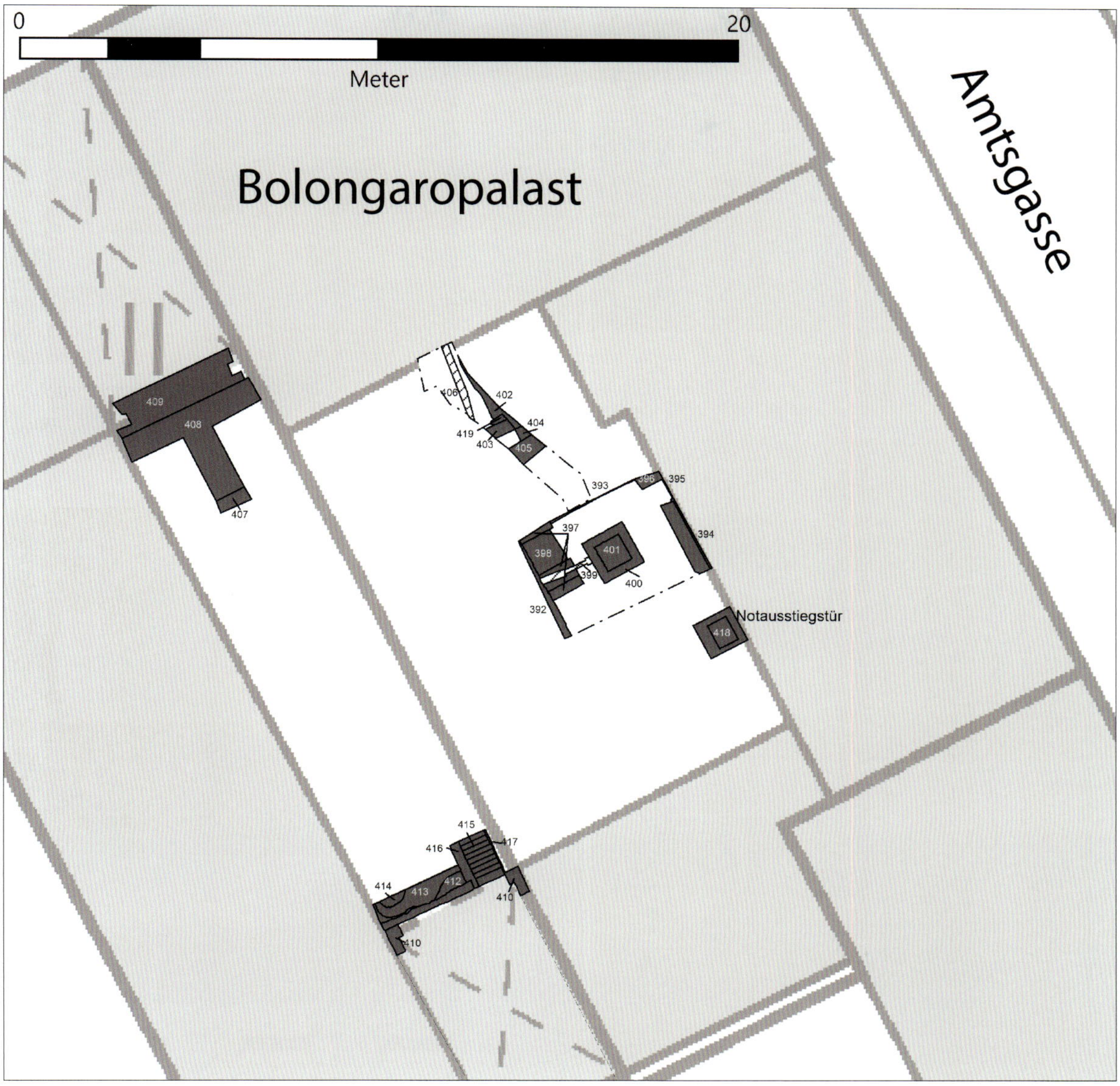

■ **Abb. 290** Die Ausgrabungen im nördlichen Innenhof.

ten, die jedoch keine Funde oder Befunde erbrachten, da die Erdarbeiten den alten Trassen folgten.

Ein neu entdeckter Luftschutzraum

Die Rückbaumaßnahmen im Keller des Hauptgebäudes zeigten im April 2017 auch einen gut erhaltenen Luftschutzraum, der bisher nicht dokumentiert war. Luftschutzräume waren spätestens seit dem Erlass des Luftschutzgesetzes am 17. August 1939 verpflichtend herzustellen. Hierbei handelte es sich um zahlreiche Keller, die durch Einbauten wie Stahltüren und Luftöffnungen privat ausgebaut werden mussten. Hierbei sind besonders die erhaltenen Beschriftungen von Bedeutung. Der Ausbau mit einer Gasschleuse ist bei Luftschutzräumen selten und verdient besondere Beachtung (Abb. 291–295).

Im Fußboden verborgen

Gefordert war die archäologische Denkmalpflege ab 2019 auch im Inneren des Palastes. Rolf Skrypzak begleitete die Öffnung von Fehlböden in den prachtvollen Räumlichkeiten, da sich auch darin häufig archäologische Funde verbergen (Abb. 296). Die Sanierungsarbeiten sollen im folgenden Berichtszeitraum fortgesetzt werden und ermöglichen sicher weitere Einblicke in das Leben der Familie Bolongaro.

■ **Abb. 291** Wegweisende Beschriftung zum Luftschutzkeller.

■ **Abb. 292** Verhaltensmaßregel im Luftschutzraum.

■ **Abb. 293** Notausstieg des Luftschutzraums mit originaler Tür.

■ **Abb. 294** Beschriftung in der Gasschleuse.

■ **Abb. 297** Eine ziegelrote Bodenfliese mit gelbem und blauem Blütendekor ist als Lesefund bei den Baggerarbeiten zutage getreten.

■ **Abb. 296** Der Fußboden wurde sorgsam herausgenommen und der darunterliegende Fehlboden untersucht.

Abb. 295 Tür zur Gasschleuse.

HOE 85

Schockmoment bei der Sanierung – Skelette auf dem Dachboden

Fundmeldung:	Bauherrin und Denkmalamt
Verbleib:	Rechtsmedizin
Bericht:	Denkmalamt
Literatur:	Denkmaltopographie (1986) 586.

Das denkmalgeschützte Gebäude Bolongarostraße 158 wurde im Berichtszeitraum denkmalgerecht saniert. Das Haus steht an der Ecke der Einmündung zur Straße Nach dem Brand und wurde im 19. Jh. errichtet.

Im Rahmen der Bauarbeiten wurde im Juli 2017 im Dachgeschoss eine Verkleidung aus Spanplatten entfernt (Abb. 298). Dahinter fanden sich neben einer Holzkiste, Blechdosen und zwei Keramikkannen auch zwei menschliche Skelettreste. Die herbeigerufene Polizei und Grabungstechniker Michael Obst konnten bei einem Ortstermin einen Kinder- und einen Erwachsenenoberschädel bergen (Abb. 299). Während die Knochen zunächst in die Rechtsmedizin gebracht wurden, konnten die restlichen Fundstücke dem Denkmalamt übergeben werden.

Abb. 298 Ein Blick auf den Dachboden. Rechts die Spanplattenabdeckung, hinter der die Funde zutage traten.

Die Gefäße

Es handelt sich dabei um Keramikkannen und Dosen; teils in einer Holzkiste, teils einzeln abgestellt. Auf der Kiste war eine Aufschrift des »Actien-Verein für Zuckerfabrikation Köln« vorhanden und gibt einen Hinweis auf eine Datierung vor 1930, da die Firma in dieser Zeit in Köln der Firma Diamant Zucker integriert wurde. Auch einige der Blechdosen zeigen eine eingeprägte Inschrift FARINE LACTEE NESTLE VEVEY SUISSE und darüber das Papieretikett Henri Nestlé Kindermehl Vevey Schweiz. Heinrich Nestle, geboren am 10.8.1814 in Frankfurt am Main, gestorben 7.7.1890 in Glion, Schweiz, produzierte Kindernahrung. Er nannte sich nach 1839 Henri Nestlé und entwickelte in Vevey ab 1868 das »Kindermehl«, ein Gemisch aus Milch- und Zwiebackpulver für Säuglinge. Die Dosen tragen in Resten das ursprüngliche Etikett.

Analyse der Knochen

Die rechtsmedizinische Untersuchung ergab, dass es sich bei den Skelettresten einmal um einen Frauenschädel und einmal um einen Kinderschädel handelt, die keine Hinweise auf die Todesursache geben.

Postmortal sind auf dem Frauenschädel zwei Bohrungen erkennbar, die mit einem Lochbohrer ausgeführt

■ **Abb. 299** Archäologie auf dem Dachboden: Schädel und Gefäße.

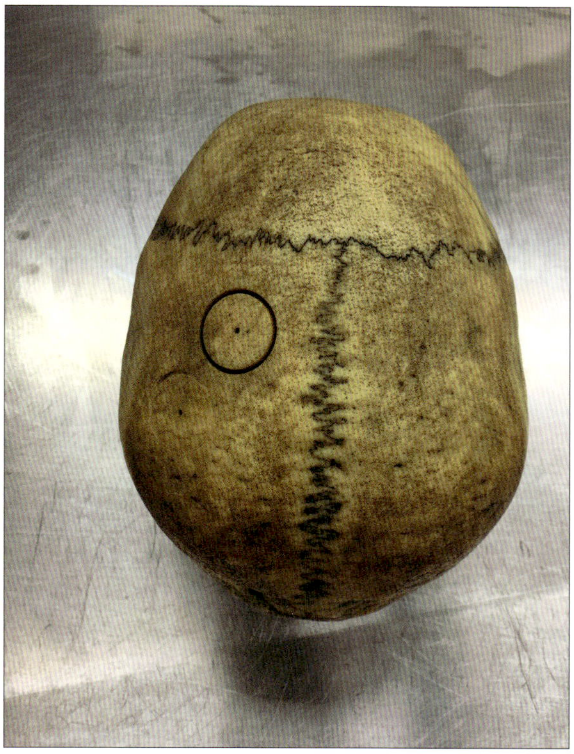

■ **Abb. 300** Der Schädel in der Rechtsmedizin Frankfurt, Foto C. Niess.

wurden (Abb. 300). Sie haben einen Durchmesser von rund 2 cm und zeigen eine Mittelpunktbohrung; sie haben den Schädel nicht durchdrungen.

Die näheren Umstände für diese Deponierung konnten ebenso wenig ermittelt werden, wie der Verbleib der restlichen Knochen. Aufgrund der Zeit der Niederlegung wahrscheinlich vor dem Ersten Weltkrieg, ergaben sich keine polizeilichen Ermittlungsansätze.

HOE 86

Grün, schwarz, gelb – Reste von Kachelöfen aus vier Jahrhunderten

Fundmeldung:	St. Slachmuylders
Verbleib:	privat
Bericht:	Denkmalamt
Literatur:	Hampel (2015) 176.

Das Gebäude Hilligengasse 14 ist ein barockes Fachwerkhaus des 18. Jhs., das direkt an die Stadtmauer angebaut und denkmalgeschützt ist. Die abgestimmten Sanierungsarbeiten haben auch in der Vergangenheit Einzelfunde hervorgebracht. Im Berichtszeitraum wurden 2018 mittelalterliche und neuzeitliche Funde aus den Bodenschüttungen und Wandfüllungen geborgen.

Dabei sind das Bruchstück eines Siegburger Bechers und Reste von grün glasierten Nischenkacheln zu nennen, die in die Epoche der Gotik datieren, sowie diverse Kleinfunde (Abb. 301). Diese umfassen verschiedene einfache Knöpfe, Murmeln unterschiedlicher Größe und den Rest eines Rosenkranzes, bzw. einer Gebetskette.

Der Bauherr fand auch Reste eines zweiten Ofens. Es handelt sich um ehemals graphitierte Blattkacheln mit den Maßen 55 × 75 cm. Es sind mindestens 5 fragmentierte Kacheln nachgewiesen und sie zeigen alle ein ähnliches, aber nicht identisches Muster (Abb. 302). In einem flachen Relief sind florale und an Rollwerk erinnernde Schmuckrahmungen erkennbar. Mittig ein Wappen mit Felderteilung und offenbar einer Jahreszahl, die nur durch eine 7 als einzige erhaltene

Abb. 301 Eine 1 Bleikugel (oben links), sieben Knöpfe aus Metall und Bein (links), neun Murmeln aus Keramik und Stein (Mitte) sowie eine fragmentierte Gebetskette mit beinernen Perlen (rechts), Maßstab 1:1.

■ **Abb. 302** Reste von großen, graphitierten Ofenkacheln in der Zusammenschau, Maßstab 1:10.

■ **Abb. 303** Gelbglasierte Ofenkachel mit grüner Bemalung, Maßstab 1:4.

Zahl ausgewiesen ist. Hier erscheint eine Ansprache als Ofen des 18. Jhs. naheliegend.

Weiterhin ist randlich als zugehöriges Bruchstück eine Zahl 62 oder 29 erhalten, die aber auf der Kachel nicht platziert werden kann, und es daher auch nicht zu klären ist, ob es sich um einen oberen oder einen unteren Rand handelt, weshalb auch die Zahl nicht orientiert werden kann.

Das dargestellte Wappen lässt sich aufgrund der Fragmentierung nicht näher ansprechen. Erkennbar sind horizontale Zonen in denen offenbar einmal Sterne, eine florale Girlande und ein Tier dargestellt sind. Es könnte sich um eine Auftragsarbeit der Mainzer Erzbischöfe und Kurfürsten handeln, die im 17./18. Jh. die Herrschaft über Höchst besaßen. Im eingestellten Mittelfeld, das nur durch seine Rahmung fassbar ist, könnte das Mainzer Rad dargestellt gewesen sein. Das muss aber Spekulation bleiben. Eine Zuweisung zu einem bekannten Wappen kann nicht erfolgen, allerdings ergibt sich eine Ähnlichkeit mit dem Wappen der Landgrafschaft Hessen-Darmstadt. 1789 gehört der Ortsteil Höchst zu dieser Herrschaft.

Eine weitere Ofenkachel mit hellgelber Glasur mit grüner Bemalung dokumentiert einen dritten, noch jüngeren Ofen (Abb. 303).

Zu den Fundstücken kann in keinem Fall ein Ofenstandort im Haus erkannt werden, wobei die Nischenkacheln aufgrund ihrer Datierung ohnehin in einem Vorgängerbau gesetzt sein müssen. Die beiden anderen alten Kachelöfen waren zu Beginn der Sanierungsarbeiten im Haus längst abgebaut. Nur noch die einzelnen Ofenkacheln künden von ihrer Existenz.

Kalbach: Blick in die barocke Ausstattung der Saalkirche St. Laurentius.

KALBACH

Der Ortsteil wurde im Jahr 1972 nach Frankfurt eingemeindet, gehörte jedoch bereits 1435 bis 1511 schon einmal durch Kauf der Stadt. Danach allerdings gab es wechselnde politische Zugehörigkeiten, zuletzt vor der Eingemeindung gehörte er zu Preußen.

Das Ortsbild ist heute geprägt durch Neubauten, der ehemalige dörfliche Charakter ist kaum mehr zu erkennen. Entlang der Hauptstraße folgt nach Osten jenseits des Ortsrandes das Gelände der Carbone-Fabrik, die hier seit 1897 ansässig ist.

Dazwischen liegen landwirtschaftlich genutzte Flächen, die unbebaut sind.

Der alte Ortskern liegt eher nach Westen orientiert und daher kann der Nachweis einer früh- und hochmittelalterlichen Bebauung im östlichen Ortsteil ein neues Licht auf die Entwicklung des Ortes werfen.

KAL 7

Römerzeit in der Carbonestraße

Fundmeldung:	D. Pittenger
Verbleib:	privat
Bericht:	Denkmalamt
Literatur:	Schönberger 1956, 81 ff. und Abb. 2,5.

An der Carbonestraße sind zahlreiche archäologische Fundstellen bekannt. Herausragend ist der Nachweis eines fränkischen Friedhofs, der 1955 angegraben wurde. In diesem Zusammenhang ist auch ein römisches Fundstück nachgewiesen worden, jedoch keine zeitgleichen Befunde. Es handelt sich dabei um ein Eisenschloss. Die Fundumstände des römischen Schlosses sind unklar. Das Objekt wurde im Kastell Saalburg aufbewahrt, wo es vor 1981 einem Diebstahl zum Opfer fiel.

Nun wurden dem Denkmalamt erneut römische Funde von dieser Fundstelle vorgelegt. Donald Pittenger meldete 2017 zwei Münzen, die er bei Feldbegehungen für das Denkmalamt südwestlich der Carbonestraße auf einer Ackerfläche gefunden hat (Abb. 304).

Es handelt sich um eine Bronzemünze mit einem Durchmesser von 2,2 cm (6,2 g) und eine halbierte Münze gleicher Größe (2,8 g). Beide Fundstücke sind zwar stark abgegriffen, können jedoch eindeutig angesprochen werden. Die halbierte Münze weist zudem auf einer Seite zwei parallele Einritzungen auf.

Solche Fundstücke können allerdings auch in einem fränkischen Gräberfeld als Altstücke auftreten, aus diesem Grund sind weitere Feldbegehungen zur Aufklärung wünschenswert.

Abb. 304 Zwei stark abgegriffene römische Münzen von Ackerflächen um die Carbonestraße, Maßstab 1:1.

Römer und Germanen

KAL 9

Ein Stückchen Steinzeit an der Carbonefabrik

Fundmeldung:	Denkmalamt
Verbleib:	Archäologisches Museum
Bericht:	Denkmalamt
Literatur:	Wolff (1913) 141.

Im März 2019 wurde unter der örtlichen Grabungsleitung von Rolf Skrypzak eine Neubaumaßnahme südlich der Kalbacher Hauptstraße realisiert. Das Baugrundstück liegt nördlich der Carbonefabrik, die hier 1897 als Le Carbone AG Zweigniederlassung Frankfurt/M. gegründet wurde und seit 1923 als Deutsche Kohlenbürsten- und Elemente-Fabrik Carbone firmiert und in deren Umfeld zahlreiche archäologische Denkmäler bekannt sind.

Der Oberboden wurde im gesamten Baufenster auf einer Fläche von 216 qm abgezogen und es zeigte sich ein störungsfreier Bereich ohne jegliche Eingriffe von Menschenhand. Im untersuchten Areal haben somit seit der letzten Eiszeit keine Bodeneingriffe durch den Menschen stattgefunden – was selten ist in den fruchtbaren Lössebenen Hessens. Immerhin zählen sie seit Jahrtausenden zur bevorzugten Siedlungslage.

Allerdings konnte als Lesefund während des Baggerns eine einzelne Wandscherbe erfasst werden. Aufgrund der Machart dürfte es sich um steinzeitliche Keramik handeln. Im Bereich der Baumaßnahme liegen in ähnlichem Abstand zwei Siedlungen des Neolithikums (KAL 9 und KAL 21). Es kann nicht entschieden werden, welcher Fundstelle das Wandstück zuzuweisen ist.

Die Entscheidung hat allein aufgrund der Beschreibungen von Georg Wolff stattgefunden, der 1912 die erhebliche Ausdehnung der Fundstelle KAL 9 hervorhebt.

KAL 44

Frühmittelalterliches Textil- und Bronzehandwerk im Grubenhaus

Fundmeldung:	Denkmalamt
Verbleib:	Archäologisches Museum
Bericht:	Denkmalamt
Literatur:	Hampel (2015) 186f. – Dohrn-Ihmig (1996). – Windler (2008), 202–204. – Wintergerst (2002). – Thiedmann (2019).

In der Straße Am Hasensprung wurde im März 2019 der Neubau eines Doppelhauses realisiert. Unter der örtlichen Grabungsleitung von Rolf Skrypzak wurden zahlreiche Eingrabungen dokumentiert (Abb. 305). Auf einer Fläche von rund 200 qm konnten 54 Befunde nachgewiesen werden.

■ **Abb. 305** Gesamtplan der Ausgrabungen Am Hasensprung.

■ **Abb. 307** Grubenhaus St. 40 während der Ausgrabung, der Befund ist negativ ausgehoben worden.

■ **Abb. 306** Aus St. 2: Oben links sog. Pingsdorfer Ware mit der charakteristischen roten Bemalung, unten links das Wellenfußfragment, rechts römischer Leistenziegel in verschiedenen Ansichten, Maßstab 1:2.

Abb. 308 Keramik aus Grubenhaus St. 40. Oben links die rötliche, rheinische Drehscheibenware, obere Reihe Randscherben, mittig Wandscherben, unten Bodenscherben, Maßstab 1:2.

Dabei handelt es sich in der Mehrzahl um Pfostengruben, d. h. nur die Befunde St. 2, 8, 24, 28, 29 und 40 gehören nicht in diese Gruppe. Die Pfosten können teilweise als Doppelpfosten angesprochen werden und bilden den Grundriss eines zweischiffigen Holzgebäudes. Einzelne weitere Pfosten liegen außerhalb dieser Struktur (St. 3–7; 43–48).

Der Graben St. 29

Parallel verlief in einem Abstand von knapp 6 m ein weiterer, deutlich schmalerer Graben St. 29; er schneidet das Grubenhaus St. 40, das somit älter ist.

Der Sohlgraben St. 2

Entlang der südöstlichen Grabungsgrenze verläuft ein flacher Sohlgraben (St. 2), der auf einer Länge von 15 m bei einer Mindestbreite von 1,80 m erfasst wurde. In den Graben eingetieft waren die Pfostengruben St. 23, 32 und 50.

Aus dem Graben St. 2 stammen neben Tierknochen auch Keramikscherben, dabei auch echte Pingsdorfer Ware mit einem gekniffenen Boden und der frühen Bemalung mit roten Kringeln (Abb. 306).

Eine entsprechend frühe Datierung in die Zeit ab 900 n. Chr. wird auch durch die Funde im Grubenhaus St. 40 (siehe unten) nahegelegt. Ausnahmsweise stammt aus dem Graben St. 2 eine mittelalterliche Bodenscherbe mit Wellenfuß, die zwanglos in das 14. Jh. datiert werden kann. Offenbar hat die Siedlung danach nicht weiterbestanden. Die Gründe sind uns unbekannt.

Während der Ausgrabung wurde ein bemerkenswert hoher Grundwasserstand auf dem Grundstück festge-

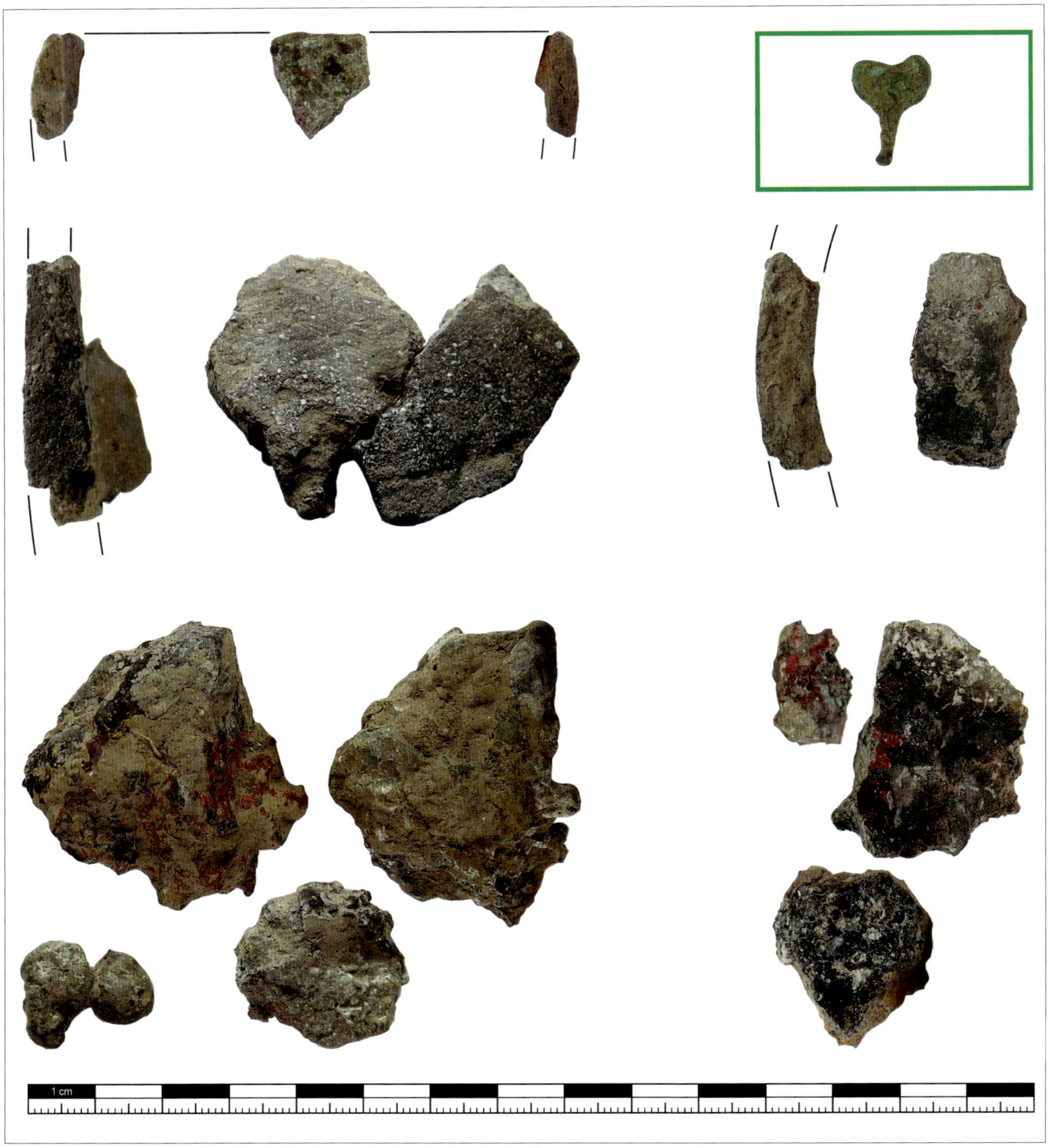

■ **Abb. 309** In St. 40 dem Bronzeguss auf der Spur: Drei Fragmente von Gusstiegeln in verschiedenen Ansichten (oben), der bronzene Gusstropfen (oben rechts), Schlacke mit Bronze- und Eisenoxiden (unten links) sowie schwarz-rot verschlackter Ton (unten rechts), alle Maßstab 1:1.

stellt, der in der Folge trotz der Hanglage zu einer Überflutung der Baugrube und der Einstellung der Erdarbeiten führte. Aus diesem Grund muss auch die Möglichkeit in Betracht gezogen werden, dass es sich bei den Gräben um Entwässerungsgräben handeln könnte.

Die (Pfosten-)Gruben und ihre Funde

Insgesamt waren die Befunde auffallend fundarm. Zwar konnten aus den Pfostengruben St. 5, 10, 12, 14, 15, 17, 18, 23, 31 und 32 Funde geborgen werden, es handelt sich jedoch nur um wenige Scherben und etwas Brandlehm. Nur aus St. 16 stammen rund 20 Brandlehmbrocken mit Rutenabdrücken, bemerkenswert hier ein möglicher Fehlbrand.

■ **Abb. 310** Knochengerät mit deutlichen Glättungen in verschiedenen Ansichten, Maßstab 1:1.

Auch Grube St. 8 enthielt nur eine Scherbe. Unter den Funden sind auch wenige römische Ziegel zu nennen sowie eine wohl vorgeschichtliche Scherbe.

Das Grubenhaus St. 40

Das Grubenhaus St. 40 war noch 0,30 m tief erhalten und besaß an den Schmalseiten jeweils einen dachtragenden Pfosten St. 5 und 52 (Abb. 307). Das Haus war 1,9 m breit und 3,4 m lang. Im Haus war ein Einbau aus den zwei Pfosten St. 53 und 54, die in einer Distanz von 1,9 m zueinander an der NO-Wand eingetieft waren. In Grubenhäusern wurde aufgrund der darin herrschenden Luftfeuchtigkeit bevorzugt Leinen gewebt. Denkbar wäre also, dass die beiden Pfosten zu einem Webstuhl gehören. Funde mit textilem Kontext wie etwa Spinnwirtel oder Webgewichte, konnten leider nicht gemacht werden.

Die Keramik des Grubenhauses ist charakterisiert durch dicke Böden von rauwandigen Gefäßen mit Linsen- oder Wackelboden mit tiefsitzendem Schwerpunkt. Diese Funde sowie ein Randstück oxidierend gebrannter rheinischer Drehscheibenware ermöglichen hier eine etwas ältere zeitliche Einschätzung in die Karolingerzeit (freundl. Bestätigung M. Gottwald, LfDH). Charakteristisch ist auch die nachgewiesene Muschelgrusmagerung (Abb. 308). Es handelt sich ausschließlich um unglasierte früh- und hochmittelalterliche Scherben, wie sie ähnlich auch in der benachbarten Krutzenkirche (vgl. KAL 3) nachgewiesen wurden. Zudem ist von besonderem Interesse, dass im Fundmaterial auch Reste von Gusstiegeln zu finden waren, die Bronzeanhaftungen und Verschlackung zeigen (Abb. 309), dazu Schlacke und ein Gusstropfen ebenfalls aus Bronze von 2,6 g. Hier zeigt sich offenbar ein metallverarbeitender Betrieb. Unter den Tierknochen fällt ein allseits hochglänzendes Exemplar als Glättwerkzeug auf (Abb. 310).

Die archäobotanische Analyse einer Probe aus dem Grubenhaus St. 40 wurde durch Lisa Rühl erstellt:

Generell ist die Erhaltung der verkohlt vorliegenden Pflanzenreste als gut zu beurteilen, auch wenn viele Getreidekaryopsen fragmentiert und darum nicht mehr näher bestimmbar waren. Die Funddichte ist mit 315 Pflanzenresten (inkl. Fragmente und Drusch), bzw. mindestens 76 vollständig erhaltenen Samen je Liter Sediment überdurchschnittlich hoch.

Es handelt sich um Reste von Kultur- und Wildpflanzen, wobei Kulturpflanzen klar überwiegen. Das Kulturpflanzenspektrum umfasst die Getreide *Secale cereale* (Roggen), *Hordeum vulgare* (Gerste), *Triticum spelta* (Dinkel) und *Avena* (Hafer) sowie die Hülsenfrüchte *Vicia faba* (Ackerbohne) und *Lens culinaris* (Linse). Von Roggen liegen sehr viele Karyopsen vor, wovon manche eine etwas untypische rundere Form hatten. Sie sind in als unsichere Bestimmungen separat aufgeführt. Das Verhältnis von Karyopsen zu Druschresten gibt häufig Aufschluss über den Kontext eines Getreidefunds. In der vorliegenden Probe lassen sich die Resttypen von Roggen, also Karyopsen und Spindelglieder, zu mehr oder weniger vollständigen Ähren rekonstruieren. Hier handelt es sich also wahrscheinlich nicht um entsorgte Reste vom Dreschen. Vielleicht lagerte hier nicht ausgedroschenes Roggenstroh, fanden sich doch unter den zahlreichen vegetativen Pflanzenteilen auch Roggen-Halmfragmente.

Die Probe enthielt auch zahlreiche »amorphe verkohlte Objekte«, die möglicherweise Reste von Brei, Gebäck oder Fruchtfleisch darstellen.

Von den Hülsenfrüchten liegen jeweils nur einzelne Fragmente vor und einige morphologische Merkmale, wie der für die Leguminosenbestimmung wichtige Nabel, sind meist nicht erhalten. Das eine Fragment ist aufgrund seiner Größe (6,5 × 6,0 mm) und Form jedoch relativ eindeutig als Ackerbohne zu identifizieren. Das andere ist relativ flach und zeigt eine herausgebrochene Keimlingsgrube. Mit 4,0 mm Durchmesser passt auch die Größe zu Linse.

Die übrigen Samen und Früchte stammen von Wildpflanzen, die teilweise auf Äckern (Kornblume, Adonisröschen, Fingergras) und/oder ruderalen Standorten in der Siedlung (Gänsefuß, Wicken, Klee, Süßgräser) gewachsen sein können. Holunder ist eine typische Sammelpflanze mit vielen Nutzungsmöglichkeiten (Nahrung, Medizin, Zauber, Färben).

Neben Samen und Früchten fand sich viel Holzkohle, darunter auch größere Stücke, Keramiksplitter, Brandlehm, Kalk-/Putzfragmente, Mollusken und teilweise verbrannte Knochenfragmente. An einigen grau »verbackenen« Objekten waren Abdrücke von unbestimmbaren Getreidekörnern, Holzkohle und vegetativen Pflanzenteilen (Halme, Stengel) erkennbar. Vielleicht handelt es sich bei einigen dieser Brocken auch um Ascheklumpen mit Einschlüssen oder um eine Art gemagerten Estrich?

Die Sedimentprobe aus dem Grubenhaus umfasst also möglicherweise Reste von dort gelagertem Getreide sowie eine überschaubare Anzahl an Wildpflanzen, die innerhalb der Siedlung wuchsen und vielleicht zufällig eingetragen oder mit dem Getreide eingebracht wurden. Der Bauschutt (Kalk-/Putz) stammt vielleicht vom Zusammenbruch/Zerfall dieses Hauses. Darum erscheint es wahrscheinlich, dass die vergesellschafteten Pflanzenreste von der finalen Nutzung des Gebäudes stammen, wobei nicht auszuschließen ist, dass es sich um innerhalb des Hauses verbrannte Abfälle aus einer früheren Nutzung handelt. Die zahlreichen Roggenkaryopsen, die sich gemeinsam mit den anderen Resttypen zu vollständigen Ähren, wenn nicht Garben rekonstruieren lassen, sprechen gegen die zweite Interpretation. In selektivem Hausabfall wären vollständige Körner wahrscheinlich in geringerer Zahl vorhanden.

Die Ausgrabung förderte auf dem verhältnismäßig kleinen Areal also ein frühmittelalterliches Grubenhaus zutage. Mit dem Nachweis eines Webstuhlstandorts gelang der Beleg von lokaler Textilproduktion, die Gussreste verweisen auf einen frühen Kalbacher Bronzegießer. Die archäobotanische Analyse erlaubt zudem einen detaillierten Einblick in die Ernährung der frühmittelalterlichen Bevölkerung Kalbachs, hier überwiegend Getreide und Hülsenfrüchte, im näheren Umfeld Wildkräuter sprießend – Kornblume, Klee, Holunder und weitere – wie sie noch heute mit dem Leben auf dem Dorf in Verbindung gebracht werden.

Abb. 311 Die Grabungstechniker:innen sind nicht oft gemeinsam auf Baustellen, die größte Tiefgarage Frankfurts in der Mainzer Landstraße 802 machte es möglich. Von links nach rechts Michael Obst, Elke Sichert, Denis Neumann.

Das Nieder Loch wird bebaut.

NIED

Der Ortsteil liegt an der Einmündung von der Nidda in den Main. In der Gemarkung liegt auch die römische Militärziegelei im Bereich der Anfang des 20. Jhs. errichteten Wohnsiedlung nördlich der Mainzer Landstraße, bis dicht an die Grenze nach Höchst.

Im Berichtszeitraum wurde der Straßenzug Alt-Nied saniert, so dass die archäologische Denkmalpflege eine Vielzahl von Baumaßnahmen betreuen musste. Weiterhin wurde im Berichtszeitraum das Gebiet des sogenannten »Nieder Lochs« bebaut, d. h. es entstanden zahlreiche Wohngebäude.

Das deutlich abgesenkte Gelände zwischen der westlichen Bebauungsgrenze und der Mainzer Landstraße, bereits in der Mainaue, erbrachte zahlreiche archäologische Nachweise, teilweise in erheblicher Tiefe.

NIE 18

Römer soweit das Auge reicht – Ausgrabungen im alten Ortskern von Nied

Fundmeldung:	Denkmalamt
Verbleib:	Archäologisches Museum
Bericht:	Denkmalamt
Literatur:	Hampel (2017) 217 ff. – Rupp (1987) 222 f. – Wolff 1893, 212. – Huld-Zetsche (2014).

Im Berichtszeitraum kam es zu einer großen Zahl von Neubaumaßnahmen im Bereich des alten Ortskerns von Nied bis zur Nidda, die zahlreiche neue archäologische Denkmäler dokumentierten, aber auch die Kenntnis der römischen Nutzung deutlich erweiterte.

Alt-Nied 4–8

Im Rahmen einer ausgedehnten Neubebauung im alten Ortskern dieses Frankfurter Stadtteils konnte Denis Neumann ab Oktober 2017 auch römische Fundstellen aufnehmen. Das Baugrundstück liegt östlich der Straße Alt-Nied und war bei Arbeitsbeginn mit einem modernen Geschäftshaus bebaut, das teilweise unterkellert war. Nach Abriss der Gebäude zeigten sich an der Straße, aber auch im hinteren Teil des Grundstücks zusätzliche Keller der Altbebauung. Trotz zahlreicher, tiefgreifender Störungen konnten archäologische Funde und Befunde nachgewiesen werden (vgl. Abb. 351, NIE 31)

Mit den Befunden St 8 und konnte die römische Nutzung des Areals belegt werden (Abb. 312). Unter den Fundstücken ist besonders ein Gefäß der sog. Wetterauer Ware hervorzuheben (Abb. 313), das als Imitation der Terra Sigillata Form Drag. 30 angesprochen werden kann (Rupp Form L7). Offenbar wird diese Ware vom Beginn des 2. Jh. bis um etwa 130 n. Chr. hergestellt. Es sind bisher 35 Fundstücke dieser Art bekannt, die sich jedoch in Details unterscheiden. Im vorliegenden Fall ist ein weiteres Fundstück aus Nied (Rupp Taf. 48, L7,18) am besten vergleichbar. Die Mehrzahl der Fundstücke dieser Form stammen aus Nied und Heddernheim, was auch zu erwarten war, da der Produktionsstandort der Wetterauer Ware innerhalb der Millitärziegelei vermutet wird. Es sind jedoch auch Fundstücke aus Friedberg, der Saalburg, Hofheim, Mainz und Wiesbaden bekannt. Die Inschrift des Neufundes aus Nied ist vor dem Brand in das fertige Gefäß eingeritzt. Es handelt sich um zwei unterschiedliche Handschriften, d. h. von zwei verschiedenen Personen. Prof. Dr. Markus Scholz, Goethe-Universität Frankfurt, verdanken wir die Lesung: TOLITONIS = Werk oder Besitz des Tolito (konsonantische Deklination) sowie die Initialen EL. Beide Graffiti sind zur gleichen Zeit oder kurz

■ **Abb. 312** Grube St. 8 während der Ausgrabung.

■ **Abb. 313** St. 8, links Gefäß der Wetterauer Ware mit Inschrift auf dem Boden, rechts oben Bodenfragment eines dunkel engobierten Bechers, rechts unten Mahlsteinfragment, Maßstab 1:2.

hintereinander angebracht worden. EL ist eine Abkürzung, wohl für einen Personennamen, es lassen sich zahlreiche mögliche Ergänzungen anführen, ein Großteil stammt aus Hispanien. Der Name Tolito ist einwandfrei lesbar, jedoch bisher ohne Parallele. Die bisher bekannten Personennamen auf TOL- stammen entweder aus Hispanien oder aus Südgallien. Vermutlich handelt es sich um eine Töpfersignatur, weniger wahrscheinlich um eine Besitzerinschrift.

Alt-Nied 5

Im April 2019 konnte Michael Obst auf dem Grundstück Alt-Nied 5 die Maßnahme von 2016 durch eine eher kleine Erweiterung des Baufensters nach Osten ergänzen (Abb. 314–315; vgl. NIE 22). Er konnte insgesamt 37 Befunde aufnehmen, die auch mittelalterlich-neuzeitlich waren; St. 185 dokumentiert die Lesefunde. Leider waren die Erdarbeiten nach Südwesten in geringem Maße und nach Südosten mit 2,20 m er-

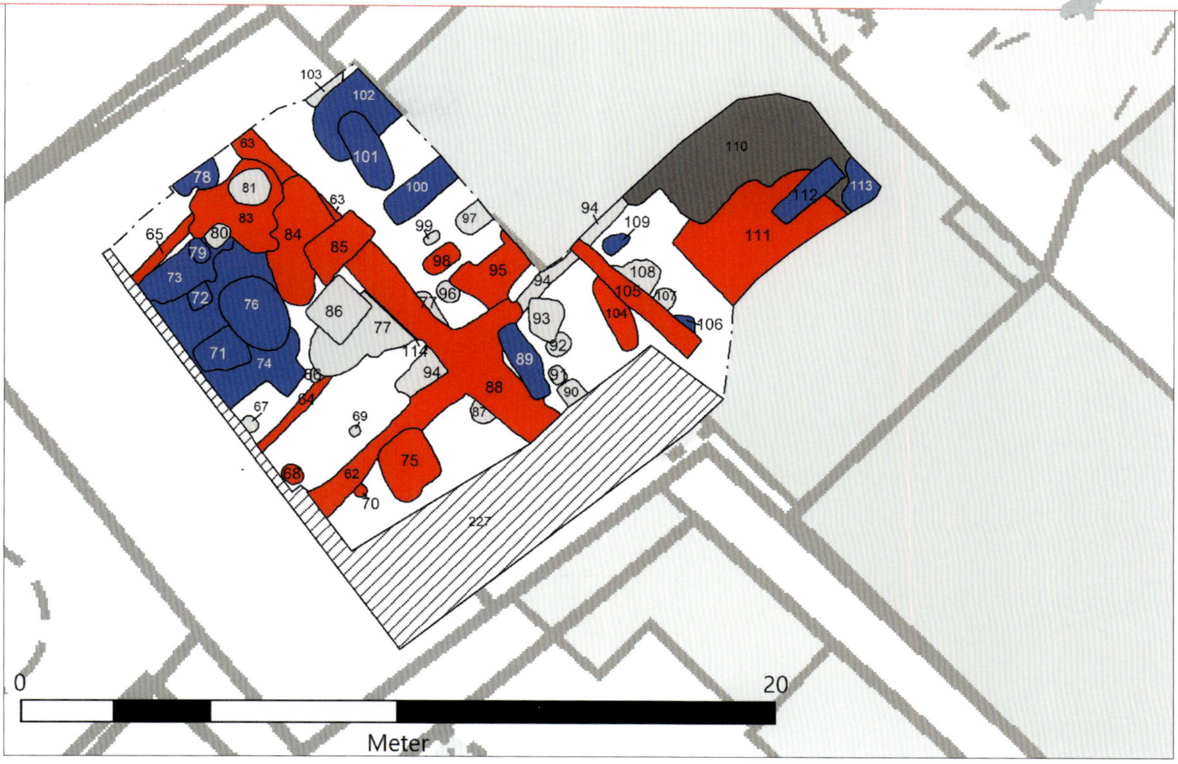

■ **Abb. 314** Gesamtplan Alt-Nied 5, Planum 1.

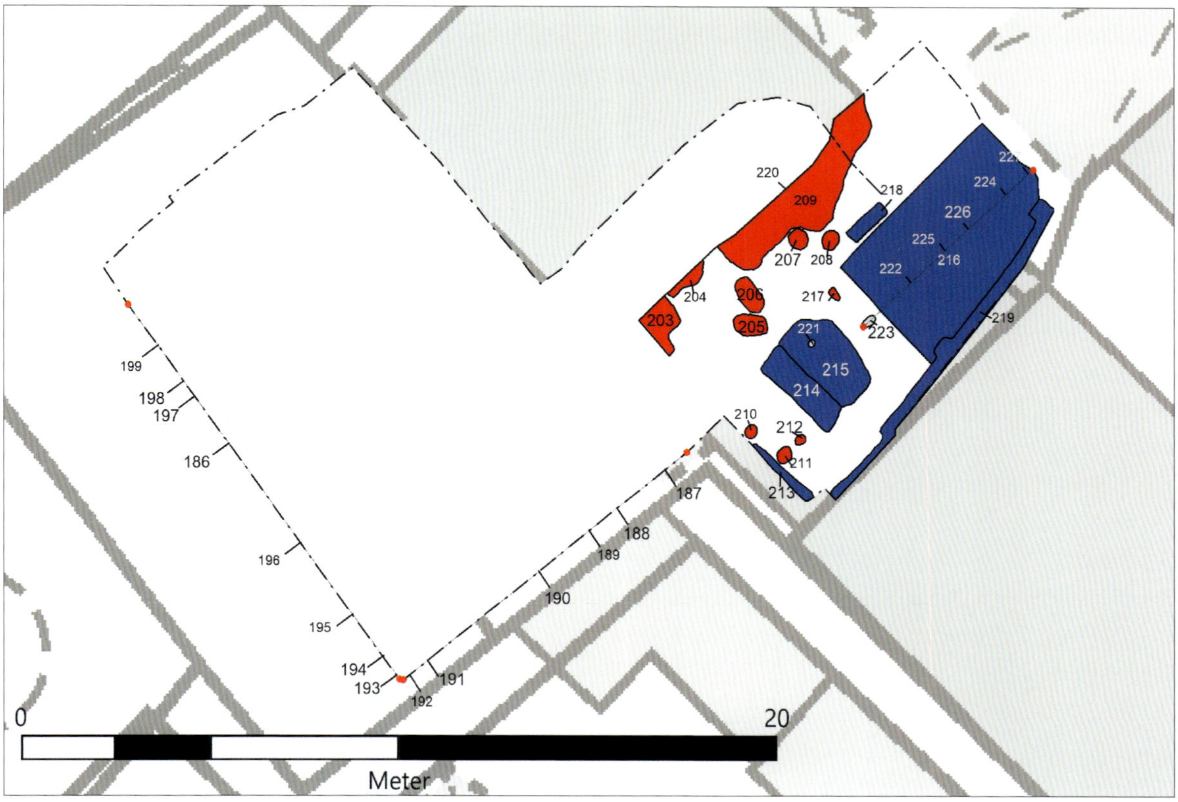

■ **Abb. 315** Gesamtplan Alt-Nied 5, Planum 2.

heblich zurückgesetzt, ohne dass die Bodendenkmalpflege benachrichtigt wurde. Dadurch konnten zahlreiche Befunde, in diesem Fall Pfostengruben, nur im Profil dokumentiert werden (Abb. 316). Dabei sind die Befunde St. 186–195 und 197–199 als römisch erkannt worden.

■ **Abb. 316** Gesamtplanum in Alt-Nied 5 mit zahlreichen Befunden in den Profilwänden.

Da die Erweiterungsfläche tiefer abgebaggert wurde, konnte der bereits erfasste Bereich um die römische Grube St. 111, differenzierter bearbeitet werden, d. h. dieser Befund konnte etwas nach Norden verlängert werden. Es zeigten sich unter der Grube die Pfosten St. 204–208 und 220. Weiterhin sind die Pfostengruben St. 203, 210–212 und 217 als römerzeitlich anzusprechen. Trotz der zahlreichen Pfostenstellungen ist kein Grundriss oder eine Gebäudestruktur erkennbar.

Alt-Nied

Bereits 2015 wurde bei Ausgrabungen Alt-Nied in St. 83 unter anderem ein runder Bronzebeschlag mit Punzinschrift gefunden werden (Abb. 317).

Der runde Blechbeschlag gehört dem Typ Oldenstein 1976, Taf. 47, 509, mit abgebrochenem rückwärtigem Nietstift an. Punktierte Besitzerinschriften kommen auf vergleichbaren runden Beschlägen häufiger vor, vgl. ebd. Taf. 61, insbes. Nr. 778 aus Friedberg. Solche Beschläge sind u. a. an baltei von spathae belegt, z. B. im bekannten Soldatengrab von Lyon, das mit einem Gefallenen der Bürgerkriegsschlacht 197 n. Chr. in Verbindung gebracht wird.

Sigrun Martins, Archäologisches Museum Frankfurt, konnte den fragilen Befund umsichtig freilegen. Dennoch musste sie bei der Nachrestaurierung im Januar 2019 feststellen, dass korrosionsbedingt die Oberflächenerhaltung teilweise schlecht ist, was auch daran zu erkennen ist, dass etliche Punkte nur noch in Resten erhalten und deshalb schwer erkennbar sind. Mit dem Verlust einzelner eingeschlagener Punkte ist erhaltungsbedingt zu rechnen, z. B. im Fall des Buchstabens M.

Der Inschrift auf den Grund gegangen

Prof. Dr. Markus Scholz, Goethe-Universität Frankfurt, konnte die Inschrift lesen und übersetzen. Sie verrät, woher der Besitzer des Beschlags stammte.

CE(nturia)
GAL CALVIINT oder GALVIINT
IVS MOSSVS

Übersetzung

»aus der Zenturie des Gal(…) oder des G(aius) A(…) L(…), Calventius Mossus«.

■ **Abb. 317** Bronzebeschlag mit punzierter Inschrift, links davon ein Blick auf den Befund 83 während der Ausgrabung (Foto links Denkmalamt, Mitte und Zeichnung rechts Sigrun Martins, Archäologisches Museum Frankfurt).

Zeile 1

Das gespiegelte C trägt Ansätze von Serifen. Deutlich sind in die Mitte des Bogens zwei horizontale Punkte eingeschlagen, die sich als CE-Ligatur interpretieren lassen. Diese Form der Abkürzung für centuria ist selten, aber nicht ohne Beispiel.

Zeile 2

Der erste Buchstabe ist deutlich als kursives G zu lesen. Die Diagonalhaste des G besteht aus mindestens zwei Punkten, ein dritter Punkt könnte sich in Resten oberhalb davon erhalten haben. Von der Schräghaste des kursiven L haben sich nur drei Punkte erhalten, zwei davon nur in letzten Resten. Es handelt sich um den abkürzten Personennamen des Zenturios, der aufgrund von Analogien wahrscheinlich als Rufname (cognomen) Gal(…) aufzulösen ist, weniger wahrscheinlich als abgekürzte tria nomina G(aius) A(…) L(…).

Der nachfolgende Name ist anhand der Endung -ius und des sich anschließenden cognomen als Familienname (nomen gentile) zu identifizieren. Nicht mit letzter Sicherheit lässt sich entscheiden, ob der Name mit C oder G beginnt. Ein schwach erhaltener Punkt im Bereich des unteren Bogens könnte als Fehlschlag zu deuten sein. Vergleichbare Fehlplatzierungen einzelner Punkte kommen auch bei einigen anderen Buchstaben vor (C/G, A, I und die beiden letzten S in Mossos). Sie lassen sich leicht durch technische Schwierigkeiten bei der Fixierung der Scheibe während der Einpunzung erklären sowie überhaupt durch die Herausforderung, die Punktlinien einer so feinen Inschrift geschickt und zielsicher zu platzieren. Fehlschläge kommen bei solchen Punktinschriften grundsätzlich häufiger vor. Der Schriftzug CALVIINT ist problemlos zu lesen. Die Buchstaben A, II=E und N weisen wiederum kursive Züge auf. Auffällig ist die Dopplung zweier Hasten des N (Verzierung?). Die senkrechte Haste des T ist bogenartig verrutscht, wohl deshalb, weil der Ziseleur hier am Rande der Scheibe Fixierungsschwierigkeiten hatte.

Zeile 3

Der zu Zeile 2 schräge Verlauf dieser Zeile und die ungleichmäßige Anordnung der Buchstaben weisen erneut auf technische Hindernisse bei der Punzierung der Punktlinien hin. Das M ist nur noch teilweise erhalten, weil es sich im Bereich des verdrückten rückwärtigen Nietansatzes befindet. Zudem ist die Oberflächenerhaltung hier besonders schlecht. Die Buchstaben sind etwas größer als in Zeile 2, der Schriftzug Mossos wirkt teilweise auch etwas ungelenker. Daraus allerdings eine zweite Hand ableiten zu wollen, würde den Befund überinterpretieren.

Der Familienname (nomen gentile) Calventius kommt besonders in Oberitalien häufig vor (über 40 Belege im OPEL), begegnet aber auch nördlich der Alpen. So hieß z. B. ein Legionär der legio VIII Augusta, der als beneficiarius consularis 186 n. Chr. in Stockstadt am Main bezeugt ist (CIL XIII 6654). Eine Variante Galventius scheint zwar konkret nicht belegt zu sein, doch ist der Wechsel zwischen C und G in der Kaiserzeit sehr geläufig, nicht nur bei den Vornamen

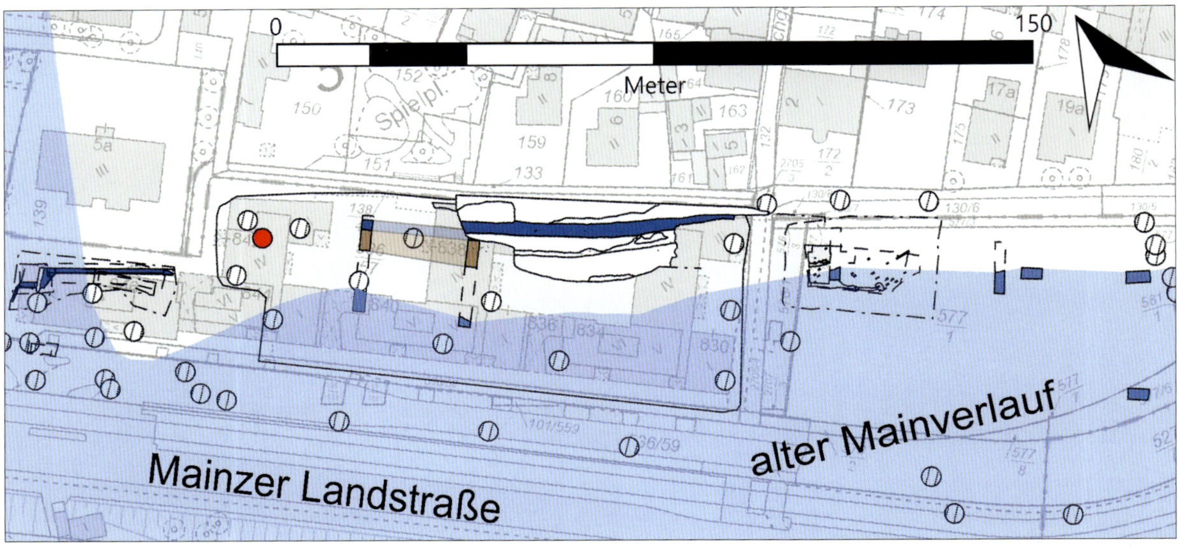

■ **Abb. 318** Gesamtplan der Baustelle »Nieder Loch«: Links neuzeitliche Mauerbefunde, mittig eine Wall-Graben-Anlage (beides NIE 22), rechts Schnitt 13 mit römischen, früh- und hochmittelalterlichen Funden und Befunden. Hellblau rekonstruierter alter Mainverlauf nach Ausgrabungsergebnissen von R. Kubon und R. Skrypzak.

(praenomina) Caius bzw. Gaius. Die mögliche Lesung Galventius würde keinen Bedeutungsunterschied ma.chen. Trifft dies zu, fällt der gleiche Namensanfang des Zenturios und des Familiennamens des Schwertbesitzers auf. Natürlich kann dies auf Zufall beruhen. Der Zenturio könnte z. B. den recht häufigen Rufnamen Gallus getragen haben. Es erscheint aber auch nicht ausgeschlossen, dass der Schwertbesitzer der Zenturio selbst war. In diesem Fall hätte er das übliche Formular solcher militärischer Besitzerinschriften korrekt und vollständig ausgeführt, indem er sich erst in Abkürzung als Einheitsführer und dann mit ausführlichem Namen als Schwertbesitzer genannt hätte. Ein vergleichbarer, allerdings unzweideutiger Fall ist durch eine Besitzerinschrift auf einer gladius-Klinge aus Wiesbaden-Erbenheim überliefert: >(centurio) C(ai) Valeri(i) Pr(…) / C(ai) Valeri(i) Pri(…) (Schoppa, 1974, 102–108; Biborski 1994, 169–197, bes. 190 Nr. 1.)

Der Rufname (cognomen) Mossus deutet auf keltische Sprachwurzeln hin und ist in dieser und ähnlicher Form (Mossius, Mosso) ein paar Mal in (Ost)Gallien belegt, u. a. von Sigillatastempeln. Eine Herkunft des Mannes aus Oberitalien, Süd- oder Ostgallien erscheint damit möglich.

Mainzer Landstraße 802

Eine der größten Baumaßnahmen im Berichtszeitraum betrafen das sog. »Nieder Loch« (Abb. 318). Dabei handelt es sich um eine bisher unbebaute Senke zwischen der Nieder Altbebauung und der Mainzer Landstraße (vgl. NIE 22).

Unter der örtlichen Grabungsleitung von Elke Sichert begannen im Jahr 2018 die Erdarbeiten für eine ausgedehnte Wohnbebauung mit Tiefgarage.

Dem Fundplatz kommt besondere Bedeutung zu, da es sich um die bisher einzige Fundstelle mit römischem Kleingeld des späten 4. Jhs., sog. subaeraten Minimi handelt, die offenbar vor Ort hergestellt wurden.

Grabungstechnisch war die Maßnahme eine Herausforderung, da das Gelände trotz der Senke stark aufgefüllt war und die historischen Schichten und Ablagerungen an einem deutlichen Abhang zur Nidda erst in 6 m Tiefe erreicht werden konnten (Abb. 319–320). Glücklicherweise war an dieser Stelle ohnehin eine der größten Tiefgaragen im Frankfurter Stadtgebiet geplant, so dass die Tiefenentwicklung der Ausgrabung unproblematisch war.

Zunächst gelang der Nachweis der römischen Uferlinie, die sich auch in der Fundverteilung widerspiegelt (vgl. NIE 22). Erst in dieser Tiefe gelang der Nachweis der römischen Nutzung, wobei es sich aufgrund der Uferlage um verlagerte Fundstücke handelt; römische Befunde konnten nicht erfasst werden.

Aufgrund der Nähe zur römischen Militärziegelei kann der Fund von Ziegeln mit Töpferstempeln nicht überraschen. Hierbei handelt es sich um einen fragmentierten zweizeiligen Stempel, die eher selten nach-

■ **Abb. 319** Gesamtplanum der tiefliegenden römischen Schichten.

■ **Abb. 320** Ursprünglicher Geländeverlauf, der zum Ufer links deutlich abfällt.

gewiesen sind. Es handelt sich um den linken Rand eines sogenannten Namensstempels. Dabei wird in der oberen Zeile die Legion genannt hier ist LEG erhalten und darunter IVL (Abb. 321). Es handelt sich um einen Stempel der 22. Legion, der Name Julius ist in verschiedenen Kombinationen in der Militärziegelei nachgewiesen. Es könnte sich um IVLIVS BELLICVS (Wolff 1893, Taf VI, 150) handeln.

Weiterhin konnten verschiedene ungewöhnliche Einzelfunde erfasst werden. Es sind vier fragmentierte Bronzefibeln und eine Fibelnadel zu nennen, dazu eine Amulettkapsel mit feiner Punktpunzierung und Kreisaugenverzierung sowie ein kleines Gewicht einer Waage (Abb. 322).

■ **Abb. 321** Der mit »LEG / IVL« gestempelte Ziegel aus St. 120 oben, unten Ziegel mit Abdruck eines Paarhufs von Schaf oder Ziege aus St. 132. Maßstab 1:2.

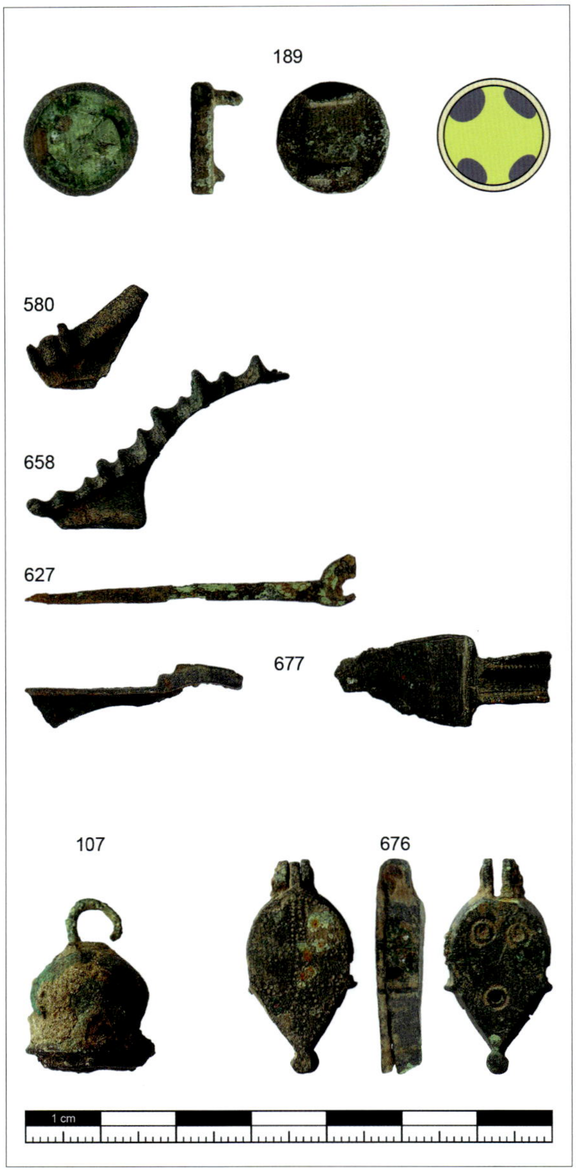

■ **Abb. 322** Auswahl der Funde aus St. 125: Oben Scheibenfibel in verschiedenen Ansichten und mit Rekonstruktion, in der Mitte vier Fibelfragmente, unten links das kleine Gewicht, unten rechts die Amulettkapsel, Maßstab 1:1.

■ **Abb. 323** Die letzten aus staatlich-römischer Produktion: aus St. 125, Fnr. 86 Münze des Constans 335-340 n. Chr., Fnr. 678 unkenntliche Münze, vermutlich 4. Jh. und Fnr. 292 Münze vermutlich späteres 4. Jh., Bestimmung F. Berger.

In der kiesigen Schwemmschicht St. 125 konnten fast 700 Einzelfunde eingemessen und geborgen werden, die meisten davon sehr klein, optisch dem Kies gleichend und nur durch den Einsatz mehrerer Metallsuchgeräte aufzuspüren. Die kleinsten Funde sind nur wenige Millimeter groß und wiegen weniger als ein Gramm. Herausragend ist die Anzahl der Funde, die im Kontext mit lokaler Münzprägung zu sehen ist. 127 Münzen beziehungsweise Vorstufen der Münzproduktion wurden dokumentiert (vgl. NUR 89).

Ab 353/355 n. Chr. sendet das Römische Reich deutlich weniger kupferne Kleinmünzen in die Provinz. Das Römische Reich hat wirtschaftliche und strukturelle Probleme, vermutlich trugen auch Germaneneinfälle dazu bei. Um die Jahrhundertwende ist der staatliche Münznachschub nach Nied quasi einstellt. Vor Ort beginnt man deshalb, eigene Münzen zu prägen, die sich an den römischen Motiven orientierten. Sie werden »Radiati Minimi« genannt. Die Handwerker aus Nied interpretierten die ihnen bekannten römischen Münzen. Avers ist der Kaiser an der Strahlenkrone deutlich zu erkennen. Revers zeigen die Münzen unterschiedliche Motive, hier abgebildet eine Welle (Fnr. 306), eine Figur (Fnr. 593) und ein Gebäude (Fnr. 239). Weil das Rohmaterial knapp war, wurden die Münzen zunehmend kleiner, weshalb sie dann »Minimissimi« genannt werden. Die »Minimissimi« datieren nach P. V. Hill ab 420 n. Chr. bis ins späte 5., vielleicht sogar noch frühe 6. Jh. bis ins Frühmittelalter.

Für die Münzproduktion benötigte man Rohstoffe, vor allen Dingen Kupfer und Bronze. Gelegentlich wurden auch ältere Bronzemünzen eingeschmolzen (Abb. 323). Aus dem Metall goss man Rundstäbe mit einem Durchmesser von 6 mm, wie die Funde einheitlich belegen. Die Stäbe wurden offenbar mit einer Klinge gekerbt und dann in Röllchen zerkleinert. Etliche Röllchen zeigen noch Spuren der Segmentierung

Abb. 324 Von der Bronze zur Münze, von unten nach oben, alle aus St. 125: Kalottenförmige Bronzeschlacke (Fnr. 662), Bronzetropfen (Fnr. 656, 642, 246, 301), verschlackter Ton von technischer Keramik und/oder Esse (Fnr. 469, 168), Bronzestäbe (Fnr. 144, 302), Bronzeröllchen (Fnr. 282, 366, 554), Schrötlinge (Fnr. 193, 386, 595) und geprägte Münzen (Fnr. 306, 593, 239).

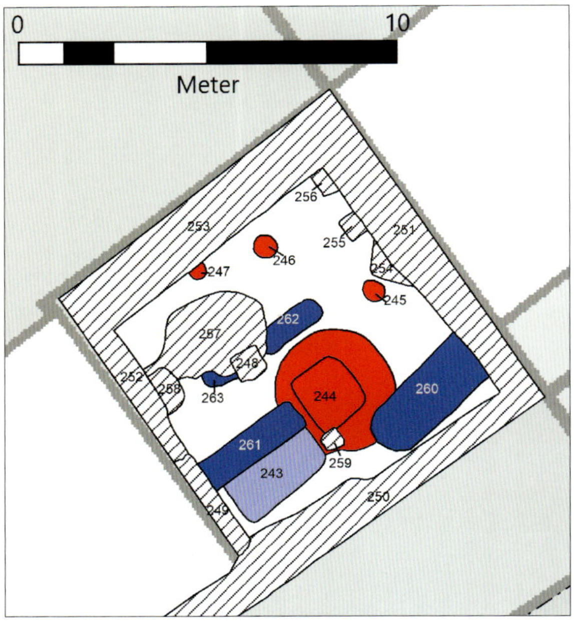

■ **Abb. 325** Gesamtplan der Maßnahme in der Oeserstraße, die römischen Befunde sind rot gekennzeichnet.

■ **Abb. 326** Gesamtplanum der Grabungen in der Oeserstraße.

■ **Abb. 327** Detailansicht des Brunnens, der sich kreisrund im Planum abzeichnet

(Abb. 324, Fnr. 282, 366). Die Röllchen wurden flach geschlagen oder gehämmert, in einem letzten Arbeitsschritt das Motiv eingeprägt (Abb. 324). Die lokale Metallverarbeitung durch Schmiede und Gießer wird auch durch die 86 Bronze- und Eisenschlacken belegt. Im Bereich der Ausgrabung lagen jedoch keine Befunde, die mit Münzprägung im Zusammenhang stehen. Die Lage der Werkstatt bleibt also weiterhin unbekannt – wird in der Nähe erneut gebaut, wird das Denkmalamt in jedem Falle wieder vor Ort sein.

Wir danken sehr herzlich Herrn Dr. Frank Berger für die Bestimmung der Münzen.

Oeserstraße 1

Der Nachweis der ausgedehnten römischen Nutzung des Geländes gelang Rolf Skrypzak auf dem Grundstück Oeserstraße 1 in der Verlängerung der Hauptstraße im Oktober 2019 (Abb. 325–326; vgl. Abb. 351, NIE 31). Er konnte insgesamt 4 römische Befunde dokumentieren. Dabei handelt es sich dreimal um Pfostengruben (St. 245–247) und einmal um einen Brunnenschacht St. 244 (Abb. 327–328).

Der Befund St. 244 war im ersten Planum zunächst nur als Grube erkennbar, nahm jedoch nach unten im Planum 2 eine kreisrunde Form mit einem Durchmesser von über 2 m an. In dieser Tiefe war auch ein rechteckiger Einbau erkennbar. Aufgrund der Lage im Grundstück in direkter Nachbarschaft zu flach gegründeten Nebengebäuden und der Tatsache, dass die Bauherrschaft nur frostfrei fundamentieren wollte, konnte der Befund nicht abschließend bearbeitet werden. Nach 1,65 m unter Planum 1 musste der Befund aufgegeben werden.

Trotzdem konnten bemerkenswerte Fundstücke geborgen werden. Der Brunnen enthielt zahlreiche Ziegelbruchstücke, die zum Teil stark zerscherbt waren. Reste von insgesamt drei Stempeln der 22. Legion waren vorhanden. Die zahlreichen Keramikscherben waren auffallend klein gebrochen. Neben charakteristischem Küchengeschirr sind Bruchstücke des Tafelgeschirrs Terra

Abb. 328 St. 244: Die Sonderfunde aus dem Brunnen, a-b) zwei Fragmente von Glasflaschen, c) Schnauze einer Öllampe aus Wetterauer Ware, d) Amphorenstöpsel, e) Augenbraue eines Gesichtsgefäßes, f) Beinringfragment mit Rekonstruktion, g-i) Spielsteine, k) ungewöhnlicher Gefäßrest, in zwei Ansichten, Maßstab 1:1.

■ **Abb. 330** St. 244: Randfragment einer römischen Reibschale, darauf deutlich zu erkennen der Stempel »OCTAF«, links Detail, rechts Maßstab 1:1.

■ **Abb. 329** St. 244: Bodenfragment Wetterauer Ware mit eingeritztem »LLS«.

Sigillata zu nennen sowie Reste von mehreren Gefäßen der Wetterauer Ware. Einmal ist eine Bodenritzung LLS erkennbar (Abb. 329). Weiterhin die Schnauze einer Lampe aus Wetterauer Ware zu nennen. Ungewöhnlich ist ein sorgfältig gearbeiteter Ring aus Bein, ein Schnauzenrest eines Kruges als Fehlbrand, ein ungewöhnlicher Gefäßrest mit roter Bemalung und ein Beleg eines Gesichtsgefäßes, daneben typisch römische Funde wie Fragmente blauer Glasflaschen und ein Amphorenstöpsel (Abb. 328).

Bemerkenswert sind zahlreiche Schlacken, die aufgrund der anhaftenden Reste eine Bronzegießerei in der Nähe vermuten lassen. Einen Hinweis auf den Namen eines Töpfers liefert die gestempelte Reibschale OCTAF (Abb. 330).

NIE 22

Leben am Mainufer vom Frühen Mittelalter bis in die Neuzeit

Fundmeldung:	Denkmalamt
Verbleib:	Archäologisches Museum
Bericht:	Denkmalamt
Literatur:	Vollert (1978).

Auch die mittelalterlich-neuzeitliche Fundstelle NIE 22 wurde in den Jahren 2017–2019 von etlichen Baumaßnahmen erfasst und archäologisch untersucht.

Alt-Nied 5

Im Rahmen der Erweiterungen der Baufläche auf dem Grundstück Alt-Nied 5 im Jahr 2019 (vgl. NIE 18) konnte Michael Obst auch weitere mittelalterlich-neuzeitliche Befunde nachweisen (vgl. Abb. 314–315). Diese sind aufgrund der großen Nähe ebenfalls der Fundstelle NIE 22 zugewiesen. Dabei handelt es sich zunächst um eine Kloake St. 196, sowie zwei Planierschichten St. 215 und 216. Dazu kommen als Pfostengruben St. 221–224 und die Gruben St. 214, 218, 225 und 226. Als moderne Störung ist St. 227 anzusprechen. Am südöstlichen Baugrubenrand war ein Mauerzug St. 219 erreicht, von dem nur ein Teil der Vorderkante freigelegt werden konnte; südwestlich anschließend verlief ein Graben St. 213, der nur in einem kurzen Abschnitt fassbar war.

Straße Alt-Nied und Kanal in der Stichgartenstraße

Im Berichtszeitraum wurde die Straße Alt-Nied auf der gesamten Länge im alten Ortskern saniert und die Kanäle in der abzweigenden Stichgartenstraße erneuert. Letztere verbindet die Altbebauung mit dem Großprojekt im »Nieder Loch«. Die Maßnahmen griffen nicht in historische Schichten ein, es zeigten sich ausschließlich moderne Eingriffe.

An der Wörthspitze

Auch hier wurde ein Kanal erneuert, der ebenfalls in eine frühneuzeitliche Kulturschicht St. 229 eingriff und mit dem Fund einer vorgeschichtlichen Grube St. 230 (vgl. NIE 29) einen deutlich älteren Nachweis möglich machte.

Sehr erfreulich war, dass die auf dem Gelände gefundenen Rotsandsteinsäulen (Abb. 331) in diesem Bereich im Rahmen der Gestaltung Grünanlage durch das Grünflächenamt wieder verwendet werden konnten.

Abb. 331 Rotsandsteinsäulen vor der Wiederverwendung zwischengelagert.

Abb. 332 Blick nach Norden auf das Baugebiet »Nieder Loch«.

■ **Abb. 333** Anlegen von Suchschürfen zur Klärung des Baugrundes; deutlich ist die meterdicke Aufschüttung erkennbar.

■ **Abb. 334** Gemauerte Hangbefestigung im nördlichen Abschnitt des Baugeländes.

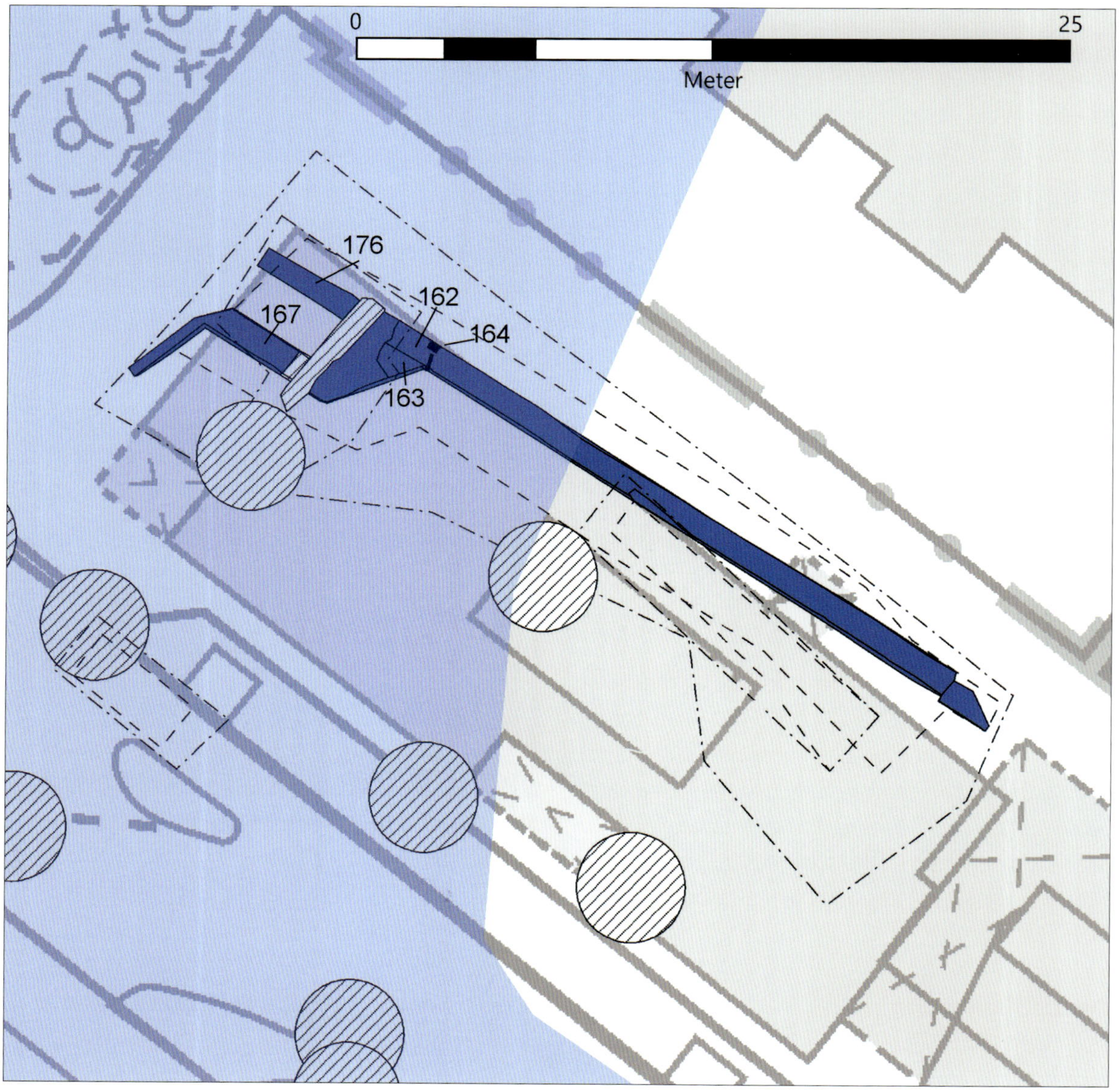

■ **Abb. 335** Kartierung der neuzeitlichen Mauerbefunde im Westen des Nieder Lochs.

■ **Abb. 336** Das Fundament aus Rotsandsteinen im Sonnenaufgang.

■ **Abb. 337** Blick auf das sorgfältig gemauerte Fundament St. 167/176/163/162 (von links nach rechts).

■ **Abb. 338** Die nachträglich in St. 162 eingefügte Nische St. 164.

Mainzer Landstraße 802

Ab Mai 2018 war Elke Sichert zunächst in der Vorbereitung und dann während der Aushubarbeiten im »Nieder Loch«. Das deutlich tiefer als die Umgebung liegende Areal wird auf der einen Seite durch den Straßendamm der Mainzer Landstraße und auf der anderen Seite durch die westlich Bebauung entlang der Straße Alt-Nied begrenzt (Abb. 332).

Das Gelände wirkte bei Arbeitsbeginn zunächst wie eine Grünanlage, allerdings korrigierten insgesamt 24 Suchschürfen das Bild deutlich (Abb. 333). In allen Bereichen wurde eine starke Aufschüttung von über 2 m erfasst, die in der Regel aus belastetem Material, häufig Schlackenresten, bestand. Somit lagen auch die archäologischen Schichten unter diesem Material und waren schwer fassbar.

Die Lage im Auebereich führt zum Nachweis einer Terrassen- und Hangbefestigung St. 175 (Abb. 334) und zum Nachweis eines ehemals freistehenden Unterbaus,

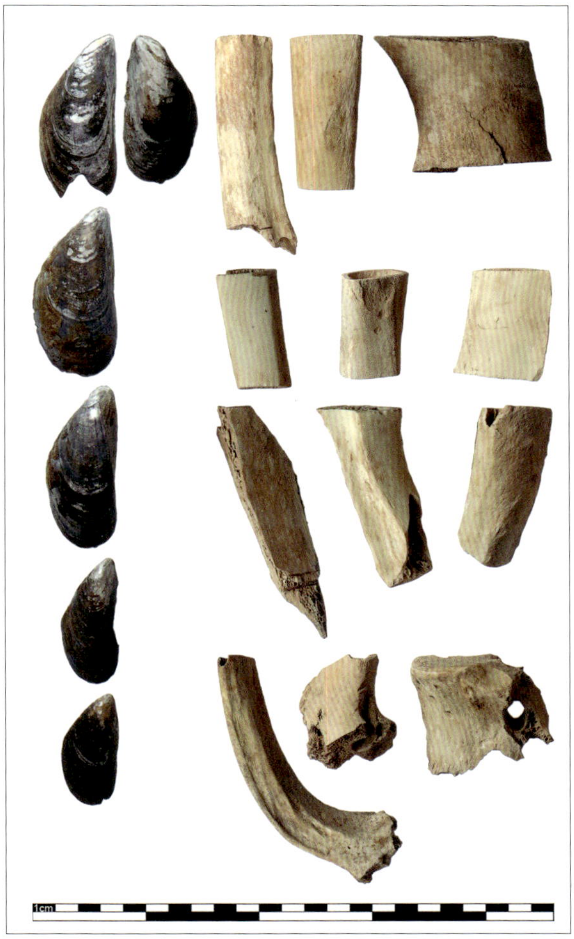

■ **Abb. 339** Die Funde aus St. 164. Die Knochen weisen eindeutige Hackspuren auf und sind wie die Muscheln als letzter Rest einer Mahlzeit anzusprechen.

d. h. es dürfte sich um einen Brückenpfeiler handeln (Abb. 335–337). Tatsächlich zeigt eine Abbildung im Staatsarchiv Marburg (Vollert 1978) zwei Übergänge

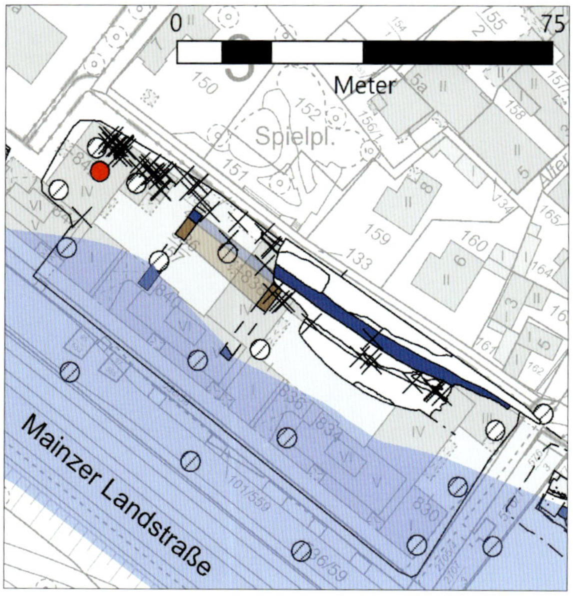

■ **Abb. 340** Die neuzeitlichen Befunde im Nieder Loch, in Dunkelblau St. 120 (Graben), in Braun St. 119 (Wall), Hellblau der rekonstruierte alte Mainverlauf, weiße Kreise von Kampfmittel- und Geosondagen – im Rot gekennzeichneten Schurf wurde ein römischer Fund gemacht, die Kreuze Einzelfunde.

■ **Abb. 342** Emailliertes Straßenschild »Fürstenberger Straße«.

an der Nidda im Bereich von Nied, heute besteht nur noch einer. In die Mauer St. 162 war mit St. 164 eine Nische nachträglich eingearbeitet, die in einem Rohr von ca. 10 cm Durchmesser mündet. Die Funktion der Nische verbleibt im Dunkel, dass darin Speisereste in Form von Knochen und Muscheln gefunden wurden, trug nicht zur Klärung bei (Abb. 338–339).

Der Mittelteil des Nieder Lochs wurde ebenfalls archäologisch untersucht, hier standen neuzeitliche Befunde bereits in geringer Tiefe an (Abb. 340). Die Fläche wurde zudem intensiv mit Metallsuchgeräten begangen und vorwiegend Einzelfunde aus militärischem Kontext gemacht, darunter Musketenkugeln, Knöpfe und Schnallen. In Schnitt 7 gelang der Nachweis eines Wall-Graben-Systems. Im Profil zeigte sich die Grabenanlage mit zum Main hin und damit außenliegendem Wall, der oben bereits gekappt ist (Abb. 341).

Die Sondierungen für die Kampfmitteluntersuchungen wurden ebenfalls archäologisch begleitet. Der Kampfmittelräumdienst musste teils sehr tief in den Boden eingreifen, bis die Ursache für den Ausschlag im Messbild ausgemacht werden konnte. Dabei stießen sie auf allerlei modernen Müll, etwa vergrabene Kühlschränke und Bremsklötze. Für alle überraschend kam ein emailliertes Straßenschild mit dem Schriftzug »Fürstenberger Straße« zutage (Abb. 342). Eine Straße diesen Namen ist heute im Frankfurter Stadtgebiet im Ortsteil Nordend vorhanden, das Schild war somit auf Abwegen.

Im Laufe der Baumaßnahme wurde auch eine Ausgrabung in tieferen Schichten durchgeführt (vgl. NIE 18). Hier wurden im Kies stehende Pfosten und Staken dokumentiert, die Zeugnis von der Nutzung des ehemaligen Mainufers geben (Abb. 343–345). Unklar war jedoch zunächst die Datierung der Hölzer, weshalb diese als Proben eingeschickt wurden.

Für folgende Hölzer 138, 139, 158, 168, 172 und 174 wurden Proben entnommen, die 14C datiert werden konnten (Klaus-Tschira-Archäometrie-Zentrum am Curt-Engelhorn-Zentrum Archäometrie in Mannheim. Probennummer 41053-41058). Dabei waren die Proben 158 und 168 mit einer zeitlichen Einordnung in das 11./12. Jh. n. Chr. die jüngsten; während die vier anderen in das 9./10. Jh. n. Chr. datierten. Aus diesem Grund kann ein römischer Zusammenhang

■ **Abb. 341** Schnitt 7, Profil AB: Ganz rechts ist der Sohlgraben deutlich zu erkennen, unmittelbar links davon der Wall.

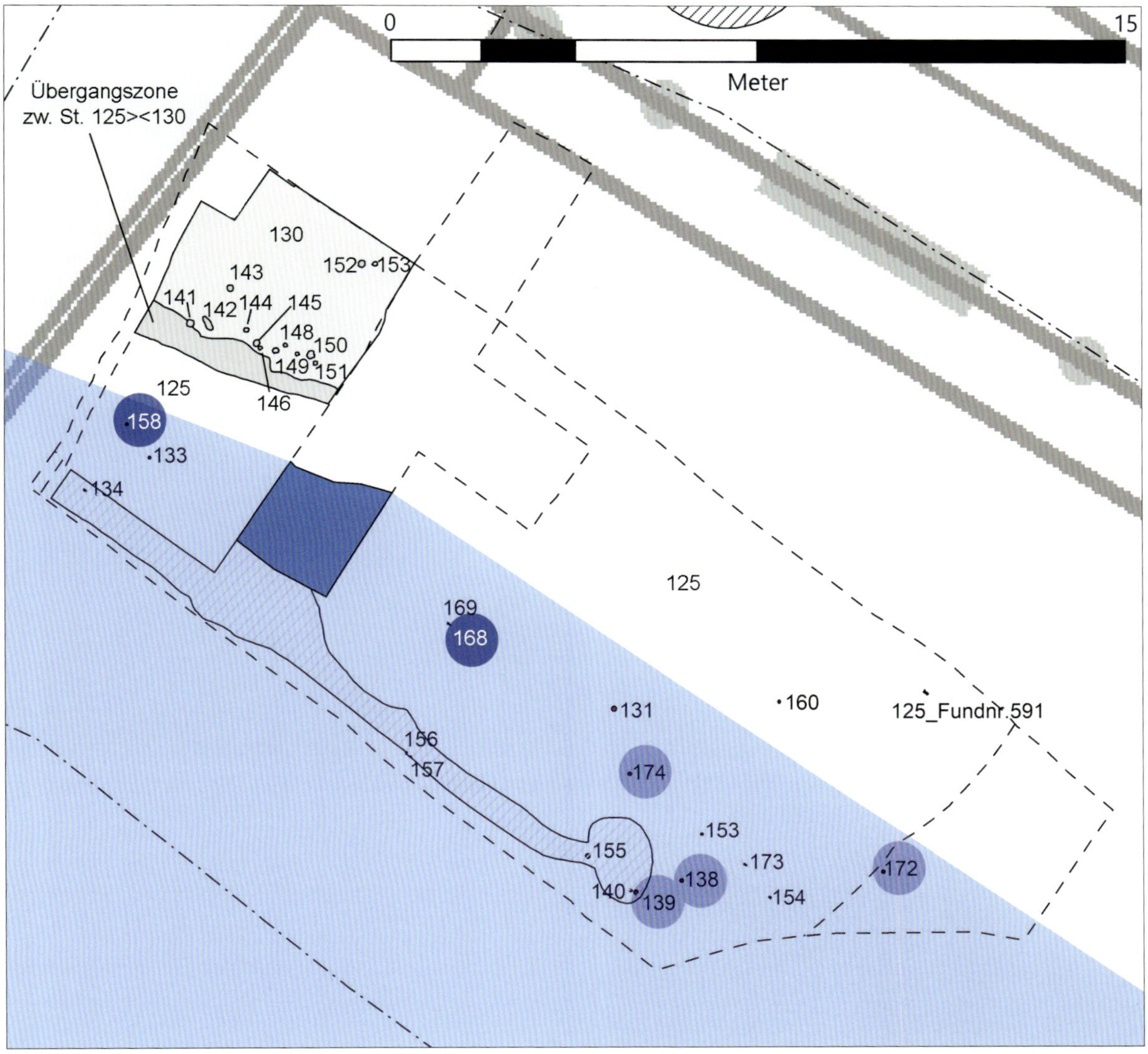

■ **Abb. 343** Detail aus dem Gesamtplan des Nieder Lochs am alten Mainufer. Hellblau die über 14C-datierten frühmittelalterlichen Pfosten, Dunkelblau die knapp früh- bis hochmittelalterlichen Pfosten.

■ **Abb. 344** Ursprüngliche Uferlinie mit Holzstaken und -pfosten (weiße Markierungen) befestigt.

■ **Abb. 345** Hervorragende Holzerhaltung in Schnitt 13, weshalb im Uferbereich Staken und Pfosten mit Durchmessern zwischen 3-9 cm dokumentiert werden konnten.

ausgeschlossen werden. Die Pfosten und Staken belegen also, dass das Mainufer von der Nieder Bevölkerung im Frühen und Hohen Mittelalter genutzt wurde. Spekulation bleibt, wozu die Pfosten und Staken dienten. Denkbar wären etwa kleinere Stege, Installationen für den Fischfang oder Pfosten zur Befestigung kleiner Boote.

Über die gesamte Dauer der Baumaßnahme von Frankfurts größter Tiefgarage wurde das gesamte Gelände immer wieder systematisch von Mitarbeiter:innen des Denkmalamts sowohl mit als auch ohne Metallsuchgerät begangen. Dabei traten eine Vielzahl von Lesefunden als Haushaltabfall oder als Verlustfunde zutage. Die ebenfalls gefundenen römischen Lesefunde können nicht überraschen, sind jedoch keinem Befund zuzuweisen, sondern verlagert (vgl. NIE 18). Neben den Funden aus dem Oberboden beziehungsweise aus den nur unwesentlich älteren Aufplanierungen stammen auch Funde aus eindeutig ansprechba-

■ **Abb. 346** Schuppenkette einer Polizeiuniform aus Messing in Fundlage.

Abb. 347 Aus St. 82: Messer mit griechischer Inschrift. Unten Maßstab 1:2.

Abb. 348 Innen hohl: Das gusseiserne Relief aus St. 121. Maßstab 1:3, rechts ein Vergleichsfund.

■ **Abb. 349** Beide Seiten der Wallfahrtsmedaille noch feucht im Fundzustand.

ren Befunden. Zunächst ist eine Schuppenkette eines »Tschako«, dem Helm einer Polizeiuniform um 1945 aus St. 120 zu nennen, die Kette weist den Träger als Offizier aus (Abb. 346). Überraschend war der Fund in St. 82 eines aufwändig gestalteten Messers mit griechischer Inschrift auf der verchromten Klinge (Abb. 347). Aus St. 121 stammt ein stark korrodiertes Relief aus Gusseisen, das wohl Adolf Hitler darstellt (Abb. 348).

Ungewöhnlich war auch eine Wallfahrtsmedaille des 18. Jhs. Sie zeigt auf der einen Seite das Gnadenbild Maria vom Trost mit der Umschrift S[ANCTA] M[ARIA] VIRGO, auf der anderen Seite den Hl. Augustinus von Hippo mit der Umschrift, S[ANCTVS] AUG[USTINVS. Nach der Aufhebung des Freiburger Franziskanerkonvents 1785 wurde die ehemalige Klosterkirche St. Martin zur Pfarrkirche. Die Augustiner-Eremiten, als erste Pfarrer in St. Martin einsetzt, brachten das Gnadenbild »Maria vom Trost« mit nach St. Martin (Abb. 349).

NIE 29

Vorgeschichte aus einem Kanal An der Wörthspitze

Fundmeldung:	Denkmalamt
Verbleib:	Archäologisches Museum
Bericht:	Denkmalamt
Literatur:	Hampel (2017) 229.

Im Jahr 2015 konnten im Rahmen von Neubaumaßnahmen in der Straße An der Wörthspitze erstmals in diesem Bereich vorgeschichtliche Befunde nachgewiesen werden (vgl. NIE 18, NIE 22), während die römischen Fundstellen bereits bekannt waren.

Im Jahr 2019 wurde durch Elke Sichert eine Kanalbaumaßnahme in der Straße beobachtet. Dabei konnte sie neben neuzeitlichen Resten (vgl. NIE 22) einen vorgeschichtlichen Befund als Grube (St. 232, Abb. 350), möglicherweise als Graben mit Rotlehm und einer Wandscherbe dokumentieren.

Die Scherbe kann leider nicht näher angesprochen werden, die Zuweisung zur Vorgeschichte ist jedoch unstrittig und sie kann zwanglos der neolithischen Fundstelle zugewiesen werden.

Abb. 350 Die vorgeschichtliche Grube in dem engen Graben, die Konturen hervorgehoben.

Frühmittelalter

NIE 31

Das fränkische Gräberfeld von Frankfurt-Nied

Fundmeldung:	Denkmalamt
Verbleib:	Archäologisches Museum
Bericht:	Denkmalamt
Literatur:	Arnold (2009). – Vollert (1978).

Im Oktober 2017 begannen die Erdarbeiten für eine ausgedehnte Neubebauung in der Straße Alt-Nied 4–8. Bei Arbeitsbeginn zeigten sich eine große Zahl von Störungen, die durch die Altbebauung verursacht wurde, trotzdem konnte Denis Neumann unberührte Bereiche erfassen und dabei sowohl

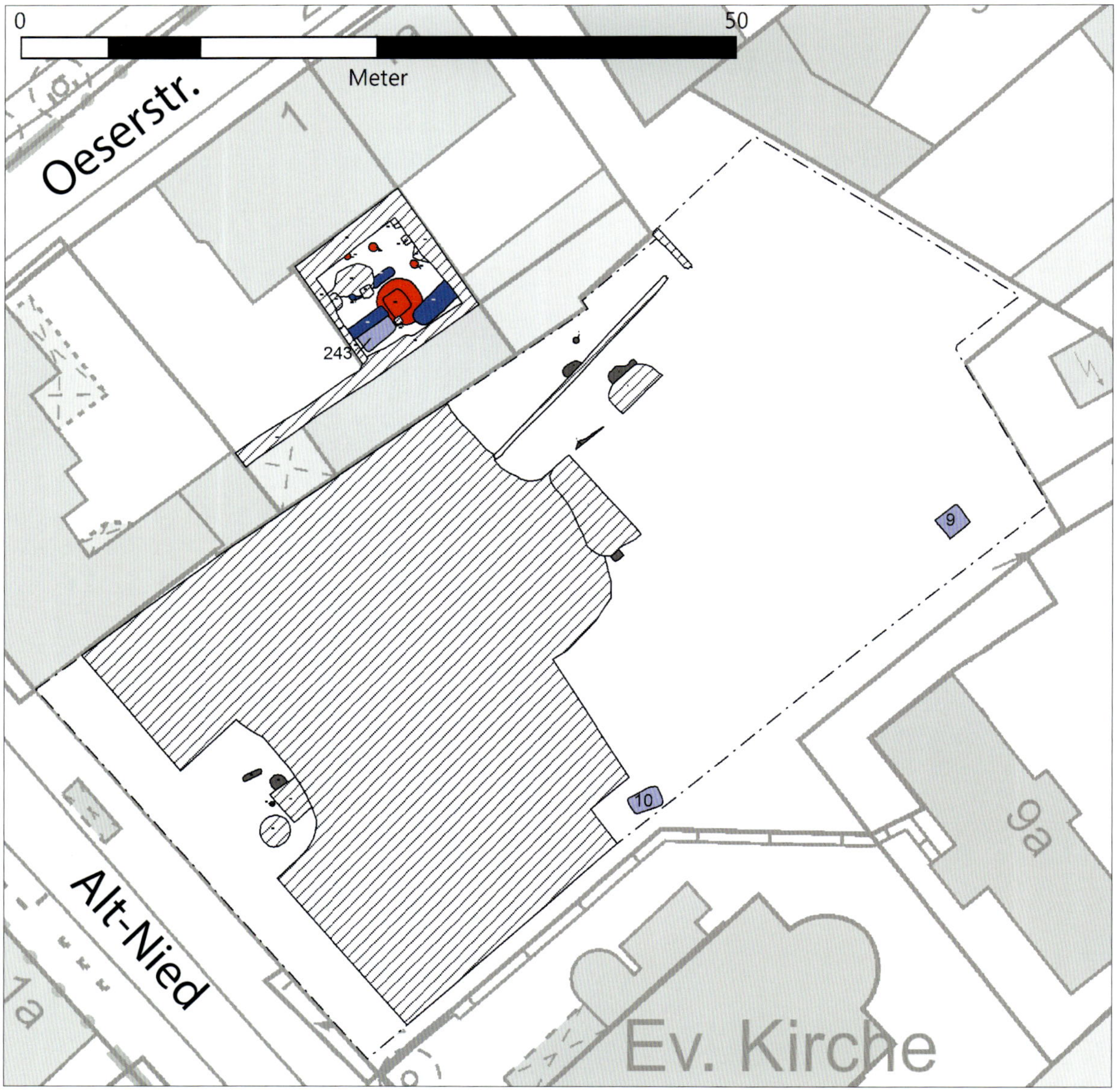

■ **Abb. 351** Gesamtplan der Ausgrabungen Alt-Nied 4–8 und Oeserstr. 1. Rot – römisch, hellblau – merowingerzeitlicher Friedhof.

Abb. 352 Gestörte Männerbestattung mit Resten der Bewaffnung. Links, d.h. nördlich des Toten ist deutlich der eiserne Schildbuckel erkennbar.

römische (vgl. NIE 18) als auch frühmittelalterliche Befunde dokumentieren (Abb. 351).

Dabei handelt es sich um einen fränkischen Friedhof, der im Rahmen dieser Maßnahme mit drei Bestattungen nachweisbar ist. Die Körpergräber waren ostwestlich ausgerichtet und teilweise gestört.

Stelle 9

Zunächst ist mit St. 9 ein Männergrab zu nennen, das an Brust und Kopfende durch die Altbebauung gestört war. Dem Toten waren verschiedene Waffen mit ins Grab gegeben worden. Neben einem Langsax mit Resten des Scheidenbeschlags fand sich eine eiserne Tüllenlanzenspitze, ein Eisenmesser, weitere Eisenreste und ein eiserner Schildbuckel (Abb. 352). Dabei stand außerdem eine Tüllenkanne. Aufgrund der Beigaben kann das Männergrab als spätmerowingische Grablege des 7. Jhs. angesprochen werden. Die Beifunde von römischen Ziegeln gehören zur römischen Fundstelle, die ebenfalls nachgewiesen wurde (vgl. NIE 18).

Stelle 10

Die Körperbestattung St. 10 hatte als Beigabe einen verzierten Dreilagenkamm aus Knochen (Abb. 353) mit ins Grab gelegt bekommen. Das Grab kann deshalb als Frauenbestattung angesprochen werden.

Eine alt gestörte Bestattung

Aus dem Abraum konnten eine weitere eiserne Lanzenspitze und ein Knochenrest geborgen werden, was mindestens eine weitere Bestattung belegt. Diese wurde offensichtlich bereits bei vorangegangenen Baumaßnahmen alt zerstört.

Stelle 243

Im Oktober 2019 konnte Rolf Skrypzak im Rahmen einer kleineren Baumaßnahme in der Oeserstraße 1 in den aufgedeckten 50 qm auch einen frühmittelalterlichen Befund nachweisen (vgl. Abb. 351). Es handelt sich um ein weiteres fränkisches Kriegergrab mit Spatha, Schild und Lanzenspitze (Abb. 354). Der Tote hatte einen stark zerdrückten grauen Knickwandtopf mit mehrreihiger Rollstempelverzierung mit

■ **Abb. 353** Frauengrab St. 10 während der Ausgrabung.

■ **Abb. 354** Männergrab auf dem Grundstück Oeserstraße 1 während der Ausgrabung; deutlich sind zahlreiche Beigaben erkennbar.

ins Grab bekommen, ein Glasgefäß war ebenfalls stark zerstört, aber eindeutig fassbar (Abb. 355). Überraschend war die geringe Tiefe der Grabgrube. Dies erscheint in Bezug auf den sozialen Stand des Toten, der sich aus seiner Ausstattung ergibt, eher ungewöhnlich. Denkbar wäre eine herausgehobene Stellung innerhalb des Friedhofs etwa durch eine Überhügelung. Das Grab kann als ältestes der bisher bekannten vier Bestattungen gelten. Die Fundstelle liegt direkt westlich anschließend an die Liegenschaft

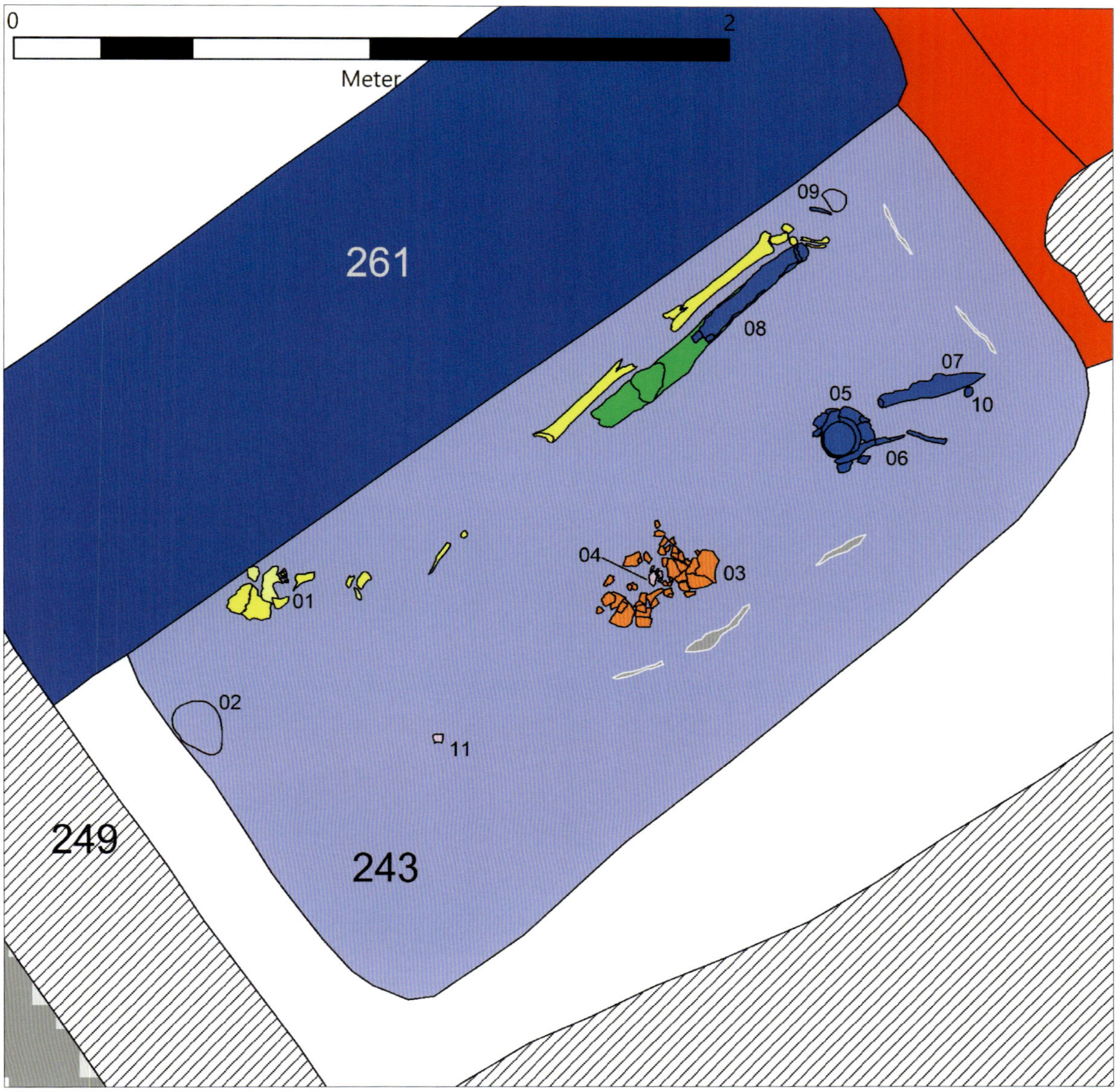

■ **Abb. 355** Grabplan des Männergrabes St. 243 in der Umzeichnung.

Alt-Nied 4–8 (s. o.) und deutet die flächige Ausdehnung des fränkischen Friedhofs an. Die Entfernung zu den Gräbern von 2017 beträgt über 35 m; die Flächen dazwischen sind durch die Altbebauung zerstört. Alle bisher nachgewiesenen Bestattungen lagen deutlich nach Südwesten-Nordosten verschoben und weichen damit von der sonst charakteristischen Ost-West-Ausrichtung ab.

Nied im Frühen Mittelalter

Der heutige Ortsteil Nied gehörte im Frühmittelalter zum Niddagau, der erstmals mit der Jahreszahl 770 im Lorscher Codex genannt wird, eine Namensnennung ist erst für das 8. Jh. in einer Schenkung an das Kloster Fulda bekannt. Bisher fehlten jedoch Nachweise einer frühmittelalterlichen Gründung, zumal die Ortsbezeichnung keine charakteristische fränkische Bezeichnung widerspiegelt. Typisch wären die Endungen -heim oder -ingen, wie etwa bei Harheim, Praunheim oder Sindlingen.

In der Gemarkung waren bisher auch keine frühmittelalterlichen Bestattungen bekannt. Somit konnten die Grabungen 2017–2019 einen wichtigen Meilenstein in der Geschichte des Stadtteils Nied aufdecken. Das Denkmalamt wird selbstverständlich auch zukünftig die Baumaßnahmen in diesem Areal begleiten – möglicherweise kann so die zum Gräberfeld gehörige Siedlung gefunden werden.

NIE 32

Aufschlussreich – Glasflaschen gewähren Einblick in den neuzeitlichen Haushalt

Fundmeldung:	Denkmalamt
Verbleib:	Archäologisches Museum
Bericht:	Denkmalamt
Literatur:	Bayerisches Ärzteblatt (1947). – Beiblatt der Fliegenden Blätter (1902). – Regensburger Archiv für Werbeforschung. – Stada (2021). – Vollert (1978).

Bis zum Ende des 19. Jh. waren die Ortsteile Höchst und Nied durch die heutige Bolongarostraße verkehrstechnisch verbunden, aber räumlich und politisch getrennt.

Am Beginn des 20. Jhs. wurde der östliche Abschnitt der Bolongarostraße in der Verlängerung der Straße Alt-Nied jenseits der Niddabrücke bis zur Ludwig-Scriba-Straße bebaut.

Nördlich der Straße ist somit ein dicht bebautes Wohngebiet entstanden, das auf dem Grundstück Bolongarostraße 64 bislang eine Baulücke aufwies. Diese wurde im Frühjahr 2018 geschlossen und Michael Obst war als verantwortlicher Grabungstechniker vor Ort.

Das Grundstück liegt im Bereich der römischen Militärziegelei (vgl. NIE 1), wenn auch randlich, trotzdem mussten die Erdarbeiten beobachtet werden.

Es zeigte sich allerdings eine großflächige und tiefgreifende Störung durch eine ältere Vorgängerbebauung. Dabei reichte der Neubau nicht über die Ausdehnung der Störung hinaus, so dass über eventuelle römische Denkmäler nicht abschließend entschieden werden kann.

Im Bereich des ehemaligen Kellers fand sich eine ausgedehnte Schuttfüllung mit einer großen Anzahl

Abb. 356 Neuzeitliche Funde aus der Schuttfüllung, ganz links der Rest der Gartenfigur.

■ **Abb. 357** Insgesamt 15 verschiedene Glasflaschen für unterschiedliche Inhalte.

Glasflaschen, Glasdeckel und Porzellan, sowie eine Terrakotta-Kugel mit Loch, wohl von einer Gartenfigur (Abb. 356). Die Funde sind alle der Neuzeit zuzuweisen und dürften aus dem Haushalt der Vorgängerbebauung stammen.

Dabei handelt es sich auch um 15 Flaschen mit Prägung, bzw. einer Inschrift (Abb. 357). Manche sind auch heute noch bewährte Küchenhelfer, wie etwa Maggi (a und g) und die Essigessenz Schutzmarke ESG; Bodenmarke »DRP/181866/241856/264327/[…]3[…]« (j). Bier wurde damals wie heute gern genossen, nachgewiesen auf der Baustelle in Form einer Flasche der Biermarke B.A.B. ASCHAFFENBURG / Original-Füllung / Flasche unverkäuflich; Bodenmarke: »A. S.« (b). Bei (d) Farbwerke Höchst / Missbrauch strafbar handelt es sich um eine Wasserflasche (!). Die Flasche war Firmeneigentum und sollte wieder zurückgebracht wurden – dies wurde offensichtlich unterlassen und machte die Flasche zum archäologischen Fund.

Andere Marken dagegen sind heute unbekannt. Zu nennen ist (i) Herdweiss / ohne Pulver / Für Sommer u. Winter. Eine Radiowerbung von 1962 etwa preist Herdweiss der Firma Johnson Grünol als hilfreich ge-

■ **Abb. 358** Porzellanverschlüsse von Bierflaschen und Bieruntersetzer.

gen Fettränder, Rostflecken und Eingebranntes (Regensburger Archiv für Werbeforschung, R-Nr. 9527).

Aus dem heimischen Arzneischrank stammen folgende Hustensäfte: (c) TUSSAMAG / Bodenmarke »200« und (n) TAESCHNER / PERTUSSIN / Bodenmarke »K. P. 1« und (h) HUSTA-GLYCIN / Bodenmarke »100 / 2718 (+ Haussymbol)«.

Nicht fehlen durfte (e) ASELLAN / Eingetr. Verbandszeichen / WZ 228 597 / LEBERTRAN-EMULSION / MIT HYPOPHOSPHITE. Die Firma Stada war Herstellerin von Asellan. Da Lebertran für seinen unsäglichen Geschmack gefürchtet war, gab es auch eine Variante mit Orangengeschmack (Stada 2021).

Die Beschriftungen der beiden Flaschen (f) Eingetr. Verbandszeichen / Front unten: »H« und (k) JEDER TEILSTRICH = 5 GR / Bodenmarke SCHÜLKE & MAYR HAMBURG A. G. lassen sich keinem bestimmten Produkt zuweisen. Die Firma Schülke & Mayr inserierte in historischen Zeitungen unter anderem für sein »Neues Fleisch Extract« (Beiblatt der Fliegenden Blätter 1902, S. 7) und für Sagrotan (Bayerisches Ärzteblatt 1947, S. 7). Das enthaltene Produkt wird also ebenfalls im Bereich »Haushalt« anzusiedeln sein. Die Firma existiert noch und ist auch heute auf Hygienefragen und -produkte spezialisiert.

Porzellanverschlüsse an Bügelverschlussflaschen sind dankbare, da sehr informative archäologische Quellen. Im beschriebenen Befund konnten so die Brauereien J.J. Merz, Höchst am Main und BV Frankfurt am Main belegt werden. Im Fundmaterial war auch ein Porzellanbieruntersetzer, wie er bis zur Einführung des Bierfilzes, bzw. Bierdeckels immer die Möglichkeit bot, das übergelaufene Bier wieder zurückzuschütten (Abb. 358). So wurde kein Tropfen vergeudet.

Abb. 359 Strahlend blauer Himmel auf der Ausgrabung Neue Fahrt in Nieder-Erlenbach 2018.

Nieder-Erlenbach: Das Herrenhaus Glauburg in der Unteren Burggasse.

NIEDER-ERLENBACH

Der Ortsteil wurde zwar erst 1972 nach Frankfurt eingemeindet, galt jedoch bereits seit 1376 als städtischer Besitz, war jedoch ab 1806 preussisch. Die Gemarkung bildet heute einen der nördlichen Stadtteile und somit auch die nördliche Stadtgrenze. Der Ort ist ländlich und die Gemarkung durch zahlreiche landwirtschaftliche Flächen geprägt.

Die fränkische Gründung noch vor der ersten urkundlichen Nennung 779 ist durch den Nachweis des ausgedehnten Gräberfelds am westlichen Ortsrand nachdrücklich bewiesen.

Im Berichtszeitraum wurde an südwestlichen Ortsrand ein ausgedehnter Bebauungsplan »Am Ohlenstück« realisiert, der zu großflächigen Ausgrabungen und dem Nachweis weiterer Bodendenkmäler geführt hat.

Wolfhard Kallweit fand bei seinen Feldbegehungen im Auftrag des Denkmalamtes auch einen Maria Theresia Silbertaler (1717–1789) Am Riedsteg. Die römischen Funde, die er am selben Ort machte, werden vorgestellt unter NER 43 (S. 273)

NER 20

Entlang der Straße verloren und wiedergefunden – römische Münzen

Fundmeldung:	W. Kallweit
Verbleib:	Archäologisches Museum
Bericht:	Denkmalamt
Literatur:	Hampel (2017) 186ff.

Im Jahr 2018 nahm Wolfhard Kallweit die Feldbegehungen im Auftrag des Denkmalamtes auch im Bereich der römischen Straße wieder auf. Beiderseits der Trasse konnte er in der Vergangenheit zahlreiche Funde nachweisen, die als Verlustfunde angesprochen werden können.

In diesem Jahr konnte er direkt nördlich der Straße am Westrand des Galgenbergs einen Fund machen. Es handelt sich um eine Bronzemünze mit einem Durchmesser von 2,3 cm und einem Gewicht von 8,7 g (Abb. 360, oben). Auf der Vorderseite ist der Kaiser Marcus Aurelius (161–180 n. Chr.) nach rechts mit Lorbeerkranz zu sehen, auf der Rückseite steht Salus neben einem Altar und füttert die Schlange (RIC III 850).

Im Rahmen einer weiteren Begehung, diesmal nordwestlich des Riedstegs ebenfalls nördlich der römischen Straße fand er eine weitere Münze. Es handelt sich um einen Sesterz mit einem Durchmesser von 3,2 cm und einem Gewicht von 167 g. Auch dieses Fundstück ist stark abgegriffen (Abb. 360, unten).

Abb. 360 Zwei römische Münzen als Verlustfunde an der ehemaligen Römerstraße, Maßstab 1:1.

NER 21

Eine ältestbandkeramische Siedlung Am Ohlenstück

Fundmeldung:	Denkmalamt
Verbleib:	Archäologisches Museum
Bericht:	Denkmalamt
Literatur:	Hampel (1992). – Hampel (2017) 188 f. – Ritter 2017.

Im September 2017 begannen unter der örtlichen Grabungsleitung von Michael Obst erste Voruntersuchungen zur Realisierung des Neubaugebiets am Westrand von Nieder-Erlenbach. Dazu war bereits eine flächige geophysikalische Untersuchung erfolgt, die zahlreiche Hinweise auf archäologische Denkmäler im Bereich westlich der Straße Am Ohlenstück gab. Das geophysikalische Messbild zeigte eine Vielzahl von Verfärbungen besonders beiderseits des Feldwegs in der Verlängerung der Straße Neue Fahrt. Hier zeigten sich hausbegleitende Gruben von Hausgrundrissen, die charakteristische Nordwest-Südost-Ausrichtung war eindeutig. Nach Südosten konnten ebenfalls Einzelgruben der gleichen Zeitstellung nachgewiesen werden.

Die überwiegende Mehrheit der Befunde sind Teil einer ausgedehnten Siedlung der ältesten Linienbandkeramik, die somit in der Zeit um 5700/5500 bis

Abb. 361 Erste Flächengrabung im Bereich eines bandkeramischen Hauses. Die Innenpfosten sind markiert und entlang der Wände sind die Außengräben erhalten.

Jungsteinzeit

■ **Abb. 362** Blick auf die Probeflächen während der Ausgrabung; im Vordergrund sind die Befunde durch die Profilschnitte gut erkennbar.

um 5300 v. Chr. bestanden hat. Diese Kulturstufe belegt die ältesten sesshaften Kulturgruppen in unserem Gebiet und war im Frankfurter Stadtgebiet bisher nur einmal in der Gemarkung Nieder-Eschbach nachgewiesen. Damit kommt der Fundstelle besondere wissenschaftliche Bedeutung zu.

Während die bandkeramische Siedlung grundsätzlich seit 1988 durch Feldbegehungen nachgewiesen war, hatten sich bisher keine Hinweise auf die Metallzeiten gegeben. Die Ausgrabungen 2017 ermöglichten dann erstmals, unter den zahlreichen neolithischen auch metallzeitliche Befunde zu erkennen (vgl. NER 48).

Grundsätzlich zeigte sich eine ältestbandkeramische Siedlung mit einer Ausdehnung von rund 2,5 ha. Dabei unterscheiden sich Lage und Struktur dieser ältestbandkeramischen Siedlung ausdrücklich von der Fundstelle in der Nachbargemarkung. Lagen sie dort als verstreute Einzelgehöfte, zeigt sich hier eine dichte Bebauung nebeneinander. Da diese Gebäude nicht gleichzeitig bestanden haben können, stellt sich die Frage der jeweiligen Siedlungsgröße und -dauer.

Die Probeflächen zeigten in allen Befunden ist eine sehr gute Erhaltung, so dass mit einem erheblichen Ausgrabungsbedarf nahezu im gesamten Neubaugebiet gerechnet werden musste (Abb. 361 und 362). Nach Südosten zeigte das geophysikalische Messbild eine deutlich geringere Anzahl an Anomalien, was topografisch auch mit einer starken Hanglage in diese Richtung einherging. Dies bestätigte sich im Grabungsergebnis, wobei eine deutliche Erosionsrinne im Gelände nachgewiesen werden konnte. Jenseits der Rinne, d. h. am südöstlichen Rand des Baugebietes, waren keine Befunde der Linienbandkeramik fassbar, so dass zu vermuten ist, dass die Rinne im 6. Jt. v. Chr. wasserführend und die Siedlung auf das nördliche Ufer beschränkt war. Die Rinne stellte somit eine natürliche Grenze der Siedlung dar.

Die Ausgrabung wurde auf Wunsch der Bauherrschaft im Anschluss zunächst in den Erschließungsflächen durchgeführt und erst danach auf den südöstlichen Teilbereich der Baufelder ausgedehnt. Hier lag auch die breite Wasserrinne. Aufgrund der Flächengröße und der großen Zahl von Befunden wurden die

■ **Abb. 363** **Nur ausnahmsweise haben jüngere Siedler in die Befunde der Linienbandkeramik eingegriffen. Hier durchschlägt die metallzeitliche Grube scharf begrenzt den älteren neolithischen Befund.**

Grabungen über den Berichtszeitraum hinaus fortgeführt. Im Rahmen der Ausgrabungen konnten neben eisenzeitlichen (vgl. NER 48) erstmals auch bronzezeitliche (vgl. NER 50) und mittelneolithische (vgl. NER 51) Befunde nachgewiesen werden. Trotz der vielen Befunde kam es nur ausnahmsweise zu Überschneidungen mit einem Eingriff in ältere Strukturen (Abb. 363).

Ein altes Getreide neu entdeckt

In der Probefläche konnten insgesamt zwei Ofenbefunde St. 58 und St. 64 nachgewiesen werden (Abb. 364–365). Dabei handelt es sich um eine eher selten erhaltene Befundgruppe.

Aus beiden Öfen, bzw. Ofengruben St. 58 und St. 64 wurden zwei archäobotanische Proben durch Lisa Rühl bearbeitet: Die Pflanzenreste liegen in verkohltem Zustand vor. Das Artenspektrum beider Proben ist sehr ähnlich und wird von Kulturpflanzen dominiert, der Wildpflanzenanteil ist vergleichsweise gering. Neben den Hauptgetreiden der Bandkeramik, Triticum dicoccon (Emmer) und Triticum monococcum (Einkorn) gibt es Hinweise auf eine weitere Spelzweizenart (Triticum spec. »new type«), den so genannten New Glume Wheat (Abb. 366, Mitte rechts). Der Ursprung dieses Getreides ist nicht abschließend geklärt, nach der Bronzezeit verschwand es weitgehend. Morphologisch ist es der modernen Weizenart Triticum timopheevi ähnlich (Abb. 366, Foto rechts). Aufgrund der recht jungen Geschichte der Identifizierung des New Glume Wheat als weder Einkorn noch Emmer, ist auch seine Bedeutung noch wenig erforscht. Es gibt Hinweise darauf, dass es gemeinsam mit Einkorn als (Winter-)Getreidemischung angebaut wurde, in der Bronzezeit scheint es zumindest regional auch ein Hauptgetreide gewesen zu sein. Schlechte Erhaltungsbedingungen und der unzureichende Forschungsstand erschweren die Beurteilung.

Die entsprechenden 14 Ährchengabeln in St. 64 (addiert zu 28 Hüllspelzbasen) tragen morphologische Merkmale, wie sie verschiedentlich in der Literatur beschrieben wurden: Die Abbruchnarbe ist, wenn erhalten, eher oval und sitzt tief (wie bei Einkorn), die Basis des Hauptkiels liegt etwa auf Höhe der Abbruchnarbe und er erstreckt sich eher lateral (bei Einkorn etwa vertikal), der Nebenkiel ist deutlich ausgeformt, die Hüllspelze zeigt auf der Außenseite eine klare Nervatur (wie bei Emmer). Der Erhaltungszustand der Spelzreste ist sehr unterschiedlich, allgemein aber als eher schlecht zu beurteilen. Darum war es nicht immer mög-

■ **Abb. 364** Der Ofen St. 58 ist rund mit fast senkrechten Wänden.

■ **Abb. 365** Bei Ofen St. 64 konnte rechts die Schürgrube dokumentiert werden.

lich, Einkorn und Emmer zu unterscheiden. Auch die Bestimmung der Ährchengabeln als New Glume Wheat war nicht in allen Fällen zweifelsfrei möglich, etwa weil die Abbruchnarben nicht vollständig erhalten waren.

Von den Getreiden liegen fast ausschließlich Spelzreste, also Ährchengabeln und Hüllspelzbasen vor (98 % der Getreidefunde), was die Vermutung nahelegt, dass es sich hier um die Überreste eines oder

■ **Abb. 366** Links und Mitte links Einkorn/Emmer, Mitte rechts möglicherweise New Glume Wheat, rechts das dem ausgestorbenen New Glume Wheat sehr ähnliche *Triticum timopheevii*. Die archäobotanischen Reste im Maßstab 5:1. Bildquelle links Sten Porse, license: CC-BY 3.0, Mitte L. Rühl, rechts Christer T. Johansson, bereitgestellt über https://commons.wikimedia.org/wiki/File:IMG_7462-Triticum_timopheevii.jpg

mehrerer Entspelzungsvorgänge handelt, die nach dieser Aktivität im Ofen entsorgt wurden. Darüber hinaus umfassen die Proben verkohlte Haselnussschalen.

Am Wegesrand gediehen

Die Wildpflanzen Bromus arvensis (Acker-Trespe), Chenopodium album (Weißer Gänsefuß) und Polygonum convolvulus (Winden-Knöterich) sind alle typische Kulturbegleiter. Sie wachsen auf ruderalen, nährstoffreichen Standorten wie Äckern, Brachen und Wegen. Die Wildpflanzen waren vielleicht Verunreinigungen im Getreidevorrat, könnten aber auch in der Umgebung gewachsen und als Unkraut oder zufällig ins Feuer gelangt sein.

Der Eintrag rezenter Samen und Früchte in Probe NER21_64 ist mit 39 nur vermeintlich hoch, denn 31 davon sind Samen von Chenopodium album (Gänsefuß). Diese Pflanze produziert sehr viele Samen und wächst häufig ruderal. Es ist anzunehmen, dass Gänsefuß und Solanum (Nachtschatten) in der Umgebung der Grabungsfläche wachsen und während der Probenentnahme in die Probe gelangt sind.

Wir fassen also mit den Pflanzenresten aus den Proben verschiedenen Siedlungsaktivitäten in Verbindung mit der Ernährung wie das Sammeln und die Verarbeitung von Kultur-Sammelpflanzen. Wie im Fall von Nieder-Eschbach geben sie uns Auskunft über die sekundäre Nutzung der Öfen als Ort, an welchem Abfälle entsorgt und verbrannt wurden – über die primäre Funktion dieser Befunde liefern sie hingegen keine Informationen.

Früchte und Beeren

Neben verkohlten Samen und Früchten enthielten die Proben relativ viel Holzkohle und einige vegetative Pflanzenreste, außerdem zahlreiche verkohlte amorphe Objekte, die nicht weiter bestimmt werden konnten. Möglicherweise handelt es sich bei Letzteren um Fruchtfleisch, Gebäck oder Brei.

Holundersamen erhalten sich bisweilen auch unverkohlt in archäologischen Kontexten. Die unverkohlten Samen von Sambucus spec. (Holunder) und Sambucus ebulus (Zwerg-Holunder) müssen also nicht unbedingt rezent sein, sondern könnten theoretisch auch zum bandkeramischen Pflanzenspektrum gehören. In diesem Fall wäre aufgrund der unterschiedlichen Erhaltung ein anderer Ursprungskontext (Aktivität Sammeln und Verarbeiten) und/oder Eintragsweg (Abfallereignisse) anzunehmen.

Außerdem fanden sich in den Proben geringe Anteile von Brandlehm und Insektenreste. Überwiegend kalzinierte Knochenfragmente, sehr kleine Keramikfragmente und, in Probe St. 58 eine bandverzierte Wandscherbe vervollständigen das Fundspektrum.

NER 30

Ein weiteres Puzzleteil einer linienband-keramischen Siedlung

Fundmeldung:	W. Kallweit
Verbleib:	Archäologisches Museum
Bericht:	Denkmalamt
Literatur:	Hampel (2017) 190.

Im Jahr 2018 beging Wolfhard Kallweit erneut Flächen im Bereich der bekannten bandkeramischen Siedlung. Während er zuletzt 2016 die Flur Untere Riedhalsgewann abging, konzentrierte er sich nun auf die Flur Obere Riedgewann.

Er konnte diesmal eine steinzeitliche Wandscherbe aufsammeln (Abb. 367). Diese kann aufgrund ihrer Machart auch unverziert dieser Fundstelle der linienbandkeramischen Kultur zugewiesen werden.

Abb. 367 Eine steinzeitliche Wandscherbe.

Abb. 368 Grabungstechniker Michael Obst bei der Befunddokumentation.

NER 40

Die Mauern an der Glauburg

Fundmeldung:	Denkmalamt
Verbleib:	Archäologisches Museum
Bericht:	Denkmalamt
Literatur:	Schottdorf 1979. – Hampel 2017, 193ff.

Im November 2019 waren Elke Sichert und Rolf Skrypzak an der Glauburg, um die Mauersanierung archäologisch zu begleiten. Zur Sanierung des Baudenkmals wurde ein Viertel der nicht mehr standfesten Mauer inklusive Fundament ausgegraben und seitlich gelagert für den Wiederaufbau (Abb. 369). So bot sich die Möglichkeit der archäologischen Untersuchung des Untergrundes. In den 1,30 m tiefen Profilen zeigten sich – außer der Mauer – keine archäologischen Befunde. Anstelle der erhofften mittelalterlichen Befunde war jedoch überraschenderweise nur eine vergleichsweise junge Verfüllung sowie moderne Betonfundamente fassbar (Abb. 370).

Der Steinmetz hat im Rahmen der Fugensanierung des zu erhaltenden Mauerteils zwei Keramikfragmente aus dem Mörtel geborgen und an die Denkmalpflege übergeben, beide gelbglasiert. Daneben gab es Lesefunde aus dem Erdreich gleicher Datierung, die gemachten Funde datieren ins Barock oder jünger.

■ **Abb. 370** Die Mauer nach Sanierung und Wiederaufbau im Februar 2021, bevor die Mauer mit Putz berappt wird.

■ **Abb. 369** Die Mauer, der zu sanierende Mauerabschnitt ist mit Folie abgedeckt, dahinter zeigt sich die archäologisch untersuchte Lücke.

■ **Abb. 371** Der abgebrochene Mauerabschnitt während der Ausgrabung, rechts im Profil die modernen Betonfundamente.

NER 43

Der ungetragene Fingerring

Fundmeldung:	W. Kallweit
Verbleib:	Archäologisches Museum
Bericht:	Denkmalamt
Literatur:	Hampel (2017) 195 f.

Die römische Fundstelle am Riedsteg ist erst im letzten Berichtszeitraum bekannt geworden. Neben römischen Fundstücken zeichnen sich auch Gebäude als Bewuchsmerkmale in der geophysikalischen Untersuchung ab.

Wolfhard Kallweit beging im Auftrag des Denkmalamtes auch 2017 die Flächen und fand ein bemerkenswertes Objekt. Es handelt sich um einen Bronzerohling für einen römischen Fingerring (Abb, 372, unten). Die ovale Ringschiene erreicht eine maximale Breite von 2,4 cm und ist 4 mm dick; somit entsteht eine lichte Weite von maximal 1,6 cm. Auf einer Seite ist die abgeplattete Schmuckplatte vorhanden, gegenüber ist der Gusszapfen auf einer Länge von knapp 3 mm nicht abgearbeitet. Durch das Fundstück ergibt sich der Nachweis einer kleinen, lokalen Bronzegießerei, die vermutlich auf dem Hof während der Römerzeit betrieben wurde (vgl. NES 25).

Im Jahr 2018 fand er im selben Areal zwei römische Bronzemünzen. Das As hat einem Durchmesser von rund 2 cm, Gewicht 5,33 g; die andere Münze einen Durchmesser von 2,5 cm und ein Gewicht von 9,04 g. Beide Fundstücke sind abgegriffen und schlecht erhalten (Abb. 372, oben).

Auf der Ackeroberfläche fand er außerdem 2 römische Wandscherben von zwei unterschiedlichen Gefäßen.

Abb. 372 Oben die beiden Münzen, darunter der nicht fertig gestellte Ring.

Römer und Germanen

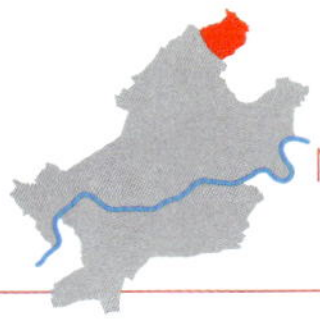

NER 48

Keltischer Kreisgraben mit Zentralbestattung

Fundmeldung:	Denkmalamt
Verbleib:	Archäologisches Museum
Bericht:	Denkmalamt
Literatur:	Hampel (2017) 188 f.

Eisenzeit

Im September 2017 begann unter der örtlichen Grabungsleitung von Michael Obst eine vorbereitende Untersuchung in einem Neubaugebiet am südwestlichen Ortsrand.

Eine ausgedehnte geophysikalische Untersuchung hatte bereits im Vorfeld archäologische Denkmäler ausgewiesen, die aufgrund der dichten vorgeschichtlichen Nutzung vor dem Beginn der Baumaßnahmen bearbeitet werden sollten. Dabei zeigte sich zunächst eine bandkeramische Siedlung (vgl. NER 21), aber auch Befunde der Metallzeiten. Die metallzeitlichen Befunde weichen dabei mit ihrer hellen Verfüllung deutlich von den neolithischen Schwarzerdefüllungen ab.

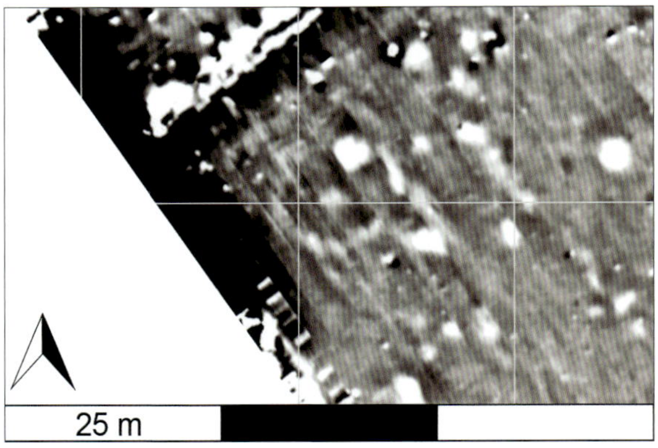

Abb. 373 Ausschnitt aus der geophysikalischen Messung. Deutlich zeichnet sich eine kreisförmige Anomalie mit Mittelpunkt ab.

Abb. 374 Körpergrab im Kreisgraben.

■ **Abb. 375** Die Kegelstumpfgruben zeichnen sich im Planum dunkel verfüllt und kreisrund ab.

■ **Abb. 376** Kegelstumpfgrube St. 37 mit charakteristischem Profil, das sich nach unten verbreitert.

Im Rahmen der ersten Probegrabungen war auch die Überprüfung der kreisförmigen Anomalie im Messbild geplant (Abb. 373). Der als St. 9 dokumentierte Befund erbrachte den Nachweis eines Kreisgrabens mit einem Durchmesser von rund 12 m. Der Befund war nur noch wenige Zentimeter tief erhalten, der nordöstliche Teil bereits zerstört. Mittig konnte eine Körperbestattung nachgewiesen werden, die neben den schlecht erhaltenen Skelettresten ein kleines Eisenstück enthielt (Abb. 374). Weitere Bestattungen konnten nicht nachgewiesen werden.

Die bisher erfassten metallzeitlichen Befunde liegen über eine Distanz von rund 300 m entlang der Landstraße. Über die Siedlungsstruktur lassen die Befunde zum gegenwärtigen Bearbeitungsstand keine Aussagen zu. In jedem Fall sind beiderseits der Rinne eisenzeitliche Gruben vorhanden. Sie zeigten sich im Planum als runde Befunde (Abb. 375) und im Profil mit der typischen Kegelstumpfform (Abb. 376). Die wenigen Keramikfunde, die bisher ausgewertet werden konnten, weisen zumindest einen Teil der Befunde (z. B. St. 230, 762) zeitlich in die Spätlatènezeit. Außerdem scheint es südlich der ausgedehnten Erosionsrinne keine älteren Befunde zu geben.

■ **Abb. 377** St. 762: Das dünnwandige Keramikgefäß war einst circa 26,4 cm hoch und hat einen beeindruckenden Bauchdurchmesser von 40 cm.

NER 50

Mittlere Bronzezeit am Ohlenstück

Fundmeldung:	Denkmalamt
Verbleib:	Archäologisches Museum
Bericht:	Denkmalamt
Literatur:	Pinsker (1993). – Fekete (2004).

Die Realisierung des Bebauungsplans »Westrand Nieder-Erlenbach« führte zum Einsatz der archäologischen Denkmalpflege während des gesamten Berichtszeitraum und darüber hinaus.

Im Rahmen der Errichtung von einem Musterdoppelhaus am Südostrand der Fläche konnte Michael Obst ab Mai 2019 zwei Grubenbefunde dokumentieren. Dabei handelt es sich einmal um einen Befund der Spätlatènezeit (vgl. NER 48), die zweite Grube St. 229 enthielt jedoch Fundmaterial der mittleren Bronzezeit. Dabei fällt die sehr dunkle Füllung der Gruben auf, die sich kaum von den Schwarzerdefüllungen der neolithischen Siedlung unterscheiden (Abb. 378). Auffällig waren jedoch zum Teil große Brocken verbrannten Lehms, die auf ehemaligen Baubefunde hindeuten (Abb. 379).

Das charakteristische Scherbenmaterial ist bisher im Stadtgebiet selten nachgewiesen worden und an dieser Stelle bisher unbekannt (Abb. 380).

Da Befunde der Steinzeit so nahe der ehemals wasserführenden Rinne fehlen, erstreckte sich die linienbandkeramische Siedlung (vgl. NER 21) offenbar nicht bis in diesen feuchten Bereich. Die Befunde der Bronzezeit lassen vermuten, dass die Rinne spätestens jetzt nicht mehr dauerhaft mit Wasser gefüllt war und sich die Bronzezeitler:innen dieses Gebiet nun ebenfalls für ihre Siedlung erschließen konnten.

Abb. 378 Sehr dunkel verfüllte Grube der mittelern Bronzezeit mit verbrannten Lehmbrocken.

■ **Abb. 379** Muldenförmige Grube im Profil; deutlich sind die großen Brandlehmbrocken erkennbar.

■ **Abb. 380** Keramikfunde mit charakteristischen Formen und Mustern der Mittelbronzezeit, Maßstab 1:5 mit Ausnahme des Details oben links.

NER 51

Mittelneolithikum am Ohlenstück

Fundmeldung: Denkmalamt
Verbleib: Archäologisches Museum
Bericht: Denkmalamt
Literatur: Eisenhauer (2002).

Das Neubaugebiet »Westrand Nieder-Erlenbach« durchzieht im südlichen Drittel eine heute noch deutlich sichtbare Erosionsrinne. Diese ist auch in der geophysikalischen Darstellung gut erkennbar. Das Areal wurde auch in vorangegangenen Epochen gern zur Besiedlung genutzt: Westlich der Rinne erstreckt sind weiter oben am Hang eine ausgedehnte Siedlung der Linienbandkeramik (vgl. NER 21), dazwischen konnten eisenzeitliche Befunde nachgewiesen werden (vgl. NER 48). Beim Bau der Musterhäuser ganz im Südosten des Areals konnte der leitende Grabungstechniker Michael Obst 2019 neben Fundstellen der entwickelten Eisenzeit auch eine Grube der mittleren Bronzezeit dokumentieren (NER 50).

Im Rahmen der weiteren Erdarbeiten zeigte sich im Bereich der Rinne eine ausgedehnte Schwarzerdeschicht, die nahezu fundleer war und als Schwemmschicht angesprochen werden kann. Damit dürfte die Erosionsrinne im Neolithikum wasserführend gewesen sein.

Überraschenderweise fand sich eine mit Schwarzerde verfüllte Grube auch östlich der Rinne, deutlich entfernt von der gut erhaltenen Siedlung der Bandkeramik, die die Rinne zudem gemieden hat. Dabei handelte es sich um einen Befund des Mittelneolithikums, was dort bisher nicht nachgewiesen war. Die Verzierungen der Keramik lassen eine eindeutige Ansprache in die mittlere Jungsteinzeit zu, die eine deutliche zeitliche Lücke zur Siedlung der ältesten/älteren Bandkeramik bezeugt.

■ Nieder-Eschbach: Ausgrabung am Hollerbusch.

NIEDER-ESCHBACH

Der Ortsteil bildet mit dem Nachbargemarkung Nieder-Erlenbach die nördliche Stadtgrenze. Der alte Ortskern mit seiner ländlichen Struktur ist um Kirche und Friedhof mit einigen Hofreiten erhalten. Im Berichtszeitraum wurden zwei größere Neubauprojekte an der Weimarer Straße und Am Hollerbusch realisiert, die ausgedehnte Maßnahmen der Bodendenkmalpflege erforderlich machten. Daraus resultieren die vorgelegten insgesamt 19 Berichte aus diesem Ortsteil.

NES 000

Französische Kaiser und die Musik

Fundmeldung: E. Schultz
Verbleib: Archäologisches Museum
Bericht: Denkmalamt
Literatur: Hampel (2017) 287 ff.

Im Frühjahr 2019 beging Erik Schultz die Felder östlich der Homburger Landstraße am nördlichen Ortsrand. Dabei fand er ein bronzenes Mundstück eines Instruments (Abb. 381, rechts). Es ist noch 5,6 cm lang und das eigentliche Mundstück war aufgeschraubt, fehlt jedoch. Solche Mundstücke gehören in das 19. Jh. und sind in der Gemarkung bereits zweimal vertreten (Hampel (2015) 199).

Herr Schultz sammelte weiterhin einen glatten und einen Uniformknopf sowie eine napoleonische Münze (Abb. 381, links). Es handelt sich um eine 10 Centimes Bronzemünze von 1856. Auf der Vorderseite ist Napoleon III. mit entsprechender Umschrift und dem Zusatz EMPEREUR zu sehen. Die Rückseite zeigt in der Mitte den napoleonischen Adler mit der Umschrift EMPIRE FRANCE DIX CENTIMES. Zunächst 1848 als demokratischer Präsident gewählt, ließ sich Napoleon III. nach einem Staatsstreich 1852 zum Kaiser krönen.

Die Beschriftung der Münzen mit seinem Porträt wurden daraufhin von LOUIS NAPOLEON BONAPARTE auf NAPOLEON III EMPEREUR geändert.

Bei der Begehung wurde außerdem ein fragmentierter, eiserner Beilkopf aufgesammelt, der neuzeitlich sein dürfte.

■ **Abb. 381** Die französische Münze vor 1856, der Uniformknopf und das Instrumentenmundstück im Maßstab 1:1.

NES 2

Steinzeit an der Homburger Landstraße

Fundmeldung: W. Kallweit
Verbleib: Archäologisches Museum
Bericht: Denkmalamt
Literatur: Hampel (2017) 199 mit ält. Lit.

Im Rahmen der Begehungen 2017 in der Flur »Tannenrain« fand Wolfhard Kallweit auch zwei unverzierte Wandscherben.

Beide Fundstücke sind handgemacht und gehören in die Vorgeschichte (vgl. NES 66). An dieser Stelle ist eine große Siedlung der Jungsteinzeit bekannt, deren Ausdehnung beiderseits der Homburger Landstraße nachgewiesen ist. Obwohl die vorliegenden Fundstücke keine charakteristische Linienverzierung zeigen, können sie aufgrund ihrer Machart zwanglos der steinzeitlichen Siedlung zugewiesen werden (Abb. 382).

Abb. 382 Steinzeitliche Wandscherben, jeweils Vorder- und Rückseite im Maßstab 1:1.

NES 16

Bandkeramik in der Feldbegehung

Fundmeldung: Denkmalamt
Verbleib: Archäologisches Museum
Bericht: Denkmalamt
Literatur: Hampel (2017) 202. mit. ält. Lit.

Diese ausgedehnte Siedlungsstelle des Jungneolithikums ist durch zahlreiche Feldbegehungen und eine geophysikalische Prospektion bekannt.

Die Funde und die im Messbild erkennbaren Hausstrukturen lassen eine Fundstelle der Linienbandkeramik ohne jeden Zweifel erkennen, da sich die einzelnen Epochen gut durch die bevorzugten Hausgrundrisse voneinander unterscheiden lassen.

Rolf Skrypzak führte mit der Praktikantin im März 2019 eine Feldbegehung in der bereits bekannten steinzeitlichen Siedlungsfläche durch.

Unter den Fundstücken ist ausschließlich Material des Altneolithikums vorhanden. Bisher gehörte die Keramik aufgrund ihrer Verzierungsmuster einer mittleren Entwicklungsstufe an; die jüngsten Begehungen weisen jedoch zusätzlich jüngere Elemente auf (Abb. 383). Somit hat die Siedlung über einen deutlich längeren Zeitraum bestanden, als bisher bekannt war.

Abb. 383 Funde der Bandkeramik: Oben Keramik mit Knubbe, Henkel und Handhabe, unten links Silexbruchstück, unten rechts verzierte Wandfragmente. Teils in mehreren Ansichten, Henkel teilrekonstruiert, Maßstab 1:1.

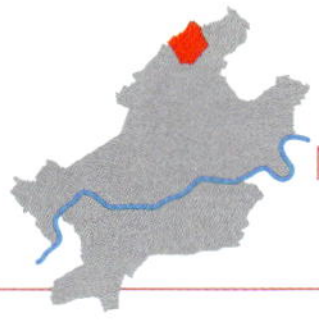

NES 25

Bronzeguss an der Gladiolenstraße

Fundmeldung:	W. Kallweit
Verbleib:	Archäologisches Museum
Bericht:	Denkmalamt
Literatur:	Hampel (2017) 202 ff.

Um den Bereich der Gladiolenstraße sind archäologische Denkmäler unterschiedlicher Zeitstellung bekannt.

Im Auftrag des Denkmalamtes beging im Jahr 2017 Wolfhard Kallweit auch die Flächen südöstlich der Straße. Er fand einen Bronzeklumpen (Abb. 384). Es handelt sich um das Abfallprodukt eines Bronzegusses, d. h. im Rahmen des Gießvorgangs entsteht ein ungeformter Rest außerhalb der eigentlichen Gussform. Dabei sind sowohl die Form als auch die blasige Oberfläche charakteristisch. Es zeigt sich hier demnach eine Werkstatt (vgl. NER 43) oder ein ungewöhnlicher Grabfund.

Da Beifunde fehlen, muss das Fundstück zunächst der eisenzeitlichen Fundstelle zugewiesen werden.

Abb. 384 Bronzegussrest als Nachweis handwerklicher Tätigkeiten, Maßstab 1:1.

NES 28

Eine Schmiede in Alt-Niedereschbach 34

Fundmeldung:	Denkmalamt
Verbleib:	Archäologisches Museum
Bericht:	Denkmalamt
Literatur:	Thiedmann (2019) bes. 51 ff.

Im August 2018 waren auf dem Grundstück Alt-Niedereschbach 34 alle Gebäude niedergelegt. Unter der örtlichen Grabungsleitung von Michael Obst begannen die Erdarbeiten. Er konnte insgesamt 21 Befunde nachweisen, wobei sich 13 dem Mittelalter und der frühen Neuzeit zuweisen lassen, 6 Befunde gehören in die Bronzezeit (vgl. NES 74) und zwei Befunde sind moderne Störungen (Abb. 385).

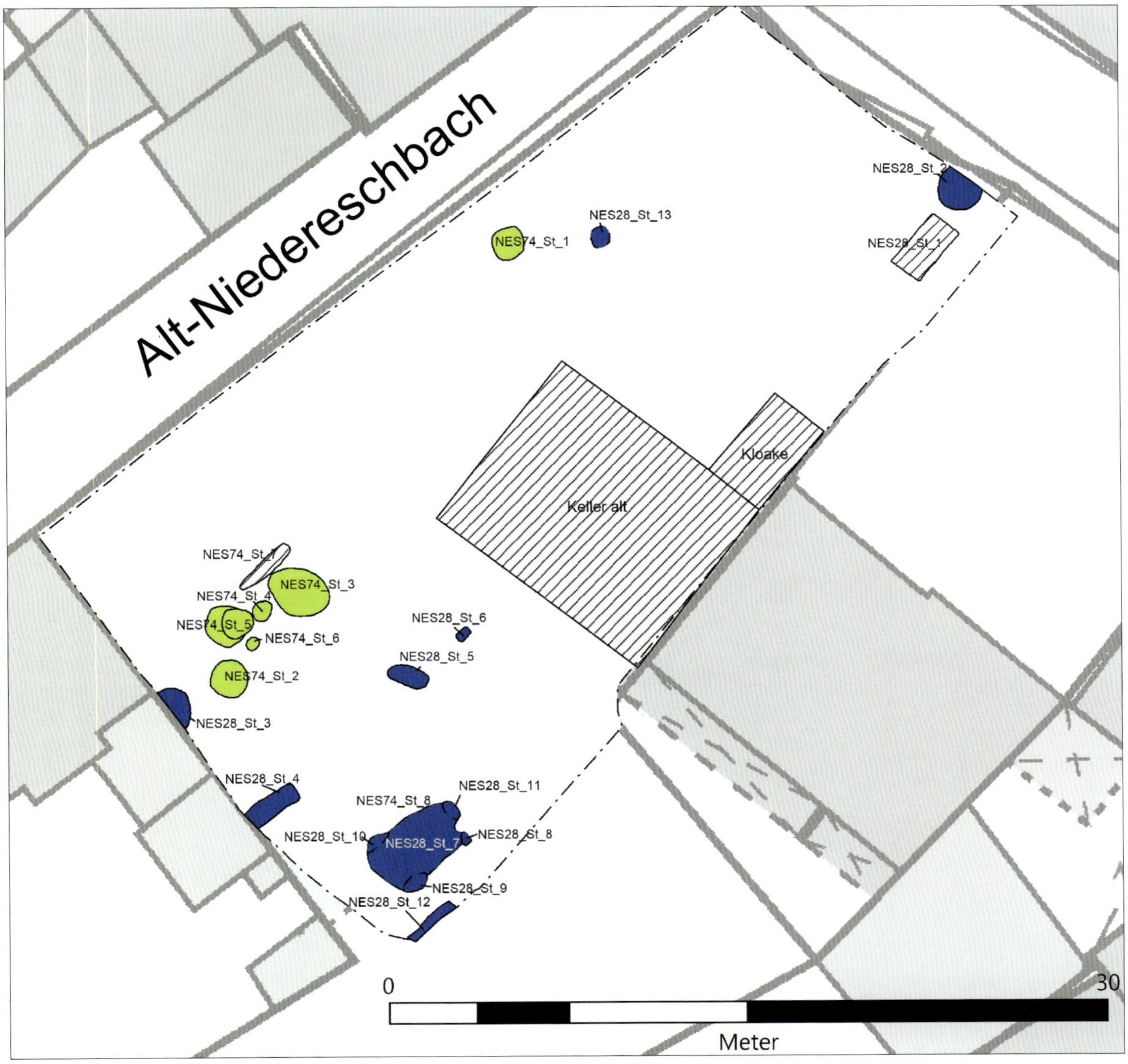

Abb. 385 Gesamtplan der Befunde in Alt-Niedereschbach. Blau – Mittelalter/Neuzeit; grün – Bronzezeit.

■ **Abb. 386** Grubenhaus St. 7–11 mit Pfostenstellungen während der Ausgrabung.

■ **Abb. 387** Rand- und Bodenfragment aus St. 7, jeweils dasselbe Fragment in zwei Ansichten, Maßstab 1:2.

Letztere umfassen eine Kalkgrube St. 1 und eine Störung (NES 74–St. 7).

Mittelalter und frühe Neuzeit im Befund

Der Befund St. 7 zeigte sich im Planum rechteckig mit den Maßen 2 × 1 m und hatte einen ebenen Boden. Zusammen mit dem umgebenden Pfostenstandspuren kann der Befund als Grubenhaus angesprochen werden (Abb. 386). Die Funde umfassen wenige Scherben (Abb. 387) und Tierknochen, aber auch 9 Ofenreste und 6 Schmiedekalotten, teils mit anhaftender Ofenwand. An einem Ofenrest sind Reste der Ofendüsen fassbar; deren Außendurchmesser betrug 2,4 cm bzw. 3,8 cm. Die Schmiedekalotten (Abb. 388) wie-

■ **Abb. 388** Ofenrest mit Abdrücken der runden Düsen (oben, Detail oben links nicht maßstäblich), darunter Schmiedekalotten jeweils in Auf- und Seitenansicht im Maßstab 1:4.

gen zwischen 94,5 g (Abb. 388, h) bis 1608,5 g (Abb. 388, c). Charakteristisch erscheint eine Grube im Inneren (St. 13), so dass hier ein Schmiedehaus vermutet werden kann.

Grube St. 3 enthielt Reste von grün glasierten gotischen Nischenkacheln (Abb. 389). Dabei mindestens eine Kachel mit Mainzer Rad und Eicheln, wie sie an anderer Stelle im Frankfurter Stadtgebiet bereits nachgewiesen ist. Auffällig eine Ofenkachel mit Löwendarstellungen beiderseits eines Kielbogens, der mit einem 6–speichigen Rad bekrönt wird (Abb. 390), die erhaltene Breite von 17,3 cm lässt sich auf bemerkenswerte 21,7 m ergänzen. Die Höhe ist noch 14,6 cm vorhanden, der untere Teil ist abgebrochen.

Abb. 389 Grube St. 3 an der Grundstückgrenze zu Hausnummer 36.

Abb. 391 Steinbrunnen St. 2, der zum Teil unter den Bürgersteig reichte.

Abb. 390 Links das Fragment einer Ofenkachel mit Mainzer Rad und Eicheln, rechts Nischenkachel mit Kielbogen und Löwendarstellung, Maßstab 1:2.

Solche Kacheln können in die 2. Hälfte des 15. Jhs., bzw. das 16. Jh. datiert werden; Herstellungsort ist wahrscheinlich Köln. Die Grube St. 14 war nur wenige Zentimeter tief und die Funde, glasierte Waren, wurden ohne Profilschnitt gesammelt.

Dicht an der Straße und zu einem Teil hineinragend, wurde ein Brunnen St. 2 erfasst (Abb. 391). Der Brunnenring war aus Kalkbruchsteinen trocken gesetzt. An der Straße Alt-Niedereschbach war eine Backsteinunterfangung aufgelegt. Aufgrund der Lage konnte der Brunnen nicht weiter untersucht werden und es gibt keine Funde.

Die Fundstelle liegt im alten Ortskern an der ehemaligen Hauptstraße, die den Ort mit Obereschbach verbindet, der bereits außerhalb des Frankfurter Stadtgebietes liegt. Schon 1970 konnten vor dem Haus Nr. 62 im Rahmen des Leitungsbaus mittelalterliche Funde erfasst werden. Über die Funde und die näheren Umstände ist nichts bekannt.

In jedem Fall zeigt sich hier eine bereits mittelalterliche Nutzung des Geländes, die mindestens in die Zeit des 13. Jhs. datiert. Aus dieser Zeit stammen die ältesten, mittelalterlichen Funde: unglasierte Keramikgefäße, teils mit Linsenboden.

NES 29

Ein Knochenfund erregt Aufsehen

Fundmeldung: Polizei, POK Friedel
Verbleib: Archäologisches Museum
Bericht: Denkmalamt
Literatur: Dohrn-Ihmig/Hampel (1987) 177f. – von Freeden (2020).

Am 23. Oktober 2017 meldete das 15. Polizeirevier einen Knochenfund in der Deuil-la-Barre-Straße. Der Fundort lag auf der Rückseite des Wohngebäudes und ein Ortstermin von Michael Obst und Andrea Hampel zeigte eine rund 2 m tiefe Abgrabung direkt entlang der Hauswand bis zu einer Breite von ebenfalls rund 2 m. Unter dem Humus erschien anstehender Boden und in einer Bodennische lag ein Langknochen (Abb. 392). Das Grundstück stößt direkt östlich an die Kirche mit dem Friedhof. Die Überlegung, es könnte sich um einen Menschenknochen handeln, lag zwar scheinbar nahe, eine nähere Betrachtung ergab jedoch, dass es sich um einen Tierknochen, vermutlich von einem Pferd handelt. Aus dem Aushub konnte ein anpassendes Knochenstück und sowie aus dem Humus wenige, kleine, innen glasierte Scherben geborgen werden.

Nach Aussage des Bauherrn und Finders lag der Knochen in einer Tiefe von mindestens 1,60 m parallel zum Weg, d. h. nordsüdlich; weitere Knochen wurden nicht gefunden.

Schwierig zu datieren

Während die wenigen Scherben eine zeitliche Einordnung in das 19./20. Jh. zulassen, scheint das für den Knochenfund nicht zu gelten, da er nicht im Humus lag. Er muss also aus einer tieferen Erdschicht stammen. Ein Knochen als solcher ist rein optisch jedoch nicht zu datieren. Derzeit muss also die Frage offenbleiben, aus welcher Epoche der Knochen stammt.

In diesem Zusammenhang soll auf den vor Jahrzehnten gemachten Fund einer fränkischen Lanzenspitze auf dem Grundstück nördlich gegenüber hingewiesen werden. Diese datiert ins frühe Mittelalter und ist in der Regel als Grabfund bekannt. Eine Nachgrabung durch das Denkmalamt 1981 konnte jedoch keine Bestattung oder weitere Fundstücke dokumentieren. Ob es sich um einen fränkischen Friedhof handelt, kann somit nicht nachgewiesen werden; gleichwohl sind aus frühmittelalterlichen Friedhöfen auch Pferdebestattungen bekannt, so auch in dem jüngst publizierten Gräberfeld von Frankfurt-Harheim (von Freeden 2020).

Abb. 392 Der Langknochen in der Wandnische, rechts der Lichtschacht des Kellerfensters.

NES 38

Seltene Idolfigur in der Siedlung an der Weimarer Straße

Fundmeldung:	Denkmalamt
Verbleib:	Archäologisches Museum
Bericht:	Denkmalamt
Literatur:	Biermann (2001). – Hampel (1997) 156 mit ält. Lit. – Becker (2011). – Dies. 2017. – Dies 2019a, 55. – Dies. 2020a, 221 ff. – Meier-Arendt (1966).

Im Rahmen einer ausgedehnten Neubaumaßnahme wurde zunächst eine geophysikalische Untersuchung durchgeführt. Sie bestätigte das Vorhandensein der bekannten neolithischen Siedlung auch im Baufeld. Die Fundstelle war bereits seit 1987 durch Oberflächenfunde am Südrand der Bebauung bekannt.

Unter der örtlichen Grabungsleitung von Michael Obst begannen im März 2019 die Erdarbeiten.

Insgesamt konnten 90 Befunde dokumentiert werden, die der Steinzeit sowie auch jüngeren Kulturen zuzuweisen sind (Abb. 393; vgl. NES 39, NES 76 und NES 77).

Aus insgesamt 20 Befunden stammen Funde der Linienbandkeramik (St. 6, 24, 27, 30, 31, 35, 40, 41, 46, 48–50, 53, 58, 66, 70, 73, 84, 87 und 90). Insgesamt 8 Befunde waren rezent eingegraben und enthielten moderne Fundstücke (St. 11–13, 63, 68, 72, 78 und 85); durch jeweils wenige vorgeschichtliche Beifunde in den Gruben St. 13 und 85 zeigt sich hier eine Störung älterer archäologischer Befunde in der frühen Neuzeit. Die Kulturschicht St. 78 ist

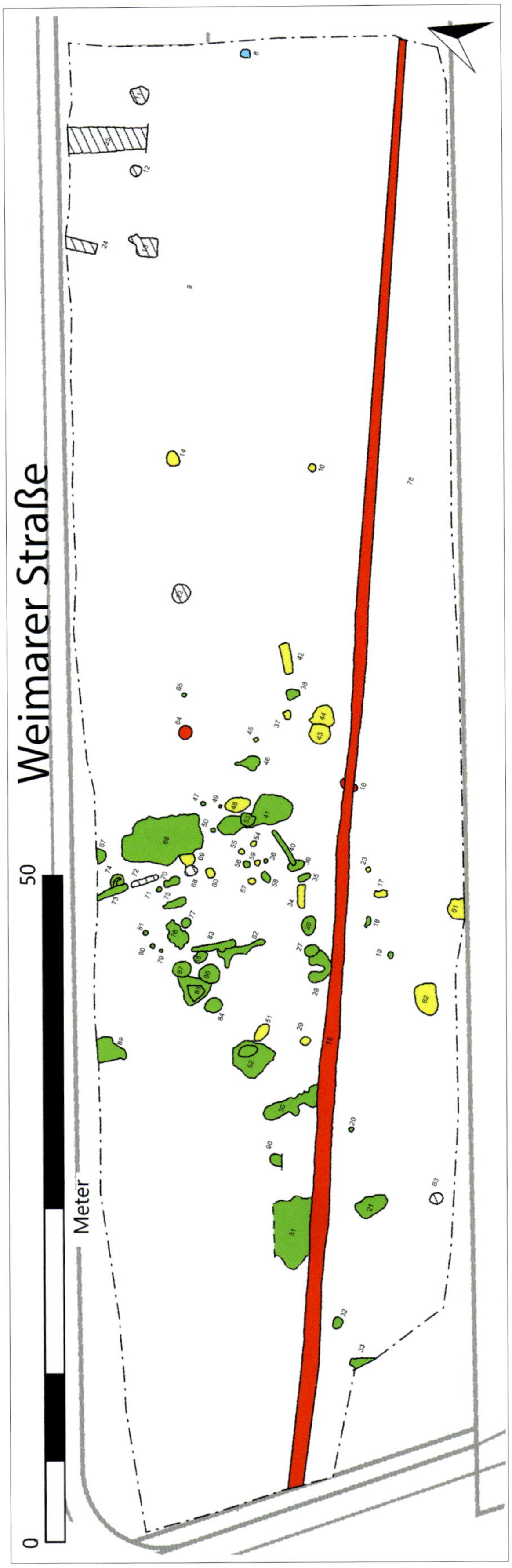

■ **Abb. 393** Gesamtplan der Ausgrabung an der Weimarer Straße. Grün – Linienbandkeramik; gelb – Eisenzeit; hellblau – Latènegrab; rot – römisch.

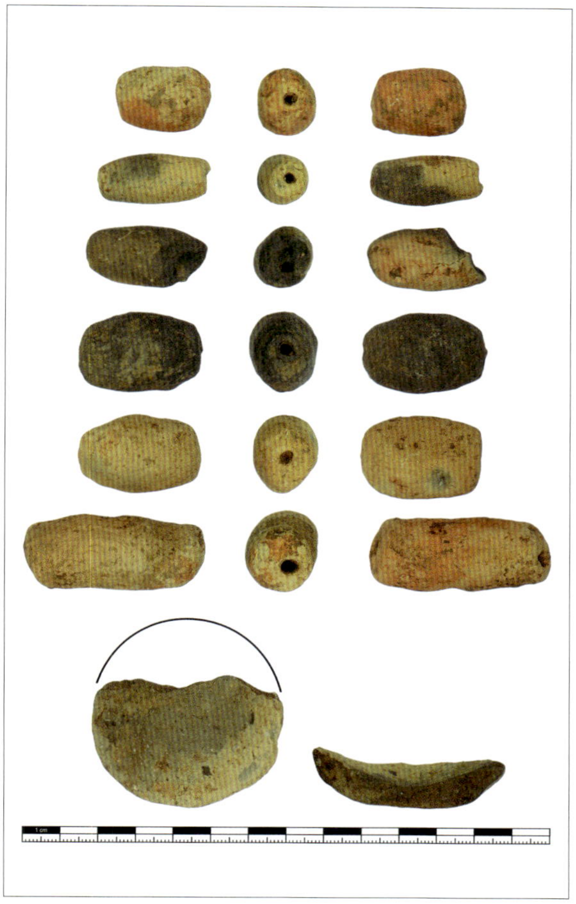

■ **Abb. 394** Tonperlen aus der linienbandkeramischen Grube St. 41 jeweils in 3 Ansichten; darunter das Miniaturgefäß, Maßstab 1:2.

weder durch den Befund noch durch das Fundmaterial zeitlich zu fassen, leider erbrachte auch eine archäobotanische Untersuchung keine charakteristischen Ergebnisse (s. u.).

Steinzeitliche Tonperlen

Ein herausragendes Fundensemble stammt aus Grube St. 41. Zunächst sind charakteristische Keramik und Steingerätefragmente zu nennen. Dazu gibt es jedoch auffällige Sonderfunde. In der Füllung lagen insgesamt 6 durchlochte Tonperlen mit Längen zwischen 2,5 und 4,7 cm mit Durchmessern von 1,3 bis 2,2 cm (Abb. 394). Diese Funde sind außerordentlich selten nachgewiesen. Im Frankfurter Stadtgebiet und im Rhein-Main-Gebiet sind keine bandkeramischen Tonperlen bekannt (unpubl. Bruchenbrücken 2003). Dies ist durchaus erstaunlich, erscheint die Machart doch einfach und schnell.

Die in der älteren Literatur vereinzelt zitierten Perlenfunde aus den Ortsteilen Eschersheim (ESC 4) und Berkersheim (BER 6) (Biermann (2001) Tab. 20) sind den Fälschungen der sog. »Wetterauer Brandgräber« zuzuweisen und somit keine echten archäologischen Funde.

Weiterhin ist ein unverziertes Miniaturgefäß in Form eines Tellers zu nennen, das 4,9 cm Durchmesser hat und etwa 1,5 cm Höhe (Abb. 394, unten). Derartige

■ **Abb. 395** Das Tonidol mit Ritzungen, abgebildet in sechs Ansichten, Maßstab 1:1.

Funde aus dem Altneolithikum sind bisher in Frankfurt unbekannt. Sie können einzeln auftreten, sind andernorts manchmal aber auch vergesellschaftet mit Idolfiguren, die diese Gefäße in Händen halten.

Die Idolfigur

Auch von der Weimarer Straße konnte nun eine der seltenen Idolfiguren aus Ton gefunden werden. Die Figur ist fragmentiert, Kopf und Füße fehlen. Das Objekt ist noch 6,3 cm lang erhalten. Während der obere Abschnitt walzenförmig mit einem Durchmesser von 2–2,4 cm erscheint, bilden sich nach unten zwei »Beine« aus, wobei ein Bein leicht nach vorne gestellt erscheint, vermutlich hat die Figur gestanden (Abb. 395).

Das Objekt ist flächig mit Punkten und Ritzlinien verziert. Am oberen Ende deutete eine umlaufende Ritzlinie einen Halsschmuck oder Kragen an. Hier befindet sich mittig im Querschnitt ein 4 mm messendes Loch, so dass die Figur an dieser Stelle möglicherweise nicht abgebrochen, sondern einen separaten »Kopf« besaß, den man der Figur »aufsetzen« konnte. Dieser fehlt heute leider.

Die übrige Verzierung deutet Kleidung, bzw. Skelettdarstellung an.

Mittig verläuft ein deutlich erkennbarer Gürtel aus zwei parallelen Ritzlinien mit Punktzier um die Figur, unterhalb könnte eine Hose angedeutet sein. Strichführung und Punkte sind nicht eindeutig anzusprechen. Oberhalb ist die Figur vermutlich nackt. Hier sind auf der Rückseite neben Ritzungen der Wirbelsäule auch die Rippen angedeutet. Diese Darstellung ist vergleichsweise häufig auf menschengestaltigen Figurinen vorhanden und in der Literatur auch als »Tannenzweigmuster« beschrieben.

Auf der Vorderseite sind mit einfachen Strichlinien die beiden Arme überkreuzt dargestellt, die in zwei klauenartigen Händen mit nur zwei Fingern münden (Abb. 396).

Anthropomorphe Figuren aus Ton sind mehrfach in bandkeramischem Zusammenhang nachgewiesen; in der Regel sind sie unvollständig. Eindeutige Frauenfiguren sind überwiegend, es konnte nur einmal zweifelsfrei ein Mann erkannt werden. Aus diesem Grund dürfte es sich im vorliegenden Fall ebenfalls um eine Frau handeln.

Die Figuren sind sehr selten. Die einzige weitere bekannte Figurine stammt aus der benachbarten Siedlung

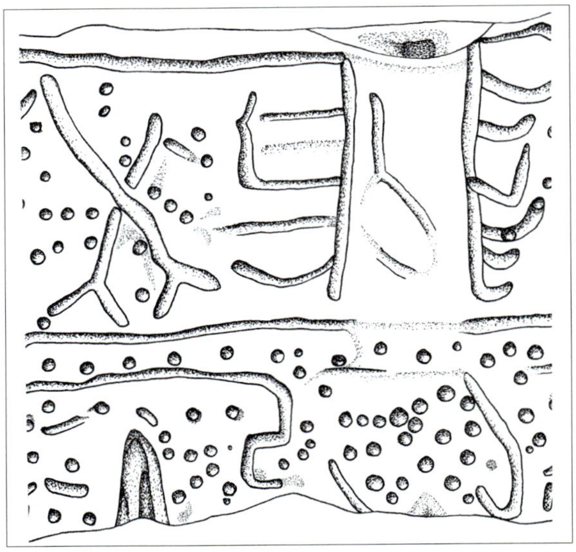

Abb. 396 Abrollung und Umzeichnung der Ritzlinien auf dem Idol.

ebenfalls in der Gemarkung NES 13, eine Siedlung der ältesten Bandkeramik, die 1987 ausgegraben wurde.

Steinzeitliche Pflanzen im Labor untersucht

Lisa Rühl konnte zwei Sedimentproben auswerten: Eine stammt aus dem bandkeramischen Ofen St. 27 (Abb. 397), die zweite aus der Kulturschicht St. 78.

Die Pflanzenreste liegen verkohlt vor. Der Eintrag von drei unverkohlten Samen in der Ofenprobe könnte bei der Probenentnahme erfolgt sein.

Die Probe aus der Kulturschicht St. 78 enthielt nur einen bestimmbaren Samen von Phleum pratense (Wiesen-Lieschgras, die drei weiteren Funde waren nicht bestimmbar. Auch der Anteil von Holzkohle und verkohlten vegetativen Resten war gering. Auf Grundlage der Pflanzenreste aus dieser Probe ist darum leider keine weitergehende Aussage zu Siedlungsaktivitäten oder zur Pflanzennutzung möglich.

Die Ofenprobe hingegen barg sowohl Kultur- als auch Wildpflanzenreste. Kulturpflanzen umfassen Einkorn und Emmer, die Hauptgetreidearten in der Bandkeramik. Drei Karyopsen konnten als Emmer identifiziert werden, vier weitere sowie 28 Fragmente lediglich als Getreide. Die Probe enthielt zahlreiche Ährchengabeln und Hüllspelzbasen, wobei aufgrund der eher schlechten Erhaltung eine Unterscheidung

Jungsteinzeit

■ **Abb. 397** Der runde Ofen St. 27; deutlich zeichnet sich die rot verziegelte Wandung ab.

oft nicht möglich war. Das Verhältnis von Drusch zu Karyopsen legt nahe, dass es sich um Reste der Getreideverarbeitung innerhalb der Siedlung handelt. Emmer und Einkorn wurden in bespelztem Zustand ausgesät und darum auch so gelagert. Entspelzt wurde portionsweise bei Bedarf. Als Reste von Sammelpflanzen können die verkohlten Haselnussschalen angesprochen werden.

Das Wildpflanzenspektrum mit hohen Anteilen von Chenopodium album (Weißem Gänsefuß) ist mit acht Taxa relativ überschaubar, zeigt aber den Ausschnitt einer typischen Siedlungsvegetation mit ruderalen Standorten. Druschreste und Wildpflanzen (vor allem die Gräser) stammen vermutlich ursprünglich von unterschiedlichen Standorten und Kontexten. Dass sie gemeinsam in verkohltem Zustand in der Probe vorliegen, lässt vermuten, dass es sich bei dieser Mischung um im Ofen entsorgten »Siedlungsmüll« handelt. Darauf weisen auch der hohe Holzkohleanteil, Brandlehm und das Keramikfragment in der Probe hin.

Die hier vorgestellten Untersuchungen aus dem Ofen in Nieder-Eschbach festigen unsere Kenntnisse und erweitern die archäobotanische Datenbasis zur Bandkeramik in Nieder-Eschbach und der Wetterau um einen Befundtyp.

Zur Datierung der Befunde

Durch die charakteristischen Verzierungselemente auf der Keramik ergibt sich eine Datierung der Fundstelle in die ältere bis mittlere Linienbandkeramik, d. h. die Stufen II und III nach Meier-Arendt.

Hausgrundrisse konnten nicht nachgewiesen werden, allerdings ist die Ausdehnung der Siedlung größer als bisher angenommen und erstreckt sich auf den anschließenden Ackerflächen. Die angetroffenen, spektakulären Keramikfunde übertrafen die Erwartungen bei weitem und gewährten einen ganz neuen Einblick in das Leben der steinzeitlichen Bevölkerung von Nieder-Eschbach.

NES 39

Eine eisenzeitliche Siedlung an der Weimarer Straße

Fundmeldung:	Denkmalamt
Verbleib:	Archäologisches Museum
Bericht:	Denkmalamt
Literatur:	Hampel (1993) 175.

Die geophysikalische Untersuchung der geplanten Neubaufläche vor dem Beginn der Erdarbeiten im März 2019 zeigte zahlreiche archäologische Verdachtspunkte. Aufgrund der bereits 1987 erfolgten Feldbegehungen konnte das Ergebnis nicht überraschen, waren doch bereits steinzeitliche (NES 38) und eisenzeitliche Fundstücke gesammelt worden. Eine Klärung, um welche Zeitstellung es sich bei den Anomalien handelt, konnte jedoch erst die Ausgrabung unter der örtlichen Grabungsleitung von Michael Obst erbringen. Während der Feldbegehungen konnten deutlich mehr steinzeitliche Fundstücke als eisenzeitliche nachgewiesen werden, die sich zudem in einer lockeren Streuung südlich der Altbebauung fanden. Dies war auf der Grabungsfläche nicht der Fall.

Drei Befunde der Ausgrabung von 2019 sind jüngeren Datums als die steinzeitlichen Befunde; St. 43, 44 und 61 (vgl. Abb. 393) Allerdings erlaubt das eher wenige Fundmaterial nur grundsätzlich eine Einordnung in die

■ **Abb. 398** Befunde für feinfühlige Ausgräber: Die Konturen von St. 43–44 zeichnen sich nur schwach gräulich ab.

Abb. 399 Die Grube St. 61 im Profil.

Metallzeiten. Während die Feldbegehungen auch charakteristisches Material der Urnenfelderzeit erbrachten, kann das vorliegende Material kaum näher eingeordnet werden, allerdings spricht auch nichts gegen eine Zuweisung zur Spätbronzezeit.

Die Gruben waren im Planum rundlich mit einer grauen Einfüllung (Abb. 398–399), die sich deutlich von den bandkeramischen Befunden unterschied.

Bemerkenswert war der Nachweis eines Grabes (vgl. NES 77), das eindeutig als latènezeitlich anzusprechen ist. Somit ist es noch etwas jünger als die unter NES 39 erfassten Befunde und zeigt, dass das Areal über die Jahrtausende immer wieder von Menschen aufgesucht und genutzt wurde.

NES 41

Nun identifiziert: Michelsberger Kultur Am Hollerbusch

Fundmeldung:	Denkmalamt
Verbleib:	Archäologisches Museum
Bericht:	Denkmalamt
Literatur:	Hampel (1997) 157 mit ält. Lit.

Das landwirtschaftlich genutzte Gebiet am südwestlichen Ortsrand anschließend an die Straße Am Hollerbusch war in der Vergangenheit Ziel von archäologischen Feldbegehungen. Dadurch konnten bereits 1989 neolithische und metallzeitliche Fundstellen (vgl. NES 44) nachgewiesen werden. Dabei entzogen sich die Scherben bisher einer endgültigen Zuordnung innerhalb des Neolithikums. Nun konnte die Datierung der Fundstelle durch Keramikfunde aus St. 95 auf die Michelsberger Kultur präzisiert werden (Abb. 400).

Im Jahr 2019 begannen die ersten Erdarbeiten Am Hollerbusch im Rahmen des Abbruchs des Altbestandes, d. h. zwei Wohnhäuser wurden direkt an der Straße abgerissen und eine Baustraße erstellt (Abb. 401). Dabei konnte Michael Obst insgesamt 8 Gruben dokumentieren, die durch die ehemaligen Baugruben stark gestört waren. Die ausgedehnten Erdarbeiten sind für das Folgejahr 2020 geplant.

Abb. 401 Die Wohnhäuser an der Straße sind abgerissen, die ehemaligen Keller zeichnen sind als vertiefte Störungen im Gelände ab.

■ **Abb. 400** Keramik der Michelsberger Kultur aus St. 95, oben eine Rand- und eine Wandscherbe mit Knubbe in je zwei Ansichten, darunter unverzierte Wandscherben, Maßstab 1:1.

NES 47

Ein Erntehelfer der Bronzezeit – Bruchstück einer Sichel am Pflanzländer Weg

Fundmeldung:	W. Kallweit
Verbleib:	Archäologisches Museum
Bericht:	Denkmalamt
Literatur:	Hampel (2015) 213 f. – Mühlemeier (2003). – Sommerfeld (1994) 158–161.

Die Fundstelle liegt auf einem plateauartig ausgeprägten, leichten Hang östlich der Karl-Bieber-Höhe und ist seit 1994 bekannt. Offenbar handelt es sich um eine ausgedehnte Siedlung der späten Eisenzeit und hat bis in die Römerzeit bestanden.

Der lizensierte Sondengänger Wolfhard Kallweit fand im Herbst 2018 ein kleines Bronzestück (Abb. 402). Dabei handelt es sich um ein charakteristisches Sichelbruchstück. Das Stück ist noch maximal 2 cm lang und auf beiden Seiten abgebrochen, trotzdem ist eine leichte Bogenform erkennbar. Auf der Vorderseite sind drei parallele, erhabene Grate erhalten, wobei der äußere Rand vorhanden ist, das Stück aber nach innen zerbrochen ist. Die Breite beträgt noch 1,5 cm. Charakteristisch ist die herstellungsbedingte, glatte Rückseite.

Es handelt sich um eine Metallsichel, die in der Bronzezeit genutzt wird. Aufgrund der fragmentarischen Erhaltung ist eine nähere Ansprache nicht möglich, das Fundstück kann aber zwanglos zugeordnet werden, auch wenn Details am Fundstück nicht erhalten sind.

■ **Abb. 402** Buchstück einer Bronzesichel; grafisch montiert auf eine Sichel, eigene Grafik nach einer Rekonstruktion von Sommerfeld 1994, Maßstab 1:1.

NES 59

Ein Sesterz des Marc Aurel

Fundmeldung:	W. Kallweit
Verbleib:	Archäologisches Museum
Bericht:	Denkmalamt
Literatur:	Hampel (2017) 206.

Nahe, d. h. nordwestlich der bekannten römischen Straße, die an dieser Stelle die Gemarkungsgrenze nach Harheim bildet, fand Wolfhard Kallweit 2017 eine römische Münze (Abb. 403). Es handelt sich um einen 18,72 g schweren Sesterz mit 31 mm Durchmesser des Marc Aurel (161–180 n. Chr.). Auf der Vorderseite ist die Büste des Kaisers mit Lorbeerkranz nach links zu sehen; von der Umschrift ist M ANTONINVS erhalten. Auf der Rückseite steht Salus ebenfalls nach links mit einer Patera in der einen Hand und füttert die Schlange, die sich um einen Altar windet, in der linken Hand trägt sie ein kurzes Zepter. Die Umschrift ist bis auf die Buchstaben S und C verloren.

Abb. 403 Römische Münze des 2. Jh. n. Chr. als Verlustfund an der Straße, Maßstab 1:1.

Im Rahmen der Begehung fand er auch einen Bleirest, der ein artifizielles Loch ausweist und Spuren von Feuereinwirkung. Das Stück kann nicht näher angesprochen, aber zeitlich zugewiesen werden. Die Fundstücke dürfen als Verlustfunde auf der römischen Straße gelten (vgl. HAR 55).

NES 60

Tasche, Gürtel, Pferdegeschirr? – Fund einer Schnalle

Fundmeldung:	W. Kallweit
Verbleib:	Archäologisches Museum
Bericht:	Denkmalamt
Literatur:	Hampel (2015) 224. – Whitehead (2016).

Oberhalb einer markanten Geländestufe an der Karl-Bieber-Höhe sind sowohl römische als auch vorgeschichtliche Funde und Befunde bekannt. Die Ackerflächen wurden also seit dieser Zeit intensiv genutzt.

Diese Flächen waren auch Ziel von lizensierten Sondengängern, die im Auftrag des Denkmalamtes das Areal nach Funden absuchten. Dabei fand Wolfhard Kallweit 2017 auch den Rest einer Bronzeschnalle (Abb. 404). Es handelt sich um eine D-förmige Schnalle; die Oberseite ist gerippt, die Unterseite ist glatt. Das Fundstück ist fast zur Hälfte erhalten, der Dorn fehlt.

Solche Schnallen sind zwischen dem 13. und dem 16. Jh. in Gebrauch. Eine nähere zeitliche Ansprache ist ohne weitere datierende Beifunde nicht möglich.

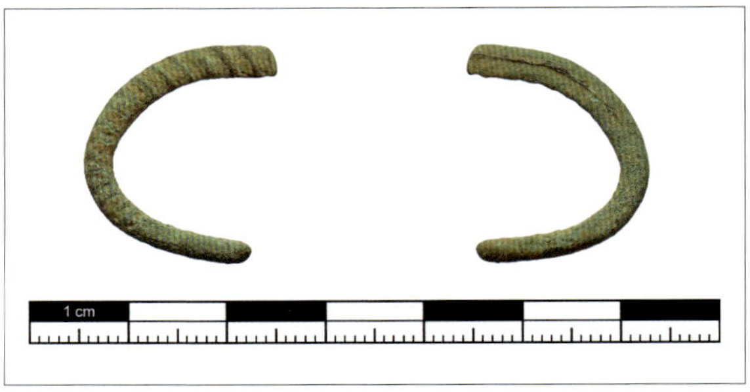

■ **Abb. 404** Bronzeschnalle mit D-förmiger Form, links die gerippte Vorderseite, rechts die Rückseite, Maßstab 1:1.

NES 66

Größer als gedacht – Neuerkenntnisse zu einer römischen Fundstelle

Fundmeldung: W. Kallweit
Verbleib: Archäologisches Museum
Bericht: Denkmalamt
Literatur: Hampel (2017) 207. – Kohlert-Németh (1990) 67 f.

Am nördlichen Ortsrand sind auf den Flächen westlich der Homburger Landstraße zahlreiche Fundstellen unterschiedlicher Zeitstellung bekannt. Dabei sind auch unweit der Autobahn römische Befunde vorhanden (vgl. NES 52).

Seit den Feldbegehungen im letzten Berichtszeitraum konnten jedoch weitere römische Funde bis zur Landstraße und darüber hinaus auf der anderen, östlichen Straßenseite nachgewiesen werden.

Dabei konnte Herr Kallweit 2017 erneut römische Funde in der Flur 8 aufsammeln. Bemerkenswerterweise handelt es sich auch um Bauschutt, d. h. drei Dachziegelbruchstücke, *Tegula* und *Imbrex*, und 6 römische Wandscherben, dazu zwei Terra Sigillatabruchstücke.

Abb. 405 Oben links der fragmentierte Bronzegriff, oben mittig der Bronzerest, rechts Fragment einer Tegula, unten links zwei Wandfragmente Terra sigillata, Maßstab 1:1.

Ungewöhnlich sind die Bronzefunde (Abb. 405, links oben und Mitte). Zunächst ist ein fragmentierter Bronzegriff zu nennen. Das Griffende ist nach rund 4 cm abgebrochen und 2 mm stark. Es gehört entweder zu einem Bronzesieb »*collum*« oder einer Bronzekasserolle »*trulla*«. Diese Geräte sind häufig innen verzinnt und haben meist ein Fassungsvermögen um 0,5 l. Sie werden zeitlich durchlaufend von der augusteischen Zeit bis in das 3. Jh. in gleichen Formen genutzt, daher ist eine Feindatierung schwierig. Die Grifflänge dürfte einst zwischen 11 und 12,5 cm betragen haben.

Das zweite Fundstück aus Bronze hat eine abgerundete verdickte Spitze, es folgt ein schmalerer Abschnitt mit zwei wulstartigen Ringen; das Stück ist nach 1,9 cm Länge abgebrochen und an der Bruchstelle rundstabig mit einem Durchmesser von 5 mm.

Zusammen mit den übrigen Fundstücken, kann die Fundstelle grundsätzlich mindestens dem 2. Jh. n. Chr. zugewiesen werden.

Abb. 406 Spannung auf der Ausgrabung in HED 30, W4 beim Säubern einer Tegula – das Team hofft auf einen Ziegeleistempel.

NES 71

Die alte Ziegelei

Fundmeldung:	Denkmalamt
Verbleib:	Archäologisches Museum
Bericht:	Denkmalamt
Literatur:	Hampel (2017) 209 f. – Sopp 2015.

Die Bezeichnung »Alte Ziegelei« für ein Areal am Ortsrand belegt einen der zahlreichen Standorte der Ziegelproduktion um die nördlichen Stadtteile. Diese sind in der Regel am Ende des 19. und im ersten Drittel des 20. Jhs. angelegt worden und heute in der meist nur noch über Flur- und Straßenbezeichnungen

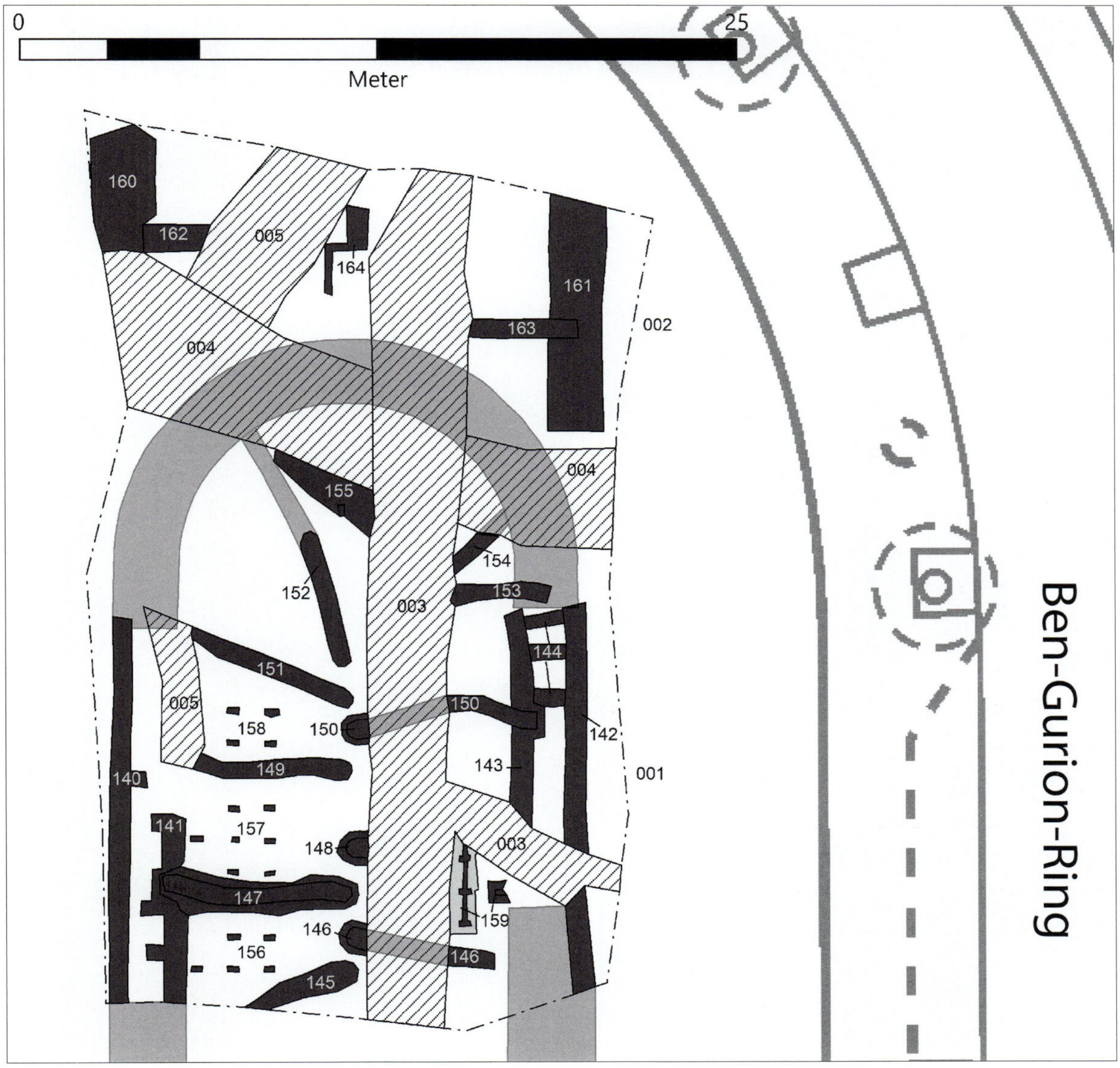

■ **Abb. 407** Gesamtplan des Ringofens. Schraffiert die Störungen, in Grau hinterlegt die Rekonstruktion des Ringofens, der sich noch über die Grabungsfläche nach Süden erstreckt.

■ **Abb. 408** Ringofen einer Ziegelei.

■ **Abb. 409** Bild aus der Luft (Foto H. Platzbecker).

im Stadtbild erkennbar. Während die Tongruben in ihren wechselnden Ausdehnungen wenigstens ansatzweise bekannt sind, fehlt die Dokumentation zur Lage der weiteren Einrichtungen in der Regel. Dies betrifft insbesondere die Lage der eindrucksvollen Brennöfen. Glücklicherweise konnten einer davon nun im Rahmen der Abbrucharbeiten der Altbebauung 2015 erfasst werden.

Im Januar 2019 wurde unter der örtlichen Grabungsleitung von Michael Obst ein Großteil des Ziegelbrennofens (St. 1 und 2) archäologisch bearbeitet.

Zunächst sind zahlreiche Störungen durch Kanaltrassen (St. 3–5; Lesefunde St. 6) für das abgerissene Bürohaus vorhanden, die in einer Breite von über 3,50 m den Befund durchschnitten (Abb. 407).

Östlich der Baustraße war der Ziegelofen noch auf einer Länge von rund 30 m erhalten, die Breite betrug knapp 17 m (Abb. 408). Dabei wurde der Ostteil der ovalen Anlage erfasst, die einzelnen Kammern und Luftdurchlässe zeichneten sich deutlich ab. Da der Westteil auf der anderen Seite der Baustraße tiefgründig zerstört war, kann nicht abschließend über die Größe des Ringofens entschieden werden, möglicherweise zeigt aber St. 145 bereits den Beginn der westlichen Rundung des Ofenrings an.

Die Industrieanlage war besonders im Abschnitt anschließend an die Baustraße gut erhalten und zeigte den aufwendigen Ofenbau (Abb. 409). Zahlreiche Bauteile dokumentieren den komplexen Aufbau eines solchen Ofens (St. 140–164)

Überraschend zeigte sich im Anschluss an den halbrunden Ofenring eine Erweiterung der Anlage (St. 2). Leider verläuft auch hier eine ehemalige Kanaltrasse (St. 4), trotzdem wird erkennbar, dass der Ofen nach Norden um mindestens 10 m erweitert wurde.

Abb. 410 Gestempelte Ziegel aus der Rödelheimer Ziegelei, von oben nach unten:
Symbol und 0, 25,7 cm x 12,4 cm x 6,7 cm
4, Symbol und B2, 25,0 cm x 12,2 cm x 6,7 cm
5, Symbol und B2, 25,5 cm x 12,4 cm x 6,6 cm
Kreis, darin Dreieck, darin Kreissymbol mit Strich, 24,5 cm x 12,0 cm x 6,6 cm
Kreis, darin H, 25,1 cm x 12,1 cm x 6,6 cm, bei letzterem auf einer Schmalseite fortlaufende kreisrunde Eindrücke, Maßstab 1:4.

Abb. 411 Drei Ziegel zeigen ein identisches, eingestempeltes Symbol aus den Buchstaben A, G und G, hier die Ansicht auf Ziegel 3 aus St. 2a, koloriert, ohne Maßstab.

Der Befund ist schlecht erhalten und die Gesamtlänge konnte nicht ermittelt werden; ebenso wenig kann der betriebliche Ablauf mit einer solchen Erweiterung erfasst werden.

Für die Ziegelei sind uns weder der Betreiber, die Zahl der Mitarbeiter noch die Produktionskapazitäten bekannt. Allerdings ergeben sich in der Zukunft vielleicht Hinweise durch verbaute Ziegel an anderer Stelle.

Offenbar wurden Ziegel mit den Größen 25 x 12 x 6 cm und 24 x 11 x 6,5 cm gebrannt. Die größeren Exemplare waren vereinzelt mit einem Stempel versehen (Abb. 410–411), während die kleineren soweit erkennbar ungestempelt waren. Werden nun Ziegel mit diesen Stempeln etwa bei Abbrucharbeiten an anderer Stelle im Stadtgebiet beobachtet, beleuchtet dies den Kundenkreis der Ziegelei.

NES 72

Archäologie rund um die Pfarrkirche

Fundmeldung: Denkmalamt
Verbleib: Archäologisches Museum
Bericht: Denkmalamt
Literatur: Denkmaltopographie (1986) 643. – Herzberg (1999) 43.1.

Die evangelische Pfarrkirche liegt im Zentrum des alten Ortskerns an der Deuil-la-Barre-Straße 74. Dem Saalbau mit rundem Schluss ist im Westen mittig ein quadratischer Turm vorgestellt. Das Gebäude ist als Kulturdenkmal eingetragen. Im Kern sind gotische Baureste vorhanden, der Turm ist vermutlich älter, der heutige Kirchenbau geht weitgehend auf eine Neuplanung von K. Roßbach im Jahr 1617 zurück (Abb. 412). 1747 und 1765 wurde das Kirchenschiff neugestaltet; das Turmdach stammt ebenfalls aus dem 18. Jh.

Eine archäologische Untersuchung des Areals erfolgt bisher nicht, so dass weder die erste Erwähnung 774 noch die Kirchennennungen 1397 und 1487 konkretisiert werden können.

Im März 2017 konnte unter der örtlichen Grabungsleitung von Michael Obst eine Kanalverlegung rund um

Abb. 412 Blick auf die Kirche mit der Jahreszahl 1617 über der Tür, fotografiert 2021 nach Abschluss der Umgestaltung.

Abb. 413 Kanalverlegung um die Kirche.

■ **Abb. 414** Detailaufnahmen der Steine 1684 (rechts) und von 1743 (links).

den Kirchenbau beobachtet werden. Der Kanal hatte eine Tiefe von rund 1 m; der Eingriff reichte nur knapp unter die Humusschicht und es konnten keine Befunde dokumentiert werden (Abb. 413).

Die Erdarbeiten brachten neben modernen Funden auch das Bruchstück einer grünglasierten gotischen Nischenkachel zutage sowie spätmittelalterliches, bzw. frühneuzeitliche Küchengeschirr in wenigen Scherben. Ein kleines Knochenbruchstück, das am Ort in geeigneter Weise wieder bestattet wurde, deutet auf den ehemaligen Friedhof hin. Die modernen Fundstücke wurden nach der Begutachtung ausgeschieden.

Im Juni 2018 begann die Umgestaltung des Kirchhofs. Dabei konnte Michael Obst im Hof einen Dreimärker dokumentieren, der erst durch die Rodung der Büsche zum Vorschein kam, vgl. im Kapitel zu den Grenzsteinen K0001).

Weiterhin wurden hinter Gebüschen zwei Grabsteine aus rotem Sandstein an der Mauer zur Glockengasse freigelegt (Abb. 414). Die Steine lehnen an der Mauer. Es handelt sich in einem Fall um ein Grab von 1684 (rechts) und einmal eines von 1743 (links); nach 1990 wurden die Steine mit einem Dach geschützt.

NES 73

Karl von Lothringen und eine mittelalterliche Riemenzunge

Fundmeldung:	W. Kallweit und E. Schultz
Verbleib:	Archäologisches Museum
Bericht:	Denkmalamt

Im Bereich der bekannten ausgedehnten steinzeitlichen (NES 2) und römischen Fundstelle (vgl. NES 66) kam 2017 eine Silbermünze zutage (Abb. 415, oben).

Es handelt sich um einen 1/3 Taler mit dem Bild von Karl von Lothringen 1567–1607. Avers ist die Umschrift CAROL. D. G. CARD. LOTH. EP. ARGENT. ET. MET. lesbar, Revers mit dem Kardinalswappen ALSAS. LANGRA.

Karl von Lothringen wurde 1589 Kardinaldiakon und 1591 Kardinalpriester und zugleich apostolischer Legat für die Herzogtümer Lothringen und Bar.

Vergleichsmünzen werden auf die Zeit 1593–1607 datiert.

Im Folgejahr fand Wolfhard Kallweit nur wenig nördlich eine bronzene Riemenzunge (Abb. 415, unten). Sie bildete wohl einst den Abschluss eines Bandes aus Leder oder Textil. Das Fundstück ist noch 3,7 cm lang und zwischen 1,1 cm und 0,7 cm breit. Der Abschluss am breiteren Ende ist bogig mit seitlichen Zipfeln ausgeführt, dahinter sitzt mittig ein mitgegossener Niet, der noch 4 mm lang erhalten ist. Das Objekt verjüngt sich gleichmäßig bis zur Bruchstelle, an der ein weiteres, mittig liegendes Nietloch vorhanden ist.

Die deutlich gewölbte Oberseite ist mit schrägen und querliegenden Strichbündeln verziert. Das Fundstück kann in das Mittelalter eingeordnet und als Verlustfund angesprochen werden.

Abb. 415 Silbermünze »Karl von Lothringen« des 16./17. Jhs. oben, darunter die verzierte Riemenzunge, rechts unten eine Umzeichnung der Verzierung.

NES 74

Ein Mond aus der Urnenfelderzeit

Fundmeldung:	Denkmalamt
Verbleib:	Archäologisches Museum
Bericht:	Denkmalamt
Literatur:	Herrmann (1966).

Im August 2018 begann unter der örtlichen Grabungsleitung von Michael Obst in Alt-Niedereschbach 34 eine Neubaumaßnahme; neben jüngeren Befunden (vgl. NES 28) konnten auch Gruben der Vorgeschichte nachgewiesen werden (vgl. Abb. ##).

Insgesamt 7 Gruben datieren in die Vorgeschichte. Dabei wurde Grube St. 8 von Grubenhaus NES 28 – St. 7–11 überlagert (Abb. 416). Hier zeigt sich deutlich die unterschiedliche Einfüllung der Befunde. Funde konnten aus St. 1–3 und 5 geborgen werden; die St. 4 und 6 waren fundleer, konnten aber aufgrund der gleichartigen Einfüllung derselben Epoche zugewiesen werden.

Ein Mond unter den Funden

Bei den Funden handelt es sich in erster Linie um Scherben, dabei Tafelgeschirr und andere Siedlungskeramik sowie als Besonderheit das Bruchstück eines sog. Feuerbocks aus Grube St. 1. Das Bruchstück bildet den Fuß eines tönernen Feuerbocks, der eine Punktverzierung aufweist (Abb. 417). Diese Objekte sind seltene und gleichzeitig charakteristische Fundstücke der Urnenfelderzeit. Abweichend von der profanen Bezeichnung werden sie in der Regel mit Kultpraktiken in Verbindung gebracht und erscheinen in der Literatur auch als Mondsichelidole (Abb. 418).

Abb. 416 Mittelalterliches Grubenhaus überlagert bronzezeitliche Grube St. 8.

■ **Abb. 417** Bruchstück eines sog. Feuerbocks mit Punktverzierung, Maßstab 1:1.

An dieser Stelle war eine bronzezeitliche Siedlung bisher nicht bekannt. Grundsätzlich sind in Frankfurt urnenfelderzeitliche Fundstellen eher selten nachgewiesen, wobei häufiger Gräber und nur ausnahmsweise Siedlungsstellen erfasst sind. Damit kommt der neuen Fundstelle besondere Bedeutung zu. Bruchstücke von Feuerböcken sind bisher nur sehr selten im Stadtgebiet gefunden worden; sie sind in der Regel zerbrochen.

Aus Grube St. 2 stammen verzierte Scherben von mindestens 5 Gefäßen sowie als Sonderfund ein Tonring (Abb. 419). Sein Durchmesser kann auf 7–8 cm rekonstruiert werden; seine Funktion ist unbekannt. Da diese einfachen Tonobjekte nur sehr selten nachgewiesen werden, muss auch hier über eine besondere Nutzung nachgedacht werden.

Grube St. 3 enthielt charakteristisches Material, dabei auch den Rest eines Gefäßes mit einem deutlichen Omphalosboden und eine Scherbe mit gekerbter Leiste.

Grube St. 5 enthielt zeitgleiches Scherbenmaterial und ausnahmsweise Knochenreste, bei denen es sich um Tierknochen handeln dürfte.

Dazu kommen wenige Lesefunde aus dem Baggerplanum.

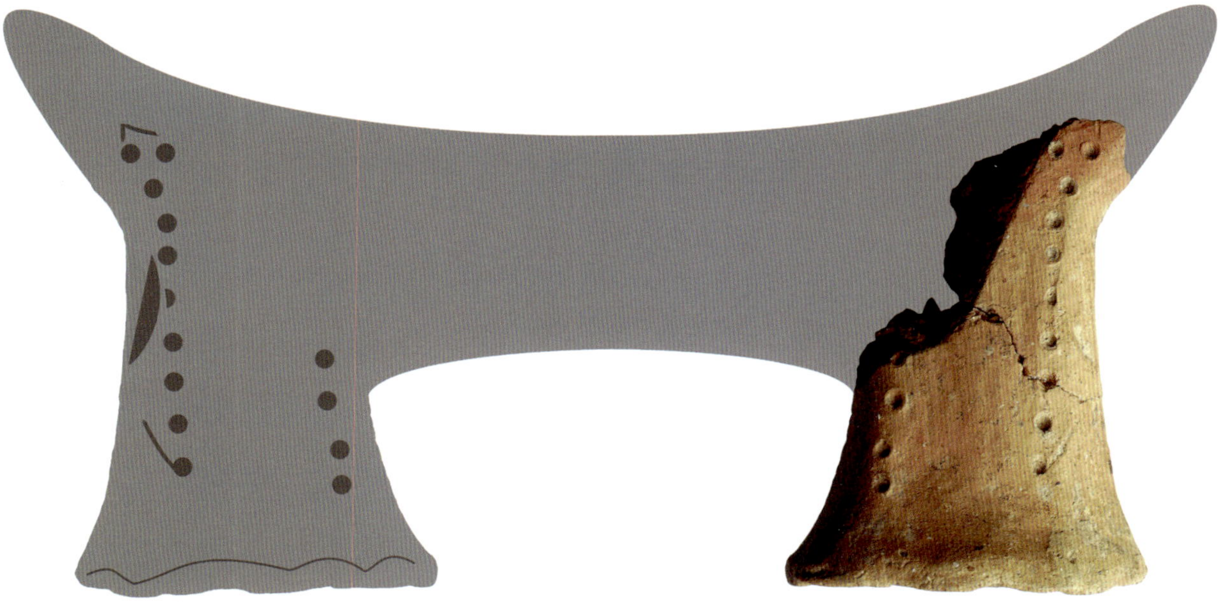

■ **Abb. 418** Rekonstruktion des Feuerbocks.

■ **Abb. 419** Tonring aus Grube St. 2, links die Rückseite, in der Mitte die Vorderseite auf einer Rekonstruktion, rechts das Profil, Maßstab 1:1.

Mit der charakteristischen Keramik der Urnenfelderzeit gelang eine sichere Ansprache der Befunde. Die spannenden Sonderfunde in Form von Mondsichelidol und Tonring zeigen, dass auch in Epochen, an denen bereits lange geforscht wird, noch Rätselhaftes darauf wartet, aufgedeckt zu werden.

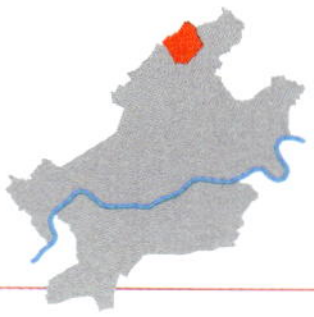

NES 76

Unsichtbar in der Geomagnetik – ein römisches Lager

Fundmeldung:	Denkmalamt
Verbleib:	Archäologisches Museum
Bericht:	Denkmalamt
Literatur:	Hampel (2015) 188 f.

Eine ausgedehnte Neubaumaßnahme südlich der Weimarer Straße wurde auf einer Fläche von 4.000 qm umgesetzt. Unter der örtlichen Grabungsleitung von Michael Obst wurde im März 2019 ein mindestens 100 m langer Spitzgraben nachgewiesen (Abb. 420). Der Graben durchzog das Grundstück von Westen nach Osten.

Auf dem Grundstück sind verschiedene archäologische Denkmäler bekannt, die zunächst als Anomalien im geophysikalischen Messbild nachweisbar waren und dann im Rahmen der Ausgrabungen verschiedenen Kulturgruppen zugewiesen werden konnten (vgl. Abb. 393; vgl. NES 38, NES 39 und NES 77). Eine Fundstelle aus der Römerzeit war bisher unbekannt, zumal der Graben aufgrund der starken Überdeckung und der Tatsache, dass er in der Messrichtung lag, als Anomalie nicht fassbar war.

Nur aus dem Graben selbst (St. 16) und der Grube St. 64 konnten sehr wenige römische Funde geborgen werden, was aber für kurzzeitige römische Marschlager nicht ungewöhnlich, sondern eher die Regel ist. Aus diesem Grund sind solche Lager auch kaum im Rahmen von Feldbegehungen nachzuweisen.

Bislang konnte nur ein Teilbereich des Grabens sicher dokumentiert werden. Somit kann zum gegenwärtigen Zeitpunkt nicht erkannt werden, auf welcher Seite des Spitzgrabens die Innenseite des Lagers liegt. Da die Lage des Grabens nun aber bekannt und die Fundstelle registriert ist, kann bei künftigen Maßnahmen im nahen Umfeld explizit darauf geachtet werden, ob sich weitere Details erkennen lassen – etwa Reste der Innenbebauung oder Grabenecken, die weitere Aussagen über Organisation und Größe zulassen würden.

Abb. 420 Spitzgraben mit starker Überdeckung, die auch die Differenzierung im oberen Abschnitt verhindert.

NES 77

Mit Gürtel und Glasperlen auf die letzte Reise – ein Latènegrab an der Weimarer Straße

Fundmeldung: Denkmalamt
Verbleib: Archäologisches Museum
Bericht: Denkmalamt
Literatur: Haevernick (1960).

Unter den zahlreichen Funden und Befunden südlich der Weimarer Straße fand sich mit St. 8 auch ein Grab mit erlesenen Beigaben (vgl. Abb. 393 oben). Das Grab selbst zeichnete sich lediglich als zarte graue Verfärbung ab (Abb. 421). Der Befund zeigt eindrücklich, wie wichtig archäologisches Fachpersonal vor Ort auf den Baustellen ist, um auch kleine und unscheinbare Befunde fachgerecht zu dokumentieren und zu bergen.

Das Brandgrab enthielt Scherben von mindestens drei Gefäßen. Dabei handelt es sich einmal um einen flachen Boden eines schwarzgrauen Gefäßes, dazu eine rottonige Flasche und einmal um ein Großgefäß mit flachem Boden. Dieses Gefäß zeigt knapp oberhalb des Bodens mindestens in zwei Reihen Durchlochungen, die vor dem Brand hergestellt wurden (Abb. 422).

Im Leichenbrand lagen zwei Bronzebeigaben und zwei Glasperlen (Abb. 423). Zunächst ist eine stark fragmentierte Bronzefibel im Mittellatèneschema mit einer schmalen Spirale mit vier Windungen zu nennen; sie ist unverziert. Dabei fanden sich ein dreieckiges Bronzeblech mit drei, bzw. einer runden Öse jeweils an den Enden, wahrscheinlich von einem Gürtel. Auf beiden Seiten gibt es eine feine Ritzverzierung. Die einzelne Öse ist durch eine feine Kerbung von der dreieckigen Platte abgesetzt.

Das Brandgrab enthielt auch zwei blaue Glasperlen. Glas und damit auch die blauen, opaken Ringperlen sind ab der Stufe Latène C (Mittellatène 250–150 v. Chr.) bekannt.

Perlen nicht nur für Frauen

Die Geschlechtsbestimmung der/des Bestatteten gestaltet sich schwierig. Trotz der Perlenbeigabe kann das Grab nicht eindeutig als Frauenbestattung angesprochen werden (Haevernick 1960; 7), da Perlen auch aus Männergräbern bekannt sind.

Abb. 421 Die Grube hebt sich hellgrau vom braunroten Boden ab.

Abb. 423 Latènezeitliche Trachtbestandteile: a) Fibel, b) dreieckiges Bronzeblech, c) die beiden Glasperlen, d) Draht- und Blechfragmente, jeweils in verschiedenen Ansichten, Maßstab 1:1 mit Ausnahme der beiden Vergrößerungen unten rechts.

Abb. 422 Abb. #3 Die Keramik aus dem Grab, jeweils ein Fragment aus verschiedenen Ansichten, unten Rekonstruktion des durchlochten Gefäßes, Maßstab 1:2.

Das Grab lag nahe der östlichen Grabungsgrenze. Im Grabungsareal konnten keine weiteren Befunde oder Gräber dieser Zeitstellung erfasst werden. Gräber dieser Zeitstellung wurden im Frankfurter Stadtgebiet bisher stets in sehr kleinen Gruppen, häufig einzeln nachgewiesen. Offenbar waren große Gräberfelder in der Latènezeit in Frankfurt nicht üblich. Es handelt sich insgesamt um seltene archäologische Denkmäler, daher ist der Befund besonders erfreulich.

NES 78

Noch mehr Eisenzeit Am Hollerbusch

Fundmeldung:	Denkmalamt
Verbleib:	Archäologisches Museum
Bericht:	Denkmalamt
Literatur:	Hampel (1997)158.

Südwestlich der Straße Am Hollerbusch beginnt eine ausgedehnte Ackerfläche, auf der bereits 1989 im Rahmen von Feldbegehungen archäologische Funde gesammelt werden konnten. Dabei waren neben neolithischen Funden (vgl. NES 41) auch metallzeitliches Material (NES 39 und NES

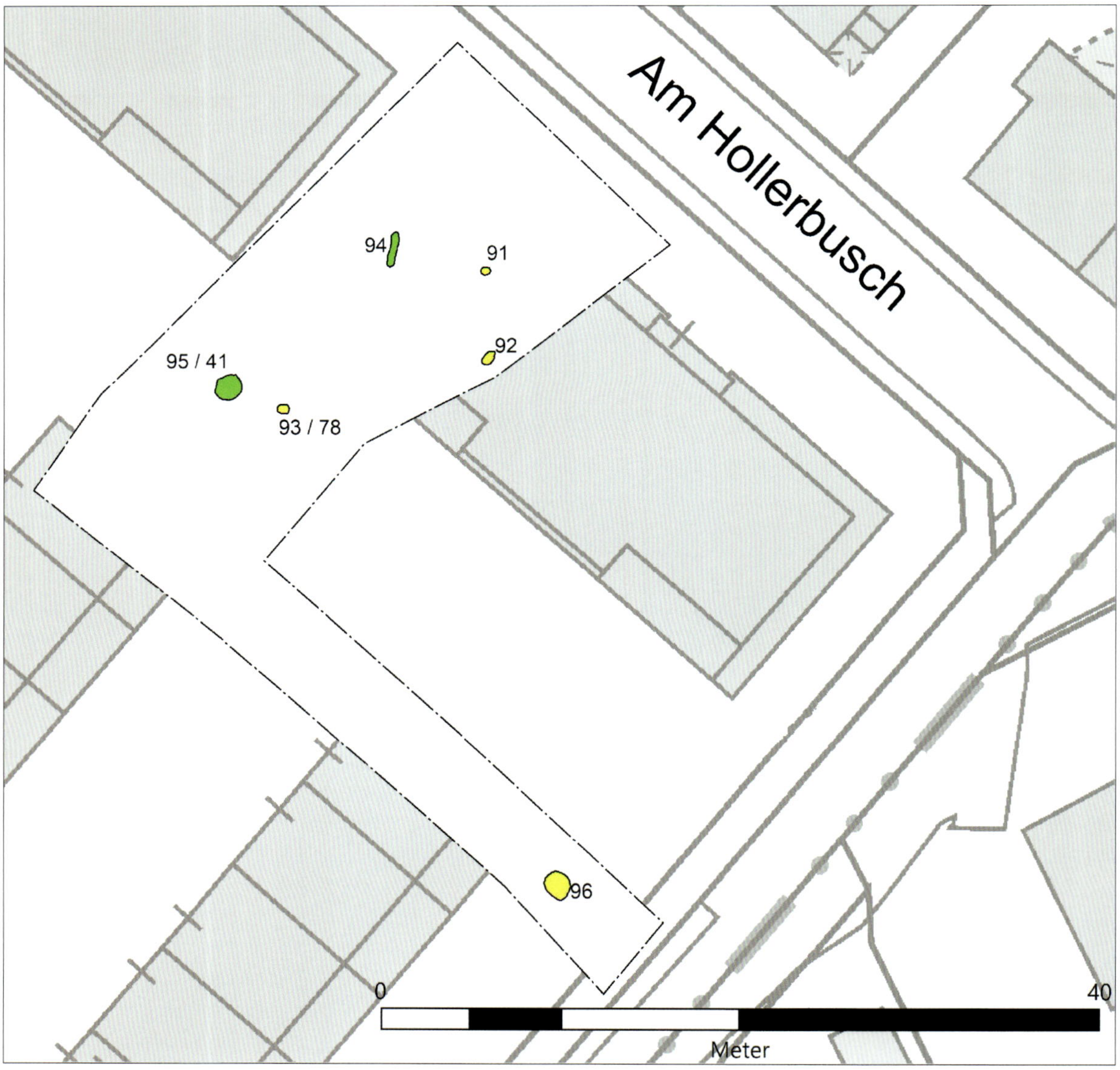

■ **Abb. 424** Plan der Ausgrabungen Am Hollerbusch, in Grün die steinzeitlichen Befunde von NES 41, in Gelb die eisenzeitlichen Befunde von NES 78.

Abb. 425 Grube St. 96 Am Hollerbusch.

44) in geringerer Menge erfasst. Die Fundstellen lagen beiderseits der ausgeprägten Geländerinne, die heute im Gelände deutlich sichtbar ist und im Rahmen der Erdarbeiten ausgedehnter fassbar war. Da sich die metallzeitlichen Fundstellen bisher auf der Südseite der Rinne befanden, sind die aktuellen Funde einer neuen Fundstelle zugewiesen worden. Aufgrund der formulierten denkmalrechtlichen Bedingungen wurde zunächst eine geophysikalische Prospektion durch die Bauherrschaft beauftragt. Dadurch bestätigte sich das Vorhandensein archäologischer Fundstellen durch charakteristische Anomalien im Messbild.

Im Rahmen der Neubebauung wurde zunächst 2019 unter der örtlichen Grabungsleitung von Michael Obst eine Fläche am nördlichen Rand für die Baustraße und die Baustelleneinrichtung untersucht (Abb. 424). Es konnten insgesamt 4 eisenzeitliche Gruben erfasst werden, wobei aus zwei Befunden St. 91, 96 Scherben geborgen werden konnten (Abb. 425). Die steilwandigen Gruben waren zum Teil sehr gut erhalten, aber sie enthielten nur wenig Fundmaterial, das jedoch grundsätzlich in die Eisenzeit datiert werden kann. Aufgrund der topografischen Trennung durch eine Erosionsrinne von NES 39 und NES 44 ist hier eine weitere Siedlung anzunehmen.

Die weiteren Arbeiten sind ab 2020 geplant – die Abteilung Bodendenkmalpflege wird dann wieder vor Ort sein.

■ Niederursel: Die Obermühle während der Bauarbeiten

NIEDERURSEL

Der Ortsteil hat seinen Charakter im alten Ortskern mit kleinteiligen, barocken Hofreiten bewahrt. Nach Osten entstand ab 1910 eine Villenkolonie »Wiesenau« mit großzügiger Struktur und dabei wurde ein fränkisches Gräberfeld nachgewiesen, das als Beleg der merowingerzeitlichen Gründung des Ortes gelten kann.

Nach Süden entstand ab 1961 mit der Erweiterung der »Nordweststadt« ein groß dimensioniertes Neubaugebiet, das den Ortskern in eine eher untergeordnete Randlage verwies.

Der alte Ort war lange Zeit zweigeteilt, d.h. seit 1436 hatte die Stadt Frankfurt einen Teil des Ortes erworben, die andere Hälfte gehörte den Grafen zu Solms-Rödelheim; beide wurden erst 1898 unter preußischer Herrschaft vereint und 1910 eingemeindet. Aus der Gemarkung sind beachtliche 89 Fundstellen bekannt und die Gemarkung ist bisher in allen Fundberichten vertreten.

Mit dem Nachweis der Burg der Vögte von Ursel gelang dem Denkmalamt nun die Beantwortung der bereits seit Langem gestellten Frage nach dem genauen Standort der Burg.

NUR 3

Feuersteinklinge bei Baggerarbeiten gefunden

Fundmeldung:	Denkmalamt
Verbleib:	Archäologisches Museum
Bericht:	Denkmalamt
Literatur:	Meier-Arendt (1966) 91f. – Wolff (1913) 127.

Hohemarkstraße 35

Im Februar 2018 wurde unter der örtlichen Grabungsleitung von Denis Neumann ein Anbau in der Hohemarkstraße 35 ausgeführt. In der »Siedlung Wiesenau« wurden beim Bau der Häuser zu Beginn des 20. Jhs. bereits Bodendenkmäler unterschiedlicher Zeitstellung erfasst, so dass die Erdarbeiten nur im Beisein der archäologischen Denkmalpflege durchgeführt werden konnten.

Denis Neumann konnte eine 0,90 m tiefe, steilwandige Grube mit flachem Boden dokumentieren (Abb. 426). Sie war homogen braun verfüllt und wies im unteren Abschnitt zwei schmale graue Füllbänder auf. Leider fanden sich keinerlei Fundstücke, so dass der Befund nur allgemein als vorgeschichtlich angesprochen werden kann.

Hohemarkstraße 46

Im Rahmen einer Baumaßnahme in der Hohemarkstraße 46 konnte ein weiterer Nachweis der steinzeitlichen Besiedlung erbracht werden. Das Grundstück liegt an einem Steilhang zum Urselbach und es fanden sich keinerlei Befunde *in situ*. Allerdings konnte Rolf Skrypzak im August 2018 eine dunkelgraue Feuersteinklinge mit Rindenrest im Rahmen der Baggerarbeiten als Lesefund sammeln (Abb. 427).

Das Fundstück ist 2 cm lang, 0,9 cm breit und 3 mm stark, die Klinge ist sorgfältig bearbeitet und offenbar an beiden Seiten abgebrochen.

■ **Abb. 427** Klinge aus gebändertem Plattensilex mit Rinde, links Maßstab 1:1, rechts Vergrößerung auf den charakteristischen muscheligen Bruch.

■ **Abb. 426** Steinwandige, homogen verfüllte Grube im Profilschnitt.

NUR 33

Frühmittelalterliche Keramik aus der »Goldgrub«

Fundmeldung:	St. Clauder, St. Lucke und Denkmalamt
Verbleib:	Archäologisches Museum
Bericht:	Denkmalamt
Literatur:	Hampel (1997) 175 mit ält. Lit.

Seit 1984 sind im Rahmen von Feldbegehungen auf den Flächen nördlich des Steinbachs in den Fluren »In der Goldgrub« und »Steinbachsgewann« immer wieder Keramikfunde gemeldet worden. Diese Fundstücke können bisher dem Frühmittelalter und älteren Zeitstellungen zugewiesen werden (vgl. NUR 37, NUR 88 und NUR 89). In der Folge wurde das Areal einige Jahre nicht begangen; Baumaßnahmen waren nicht geplant. Herr Clauder führte für die Frankfurter Bodendenkmalpflege Feldbegehungen durch und be-

Abb. 428 St. 171: Grauer, fester Konstruktionslehm, oben ein Fragment mit Balkenabdrücken in vier Ansichten, darunter drei flache Schollen, Maßstab 1:3.

ging im August 2019 Ackerflächen in diesem Areal. Er fand einen frisch gebrochenen frühmittelalterlichen Topf, was zu einer sofortigen Nachsuche durch Rolf Skrypzak führte. Dieser konnte weitere Funde unterschiedlicher Zeitstellung sammeln, dokumentierte aber auch eine Fundkonzentration auf der Ackeroberfläche.

Es stellte sich die Frage, ob an dieser Stelle ein Ofen angepflügt wird, da zahlreiche grau durchgeglühte Lehmbrocken an der Oberfläche lagen (Abb. 428). Diese zeigten kuppelartige Formen und an den Innenseiten Abdrücke der Konstruktion.

Eine geophysikalische Untersuchung zeigte an der Stelle dieser Fundkonzentration ein deutliches Signal (Abb. 429). Zum gegenwärtigen Zeitpunkt weist Alles auf eine Siedlungsstruktur hin, womit die Überlegungen zu einem eventuellen Gräberfeld hintangestellt werden.

Weitere Feldbegehungen durch Stefan Lucke erbrachten weitere Fundstücke aus den ausgedehnten Flächen und bestätigten die Qualität der Fundstellen (vgl. NUR 37 und NUR 88 und NUR 89). Für das Jahr 2020 wurde eine Sicherungsgrabung angesetzt, deren Ergebnis mit Spannung erwartet werden darf.

Das Umfeld unter Beobachtung

Eine Maßnahme zur Wasserhaltung am Steinbach, jedoch bereits auf Praunheimer Gebiet an der Haingrabenstraße, wurde ebenfalls 2019 beobachtet, erbrachte jedoch keinen Hinweis auf archäologische Funde im Bereich des südlichen Steinbachufers.

■ **Abb. 429** Geophysikalisches Messbild mit charakteristischen Anomalien im Bereich der Fundstelle.

NUR 37

Römische Funde an »Goldgrub« und Steinbach

Fundmeldung:	St. Lucke
Verbleib:	Archäologisches Museum
Bericht:	Denkmalamt
Literatur:	Hampel (1997) 176 mit ält. Lit.

Im Rahmen der Feldbegehungen in den Fluren »In der Goldgrub« und »Steinbachgewann« konnte Stefan Lucke zwischen August und November 2019 insgesamt 3 römische Ziegelreste, 28 römische Scherben und 16 Terra Sigillata-Reste sammeln. (Abb. 430)

Die Fundstelle erstreckt sich offensichtlich auch auf die benachbarten Felder, womit sich die Dokumentationen der Feldbegehungen seit 1984 bestätigen.

Die geophysikalische Untersuchung zeigt leider keinerlei Baubefunde, so dass der Charakter der Fundstelle nicht näher erkannt werden kann.

Für das nächste Jahr ist eine archäologische Aufnahme durch das Denkmalamt geplant (vgl. NUR 33, NUR 88, NUR 89).

■ **Abb. 430** Römische Funde: Links Terra Sigillata, rechts Gebrauchskeramik, davon ein Fragment eines Mortariums mit der charakteristisch-rauen Quarzkörnung.

NUR 58

Auf der Suche nach Mittelursel

Fundmeldung:	St. Clauder
Verbleib:	Archäologisches Museum
Bericht:	Denkmalamt
Literatur:	Gerner (1976). – Hampel (2017) 425.

Die mittelalter- und neuzeitlichen Fundstücke, die seit 1992 auf den Ackerflächen zwischen Nieder- und Oberursel gesammelt wurden, konnten bisher das lange gesuchte Mittelursel nicht nachweisen. Durch die archäologische Denkmalpflege werden sämtliche Einzelfunde bis in die Neuzeit geprüft.

Die Wüstung Mittelursel ist vermutlich eine fränkische Gründung zwischen Nieder- und Oberursel; sie findet noch während des Dreißigjährigen Krieges 1618–1648 Erwähnung (vgl. Abb. 431), danach fällt sie wüst. Leider ist die genaue Lage nicht bekannt.

Herr Clauder fand im August 2019 auf den Ackerflächen südlich der Krebsmühle einen neuzeitlichen, verzierten Knopf und ein stark deformiertes Bleigeschoss.

Damit wird zwar die intensive Nutzung des Geländes erneut dokumentiert, der Ort Mittelursel bleibt jedoch nach wie vor unsichtbar.

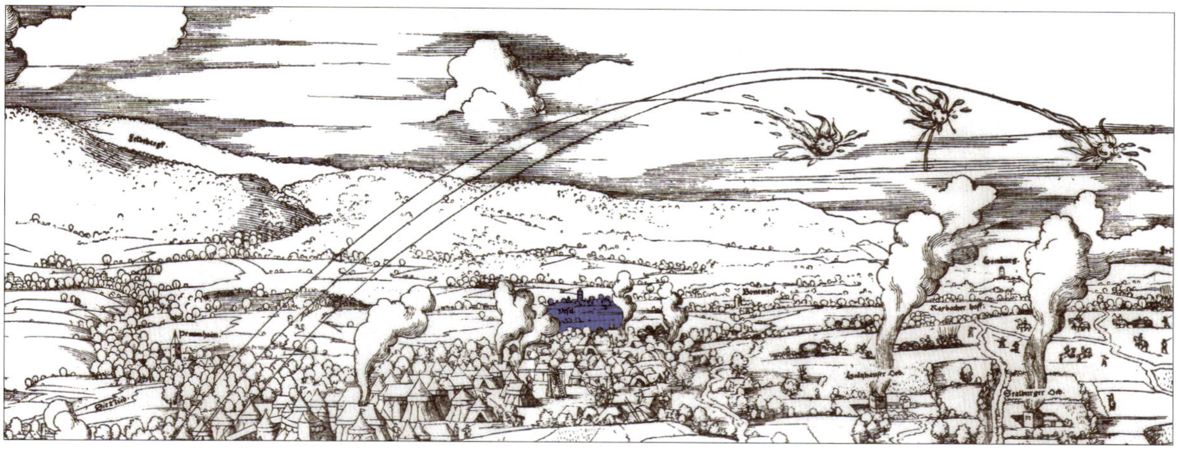

Abb. 431 Historische Stadtansicht der Belagerung Frankfurts nach Faber 1552, links der Feldberg, mittig in Blau Ursel, rechts Homburg.

NUR 71

Aus der Luft gesichtet – Flakstellung und Splitterschutzgraben

Fundmeldung:	Denkmalamt
Verbleib:	Archäologisches Museum
Bericht:	Denkmalamt
Literatur:	Hampel (1997) 193.

Im Rahmen einer regelhaften Überprüfung von aktuellen Luftbildern konnten für dieses neuzeitliche Denkmal 2018 Neuerkenntnisse gewonnen werden.

Die Flakstellung im Feld ist bereits seit 1992 bekannt. Ursprünglich kreisförmig angelegt, sind vermutlich sechs Fundamente im Ackerboden vorhanden (Abb. 432). Die massiven Stein- und Betonunterbauten erzeugen ausgeprägte Anomalien, die bei einem bestimmten Aufwuchs und zur richtigen Reifezeit deutlich im Luftbild sichtbar sind. Da die Fundamente direkt unter der Oberfläche liegen, wächst das Getreide schlechter und ist in der Regel früher reif, deshalb sind die Stellungen als helle Quadrate erkennbar. Erstmals ist auch ein weiterer schmaler, heller Streifen erkennbar und besonders in der Feldmitte als dunkleres Zick-Zack-Band ein Splitterschutzgraben, möglicherweise mit einem Entwässerungsgraben. Leider ist die fehlende Hälfte erneut nicht erkennbar.

Die Luftbildarchäologie ist völlig zerstörungsfrei und ermöglicht die Entdeckung und Dokumentation von archäologischen Befunden ganz ohne Bagger und Spaten lediglich durch Überfliegung und Fotografie. Die Fundstelle wurde registriert und kann dadurch nun entsprechend betreut und geschützt werden.

■ **Abb. 432** Aktuelles Luftbild der Flakstellung mit Splitterschutzgraben als Bewuchsmerkmal in der Ackerfläche, Kartengrundlage Google-Luftbild von 2008.

NUR 85

Die Burg der Vögte von Ursel

Fundmeldung:	Denkmalamt
Verbleib:	Archäologisches Museum
Bericht:	Denkmalamt
Literatur:	Atzbach u. a. (Hrsg.) 2010. – Frey 2009. – Gerner (1976) 18. – Hampel 2019, 159 ff. – Schindler (2013).

Im Jahr 2018 wurden Neubaumaßnahmen auf dem Gelände der Obermühle realisiert. Eine Mühle und ein Hofgut werden sicher im Jahr 1132 urkundlich erwähnt, archäologische Nachweise fehlen.

Bei Arbeitsbeginn waren zahlreiche Gebäude niedergelegt, nur nach Südwesten blieben die denkmalgeschützten Mühlengebäude erhalten. Sie stammen aus dem 18. Jh. und gehörten der Frankfurter Patrizierfamilie Stalburg, deren Wappen ist am Mühlengebäude erhalten. Das Gelände ist geprägt vom Urselbach und den Mühlgräben; nach Nordwesten ist eine bemerkenswerte Parzellenteilung erkennbar, die sich im Laserscan als Rinne mit einem leichten Wall zu erkennen gibt (Abb. 433).

Unstrittig ist die fränkische Gründung von Ober-, Mittel- und Niederursel, sicher wird der Ort jedoch erst in einer Urkunde von 1132 genannt. Spätestens ab dem 13. Jh. wurde der Ort durch die Vögte von Ursel verwaltet, die eine kleine Burg am Urselbach bewohnten. Deren Standort ist bisher nicht nachgewiesen, es

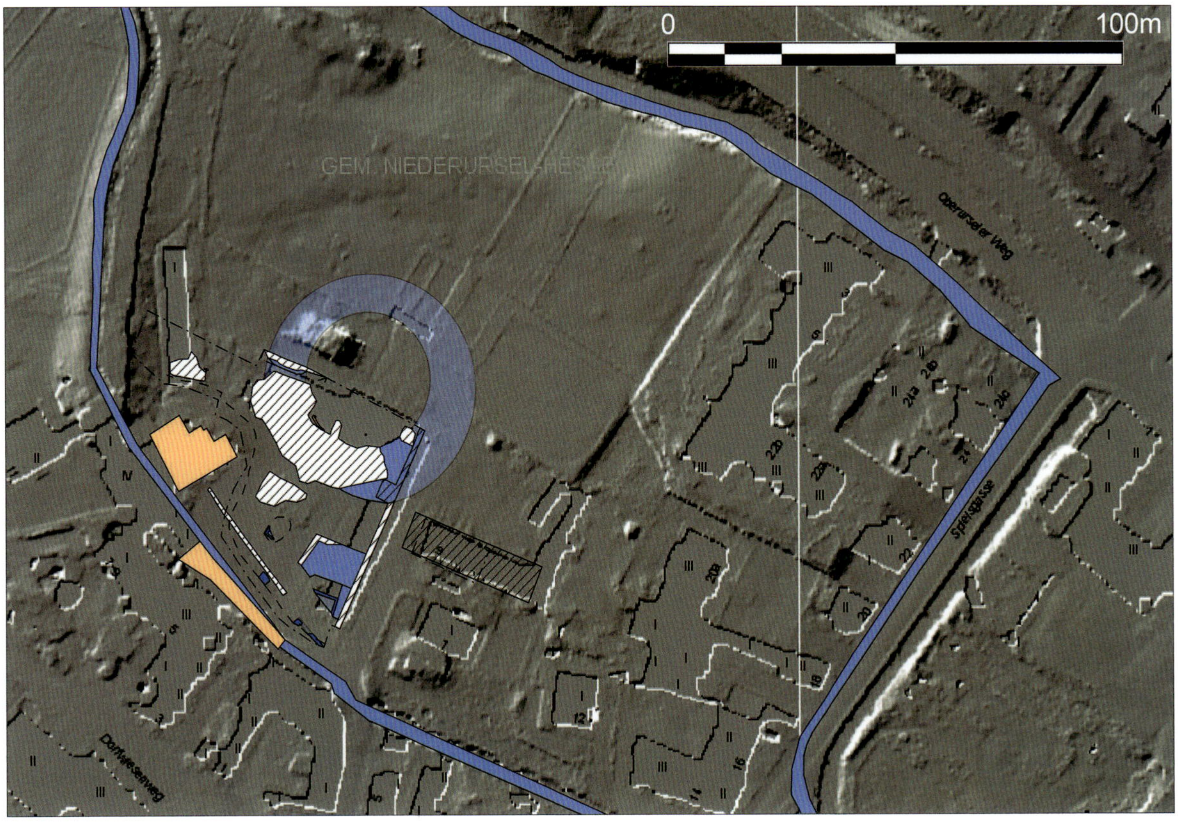

Abb. 433 Urselbach und Mühlgraben in der Laserscanaufnahme: Die historischen Mühlengebäude sind hellorange eingetragen, dazu die Grabungsergebnisse. Die Rinne und der Wall liegen nördlich des vermutlichen Burgstandorts.

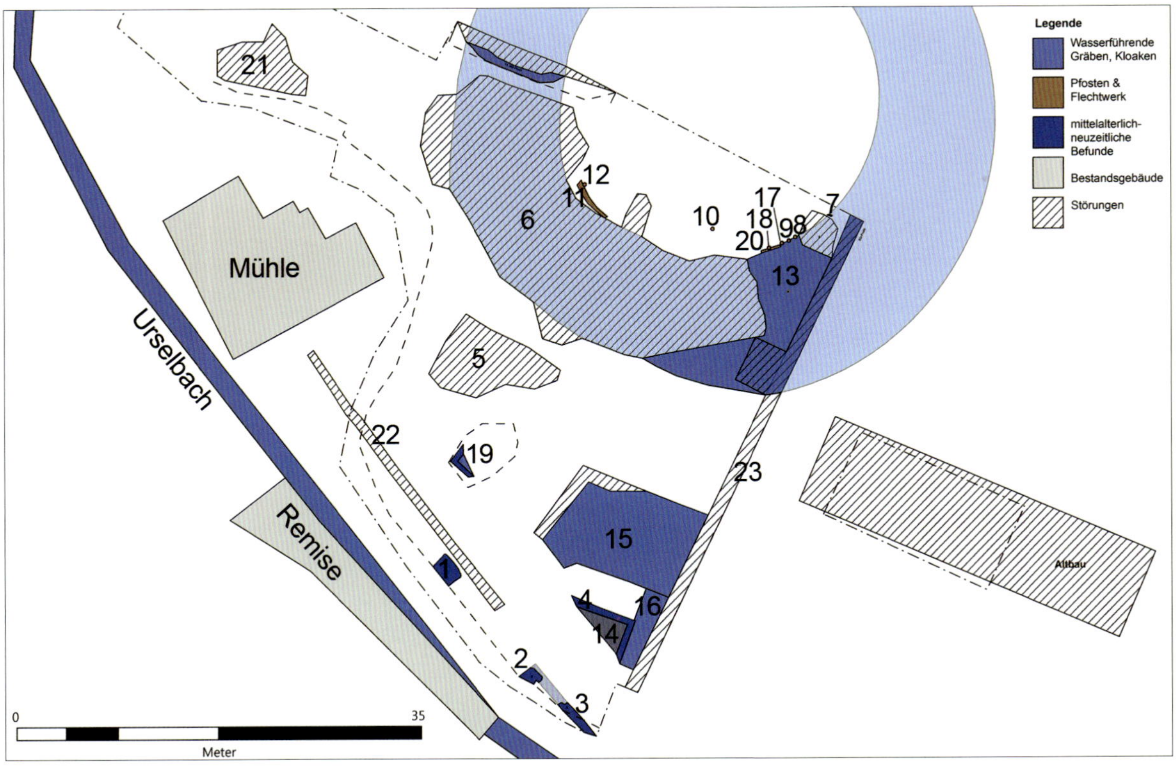

■ **Abb. 434** Gesamtplan der Grabungsergebnisse im Bereich der Burg.

kommen sowohl die Umgebung der Obermühle als auch eine Lage in der Ortsmitte infrage.

Der Wassergraben

Im Rahmen der Erdarbeiten für den Neubau konnte unter der örtlichen Grabungsleitung von Elke Sichert nordöstlich des Mühlbachs ein Wassergraben nachgewiesen werden, der 9 m breit mit maximal 0,90 m Tiefe nur flach erhalten war (Abb. 434). Er umschloss kreisförmig einen Bereich mit rund 28 m Durchmesser östlich der erhaltenen Mühlengebäude. Aufgrund jüngerer Eingriffe konnte ein eventueller Anschluss des Wassergrabens an den Mühlgraben nicht geklärt werden, auch Gebäudereste fehlen.

Der Wassergraben St. 13 war an der Innenseite zumindest abschnittsweise durch einen hölzernen Verbau aus Staken und Flechtwerk geschützt. Weiterhin konnten einzelne senkrechte Pfosten nachgewiesen werden, aus denen jedoch keine Struktur erkennbar war. Im Rahmen der Grabungsarbeiten konnten neben liegenden auch senkrecht eingeschlagene Hölzer mit Bearbeitungsspuren erfasst werden. Insgesamt 4 Holzpfosten wurden ins Archäometriezentrum nach Mannheim geschickt, mit dem Ziel eine Datierung zu erreichen. Zwei Proben (Klaus-Tschira-Archäometrie-Zentrum am Curt-Engelhorn-Zentrum Archäometrie in Mannheim. Probennummer (193036 und 193037) konnten dendrochronologisch bestimmt werden, d. h. die Eiche St. 10 wurde im Jahr 1228 gefällt und die Eiche St. 14 im Jahr 1582. Die Holzpfosten St. 12 und St. 17 waren für diese Datierung ungeeignet und wurden 14C-datiert. Die kalibrierten Daten liegen zwischen den Dendrodaten: 1310–1397 und 1305–1395 n. Chr. (Abb. 435) (Klaus-Tschira-Archäometrie-Zentrum am Curt-Engelhorn-Zentrum Archäometrie in Mannheim. Probennummer 41059 und 41060). Diese Ergebnisse bestätigen den Bestand der Burg, wie er in der historischen Überlieferung genannt wird.

Die Funde

Grundsätzlich verweisen die Funde, die alle aus dem Wassergraben stammen, in den Zeitraum, in dem die Niederungsburg bestanden haben soll, d. h. vom 13. bis zum 15. Jh. Dabei zeigt die Qualität der Funde die Herkunft aus einem adeligen Zusammenhang, auch wenn die Vögte von Ursel einfache Ministerialen waren.

MA-Nr.	Lab-Nr. MAD	Probe	Holzart	Beginn	Ende	Fälldatum	Zusatz	Ringe
MA-193036	2554	NUR085-10	Eiche	1228	1283	1300	um/nach	56
MA-193037	2555	NUR085-14	Eiche	1495	1582	1603	um/nach	88

Labornr MAMS	Probenname	^{14}C Alter [yr BP]	±	δ13C AMS [‰]	Cal 1-sigma	Cal 2-sigma	C [%]	Material
41059	NUR085-12	599	23	-26,3	cal AD 1310-1397	cal AD 1299-1406	40,4	wood
41060	NUR085-17	606	23	-23,6	cal AD 1305-1395	cal AD 1298-1403	54,5	wood

■ **Abb. 435** Dendrochronologische Datierung (oben) und 14-C-Datierung (unten) von Konstruktionshölzern der Burganlage.

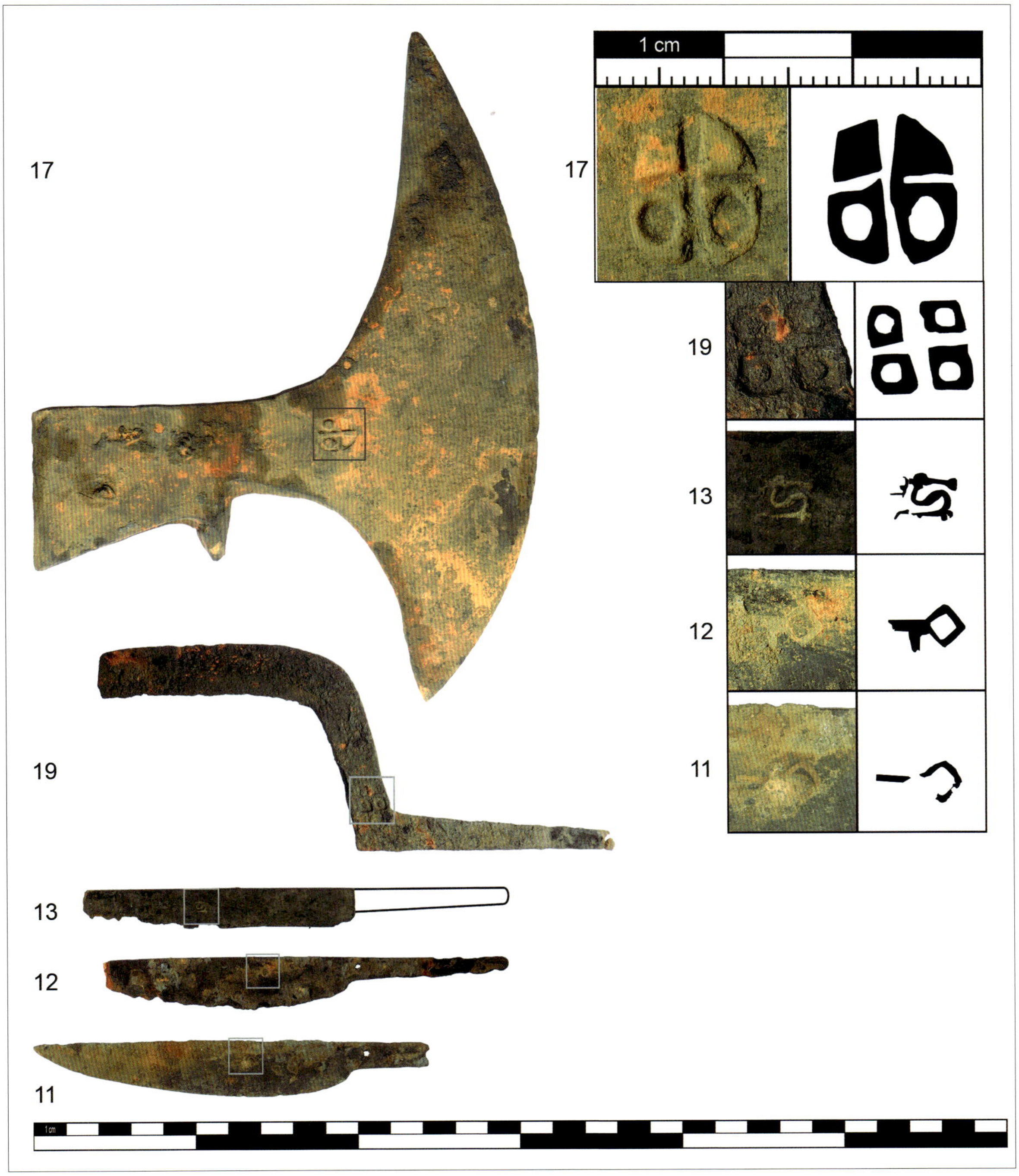

■ **Abb. 437** Eisenwerkzeuge mit Schmiedemarken aus St. 13, oben ein Beil, darunter eine fragmentierte Sichel und drei Messer, Maßstab 1:2, Schmiedemarken 2:1.

■ **Abb. 438** St. 13: Die drei Eisenschüsseln. Von der größten wurden zahlreiche Fragmente geborgen, darunter eine Flickstelle, an der mit vier Krampen ein rundlich zugeschnittenes Blech befestigt ist. Maßstab 1:2.

Zunächst konnten Reste von Küchengeschirren, sowohl unglasiert als auch innen glasiert, geborgen werden. Dabei befanden sich auch Reste von gelb- und grünglasierten Ofennischenkacheln vom Typ Tannenberg als Hinweis auf einen gehobenen Wohnkomfort im 13./14. Jh. Aus der gleichen Zeit stammt ein silberner Handheller mit ausgeprägter Hand und gespreizten Fingern, auf der anderen Seite ein Gabelkreuz mit Kugeln (Abb. 436).

■ **Abb. 436** St. 13: Silberner Handheller mit Handdarstellung und Gabelkreuz, Maßstab 2:1.

Ein metallreicher Haushalt

Unter den Fundstücken sind insgesamt mindestens vier fragmentierte Sicheln und zwei Beilklingen so-

■ **Abb. 439** St. 13: Links zwei Bronzebeschläge in Tropfenform mit je drei Nieten, rechts ein kleiner quadratischer Bronzebeschlag mit aufwendiger Verzierung, Maßstab 1:1.

wie der Rest eines Schaufelblattes. Dazu kommen Reste von rund 13 Messern, einem Löffel und schließlich mindestens drei Hufeisen und weitere metallene Kleinfunde, etwa Nägel. Die Anzahl ist durchaus bemerkenswert, da ja nur ein kleiner Ausschnitt aus dem Burggraben dokumentiert wurde.

Die Qualität der Werkzeuge wird durch fünf Schmiedemarken fassbar. Möglicherweise sind im Einzelfall auch Besitzermarken darunter, es dürfte sich jedoch in erster Linie um Meistermarken handeln. Mit einem solchen Symbol versehen sind eine Bogensichel, drei Messer und eine Beilklinge (Abb. 437). Dabei handelt es sich um vier verschiedene Marken, zwei der Messer sind an gleicher Stelle mit der gleichen Markierung gekennzeichnet.

Weiterhin fanden sich drei fragmentierte Eisenschüsseln mit umgelegten Rand und Durchmessern zwischen 14 und 24 cm (Abb. 438). Die Funde gehören alle in das 14./15. Jh. und belegen zum Teil einen gehobenen Lebensstil.

Herausragend ist unter den metallenen Kleinfunden aus St. 13 ein Bronzebeschlag, der vermutlich von einem Möbel oder Kästchen stammt. Bei einer Kantenlänge von nur 1,8 cm zeigt sich ein detailreiches, florales Muster in besonderer Qualität (Abb. 439, links). Ebenfalls fein gearbeitet sind zwei kleine Beschläge in Tropfenform, die allerdings unverziert ist (Abb. 439, rechts).

Zum Schutz der Schuhe

Als weiteres, zunächst unscheinbares, Fundstück ist ein eisernes Stolleneisen zu nennen. Es ist 8,5 cm lang und 2,5 cm breit und besitzt 4 Löcher. An der Unterseite ist das Blech an beiden Seiten verdickt. Es handelt sich um den Auftritt, bzw. den Beschlag einer Trippe (Abb. 440). Diese hölzernen Unterschuhe wurden unter die empfindlichen Lederschuhe geschnallt. Diese galt es auf den zumeist ungepflasterten Straßen und Gassen vor Schmutz und Beschädigungen zu schützen. Außerdem dienten die Trippen im Winter zum Schutz vor kalten Böden. Während das Holz vergangen ist, blieb das Eisen erhalten. Auch dieses Fundstück kann in das 14./15. Jh. datiert werden und dokumentiert eine gehobene Ausstattung durchaus im Umfeld eines Reichsministerialen.

■ **Abb. 440** Gemalte Trippen auf dem Arnolfini-Portrait von Jan van Eyck aus dem Jahr 1434 links, der Nieder-Urseler Eisenbeschlag einer Trippe aus St. 13 rechts.

■ **Abb. 441** St. 15: Beschädigter Radsporen als Nachweis der Reiterei, links Maßstab 1:1.

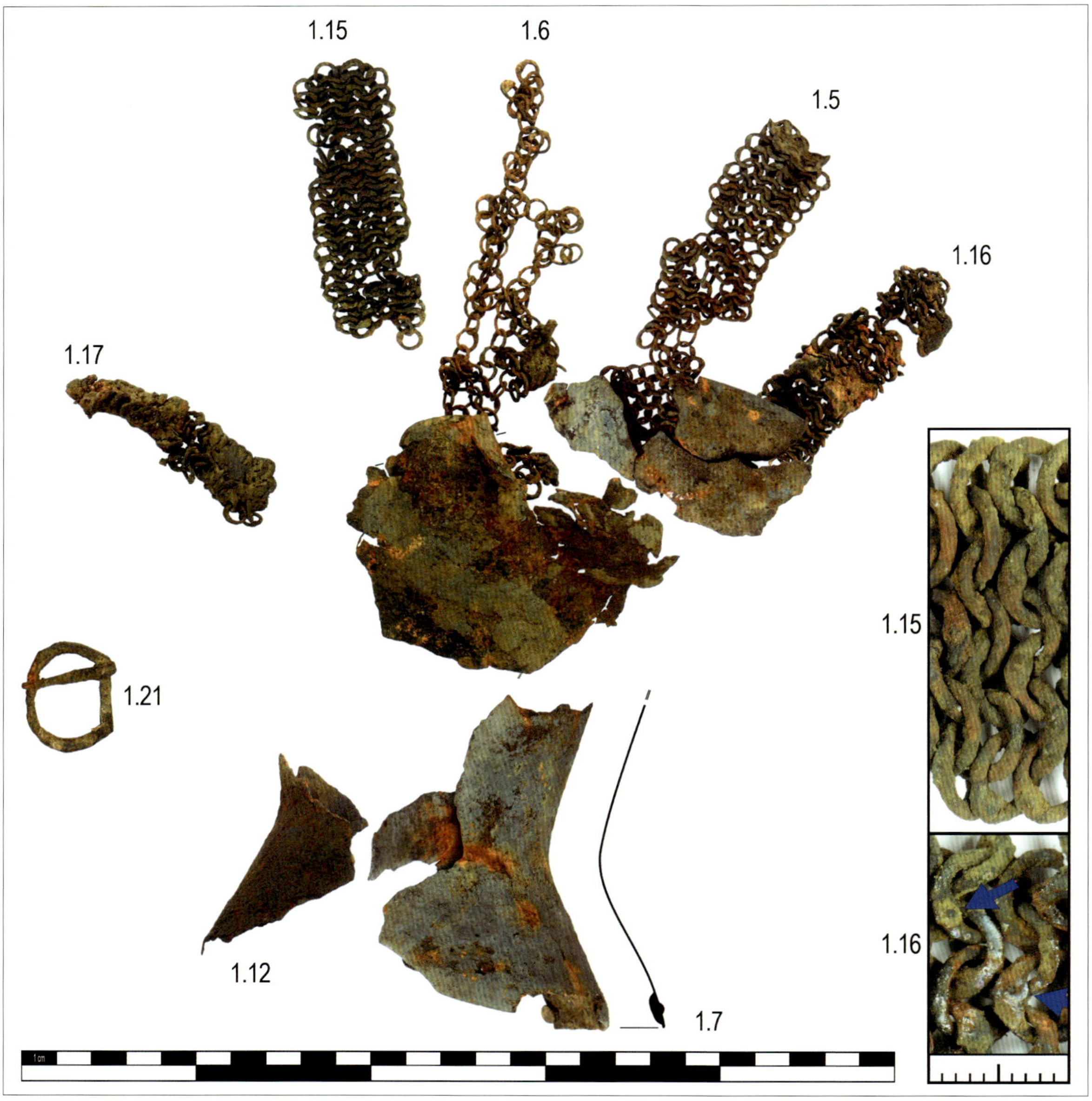

■ **Abb. 442** St. 13: Fragmente eines gepanzerten Handschuhs, eine sog. Hentze, Maßstab links 1:2, rechts Detail 2:1.

■ **Abb. 443** St. 13: Zwei Fragmente der Hentze. Deutlich zu erkennen ist das an das Blech angenietete Lederband sowie das ebenfalls angenietete Kettengeflecht (links), Maßstab 1:1.

Von Rittern, heute Rost

Zweifellos in einen adeligen Kontext sind drei bemerkenswerte Fundstücke zu stellen. Dabei handelt es sich einmal um einen fragmentierten bronzenen Radsporn als Merkmal der ritterlichen Reiterei aus St. 8 (Abb. 441); das fehlende Rädchen hätte repariert werden können. Solche Sporen lösen ab dem 13. Jh. die älteren Stachelsporen ab; das Fundstück kann zwanglos in das 14. Jh. datiert werden.

Das herausragende Fundstück ist aber ohne Frage eine fragmentierte Hentze (Abb. 442). Es handelt sich um den gepanzerten Handschuh zum Harnisch, also eines gepanzerten Ritters. Die Hentze schützt das Handgelenk und die Mittelhand durch ein Blech, die eigentlichen Finger sind jedoch durch ein Kettengeflecht in der Art eines Ringpanzers bedeckt. Das Blech hat eine Stärke von maximal 1 mm und ist damit sehr dünn. Die Ringe des Kettenpanzers sind rund 6,7 mm im Durchmesser bei einer Drahtstärke von knapp über 1 mm. Jeder gefundene Ring ist einzeln vernietet. Die Fingerpanzerung ist auf der Innenseite an das Handblech genietet. An den Rändern des Blechs sind auf der Innenseite schmale Lederstreifen aufgenietet (Abb. 443), wobei eine Naht auf weitere Lederteile schließen lässt. Grundsätzlich ist davon auszugehen, dass unter der Hentze ein Lederhandschuh getragen wurde, ob im vorliegenden Fall ein Lederfutter vorhanden war, lässt sich nicht entscheiden. Am Handgelenk schützt das sanduhrförmige Blech den Pulsbereich, es ist etwa 4 cm lang und nahe am Rand ist ein Niet erhalten. Auch der eher kurze Stulp spricht für eine Datierung in das 14. Jh. (freundlicher Hinweis Prof. Dr. Rainer Atzbach, Universität Aarhus).

Der Panzerhandschuh ist mindestens einmal geflickt worden, wobei der Metallflicken Reste einer Verzierung aufweist und offenbar zweitverwendet ist (Abb. 444). Zusammen mit dem Handschuh fand sich eine einfache D-förmige Eisenschnalle, die wohl zugehörig ist. Es dürfte sich dabei um die Schnalle des Lederriemens handeln, mit dem der Panzerhandschuh am Arm befestigt wurde.

Kettenringpanzer stehen in der Nachfolge der älteren Schuppenpanzer und werden ab dem 14. Jh. mehr und mehr durch Plattenpanzer abgelöst. Fünf-Finger-Handschuhe an Rüstungen wie der hier vorgestellte treten ab dem fortgeschrittenen 14. Jh. auf.

■ Abb. 444 St. 13: Das Fragment mit Flickstelle mit einem verzierten Blechstreifen, links Maßstab 1:1, rechts 7-fache Vergrößerung.

Pflanzenreste unterm Mikroskop

Der Wassergraben war mit einem schwarzbraunen, humosen Material gefüllt, das bis auf den anstehenden Kies reichte. In dieser Füllung fanden sich zahlreiche Fundstücke, wobei durch die feuchte Lage auch organische Reste und Funde, z. B. Leder und Holz geborgen werden konnten.

Aus dem Burggraben wurden Sedimentproben von verschiedenen Fundstellen und aus verschiedenen Kontexten geborgen. Die Untersuchung durch Lisa Rühl ergab: Aus Niederursel lagen 4 Proben zur archäobotanischen Untersuchung vor. Drei stammen aus dem Burggraben St. 13, eine aus einer Jauchegrube/Kloake (St. 19) und eine aus einer geologischen Schicht (St. 74).

Die Botanikprobe aus dem Kies

Die geologische Schicht St. 74 erwies sich als eiszeitlicher Schotter. Er enthielt keine Früchte und Samen, sondern lediglich wenige Holzkohlefragmente, einige unverkohlte Epidermisfragmente und Holzfasern sowie vereinzelte Insektenreste.

Die Botanikprobe aus dem Burggraben

Von den beiden Feuchtproben aus dem Burggraben St. 13 wurde jeweils eine Teilprobe archäobotanisch untersucht. Die dritte Probe (13/3) aus dem Burggraben umfasste handaufgelesene Pflanzenreste und wurde nicht weiter vorbehandelt.

Die Erhaltung in Schicht 1 ist außerordentlich gut. In der Probe 13/1 fanden sich subfossile Blattfragmente und sehr viel Moos, bei welchem sogar die Blättchen noch gut erhalten waren.

Das Pflanzenspektrum aus dem Burggraben zeigt einen Ausschnitt der Vegetation, die innerhalb des Grabens, am Ufer und in der näheren Umgebung wuchs (Abb. 445). Bis auf wenige Ausnahmen scheint es sich nicht um anthropogen eingebrachte Pflanzen zu handeln.

Fragmentierte Samen der Kornrade finden sich gelegentlich in Latrinen und können demnach, wenn in größerer Zahl vorhanden, auf menschliche Fäkalien hindeuten. In der Probe 13/1 fand sich lediglich ein einzelner Nachweis. Ein ähnlicher Kontext könnte theoretisch auch für die Kirschkerne vermutet werden, vielleicht wurden sie aber auch einfach in den Graben geworfen. Weitere drei Kirschkerne, die Hälfte eines Zwetschgenkerns sowie die Fruchtschale einer Walnuss wurden direkt aus dem Graben aufgelesen (13/3). Vielleicht wurden sie gezielt im Graben entsorgt. Es ist aber nicht auszuschließen, dass die zugehörigen Bäume in der näheren Umgebung standen und der Eintrag durch Tiere erfolgt ist. Ein verkohltes Roggenährenfragment ist der einzige verkohlte Rest im untersuchten Ma-

■ **Abb. 445** Am Burggraben wuchsen Pflanzen, die feuchte Standorte lieben, darunter Hopfen (Humulus lupulus), Blut-Weiderich (Lythrum salicaria) und Schwarz-Erle (Alnus glutinosa).

terial aus dem Burggraben. Möglicherweise wurden in der Nähe Siedlungsabfälle verbrannt und der Eintrag erfolgte durch den Wind. Die direkte Entsorgung von verkohltem Abfall ist eher unwahrscheinlich in Anbetracht des Fehlens weiterer verkohlter Pflanzenreste und des übrigen Artenspektrums.

Der mit vier Samen nachgewiesene Hopfen in Schicht 2 wächst auch natürlich in feuchten Auwäldern und fügt sich somit gut in das Spektrum der Auwald- und Feuchtvegetation am Burggraben ein.

Bezüglich der Erhaltung und der Diversität der Spektren: Schicht 1 enthielt 906 Pflanzenresten je Liter mit gut erhaltenen Moosresten und vielen Blattfragmenten, Schicht 13/2 jedoch 2.800 je Liter mit weniger bzw. stärker zersetzten Pflanzenresten aber viele Zellreste (Oogonien) von Armleuchteralgen, einige unbestimmte Blüten- oder Perianthfragmente und mehrere Dornen/Stacheln.

Probe 13/1 enthält sehr viele Früchte von Alnus glutinosa (Schwarz-Erle), außerdem die Spindel eines Schwarz-Erlen-Zapfens und zugehörige Zapfenschuppen. Von dieser Baumart fand sich hingegen in der Probe aus Schicht 2 nur eine Frucht, dafür eine Knospe. Weitere Laubbäume sind durch einen Birkensamen (nur in Schicht 1), Weidenknospen und -kätzchen sowie Samen des Schwarzen Holunders vertreten. Kerne von Süßkirsche kommen in allen Proben vor, Zwetschge und Walnuss waren nur in der handaufgelesenen Probe 13/3 vorhanden.

In Schicht 2 ist ein höherer Anteil von Arten zu beobachten, die auf ruderalen und nährstoffreichen Standorten wachsen. Außerdem finden sich nur hier Samen von Adonis (Weidenröschen) und im Vergleich zu Schicht 1 sehr viel höhere Fundzahlen von Lythrum salicaria, dem Blut-Weiderich. Unter den neu hinzugekommenen Arten sind nicht nur solche mit harter Samenschale wie Chenopodium (Gänsefuß) oder Urtica dioica (Große Brennnessel), sondern auch weichschalige Samen von Hyoscyamus niger (Schwarzes Bilsenkraut). Neben den Samen und Früchten gibt es in beiden Schichten Holzfragmente und -fasern, einige Zweigfragmente und Rinde sowie Insektenreste. Insgesamt handelt es sich wohl also vorwiegend um natürliche Ablagerungen im Burggraben, möglicherweise ergänzt durch vereinzelte Einträge organischer Abfälle.

Die Botanikprobe aus der Kloake

Die Probe aus der Jauchegrube/Kloake St. 19 wurde vor dem Schlämmen eingefroren, um möglicherweise noch aktive Organismen abzutöten und Infektionen zu vermeiden (Spul- und Bandwürmer etc.). Von der Probe wurde eine Teilprobe von 0,5 l Verdrängungsvolumen bearbeitet. Sie enthielt zahlreiche Samen von Tomaten und Johannisbeeren. Weitere nachgewiesene Garten- und Sammelpflanzen sind Runkelrübe, Apfel, Süßkirsche, Brombeere und möglicherweise Weintraube.

Die gefundenen Wildpflanzen sind typische Vertreter ruderaler Standorte. Drei Fichtennadeln könnten auf eine Verwendung von Ästen dieser Bäume oder Standorte in der Umgebung hindeuten. Ein klarer Hinweis auf die Funktion dieser Grube sind die zahlreichen, für Latrinen typischen Insektenpuparien. Außerdem fanden sich hier Fragmente bedruckten Papiers. Die beprobte Schicht ist demnach eindeutig neuzeitlich. In Anbetracht der sehr guten Erhaltung der Reste erscheint eine Datierung in das 19./20. Jh. wahrscheinlich.

Zusammenfassung der Ergebnisse

Aufgrund der neuen Grabungsergebnisse kann die Niederungsburg der Herren von Ursel am Urselbach lokalisiert werden. Mindestens ein Wassergraben umschließt den eigentlichen Burgbereich, der damit eine vergleichbare Größe mit der Niederungsburg im Frankfurter Ortsteil Bonames erreicht (vgl. BON 14), die zeitgleich bestanden und auch einen ähnlichen politischen Stellenwert wie die Burg von Ursel hat.

Es ergaben sich anhand der Funde keine Hinweise auf unruhige Zeiten. Als kleine Burganlage nahe der Freien Reichsstadt hatten die Vögte von Ursel bereits 1334 ein Öffnungsrecht für die Stadt Frankfurt ermöglicht. Ein archivalischer Hinweis, dass die Raubritter aus dem Taunus, d. h. die Ritter von Hattstein, um 1400 die Burg erobert hätten, konnte archäologisch nicht nachgewiesen werden. Die Reste des Kachelofens, das qualitätvolle Werkzeug und die persönlichen Besitztümer eines gepanzerten Ritters künden dagegen vom Leben im Wohlstand.

NUR 87

Der ehemalige Fronhof

Fundmeldung:	Denkmalamt
Verbleib:	Archäologisches Museum
Bericht:	Denkmalamt
Literatur:	Mielke 1982.

An der Straße Alt-Niederursel/Ecke Hennegasse 1 steht ein ehemaliger Fronhof; die denkmalgeschützte Hofanlage stammt aus dem Jahr 1720. Anlass für eine denkmalrechtliche Maßnahme waren der Teilabriss und Neubau der Nebengebäude entlang der Hennegasse.

Die Bausubstanz war erheblich schlechter als erwartet und aufgrund akuter Einsturzgefahr kam es zu einer Planänderung. Im November 2018 wurde unter der örtlichen Grabungsleitung von Rolf Skrypzak ein maximal 6,0 m breiter und 27 m langer Abschnitt unter der ehemaligen Bebauung freigelegt. Dabei wurden insgesamt 49 Befunde erfasst, die sich deutlich im anstehenden hellgelben Löß abzeichneten (Abb. 446 und 447). Während die Befunde St. 41–45 als rezente Störungen anzusprechen waren, sind die Befunde St. 36, 38, 39 und 62 modern. Mit den St. 26–28 sind ein Laufhorizont, eine Kiesschüttung und ein Kolluvium definiert, was die ausgedehnte Nutzung der gesamten Fläche belegt.

■ **Abb. 446** Blick von Südwesten nach Nordosten auf die Grabungsfläche, rechts anschließend die Hennegasse.

In der Fläche waren insgesamt 13 Pfosten verteilt (St. 25, 30, 36 und 52–61). Diese Befunde sind aufgrund ihrer Fundarmut kaum näher zu datieren. Die Pfosten St. 52–55 zeigten eine deutliche Pfostenstandspur. Es ergeben sich daraus keine Hinweise auf eine Gebäude- oder Dachstruktur.

Im gesamten Grabungsbereich befanden sich insgesamt 10 Gruben (St. 24, 29, 31–34, 37, 66, 67, 67 und 73).

Mit den St, 40, 63–65 und der Gartenmauer St. 69 sind Mauerabschnitte und Mauerzüge erfasst worden, die der Vorbebauung zuzurechnen sind und als Bruchsteinmauerwerk ausgeführt waren, bzw. sind. Des Weiteren konnte mit St. 68 und St. 70–72 als ehemaliger Steinkeller nachgewiesen werden (Abb. 448).

Nur aus den Befunden St. 25, 31, 37, 66 und 68 stammen Funde. Dabei handelt es sich in erster Linie um glasiertes und unglasiertes Küchengeschirr, dazu Eisenreste, zumeist Nägel und wenige Tierknochen, selten Glasscherben. In den Befunden St. 37 und St. 68 konnten auch etwas Bauschutt und der Rest eines Webgewichts sowie Bleireste und grün glasierte Ofenkacheln geborgen werden (Abb. 449). Dabei handelt es sich einmal um eine Kachel mit der Jahreszahl 1562, die wahrscheinlich auf einen Entwurf des bekannten Kachelbäckers »Hans Berman« zurückgeht

Abb. 447 Gesamtplan der Ausgrabungen in der Hennegasse.

Abb. 448 Steinkeller einer Vorgängerbebauung als Rest unter dem abgebrochenen Nebengebäude erhalten.

■ **Abb. 449** Die Nischenkachel zeigt einen Bartträger mit Pilgerflasche, der einen Nuppenbecher in der Hand hält. Sie misst 29,5 x 187 cm und stammt aus St. 68, Schicht 1, Maßstab 1:3.

■ **Abb. 450** Rechte untere Ecke einer Blattkachel mit der Jahreszahl 1562, aus St. 68, Schicht 1, Maßstab 1:1.

und einen gehobenen Wohnkomfort an der Hennegasse dokumentiert (Abb. 450).

Wenige stratigrafische Überschneidungen in den Befunden lassen sich aufgrund fehlender Fundstücke nicht datierend auswerten. Das Fundinventar reicht vom Mittelalter bis in die frühe Neuzeit (Abb. 451), was für einen ehemaligen Fronhof nicht überraschen kann.

■ **Abb. 451** Der barocke Ziegel trägt einen X-förmigen Fingerstrich und misst erh. L. 15,7 cm, B. 12,1 cm, H. 4,3 cm, aus St. 68, Schicht 1, teilrekonstruiert, Maßstab 1:2.

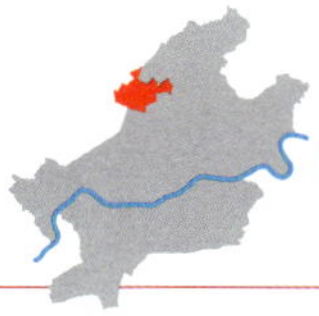

NUR 88

Nun auch noch Hallstattzeit am Steinbach

Fundmeldung:	St. Lucke
Verbleib:	Archäologisches Museum
Bericht:	Denkmalamt

Von August bis November 2019 beging Stefan Lucke im Auftrag des Denkmalamtes die Ackerflächen nördlich des Steinbachs. Dabei konnte er frühmittelalterliche (vgl. NUR 33), römische (vgl. NUR 37) und spätantike (vgl. NUR 89), aber auch vorgeschichtliche Funde sammeln. Bisher waren hier vorgeschichtliche Funde aus dem Endneolithikum (vgl. NUR 36) bekannt, die Neufunde können diesem jedoch nicht zugewiesen werden. Stattdessen wurde die reiche Siedlungsgeschichte des Areals um eine weitere Epoche ergänzt:

Bei den Neufunden handelt es sich um Scherben, die für die Eisenzeit charakteristisch sind, und hier als hallstattzeitlich angesprochen werden sollen. Unter den 30 Scherben fand sich eine Wandscherbe mit Fingerkniffverzierung und ein Henkelbruchstück; Ränder und Böden waren nicht dabei (Abb. 452).

Eine Siedlungsstelle der Metallzeiten war bisher unbekannt, die zeitliche Einordnung in die Hallstattzeit erfolgt vorläufig. Die Hoffnung der Ausgräber:innen ist, die Fundstelle im Rahmen der geplanten Maßnahmen 2020 abschließend bewerten zu können.

Abb. 452 St. 202, hallstattzeitliche Keramik, oben links Wandscherbe mit teilrekonstruierter Fingerkniffverzierung und oben rechts Henkelbruchstück in zwei Ansichten, Maßstab 1:1.

Eisenzeit

NUR 89

Neue spätantike Funde vom Acker

Fundmeldung: St. Lucke
Verbleib: Archäologisches Museum
Bericht: Denkmalamt
Literatur: Hampel (2015) 202f. und 225.

Der lizensierte Sondengänger Stefan Lucke beging im Auftrag des Denkmalamtes die Ackerflächen nördlich des Steinbachs in der Flur »Steinbachsgewann« und »In der Goldgrub«.

Das Areal hat sich bereits in der Vergangenheit als siedlungsgünstig erwiesen, dort sind bereits seit dem Neolithikum (vgl. NUR 36) vorgeschichtliche und römische Siedlungen sowie frühmittelalterliche Nachweise bekannt (vgl. NUR 88).

Er fand insgesamt 8 Bronzetropfen als Beleg für eine Metallverarbeitung am Ort und überraschend fand Herr Lucke insgesamt 9 Münzen (Abb. 453), die offenbar spätantik sind. Neben zwei miteinander verbackenen, barbarisierten Antonianen sind 5 Follis, ein Antonian und ein As zu nennen. Die beiden miteinander durch Korrosion verbackenen Radiati Minimi 1 und 2 könnten sogar aus der Produktionsstätte in Nied stammen (vgl. NIE 18).

Wir danken sehr herzlich Herrn Dr. Frank Berger für die Bestimmung der Münzen.

■ **Abb. 454** (1) und (13) Die beiden Riemenzungen, (11), das florale Bronzefragment, (8) der Pferdekopf, (12) die Fibel, (9) der Beschlag in zwei Ansichten, Maßstab 1:1.

Er fand weiterhin eine Bronzeriemenzunge mit feiner Punzverzierung und eine weitere Riemenzunge in Form einer Lanze. Dazu sind eine kleine Bronzeschnalle in Form eines 8–zackigen Sterns mit rundem Loch und sehr dünnem eingehängtem Dorn sowie ein vollplastisch ausgeführter Pferdekopf zu nennen, der zu eine Hohlfigur gehört, die direkt unterhalb des Halses abgebrochen ist. Ein kleiner Bronzerest mit dreigeteiltem, floralem Abschluss und ein Bronzebeschlag gehören auch dazu (Abb. 454). 7 kleine Blechreste entziehen sich einer detaillierteren Ansprache.

Der Charakter der Fundstelle soll im Folgejahr erhellt werden. Zum gegenwärtigen Zeitpunkt zeichnet sich eine zeitliche Distanz zwischen der Römerzeit (vgl. NUR 37) und den hier vorgelegten Neufunden ab.

■ **Abb. 453** Die Münzen von alt nach jung: (6) nicht lesbare römische Münze, (8), Radiatus, Tetricus? 271 n. Chr. und später, (7) Constantin I? ca. 315-330 n. Chr., (3) unkenntliche Münze, ca. 320-340 n. Chr., (4) Constans, 335-340 n. Chr., (1 und 2) aufeinander aufkorrodiert, Radiati Minimi, (5) 1 Pfennig der Stadt Nürnberg aus dem Jahr 1670, (9) Bleiplombe, Bestimmung F. Berger, Maßstab 2:1.

Abb. 455
Eine Beilklinge aus dem Burggraben von Niederursel unmittelbar nach der Bergung.

OBERRAD

Der Ortsteil liegt südlich des Mains und reicht bis zur östlichen Stadtgrenze. Bekannt ist Oberrad durch die Produktion der Frankfurter Spezialität »Grüne Soße«, der dort sogar ein Denkmal gesetzt ist, sowie durch den Frankfurter Dichterfürsten Johann Wolfgang von Goethe. Dieser setzte durch seinen »Osterspaziergang« dem Wasserhof ein literarisches Denkmal und der benachbarten Gerbermühle durch seine Liaison mit Marianne von Willemer.

Das Dorf Oberrad ist in seiner Grundstruktur entlang der Offenbacher Landstraße bis heute erhalten; der Ort wurde im Jahr 1900 eingemeindet.

Archäologisch bieten die ausgedehnten Auelagen nur wenig Nachweise, auch Feldbegehungen waren unergiebig.

Aus diesem Grund sind in der Gemarkung nur wenige Fundstellen bekannt. Dennoch war das Denkmalamt auch in diesem Berichtszeitraum in Oberrad aktiv – und wurde fündig.

Oberrad: Der historische Bahnhof von 1862 in der Wehrstraße 42.

ORA 2

Straßenbau in Oberrad

Fundmeldung:	Denkmalamt
Verbleib:	Archäologisches Museum
Bericht:	Denkmalamt
Literatur:	Meier-Arendt (1960) 91 f. – Wolf (1913) 127.

Im Jahr 2017 wurde entlang der Oberräder Hauptstraße eine ausgedehnte Straßenbaumaßnahme ausgeführt.

In Straßentrassen ist generell mit zahlreichen Störungen zu rechnen, da über die Jahre eine Vielzahl von Leitungen und Kanälen unterirdisch verlegt wurden. Zudem sind Straßenzüge nach den Zerstörungen des Zweiten Weltkrieges im Rahmen des Wiederaufbaus häufig verbreitert worden. Dabei wurden auch alte Grenzen verlegt, darunter gegebenenfalls auch die Grenzen alter, aufgelassener Friedhöfe. Aus diesem Grund war eine Beobachtung der Erdarbeiten besonders im Bereich des ehemaligen Friedhofs erforderlich.

In diesem Straßenabschnitt um die Hausnummern Offenbacher Landstraße 322–332 kamen bereits 1955 bei Kanalarbeiten in der Straße menschliche Knochen zutage. Diese Gräber gehören zum ältesten bekannten Oberräder Friedhof um die Kirche St. Margareta, auf dem zwischen mindestens 1270 und 1873 beerdigt wurde (Abb. 456).

Die Erdarbeiten reichten nicht bis an die Bebauung der Straße heran, sondern beschränkten sich in Tiefen unter 1 m auf die Fahrbahn. Trotzdem zeigten sich vereinzelt Reste von Kelleranlagen des 19. und 20. Jhs., es bestätigte sich nachdrücklich die Verbreiterung der Straße im Rahmen des Wiederaufbaus (Abb. 457). Der Friedhof wurde bei der Straßenbaumaßnahme 2017 nicht gestört.

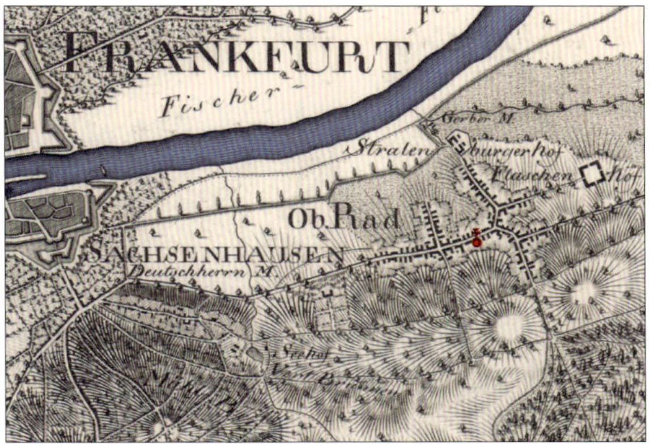

Abb. 456 Oberrad im Jahr 1801 nach einem Stich von C. Felsing, in Blau der Main, in Rot die Kirche St. Margareta eingetragen. Kartengrundlage Institut für Stadtgeschichte, Überarbeitung durch das Denkmalamt.

Abb. 457 Die Sanierung der Offenbacher Landstraße im Ortsteil Oberrad; Blick nach Westen.

Praunheim: Farbenfroh gestaltete Mauer an der Ebelfeldschule.

PRAUNHEIM

Der Ortsteil liegt westlich anschließend an den Ortsteil Heddernheim und ist wie dieser durch seine römische Geschichte geprägt, da die römische Stadt NIDA sich bis auf dieses Terrain erstreckt. Besonders die Gräberstraßen in Richtung der Provinzhauptstadt Main sind in der Gemarkung verortet und Bestattungen in großer Zahl nachgewiesen.

Im Berichtszeitraum wurden im Bereich nordöstlich des alten Ortskerns und der Bernadottestraße zwei Neubauten errichtet, die im Bereich eines bekannten römischen Friedhofes lagen. Hier ergaben sich neue Erkenntnisse zur bekannten Fundstelle, aber auch neue Erkenntnisse zur Geschichte von NIDA. Die herausragenden wissenschaftlichen Ergebnisse sollen in einer eigenen Publikation veröffentlicht werden.

Südlich der Steinbacher Hohl fand Herr Clauder 2019 einen Militärknopf des Ersten Weltkriegs mit der auffälligen Preußenkrone. Die Oberfläche des Messingknopfes war stark angegriffen; moderne Düngung und generell die Witterungseinflüsse setzten dem rund 100 Jahre alten Objekt zu.

PRA 20

Ein spätrömisches Gräberfeld der Extraklasse

Fundmeldung:	Denkmalamt
Verbleib:	Archäologisches Museum
Bericht:	Denkmalamt
Literatur:	Fasold (2004) 38 ff. – Fasold/Witteyer 2007. – Fasold (2006/2011) 149–153 und Taf. 287–297. – Hampel 2018.

Die römische Stadt Nida erstreckt sich auf dem Gebiet der Ortsteile Heddernheim und Praunheim. Zur Siedlung sind verschiedene Friedhöfe bekannt, die in der Regel nach römischer Sitte entlang der Ausfallstraßen liegen.

Zum Forschungsstand

Das Gräberfeld an der Heilmannstraße ist seit 1893 bekannt, leider war bisher kein Befund archäologisch dokumentiert. Offenbar gab es Grabfunde im Rahmen von Baumaßnahmen bei den Hausnummern 2–10 und im anschließenden Kransberger Weg. Durch Altgrabungen waren auf dem Friedhof 13 Gräber nachgewiesen, davon bemerkenswerte 4 Steinkistengräber, aber auch 9 Körpergräber. Im Vergleich zu den anderen Friedhöfen, die ebenfalls der römischen Stadt Nida zugewiesen werden können, erschien die Fundstelle klein und die Belegung in einer eher lockeren Streuung.

Auffällig war durchaus die Zahl der Körpergräber, die im Vergleich zu römischen Brandbestattungen bisher kaum nachgewiesen sind. Peter Fasold konnte unter 1132 auswertbaren Gräbern in Nida nur 132 Körpergräber belegen.

Die Ausgrabungen 2017–2018

Im Jahr 2017 und 2018 wurde sowohl im Kransberger Weg 10 als auch in der Heilmannstraße 10 die Altbebauung abgerissen, um für eine Neubebauung Platz zu schaffen. Die Maßnahmen wurden geleitet von Denis Neumann.

Im Bereich der Baustelle Kransberger Weg 10 fand sich ein einzelnes Brandgrab St. 100 direkt westlich des Spitzgrabens St. 1 (vgl. PRA 68), eingegraben in den gewachsenen Boden. Im Bereich der Baugrube waren keine weiteren Bestattungen vorhanden, was zunächst die weite Streuung auf diesem Friedhof zu bestätigen schien.

Auf dem benachbarten Baugrundstück Heilmannstraße 10 zeigte sich jedoch eine völlig andere Situation (Abb. 458). Auf engstem Raum und nur mit Ausnahme der nördlichen Baugrubengrenze zeigten sich die große Zahl von über 140 Grabgruben auf einer Fläche von rund 600 qm. Nur ausnahmsweise sind Brandbestattungen nachgewiesen, die überwiegende Mehrzahl der Toten wurde – entgegen dem bisher bekannten Standard – körperbestattet. Die Gräber waren in alle Himmelsrichtungen ausgerichtet, eine erkennbare Reihung wie etwa bei Reihengräberfeldern oder heutigen Friedhöfen erfolgte nicht. Bemerkenswert waren auch die sehr unterschiedlichen Grabtiefen von wenigen Zentimetern unter dem Humus bis zu über 3 m Tiefe. Die Belegung war außerordentlich dicht und Überschneidungen zahlreich. Im Bereich des Altbaus waren Gräber unterhalb der Fundamentgräben erhalten, es dürfte jedoch eine unbekannte Anzahl beim Bau des Hauses zerstört worden sein. Dies erhöht die Anzahl der ohnehin schon zahlreichen Bestattungen auf dem verhältnismäßig kleinen Areal zusätzlich.

Kulturraub mitten in Frankfurt

Zwischen Freitagabend 20. Oktober 2017 und Montag früh wurde ein Brandgrab St. 9 (Abb. 459) zerstört und gestohlen. Man hatte die Absperrung überwunden und sowohl das vermutlich unzerstörte Gefäß als auch die abdeckende Schieferplatte gestohlen (Abb. 460). Die Polizei wurde informiert, es wurde Anzeige erstattet. Der Diebstahl von Kulturgut ist in vielerlei Hinsicht schädlich. Zum einen wird die Erforschung der Funde dadurch verhindert, zum anderen eignet sich eine Einzelperson ein Kulturgut an und – wenn sie es verkauft, etwa auf dem Schwarzmarkt – bereichert sich daran.

■ **Abb. 458** Planumsausschnitt mit fünf Grabgruben auf einer sehr kleinen Fläche.

■ **Abb. 459** Deckstein von Grab St. 9 im Planum.

■ **Abb. 460** Diebstahl und Raubgrabung von Grab St. 9. Das Gefäß ist als Abdruck erkennbar.

■ **Abb. 461** Grab St. 32 während der Ausgrabung. Zwischen Gefäßen ist oben mittig ein figürlicher Messergriff erkennbar.

■ **Abb. 462** Beinerner, vollplastischer Griff eines Klappmessers in Form eines Gladiators in unrestauriertem Zustand nach der Bergung aus Grab St. 32.

■ **Abb. 463** Grab St. 37 im letzten Planum mit Beigaben am Kopfende. Im Grab liegen Schuhe beiderseits der Bein in Höhe der Knie.

■ **Abb. 464** Detailansicht der Schuhe, die man auf Höhe der Knie abgestellt hatte. Sie sind aufgrund der genagelten Sohlen gut erkennbar.

Dabei sind Kulturgüter in erster Linie das Erbe aller – ein Allgemeingut, um das die Frankfurter Bürger:innen durch den/die Raubgräber gebracht wurden.

Ein einzigartiges Gräberfeld

Die Gräber zeichnen sich zum Teil durch ihre außerordentlichen Beigaben aus. Schmuck und Ausstattung sind in einigen Gräbern von hoher Qualität (Abb. 461 und 462) und in dieser Form auf den Friedhöfen von Nida-Heddernheim unbekannt.

Bemerkenswert ist auch die häufig nachgewiesene Beigabe von genagelten Schuhen, die im Bereich der Beine niedergelegt waren (Abb. 463 und 464).

Außergewöhnlich ist auch die Datierung der Gräber. Das Gräberfeld wurde genutzt ab der 2. Hälfte des 2. Jhs., meistens jedoch im 3. Jh. nach Christus. Dies ist deswegen bemerkenswert, da in diesem Zeitraum auch das postulierte Ende der römischen Siedlung NIDA liegt. Dieser stadtgeschichtlich späte Zeitraum war bisher kaum fassbar und kann nun weiter erforscht werden.

Ausblick

Die archäologischen Befunde und Funde sowie die Knochen werden zurzeit durch Peter Fasold (Archäologie) und Dustin Welper (Anthropologie) wissenschaftlich bearbeitet und sollen im Rahmen einer gesonderten Publikation vorgestellt werden. Diese kann mit Spannung erwartet werden.

PRA 68

Zeugnisse des römischen Militärs – Neue römische Spitzgräben

Fundmeldung:	Denkmalamt
Verbleib:	Archäologisches Museum
Bericht:	Denkmalamt
Literatur:	Hampel (1997) 208. – Dies. (2009) 106. – Huld-Zetsche/Rupp (1988).

Im Oktober 2017 begannen die Erdarbeiten im Kransberger Weg 10. Das Grundstück liegt im Bereich eines bekannten römischen Friedhofs (vgl. PRA 20). Unter der örtlichen Grabungsleitung von Rolf Skrypzak wurden jedoch auch zwei bisher unbekannte römische Spitzgräben erfasst, die das Grundstück von Norden nach Süden durchzogen (Abb. 465). Die Gräben lagen in einem Abstand von rund 8,50 m und waren noch 1,60 m (St. 1, Abb. 466) beziehungsweise 1 m breit (St. 3) und noch 0,55 m beziehungsweise 0,18 m tief unter Planum 1 erhalten. Es fehlen aber mindestens 0,60 m bis zur Geländeoberkante, so dass St. 1 einstmals knapp 3 m Breite und St. 3 knapp 2,50 m Breite erreicht haben dürfte. Die Gräben konnten auf einer Länge von maximal 18 m verfolgt werden, sie lagen parallel zueinander und zum Kransberger Weg und zeigten bis zur Grenze des Baugrundstücks keine Richtungsänderung.

Im Graben St. 1 lagen mehrere Wandscherben von Gefäßen, Reste römischer Tonziegel und zwei

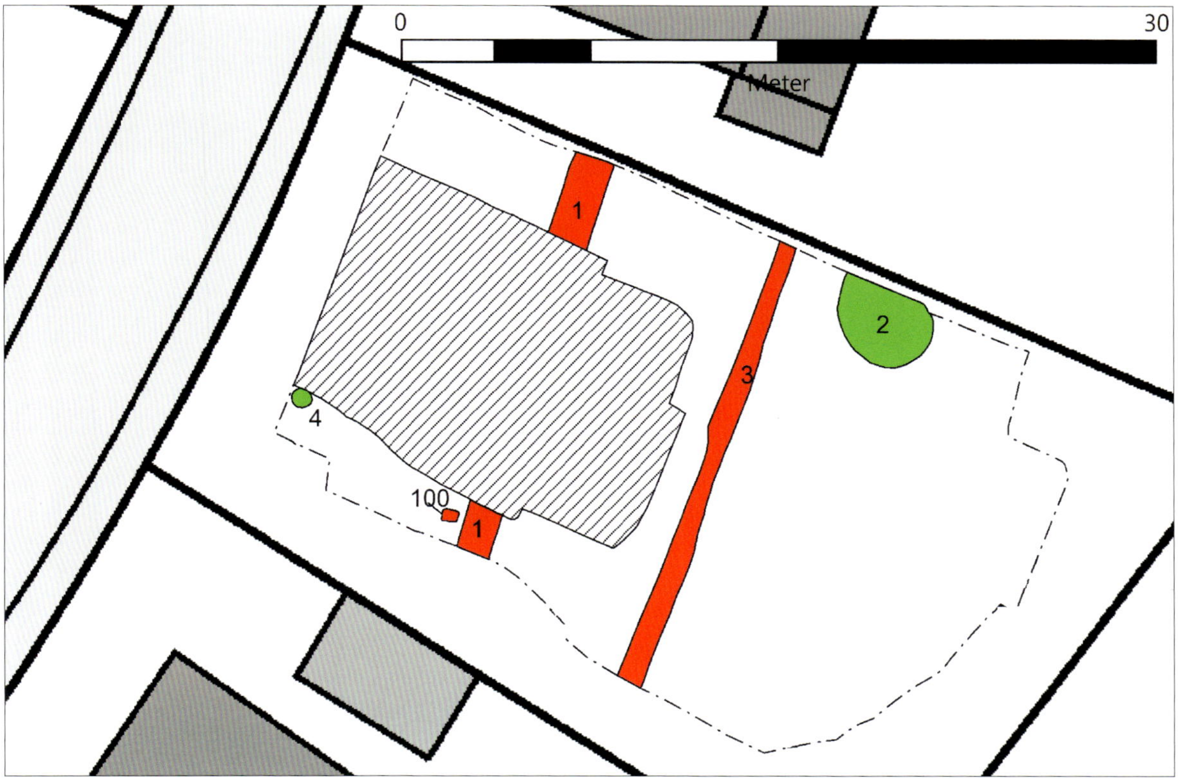

■ **Abb. 465** Gesamtplan der Ausgrabungen am Kransberger Weg. Zwei parallele Gräben durchziehen die Fläche, westlich davon Brandgrab St. 100.

■ **Abb. 466** Spitzgraben St. 1 im Profil mit homogener, brauner Verfüllung.

Bruchstücke Terra Sigillata mit Resten eines scharf profilierten Standrings. Es handelt sich um bemerkenswert viele Fundstücke aus einem Spitzgraben (Abb. 467).

Die Militärlager von NIDA

In und um das Stadtgebiet des römischen Nida sind mindestens 12 Militärlager bekannt. Zumeist sind Grabenabschnitte dokumentiert, die auf kurzzeitige Erdlager schließen lassen; nur ausnahmsweise ist die Form der Lager erkennbar, da sie offenbar häufig von der bekannten »Spielkartenform« abweichen.

Aus diesem Grund ist auch der Neufund schwierig einzuordnen. Der nächstgelegene Nachweis eines Spitzgrabens ist einmal das Lager J als nordsüdlich verlaufender Spitzgraben im Bereich zwischen den Straßen Am Alten Schloß und Im Weimel. Erfasst wurde er bei der zurückgesetzten Bebauung in der Straße In der Römerstadt hinter Hausnummer 174. Weiterhin ist der Rest eines anderen Doppelgrabens in der Haingrabenstraße 23/Alt-Praunheim 99 und ein Spitzgraben südwestlich des Nordwestzentrums im Bereich Bernadottestraße/Erich-Ollenhauer-Ring (vgl. HED 45) nachgewiesen. Ob diese Gräben zu weiteren Lagern gehören oder Teile bereits bekannter Befunde sind, kann zum gegenwärtigen Zeitpunkt nicht entschieden werden.

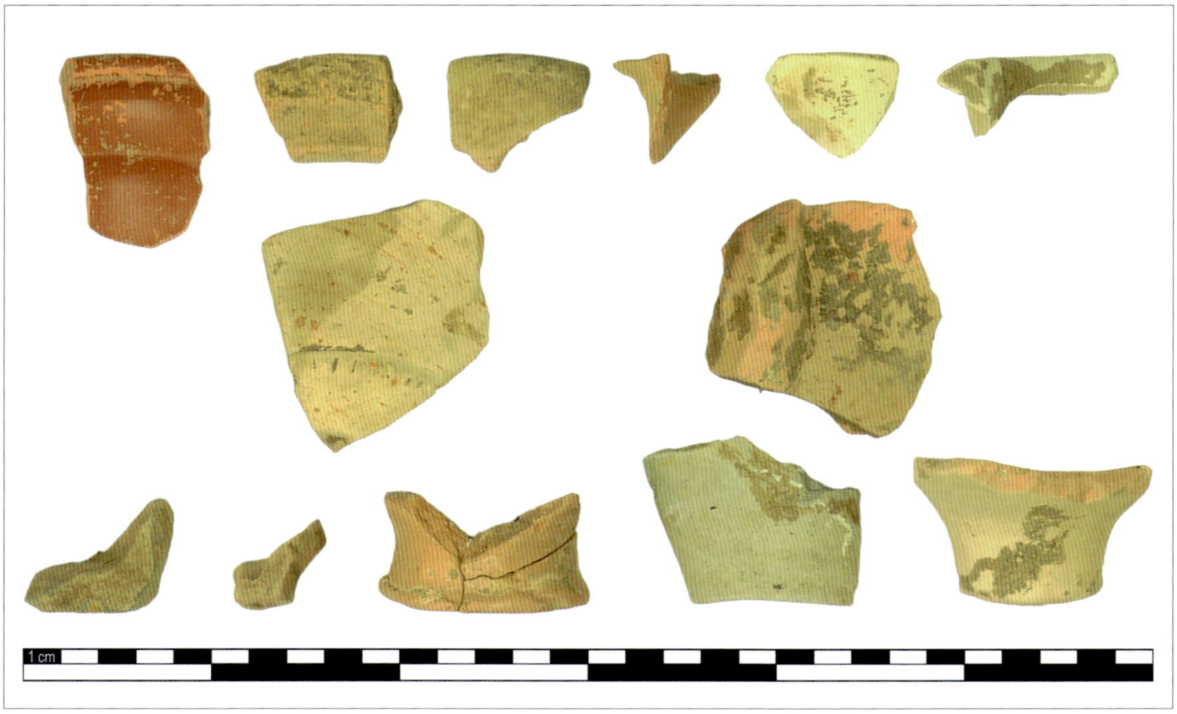

■ **Abb. 467** Funde aus dem Graben St. 1, oben links Terra Sigillata, oben Randfragmente, Mitte links verziertes Wandfragment, Mitte rechts Tegula-Bruchstück, unten Bodenfragmente.

PRA 69

Allein auf weiter Flur? – ein Befund der Michelsberger Kultur

Fundmeldung:	Denkmalamt
Verbleib:	Archäologisches Museum
Bericht:	Denkmalamt
Literatur:	Lüning 1967.

Im Jahr 2017 begannen die Erdarbeiten für einen Neubau im Kransberger Weg. Im Bereich der Baumaßnahme unter der örtlichen Grabungsleitung von Rolf Skrypzak waren bisher römische Gräber sowie vereinzelt bandkeramische und metallzeitliche Fundstellen bekannt (vgl. Abb. 465; PRA 20, PRA 68 und PRA 70). Ein Befund St. 4 zeichnete sich rund im Planum mit einem Durchmesser von 0,80 m ab und enthielt zahlreiche Funde. Der Befund zeigte im Profil senkrechte Wände und erreichte bei maximal 0,35 m Tiefe einen unregelmäßigen Boden.

Es konnten 7 Randscherben und 117 Wandscherben sowie ein Rotlehmbrocken dokumentiert werden. Mit Scherben einer Ösenkranzflasche und eines Gefäßes mit Arkadenrand sind die Leitmotive der Michelsberger Kultur vorhanden (Abb. 468) und ermöglichen eine eindeutige Datierung des Befundes.

Fundstellen dieser Kulturstufe sind hier bisher nicht nachgewiesen worden und insgesamt im Stadtgebiet zwar in fast allen Gemarkungen bekannt, aber häufig als Einzelnachweise, wie auch hier.

Im römischen Graben St. 3 konnten weitere elf Wand- und eine Bodenscherbe der Michelsberger Kultur geborgen werden. Somit wurden beim Ausheben des römischen Grabens mindestens ein anderer neolithischer Befund zerstört.

■ **Abb. 468** Scherben von Gefäßen der Michelsberger Kultur. Oben eine sog. Arkadenrandverzierung, unten die typischen länglichen Ösen teils in der Gefäßwand gestochen, Maßstab 1:2.

PRA 70

Funde der Rössener Kultur

Fundmeldung:	Denkmalamt
Verbleib:	Archäologisches Museum
Bericht:	Denkmalamt

Im Rahmen der Neubcumaßnahmen am Kransberger Weg 10 und in der Heilmannstraße 10 konnte 2017, bzw. 2018 auch eine bisher unbekannte Siedlung des Mittelneolithikums nachgewiesen werden (vgl. Abb. 465; PRA 20, PRA 68 und PRA 69). Aufgrund der charakteristischen Verzierungsmuster kann

Abb. 469 Scherben von Gefäßen der Rössener Kultur aus der Heilmannstraße, St. 137: Oben Randfragmente, mittig Wandfragmente, die Gruppe rechts mit ehemals weiß inkrustierten Mustern. Unten links eine fragmentierte Beilklinge, unten rechts eine Silexklinge, Maßstab 1:2.

die Fundstelle der Rössener Kultur zugewiesen werden (Abb. 469). Typische Muster sind die hier dargestellten schraffierten Dreiecke und die gekerbten Gefäßränder. Dabei sind die Schraffuren ursprünglich mit einer pastosen Masse in weiss oder rot gefüllt, so dass ein kontrastreicher Eindruck entsteht. Charakteristisch sind auch die Innenverzierungen von weitmundigen Schalen, wie sie das Gefäß oben rechts zeigt.

Bei den zugehörigen Befunden handelt sich um die Grube St. 2 im Kransberger Weg und um die Grube St. 137 in der Heilmannstraße.

Unter der örtlichen Grabungsleitung von Rolf Skrypzak konnte mit St. 2 eine Grube der neolithischen Rössener Kultur nachgewiesen werden. Die rundliche Grube erreichte einen Durchmesser von 4,20 m und zeigte im Profil insgesamt drei Vertiefungen bis maximal 0,35 m in der Art eines Grubenkomplexes.

Unter der örtlichen Grabungsleitung von Denis Neumann wurde mit Grube St. 137 ein weiterer Befund dieser Epoche dokumentiert. Er wurde durch die jüngeren römischen Gräber St. 135/136 gestört.

Weiterhin sind in den Grabgruben der zahlreichen römischen Gräber in der Heilmannstraße einzelne Scherben der Vorgeschichte zutage gekommen. Dabei handelt es sich um unverzierte Fundstücke, die entweder der Rössener oder aber grundsätzlich auch der Michelsberger Fundstelle zugehören könnten (vgl. PRA 69).

In jedem Fall zeigt sich eine ausgedehnte Siedlung der mittleren Jungsteinzeit an dieser Stelle.

PRA 71

Die römische Autobahn

Fundmeldung:	Denkmalamt
Verbleib:	Archäologisches Museum
Bericht:	Denkmalamt
Literatur:	Hampel (2017) 241 ff. – Woelcke 1937.

Im Juli 2014 wurden an der Ostseite der Autobahn A5 zunächst in der Gemarkung Niederursel Lärmschutzwälle errichtet. Es handelte sich um die Abschnitte II bis VI, die mit Unterbrechungen auf einer Länge von rund 2 Kilometern aufgeschüttet wurden.

Die randlich liegenden Verlängerungen IA und IB sowie VII sollten zu einem späteren Zeitpunkt gebaut werden (vgl. NUR 22, 32 und 86).

Im November und Dezember 2019 wurde unter der örtlichen Grabungsleitung von Rolf Skrypzak der Abschnitt VII (Fläche 6) begonnen, der in Teilen bereits in der Gemarkung Rödelheim liegt (Abb. 470). Grundsätzlich werden für die Lärmschutzwälle Trassen in einer Breite von rund 20 m vollständig vom Humus befreit. Anschließend wird der Boden mit Kalk verbessert und der ebenfalls gekalkte Wall aufgeschüttet. Das Material für den Wall stammt aus der Baumaßnahme zum Riederwaldtunnel im Frankfurter Osten. Der Abschnitt Fläche 6 war auf einer Länge von rund 200 m geplant.

Beim Bau der Reichsautobahn 1930–1933 sind in diesem Abschnitt keine archäologischen Denkmäler nachgewiesen worden. Bei der aktuellen Ausgrabung gelang jedoch der Nachweis, dass der Lärmschutzwall die römische Straßentrasse quert. Die Straße liegt in der Verlängerung der heutigen Heerstraße.

Die Heerstraße ist schon lange als römische Fernstraße nach Mainz bekannt und aufgrund der guten topografischen Lage bis heute als Straße ausgebaut und genutzt. Nur wenige Meter südwestlich schwenkt die Autobahntrasse auf den historischen Trassenverlauf

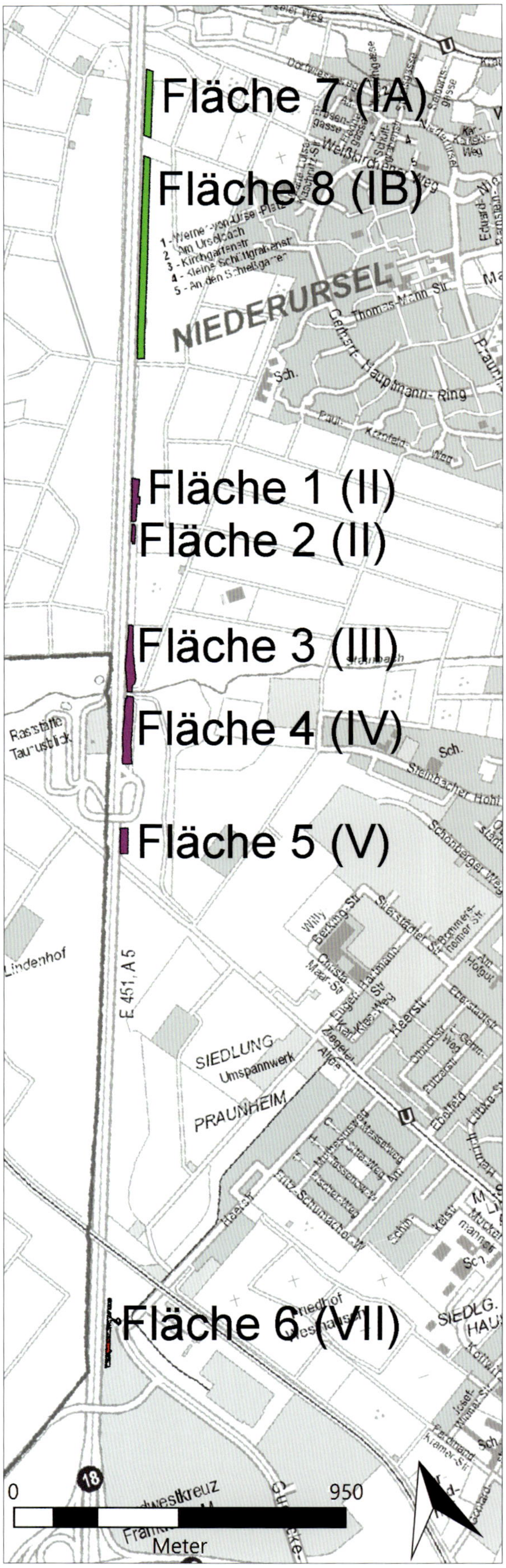

■ **Abb. 470** Gesamtplan der Abschnitte des Lärmschutzwalls entlang der Autobahn A5.

ein und folgt der Römerstraße, auf weite Strecken als Stadtgrenze, bis sie im Südwesten das Stadtgebiet verlässt. Aus diesem Grund ergab sich hier eine der seltenen Möglichkeiten, die römische Straße in ihrem ursprünglichen Verlauf zu fassen, da der überwiegende Teil durch einen modernen und breiten Straßenausbau verdeckt ist. An dieser Stelle macht die moderne Heerstraße eine scharfe, fast rechtwinklige Kurve, um auf der Ostseite der Autobahn als neue Verbindungsstraße nach Rödelheim zu führen und verlässt damit die alte historische Wegeführung.

Tatsächlich konnte die Römerstraße als Hohlweg in einer Breite von 32 m nachgewiesen werden (Abb. 471; St. 158). Erwartungsgemäß verläuft sie in der Verlängerung der heutigen Heerstraße nach Südwesten. Der römische Charakter des Befundes wird durch den Fund von drei römischen Münzen (Abb. 472) nachdrücklich betont.

Pflugspuren St. 150 und rinnenartige Bodensenken (St. 151–153 und St. 156) betonen in ihrem Verlauf die ehemaligen und bis zum Bau der Reichsautobahn gültigen Parzellenteilungen. Weitere archäologische Denkmäler konnten nicht erfasst werden, allerdings sind zwei Schwarzerdebefunde St. 161 und 163 zu nennen, bei denen es sich um Baumwürfe handeln dürfte, die beide fundleer waren. St. 166 markiert einen modernen Leitungsgraben und die Befunde St. 154, 164, 165, 171, 178 und 179 moderne Störungen und schließlich die Gruben St. 160 und 170, die ebenfalls neuzeitlich sein dürften. Die Grabungsfläche erstreckte sich zu einem kleinen Teil auch in der Gemarkung Rödelheim. Da hier nur moderne Eingrabungen dokumentiert wurden, sind diese Stellen auch im Hauptordner für Praunheim verzeichnet.

Der Nachweis der bedeutenden Verbindung zwischen Mainz und dem Civitas-Hauptort Nida hebt die günstige Lage Frankfurts hervor. Angebunden an Main, Nidda und ebenjene Straße konnte Frankfurt bereits in der römischen Antike den Luxus genießen, stets aus allen Richtungen mit Gütern und Informationen versorgt zu werden.

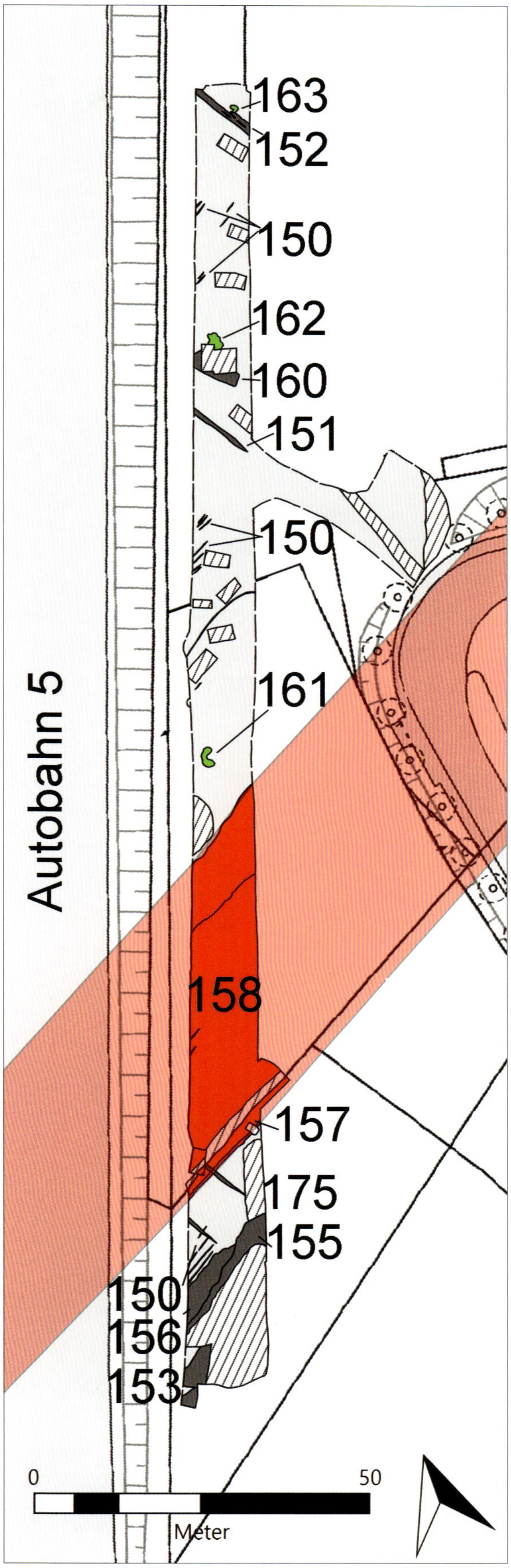

Abb. 471 Plan der Fläche 6 des Lärmschutzwalls östlich der Autobahn; rot ist die römische Straßentrasse eingetragen, hellrot Rekonstruktion derselben.

Abb. 473 Der Hohlweg zeichnet sich als Verfärbung deutlich im Planum ab – hier quert die römische »Autobahn« die moderne.

Abb. 472 Drei römische Münzen jeweils in zwei Ansichten, alle Maßstab 1:1.

Abb. 474 Auf archäologischen Ausgrabungen ist ein gutes Auge gefragt – so wie bei dieser kleinen Glasperle aus der Heilmannstraße.

■ **Preungesheim: Ausgrabung auf dem Sportplatz.**

PREUNGESHEIM

Der Ortsteil erstreckt sich entlang der Homburger Landstraße und hat seinen historischen Kern südlich an der Kreuzkirche in der Weinstraße. Anhand deren langer Baugeschichte lässt sich die einstige Bedeutung des Ortes erkennen. Zusammen mit dem Pfarrhaus und dem nahegelegenen Wohnhaus ebenfalls in der Weinstraße sind die wenigen Baudenkmäler in Preungesheim benannt.

Im Berichtszeitraum hat sich die Zahl der Bodendenkmäler auf 22 erhöht, dies ist das Ergebnis zahlreicher Feldbegehungen auf den ausgedehnten Ackerflächen im Süden der Gemarkung.

PRE 14

Römische Kleinfunde am Viehweg

Fundmeldung:	D. Pittenger
Verbleib:	privat
Bericht:	Denkmalamt
Literatur:	Hampel (2017) 273. – Komp 2012, 101.

Donald Pittenger beging im Auftrag des Denkmalamtes sowohl im Jahr 2018 als auch 2019 die seit 2011 bekannten römische Fundstelle am »Viehweg«.

Pferdegeschirr

Dabei fand er vier Bruchstücke von wohl zwei Bronzescheiben mit rund 8 cm Durchmesser, leicht gewölbt mit glatter Rückseite (Abb. 475, rechts). Am Rand ein umlaufender flacher Wulst, an den schlecht erhaltenen Bruchkanten ist der Rest einer Aussparung für den Riemendurchzug erkennbar. Solche Bronzescheiben gehören grundsätzlich zum Pferdegeschirr und sind an verschiedenen Stellen im Stadtgebiet gefunden worden. Eine zeitliche Ansprache der glatten Scheiben ist schwierig, da sie über einen langen Zeitraum zwischen der Römerzeit und dem Mittelalter verwendet wurden (vgl. PRE 22, Abb. 482, das Pferd links im Bild ist mit

■ **Abb. 475** Römische Bronzefunde vom »Viehweg«: Rechts Fragmente von Riemendurchzügen, sogenannten Schlitzrosen, links der Bronzeaufsatz, Maßstab 1:1.

Römer und Germanen

ebenjenen Scheiben geschmückt). In diesem Fall können die Fundstücke zwanglos der römischen Fundstelle zugewiesen werden.

Ein Schmuckaufsatz

Er fand weiterhin einen gedrehten Bronzeaufsatz. Das Fundstück ist noch 6,5 cm lang erhalten und am unteren Ende abgebrochen, hier ist ein Eisen eingesetzt. Das Stück zeigt deutliche Spuren der Drehbank und ist maximal 2 cm im Durchmesser mit einer ausgeprägten Profilierung (Abb. 475, links). Ähnliche Stücke sind aus römischem Kontext als »Schmuckaufsatz« definiert, weshalb das Stück ebenfalls der römischen Fundstelle zugewiesen wird. Was genau der Schmuckaufsatz einst zierte, kann derzeit nicht gesagt werden.

■ **Abb. 476** Zwei der zahlreichen Kuriosa aus den Feldbegehungen durch D. Pittenger, Maßstab 1:1.

PRE 19

Frühmittelalter- und neuzeitliche Kleinfunde östlich des Dachsbergs

Fundmeldung:	D. Pittenger
Verbleib:	privat
Bericht:	Denkmalamt
Literatur:	Downes (2020), – Hampel (2017) 285.

Donald Pittenger meldete 2017 zwei Bronzeteile, die zum Pferdegeschirr gehören. Die Fundstelle liegt zwischen der Straße Am Dachsberg und der Grenze nach Berkersheim.

Scheiben

Es handelt sich einmal um eine zerbrochene Scheibe mit Wellenrand (Abb. 477, oben). Die Bronzescheibe ist rund 1 mm stark und hat einen Durchmesser von mindestens 4,5 cm; etwa mittig ist eine konzentrische Rille vorhanden.

Das Stück wies in der Mitte offenbar einen rechteckigen Durchzug auf, dessen Breite 2,5 cm erreichte und der nur noch im Ansatz erkennbar ist, da hier die Bruchkante liegt.

Bei dem zweiten Fundstück handelt es sich ebenfalls um eine Scheibe mit Wellenrand, die jedoch bei gleicher Materialstärke nur einen Durchmesser von 2,5 cm hat (Abb. 477, unten). Auch hier sind innerhalb einer konzentrischen Linie zwei rechteckige Aussparungen für den Riemendurchzug vorhanden

■ **Abb. 477** Zwei Riemendurchzüge aus Bronze, der obere teilrekonstruiert, Maßstab 1:1.

Haken

Weiterhin fand er ein Bronzehäkchen. Das Fundstück ist 2,2 cm lang und maximal 1,5 cm breit (Abb. 478, unten). Während die Rückseite glatt ist, zeigt sich auf der Vorderseite zunächst eine Öse mit geradem Abschluss und anschließend ein geschwungener, verzierter, teilweise durchbrochener Abschnitt, der sich zunächst leicht erweitert, um dann in den eigentlichen Haken zu münden. Das Stück ist stark korrodiert, aber vollständig erhalten, allein der Haken ist leicht beschädigt.

Neben den in diesem Band auch zahlreich vertretenen Haken mit runder Platte gehören die mit rhombischer Platte, wie der Fund aus PRE 19, mit zu den häufigsten Hakentypen (Downes (2020)). Da diese Haken in Frankfurt zwischen 2017–2019 sehr häufig gefunden wurden, haben wir uns diesen Fundtyps angenommen. Er wird unter SEC 27 in diesem Band vorgestellt. Der Preungesheimer Haken kann wie der aus SEC 27 ins ausgehende 15. bis Mitte des 17. Jhs. datiert werden.

In diesen Kontext dürfte ein weiteres Fundstück gehören, das 2018 von Herrn Pittenger gemeldet wurde (Abb. 478, oben). Das fragmentierte, dünne Bronzeblech ist symmetrisch 5-fach gelocht und ornamental ausgearbeitet, auf der gegenüberliegenden Seite ist ein schmaler Bronzebügel in der Art eines Riemendurchzugs abgebrochen. Hier fehlen bislang Vergleichsfunde.

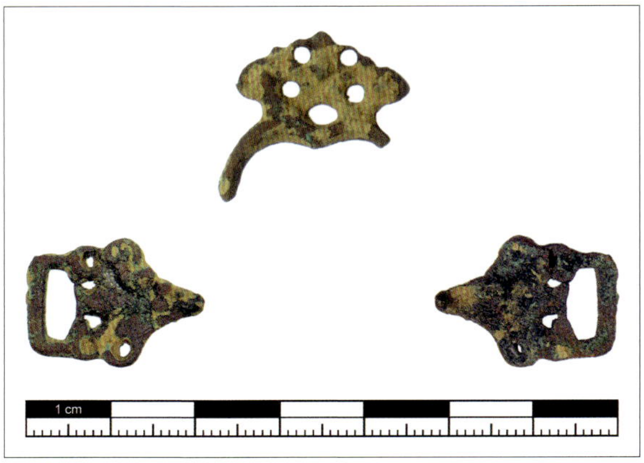

■ **Abb. 478** Oben das gelochte Bronzeblech, unten das Bronzehäkchen, links Vorderseite, rechts Rückseite.

Ein Ring

An gleicher Stelle fand er einen massiven Bronzering mit Öse. Der rundstabige Ring hat eine Stärke von knapp 5 mm, Ring und Öse sind unverziert. Sowohl in der Öse, als auch gegenüber zeigt der Ring nutzungsbedingte Schäden, es zeigen sich keine Bruchstellen (Abb. 479). Auch hier ist eine Ansprache schwierig, hinzuweisen ist auf die Patina, die auch in einen vorgeschichtlichen Kontext gehören könnte.

Die Keramik

Bei den bisher genannten Fundstücken handelt es sich im weiteren Sinn um sog. Verlustfunde. Anders verhält es sich bei insgesamt zwei Gefäßböden in der Art fränkischer Knickwandkeramik. (Abb. 479). Hier besteht weiterer Klärungsbedarf, denn nach Norden, bereits auf Berkersheimer Gebiet, ist ein fränkischer Friedhof als Fundstelle BER 7 bekannt. Diesen gilt es aufmerksam zu beobachten und das Bodendenkmal vor Zerstörung, etwa beim Pflügen, zu schützen.

■ **Abb. 479** Bronzefund links und Gefäßböden rechts nahe der Berkersheimer Grenze, Maßstab 1:1.

PRE 21

Ein außergewöhnlicher Bronze-Armring sucht Seinesgleichen

Fundmeldung:	D. Pittenger
Verbleib:	privat
Bericht:	Denkmalamt
Literatur:	Hampel (2017) 286.

Nach dem Fund eines glatten Armringfragments aus Bronze im Jahr 2015 beging Herr Pittenger die Äcker nördlich des »Viehwegs« im Jahr 2019 erneut.

Dabei fand er einen weiteren rundstabigen Armring mit einer lichten Weite von 5 cm und einer Stärke von 5 mm. Das Fundstück zeigt 8 gleichmäßig paarweise verteilte Verdickungen, die jeweils durch eine Doppelrille getrennt sind (Abb. 480). Das Objekt hat eine bräunlich-grüne Patina und war wohl offen mit glatten Enden.

Ein direkter Vergleichsfund ist nicht bekannt; gleichwohl soll das Fundstück der eisenzeitlichen Fundstelle zugewiesen werden, da eine gewisse Ähnlichkeit zu den Verzierungen der Knotenarmringe besteht.

Leider fehlen weitere datierende Hinweise, so konnte keinerlei Keramik gefunden werden. Das Rätsel um den außergewöhnlichen Armring konnte somit noch nicht gelöst werden, das Areal wird weiterhin unter Beobachtung bleiben.

Abb. 480 Bronzearmring mit Verdickungen und Rillenverzierungen, Maßstab 1:1.

PRE 22

Und erneut Pferdegeschirr

Fundmeldung:	D. Pittenger
Verbleib:	privat
Bericht:	Denkmalamt
Literatur:	Holmes/Dixon/Holmes o. J. – King o. J.

Im Jahr 2018 meldete Herr Pittenger einen Fund nördlich auf den Ackerflächen, der zeitlich nicht eindeutig anzusprechen ist (vgl. PRE 15, PRE 19). Da es sich ebenfalls um einen Einzelfund handelt, soll er hier aufgrund seiner nördlichen Lage nicht den genannten Fundstellennummern zugewiesen werden. Allerdings handelt es sich ebenfalls um einen charakteristischen Verlustfund, d. h. es könnte sich um einen Einzelfund handeln.

Es handelt sich um ein rundes Bronzeblech mit einem Durchmesser von 3,4 cm bei einer Stärke von 1 mm; mittig ist ein Zirkelpunkt vorhanden (Abb. 481). In der Scheibe befinden sich in einem Abstand von 5 mm zwei rechteckige Aussparungen, die als Riemendurchzug angesprochen werden können. Nutzungsbedingt ist der Steg in der Mitte zur Rückseite verbogen. Das Fundstück kann dem Pferdegeschirr zugewiesen werden (vgl. auch die in diesem Band vorgestellten Varianten mit Wellenrand PRE 19 und mit mittiger Pferdedarstellung SEC 39).

Eine Datierung fällt schwer, da es sich um ein Fundstück handelt, das ab der Römerzeit in unserem Gebiet Verwendung fand.

■ **Abb. 481** Bronzescheibe mit Riemendurchzug, Maßstab 1:1.

Gläserne Pferde

Ein Vergleichsfund stammt aus Großbritannien. In den Kirchenfenstern von St Mary, North Tuddenham, sind sekundär verwendete Flachgläser zu finden (Abb. 482). Die Flachgläser, die 1420–1430 datieren (King), wurden von Pfarrer R. Barry auf einem Bauhof im nahen Dereham gefunden und gekauft. Sein Nachfolger Pfarrer B. J. Armstrong ließ die Scheiben dann Anfang des 20. Jhs. mosaikartig in die Kirchenfenster einsetzen (Holmes/Dixon/Holmes). Auf Ihnen sind unter anderem aufgezäumte Pferde abgebildet, deren Zaumzeug mit Riemendurchzügen und Schlitzrosen unterschiedlicher Formen geschmückt ist. Sie veranschaulichen eindrücklich, wie prunkvoll das polierte Metall einst wirkte und das edle Ross noch ein wenig edler machte.

■ **Abb. 482** Mittelalterliche Kirchenfenster, auf dem Zaumzeug der Pferde Riemendurchzüge mit glattem und gewelltem Rand, Foto Mike Dixon.

■ Rödelheim: Große Bagger arbeiten sich durchs Baufeld in der Breitlacherstraße.

RÖDELHEIM

Der Ortsteil wird in seinem Zentrum durch eine markante Insellage der Nidda und des Mühlbachs charakterisiert. Im Bereich des dortigen Solmsparks ist heute im Park der Umriss des Rödelheimer Schloßes ausgelegt. Dieses markiert aber nur einen kleinen Teil der ehemaligen Reichsburg an gleicher Stelle, die einen Großteil der Parkanlage einnahm. Mit dem Wasserturm im Schultheißenweg besitzt auch Rödelheim einen markanten Wegweiser aus dem Jahr 1895.

In der großen Gemarkung sind auch 43 Bodendenkmäler bekannt, die bis in das Neolithikum zurückreichen. 2017 beobachtete Michael Obst den Aushub für den Neubau Westerbachstraße 7. Das Grundstück war durch die umfangreiche Altbebauung stark gestört, zumal der Neubau nur unwesentlich außerhalb der alten Baugruben lag. Deshalb konnten keine archäologischen Denkmäler erfasst werden. Allerdings konnte Michael Obst einen Backstein mit den Maßen 28 × 13,8 cm aus dem Schutt bergen (ROE 000, Abb. 483). Es handelt sich um einen Feldbrandstein, der während der Trocknung vor dem Brand beschädigt und von einem Hahn überlaufen wurde, was beides deutliche Spuren hinterlassen hat.

■ **Abb. 483** Ziegel mit Fußspuren.

Neben dieser bodenständigen Erklärung gibt es auch eine magische: Geflügel wurde die Kraft zugeschrieben, Geister und Dämonen zu vertreiben. Deshalb versah man mancherorts Dachziegel absichtlich mit Hahnentrittspuren, um die Kraft des Tieres auf das eigene Zuhause umzulenken (Deppmeyer 2022, 90). In der Breitlacherstraße 92 wurde auch ein Granatenführungsring aus Messing nachgewiesen; er lag in der Oberflächenauffüllung (vgl. ROE 8).

ROE 1

Bestattung der Soldaten der Grande Armée

Fundmeldung:	Denkmalamt
Verbleib:	Archäologisches Museum
Bericht:	Denkmalamt
Literatur:	Hampel (2017) 287. – Rödel (2007).

Die Ausgrabungen in der Breitlacherstraße 80–88 im Jahr 2015 dokumentierten insgesamt 35 Grabgruben mit zusammen 204 Körperbestattungen. Dabei handelt es sich um Soldatengräber der Napoleonischen Kriege und der folgenden Befreiungskriege im Rahmen des Rückzugs der Grande Armée nach Frankreich. Die Toten können dem Jahr 1813 zugewiesen werden, in dem in Hanau die letzte Schlacht auf deutschen Boden stattfand und durch die weitere Bewegung westwärts Ende des Jahres das Gebiet in und um Rödelheim erreicht wurde.

Die Skelette sind zur anthropologischen Untersuchung an die Universität Göttingen überführt worden und nach dem Abschluss der wissenschaftlichen Arbeiten ist eine Bestattung in Frankfurt geplant.

Dazu wurde durch das französische Generalkonsulat in Frankfurt ein Begräbnisfeld auf dem Südfriedhof ausgewählt und durch die Stadt Frankfurt übergeben. Die Wahl des Friedhofs wurde maßgeblich durch das benachbarte Feld für die Gefallenen des »Deutsch-französischen Krieges« 1870–1871 beeinflusst.

Abb. 484 Zeremonie in Anwesenheit der Generalkonsulin Trimbach (links) und Oberbürgermeister Feldmann (rechts).

Abb. 487 Präsident des Souvenir Français Gènèral François Sommerlat.

Abb. 485 Veteranen der Frem legion auf dem Friedhof.

Abb. 486 Militärische Vertret der Armée française und der Bundeswehr.

Abb. 488 Gedenkstein mit deutsch-französischer Inschrift.

Am 10. September 2019 wurde in Anwesenheit der französischen Generalkonsulin Trimbach und des Oberbürgermeisters Feldmann (Abb. 484) sowie Planungsdezernent Josef und Vertretern der Fremdenlegion (Abb. 485) und der Bundeswehr (Abb. 486) sowie des »Souvenir Français« durch Gènèral Sommerlat das Bestattungsfeld eingeweiht (Abb. 487). Der schwarze Obelisk erinnert nun in zweisprachiger Inschrift an die verstorbenen Soldaten (Abb. 488).

ROE 8

Bronzezeitliche Besiedlung und eine blaue Grube

Fundmeldung: Denkmalamt
Verbleib: Archäologisches Museum
Bericht: Denkmalamt
Literatur: Hampel (2017) 294 ff.

Die Breitlacherstraße liegt südwestlich der Bahngleise und befindet sich im Umbruch. Im Rahmen der Neubebauung war die Bodendenkmalpflege mehrfach vor Ort, archäologische Denkmäler unterschiedlicher Zeitstellung waren bekannt, dies wurde bestätigt und sogar durch neue Erkenntnisse ergänzt.

Im Juni 2018 war das Grundstück Breitlacherstraße 92 Ziel der Denkmalpflege. Unter der örtlichen Grabungsleitung von Elke Sichert konnten Funde nachgewiesen werden. Die Erdarbeiten gestalteten sich schwierig und wurden teils rücksichtslos durchgeführt, fehlende Kommunikation erschwerte außerdem die Arbeit der Bodendenkmalpflege.

Das Gelände war alt bebaut und zeigte zahlreiche moderne Störungen (Abb. 489). Von Norden nach Süden war eine 8 m breite Rinne St. 4 nachweisbar, die von zwei Kolluvien in einer Gesamtbreite von rund 24 m begleitet wurden (St. 3). Aus diesem Kolluvium konnten neben einem Rotlehmbrocken insgesamt 23 kleine und kleinste Fragmente vorgeschichtlicher Keramikwandscherben geborgen werden.

Zwei weitere Fragmente sowie ein kleiner Tierknochen stammen aus Grube St. 2, sie war scharf rechteckig im Planum erkennbar (Abb. 490).

Die Ansprache der vorgeschichtlichen Keramik kann nicht endgültig erfolgen; auf dem Gelände sind

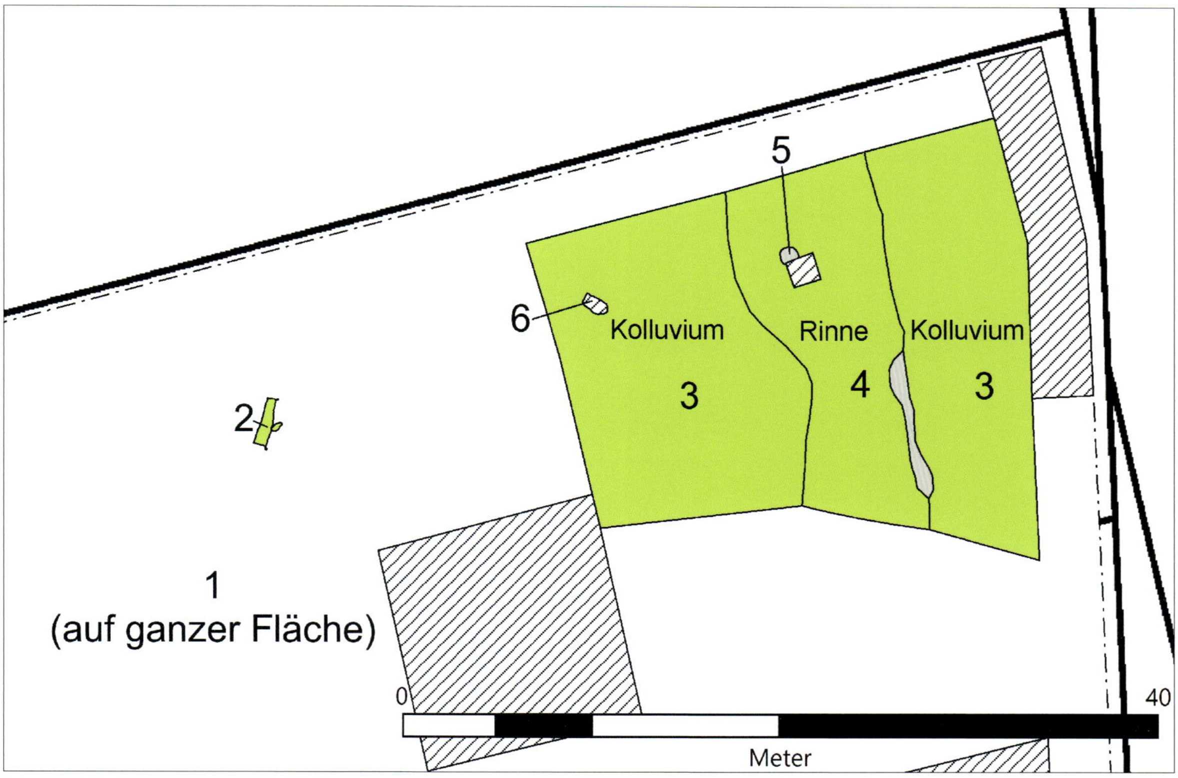

■ **Abb. 489** Die Befunde in der nördlichen Baugrubenecke der Breitlacherstraße 92, die restliche Fläche war gestört.

■ **Abb. 490** Links im Planum die dunkel verfüllte St. 2, rechts und dahinter die Spuren des Baggereinsatzes mit Wassereinbruch im Hintergrund.

■ **Abb. 491** Homogen verfüllte Grube St. 5 im Profil.

■ **Abb. 492** Gekerbter Messingring einer Granate links im Maßstab 1:2, rechts ein Vergleichsfund.

auch neolithische Siedlungsreste nachgewiesen (vgl. ROE 2). Der Charakter der Scherbenreste spricht jedoch an ehesten für eine Einordnung in die bekannte bronzezeitliche Siedlung. Damit kann die Ausdehnung der vorgeschichtlichen Besiedlung deutlich nach Nordwesten ergänzt werden.

Optisch auffällig, aber leider fundleer war St. 5, die mit einer hellblauen Füllung dicht und homogen eingefüllt war (Abb. 491). Die Befürchtung des Kampfmittelräumdienstes, es handle sich um einen in die Erde eingeschlagenen Blindgänger, bewahrheitete sich glücklicherweise auch nicht, so dass der Archäologie der Wermutstropfen bleibt, den Zweck der Grube nicht weiter bestimmen zu können.

Dass entlang von Bahnstrecken mit Blindgängern zu rechnen ist, ist plausibel; so auch hier. In der modernen Auffüllung lag ein Granatenführungsring (Abb. 492). Diese Ringe haben in der Regel einen Durchmesser von 7,5 cm und sind rund 1,5 cm breit und haben ein charakteristisches Riffelmuster. Sie stammen aus der Zeit des Ersten Weltkriegs 1914–1918 und gehören zu einer Handgranate.

Als Ausdruck der patriotischen Gesinnung sind diese Ringe teils zu Schmuck oder Gebrauchsgegenständen des Alltags umfunktioniert worden.

ROE 43

Grabsteine der alten Kapelle

Fundmeldung: H. Haarstark, Denkmalamt
Verbleib: vor Ort
Bericht: Denkmalamt
Literatur: Budenz (1979) 14. – Hartmann/Schubert (1921) 48.

Im Jahr 2017 meldete Herr Haarstark Grabsteine am Mühlgraben, wir danken an dieser Stelle herzlich für den Hinweis. Es handelt sich dabei um Steine, die bereits im Wasser liegen und solche, die sekundär als Treppenstufen verbaut waren (Abb. 493).

Die Fundstelle liegt gegenüber der St. Cyriakuskirche, die bis heute als Wiederaufbau nach den Kriegszerstörungen auf der Insel nördlich des Mühlbachs steht (vgl. ROE 32).

Der Mühlbach bildet als Abzweig der Nidda eine Insellage aus, auf der auch die ehemalige Reichsburg stand, die heute Parkanlage ist.

Ein Zusammenhang der Steine mit dem Friedhof der Cyriakuskirche ist grundsätzlich denkbar, allerdings gab es auch auf der Südseite des Mühlbachs eine Kapelle.

Es handelt sich um die Totenkapelle St. Lukas, die 1221 geweiht wurde. Ab 1547 werden Gottesdienste gehalten und 1805–1808 wird das Gebäude abgerissen, so dass heute von dem Gebäude nichts mehr vorhanden ist.

Die Steine selbst sind anhand der erkennbaren Verzierungen nicht als mittelalterlich anzusprechen, eine zeitliche Einordnung in Verbindung mit den ersten katholischen Beerdigungen nach dem Augsburger Religionsfrieden 1555 ab dem 18. Jh. bis zur Aufgabe der »katholischen Kapelle« 1894 erscheint denkbar (Abb. 494).

Aus diesem Grund gehören die Steine wohl zur ehemaligen St. Lukas Kapelle.

Abb. 493 Grabsteine, die sekundäre als Treppenstufen verwendet wurden (Foto: H. Haarstark).

Abb. 494 Detailansicht eines verzierten Grabsteines in Zweitvewendung (Foto: H. Haarstark).

SACHSENHAUSEN

Der Ortsteil ist der flächenmäßig größte; er liegt südlich des Mains und war mit Frankfurt zunächst durch die Furt und dann mit der Alten Brücke verbunden. Alt-Sachsenhausen ist bis heute durch eine kleinteilige Bebauung mit ehemaligen Handwerker- und Fischerhäuschen geprägt. Hoch über dem Main, auf dem sogenannten Mühlberg entstanden Landgüter, hier lag auch die Wüstung Hohenrad, die untergegangen ist. Sachsenhausen war durch eine mit Türmen bewehrte Stadtmauer befestigt, wovon als einziger der »Kuhhirtenturm« erhalten ist, der Standort des Turms »Ulrichstein« ist in der Fahrbahn der Uferstraße markiert. Von der nachfolgenden bastionären Befestigung ist oberirdisch nichts mehr sichtbar.

Am Sachsenhäuser Berg steht als einziger südmainischer Wachturm die mittelalterliche Sachsenhäuser Warte dicht am Frankfurter Stadtwald.

Sachsenhausen: Maingenießer wie die Hühner auf der Stange.

SAC 000

Statt Schwarzwurzeln Säbel geerntet?

Fundmeldung: Dr. C. Wenzel, AMF
Verbleib: Archäologisches Museum
Bericht: Denkmalamt

Im Jahr 2019 wurden uns Blankwaffen aus der napoleonischen Zeit gemeldet, die bei einer Auktion versteigert wurden. Über die Fundumstände war leider nichts zu erfahren, sie sollen bei Gartenarbeiten in Sachsenhausen gefunden worden sein (Abb. 495). Die Meldung ist also nur der Aufmerksamkeit des Kollegen Dr. Carsten Wenzel zu verdanken, der Käufer hat die Waffen an das Museum übergeben; eine wissenschaftliche Bearbeitung ist jedoch aufgrund fehlender Fundumstände unmöglich gemacht.

Abb. 495 Die napoleonischen Blankwaffen aus dem Kunsthandel, Maßstab 1:3, Fotos Archäologisches Museum Frankfurt, Bildbearbeitung Denkmalamt.

SAC 40

Stadtmauer am Neuen Wall

Fundmeldung:	Denkmalamt
Verbleib:	keine Funde
Bericht:	Denkmalamt
Literatur:	Brückl (1993).

Im Herbst und Winter 2017/18 fanden ausgedehnte Straßenbauarbeiten im Verlauf der Elisabethenstraße zwischen Brückenstraße, Paradiesgasse bis zum Affentorplatz statt (vgl. ORA 2). Aufgrund der geringen Tiefe und der zahlreichen modernen Störungen konnte Denis Neumann im nördlichen Abschnitt nur eine ausgedehnte Schuttfüllung mit wenigen fragmentierten und bearbeiten Bautei en feststellen, die zunächst keine weiteren Maßnahmen der Bodendenkmalpflege nach sich zogen. Es handelt sich dabei weitgehend um eine historische Wegeführung von der Mainbrücke zur südlichen Hauptpforte des Ortsteils, die nachweislich nicht in gerader Linie nach Süden lag, sondern nach Osten abschwenkte. Der ehemalige Durchlass wird heute noch durch die historischen »Affentorhäuser« markiert (Abb. 496).

Im Juli 2018 wurden durch das Amt für Straßenbau und Erschließung weitere Mauerreste gemeldet. Im Rahmen eines erneuten Ortstermins konnte Denis Neumann mehrere Mauerzüge aufnehmen. Die Erdarbeiten wurden durchgeführt als sechs kleinteilige Erdeingriffe am östlichen Rand der Paradiesgasse (Abb. 497; St. 2–7). Es waren Kalk- und Muschelkalkmauerreste

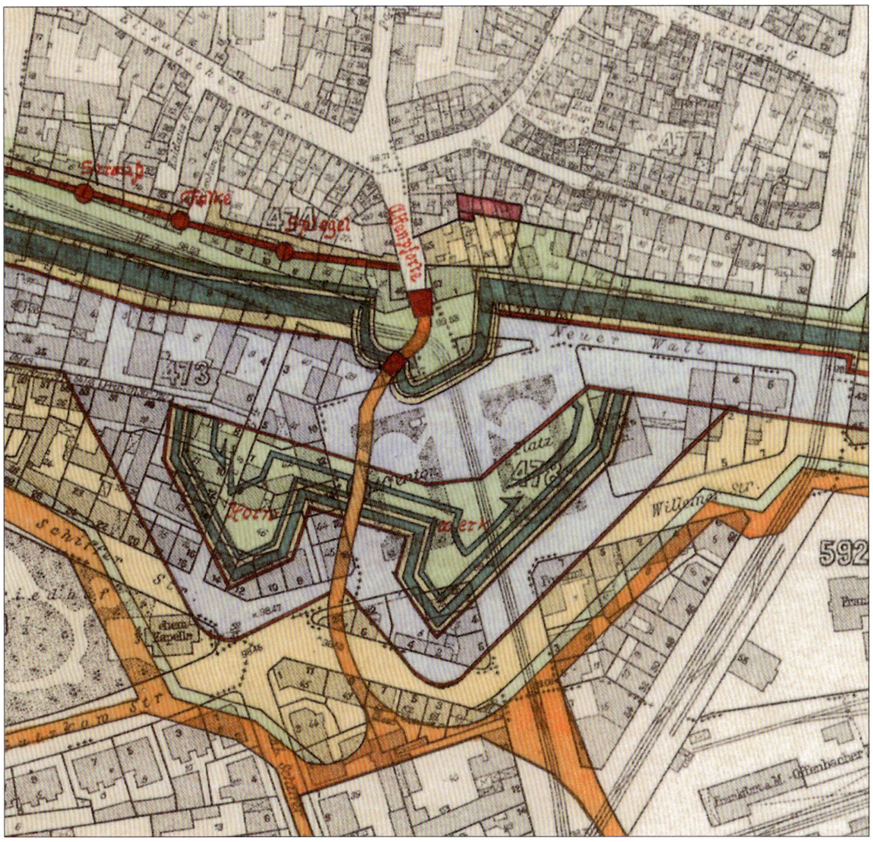

Abb. 496 Das historische »Affentor« als Durchlass durch mittelalterliche Stadtmauer (rot) und durch die barocke Befestigung (blau).

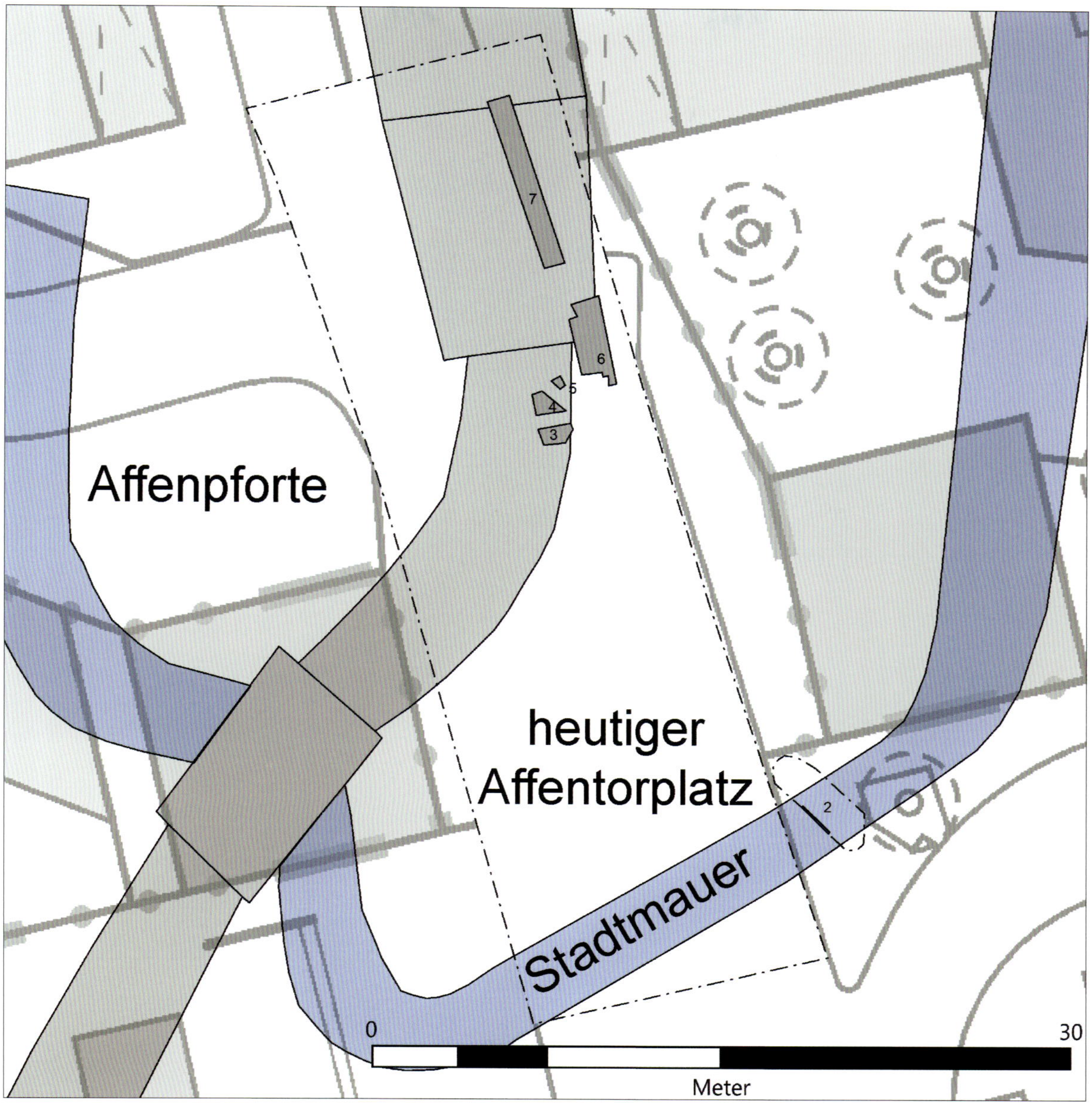

■ **Abb. 497** In sechs kleinen Eingrabungen im Straßenverlauf konnten archäologische Befunde gesichert werden – rechts unten im Profil sogar die Stadtmauer, hier Blau hervorgehoben .

mit weißem, festen Mörtel (St. 3–6) sowie der Rest eines Kellers erkennbar (St. 6). Diese Befunde konnten aus technischen Gründen nur im Planum aufgenommen werden. Grundsätzlich könnte auch hier ein Zusammenhang mit der Stadtbefestigung bestehen, da an dieser Stelle die »Affenpforte« den Durchgang durch die Bollwerke ermöglichte. Ein Zusammenhang mit der ehemaligen Toranlage erscheint denkbar.

Ein Stück Stadtmauer

In einem Fall (St. 2) handelt es sich nachweislich um den Rest der Stadtmauer. Die Fundstelle liegt südlich des östlichen Affentorhauses im Bereich des Bürgersteigs, war 1,70 m tief ausgehoben und die Unterkante der Mauer erreicht (Abb. 498). Auch diese Mauer bestand aus Kalkbruchsteinen mit einer maximalen Breite von 1,60 m. Bedingt durch zahlreiche moderne Störungen war der Mauerzug nur im Profil vollständig fassbar.

Die Fundstelle entspricht der Eintragungen im sog. Ritterplan von 1907 an dieser Stelle. Im Ritterplan sind Stadtmauer und Türme (rot) sowie die Wassergräben (blau) gut zu erkennen. Machart und Ausführung der St. 2 spricht durchaus für einen mittelalterlichen Mauerzug. In den bearbeiteten Baugruben konnte die detail-

■ **Abb. 498** Profil der mittelalterlichen Befestigungsmauer St. 2.

lierte Ausführung der Torsituation mit dem Wassergraben nicht vorgefunden werden. Ursächlich hierfür ist die schiere Größe der mittelalterlichen Stadtbefestigung und, im Kontrast dazu, die nur kleinen Baugruben.

Die Baustelle war geprägt durch die beengten Verhältnisse in den kleinen Bodeneingriffen. Umso erfreulicher ist es, dass trotz der schwierigen Arbeitsbedingungen so viele Befunde dokumentiert werden konnten.

SAC 48

Archäologie an der Dreikönigskirche

Fundmeldung:	Denkmalamt
Verbleib:	Archäologisches Museum
Bericht:	Denkmalamt
Literatur:	Hampel (2015) 280 f.

Abb. 499 Blick auf die Dreikönigskirche.

Die Dreikönigskirche wurde zwischen 1875 und 1880 direkt am südlichen Mainufer gebaut und stellt den Nachfolger eines älteren Kirchengebäudes aus dem 14. Jh. dar. Dieser Vorgängerbau stand einst etwas südlich des heutigen Standortes und wurde 1875 abgerissen (Abb. 499 und 500).

Die Platzgestaltung um die Dreikönigskirche erforderte 2018 drei Suchschnitte, die unter der örtlichen Grabungsleitung von Denis Neumann durchgeführt wurden (Abb. 501). Schnitt 1 lag am südlichen Rand des Plateaus auf dem die Kirche steht, Schnitt 2 schloss direkt an die Kirchennordwand an und Schnitt 3 lag westlich in der anschließenden kleinen Grünfläche.

Schnitt 1 – Mauern

Der Suchschnitt 1 wurde abweichend der Planlage 15 m weiter östlich ausgeführt und es wurde eine Fläche von 2,20 × 1,40 m geöffnet. Direkt unter der Oberfläche wurde zunächst die ehemalige Umfassungsmauer aus Bruchsteinmauerwerk erfasst, die an dieser Stelle leicht schräg von Nordwesten nach Südosten verläuft (Abb. 502). Südlich lag in einer Tiefe von 0,90 m eine maximal 0,90 m breite Kellermauer, an die östlich ein Gewölbeansatz aus roten Backsteinen (24 x 12 × 6 cm) gemauert war. Auch die Kellermauer selbst war mit diesen Ziegeln innen vorgemauert, als Voraussetzung für die Möglichkeit zur Auflage eines Gewölbes. Als ebenfalls jüngere Störung verlief mittig der Kellermauer ein 0,25 m breiter Kanalgraben. Die Kirchenumfassungsmauer stört die ältere Kellermauer, Funde waren nicht vorhanden. Die Unterkante der Befunde konnte nicht erreicht werden.

Der Suchschnitt befindet sich im Bereich des alten Kirchenstandortes, somit könnte es sich um Baureste der Vorgängerkirche handeln.

Schnitt 2 – an der Kirchenwand entlang

Suchschnitt 2 lag an direkt anschließend an die Westseite der Treppe zum Nordportal und wurde auf 1,30 × 1,10 m geöffnet. Auf der gesamten Tiefe von 1,60 m konnte die Kirchenwand mit Treppe verfolgt werden, mindestens eine Stufe versinkt heute in der Platzauffüllung; Unterkante wurde nicht erreicht; Funde waren nicht vorhanden (Abb. 503).

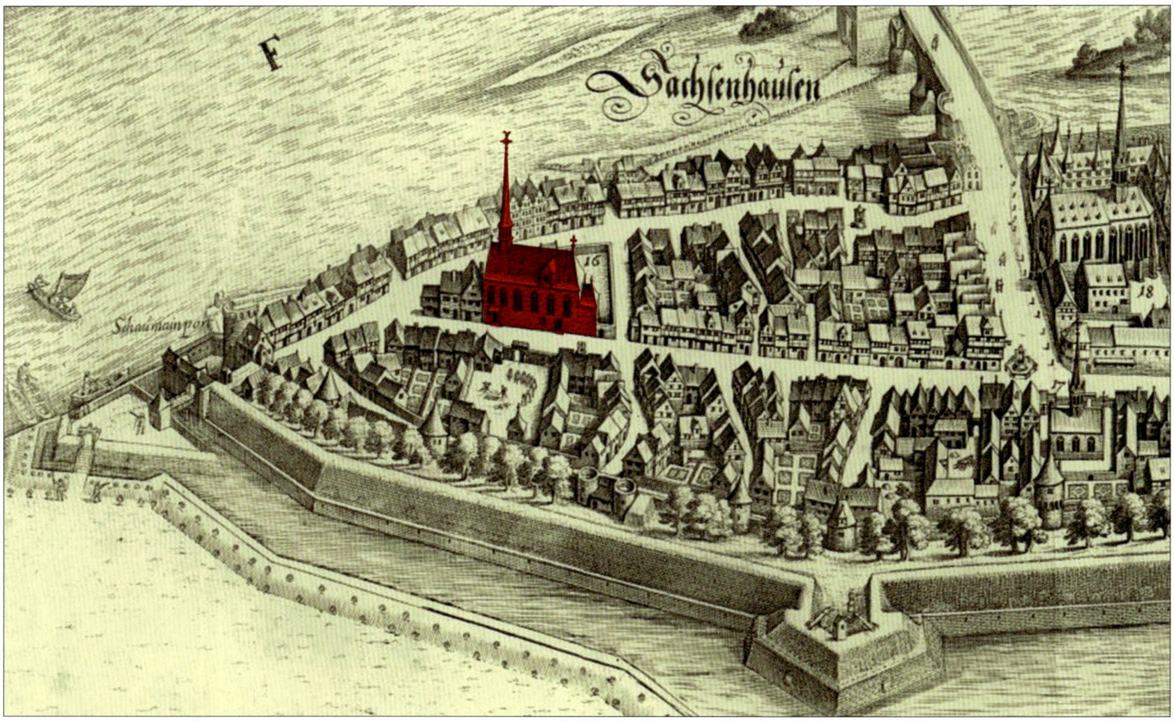

■ **Abb. 500** Standort der alten Dreikönigskirche bei Merian 1770.

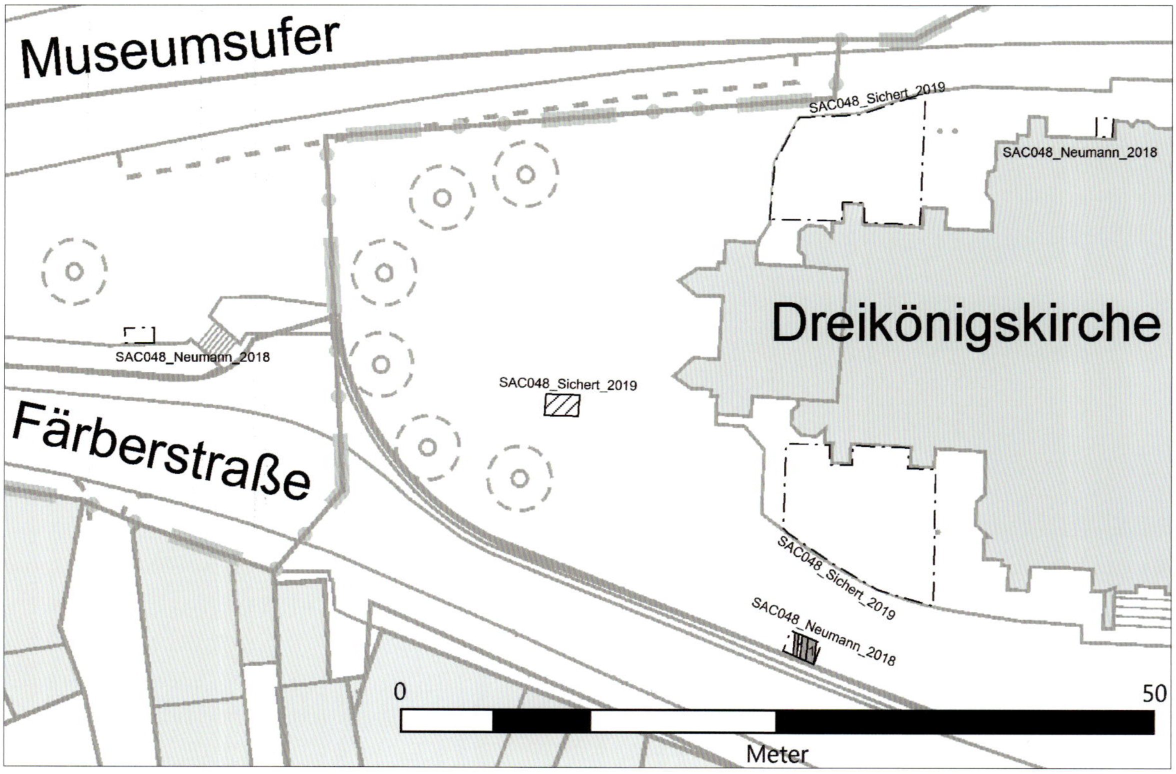

■ **Abb. 501** Gesamtplan aller Suchschnitte von 2018-2019 im Umfeld der Kirche.

Schnitt 3 – auf der Terrasse

Der Suchschnitt 3 im Bereich der Geländeterrasse des Kirchenstandorts maß 2 × 1 m und war maximal 1 m tief. Hier konnten keine Funde oder Befunde nachgewiesen werden. Der Schnitt liegt im Bereich der Straßenführung der Löhergasse, die ursprünglich nördlich der alten

■ **Abb. 502** Reste der ehemaligen Umfassungsmauer am rechten Bildrand, links die ältere Kellermauer.

■ **Abb. 503** Suchschnitt an der Nordmauer mit Treppenstufen des Eingangsbereichs.

■ **Abb. 504** »Minimax« Handfeuerlöscher, eine sog. »Spitztüte«.

Dreikönigskirche entlangführte und westlich auf die Färberstraße traf. Die heutige terrassenartig erhöhte Lage ist in Zusammenhang mit dem Kirchenneubau des 19. Jhs. zu sehen. Aus diesen Gründen kann das Grabungsergebnis an dieser Stelle nicht überraschen.

Im Dezember 2019 wurden Vorbereitungen für das Stellen eines Gerüstes getroffen. Hier war Elke Sichert vor Ort im Einsatz, um die Erdarbeiten zu beobachten.

Schnitt 4 – starkes Signal

Auf dem westlichen Vorplatz wurde eine kleine Kampfmittelsondage durchgeführt, um einem starken Signal nachzugehen. Hierbei handelte es sich zum Glück nur um einen mit Asphalt überdeckten Gullydeckel. Archäologische Befunde wurden hier keine gestört.

Schnitt 5 und 6

Für die Gerüststellung waren flache Erdarbeiten notwendig. Im Norden und Süden des Turms wurde der Oberboden nur 0,30 m (im Norden, Schnitt 5) beziehungsweise 0,10 m (im Süden, Schnitt 6) abgetragen. Trotz des geringen Erdeingriffs traten zwei Metallobjekte an die Oberfläche (Abb. 504). Diese sorgten erst für sichtliche Anspannung beim Kampfmittelräumdienst, da Größe und Erhaltungszustand durchaus auch auf eine mittelgroße Bombe zutreffen. Dabei handelt es sich jedoch glücklicherweise nicht um Kampfmittel, sondern um dem Schutz zugedachte Objekte: Zwei alte Feuerlöscher. Das Produkt, das durch die Firma »Minimax« entwickelt wurde und zwischen 1902 und 1960 hergestellt wurde, hat eine Kegelform. Die »Spitztüte« war aufgrund ihrer einfachen Handhabung weltweit verbreitet. Die Fundstücke zeigen den Schriftzug »Minimax« sowie Reste der Typenbezeichnung, die in die Zeit um 1950 verweist.

SAC 49

Ende einer Ära – archäologische Funde vom Rennbahngelände

Fundmeldung:	Denkmalamt und W. Quader
Verbleib:	Archäologisches und Historisches Museum
Bericht:	Denkmalamt
Literatur:	Hampel (2017) 307 ff.

Die Frankfurter Pferderennbahn wurde 1865 feierlich eingeweiht. Galopprennbahnen erfreuten sich europaweit großer Beliebtheit. Im Jahr 2016 wurde in Frankfurt das letzte Rennen gestartet und in der Folge der gesamte Rennkomplex abgebaut.

Im Rahmen dieser Rückbaumaßnahmen wurde dem Denkmalamt 2018 ein Rotsandstein übergeben, der im Zuge von Aufräumarbeiten auf dem Gelände angetroffen wurde. Es handelt sich um einen sorgfältig bearbeiteten Rotsandstein in der Form einer »Bischofsmütze« (Abb. 505). Der Stein ist annährend quadratisch mit den Maßen 69,5 × 69 cm. Über einem 17,5 cm hohen Sockel ist die »Bischofsmütze« herausgearbeitet und hat eine Gesamthöhe von 60 cm.

■ **Abb. 505 Bearbeiteter Rotsandstein in Form einer sog. »Bischofmütze«, Maßstab 1:10.**

Auf der Oberfläche sind parallele, feine Spuren des Scharriereisens sichtbar. Auf einer Seite befand sich eine kleine rechteckige Aussparung, vielleicht von einem Schild. Es dürfte sich um eine Pfosten- oder Torbekrönung handeln, die zwanglos in das 19./20. Jh. datiert werden kann; der ursprüngliche Standort konnte nicht ermittelt werden.

Dem Historischen Museum wurde die Bronzeplatte des Rennclubs von 1896–1921 mit den Maßen 88 × 95 cm mit der Nennung der Gründerväter übergeben, die auf dem Gelände montiert war.

Ab 2018 konnten auch die bisher nicht öffentlich zugänglichen Bereiche untersucht werden. Wolfgang Quader beging das Areal im Auftrag des Denkmalamtes und entdeckte dabei insgesamt drei hügelartige Strukturen. Sie haben einen Durchmesser von 4–5 m und sind im Gelände deutlich erhaben (Abb. 506). Sie liegen in Bereichen mit dichtem Busch- und Baumbestand. Zwischen der Blätterauflage sind zahlreiche Steine, unbearbeitete Basalte und Gerölle sichtbar. Die Steine liegen ungeordnet auf der Kuppe, Hinweise auf eine Schüttung oder einen Steinkranz gibt es nicht. Diese Hügel liegen mehrere hundert Meter von der bekannten Grabhügelgruppe entfernt am südlichen und östlichen Rand des Geländes. Zweifellos handelt es sich um künstliche Hügel, die nach Ausweis des Aufwuchses schon länger bestehen. Sowohl in der Ansicht als auch im Laserscan unterscheiden sie sich deutlich von den Grabhügeln. Alle drei Fundstellen liegen außerhalb der geplanten Bebauung und bleiben unberührt.

■ **Abb. 508** Hufeisenfunde von der Galopprennbahn, links ein »geschlossenes« Eisen, Maßstab 1:3.

Der Nachweis einer Pferdeplakette für »Joey« auf einem der Steine mit einem Datum vom August 1893 (Abb. 507) führte zur Überlegung, ob hier Rennpferde bestattet wurden.

Herr Quader konnte auch, nicht unerwartet, drei Hufeisen erfassen, wobei es sich in einem Fall um ein geschlossenes Eisen handelt (Abb. 508).

■ **Abb. 506** Hügelige Aufschüttung mit ungeordnet liegenden Steinen auf der Oberfläche, Foto W. Quader.

■ **Abb. 507** Plakette für ein Tier namens »Joey« von 1893.

SAC 56

Umbenennung einer Fundstelle

Fundmeldung:	Denkmalamt
Verbleib:	verschollen
Bericht:	Denkmalamt
Literatur:	Wolff (1913) 115.

Im Frankfurter Ortsarchiv wird mit Bezug auf eine Fundmeldung bei Georg Wolff eine Fundstelle am Bahnhof »Louisa« archiviert. Demnach ist bereits 1885 östlich des Königs- oder Luderbachs eine römische Münze gefunden worden. Nähere Angaben zu den Fundumständen fehlen, ebenso ist das Fundstück offenbar verschollen. Im Bereich der Fundstelle befindet sich heute eine ausgedehnte Kleingartenanlage, weitere Funde sind nicht bekannt.

Eine geplante Renaturierungsmaßnahme führte 2017 zur Prüfung der Fundstelle. Dabei wurden in der Laserscanaufnahme im Bereich der öffentlichen Grünanlage westlich des Baches mindestens zwei, vielleicht drei hügelartige Strukturen erkannt und zudem die fehlerhafte Einordnung der Fundstelle in den Stadtwald (STW 1) zugunsten des richtigen Ortsteils Sachsenhausen korrigiert (s. o.).

Im Rahmen der archäologischen Beobachtung der Erdarbeiten konnte keinerlei Kulturdenkmal erfasst werden, alle Strukturen waren neuzeitlich. Aus diesem Grund kann die Fundstelle nicht näher angesprochen werden.

Abb. 509 Auf unseren Ausgrabungen entdecken wir nicht nur Archäologisches.

■ Abb. 510 Die Archäologinnen Dr. Andrea Hampel und Elke Sichert blicken in eine Baugrube – und offenbar auf tolle Funde und Befunde.

SCHWANHEIM

Der alte Ortskern war mit einer Hecke und einem Graben geschützt. Noch heute markieren die Straße Am Graben und Hainbuchenstraße mit den angeschlossenen Straßenabschnitten diesen Bereich. Eine nennenswerte Erweiterung des Dorfes ist erst ab dem 19. Jh. zu verzeichnen. Nach der Eingemeindung 1928 entstand nach Osten die Goldsteinsiedlung, die bis. nach Niederrad reicht und 1931 vollendet wurde.

■ **Schwanheim: Blick vom Hochbunker in Richtung der ehemaligen katholischen Kirche mit Schwesternhaus.**

SWA 000

Artillerie auf der Sportanlage

Fundmeldung:	Denkmalamt
Verbleib:	Archäologisches Museum
Bericht:	Denkmalamt
Literatur:	Grempler (2017)[2].

Im Jahr 2019 wurden im Bereich der Sportanlage »Zur Waldau« großflächige, aber größtenteils flache Erdarbeiten durchgeführt. Neben einer neuen Flutlichtanlage war auch eine neue Entwässerung sowie eine Zufahrt geplant. Direkt südlich anschließend ist ein archäologisches Denkmal bekannt, so dass im Vorfeld geophysikalische Untersuchungen einerseits die Lage der vorhandenen Leitungen und eventueller Kampfmittel, aber auch eventuelle archäologische Anomalien prüfen sollten.

Da das Ergebnis bezüglich archäologischer Denkmäler nicht in allen Bereichen eindeutig war, wurden die Erdarbeiten zur Kampfmittelfreiheit durch Michael Obst beobachtet. Ein Fundstück war eine noch 0,60 m lange Blechhülse mit einem Durchmesser von rund 0,18 m (Abb. 511). Die ursprüngliche olivgrüne Oberfläche war nur am vorhandenen Ende erhalten, darauf mit gelber Farbe die zweizeilige Inschrift LOT 80912, darunter L?P2OAB. Etwa 0,15 m vor dem Ende war ein Metallring aufgeschoben (Abb. 512).

Abb. 512 Detailansicht der Bodenbeschriftung.

Es dürfte sich um die Hülle einer Treibladung einer Panzerhaubitze aus dem Zweiten Weltkrieg handeln; eine schlagkräftige Waffe der Artillerie.

Abb. 511 Kampfmittelfund in der Schuttfüllung am Sportplatz »Waldau«.

SWA 20

Ausgrabung im Wilhelm-Kobelt-Haus

Fundmeldung: Denkmalamt
Verbleib: Archäologisches Museum
Bericht: Denkmalamt

Im Jahr 2018 wurde ein Antrag zur Sanierung der Innenräume des Wilhelm-Kobelt-Hauses gestellt. Das Gebäude war 1832 als Schule errichtet und steht an der Einmündung der Straße Am Abtshof (Abb. 513). Letzteres verweist auf die ältere Geschichte des Ortes. Bereits 1975 wurde eine umfassende Ausgrabung im Rahmen der Schulhofneugestaltung durch den örtlichen Heimat- und Geschichtsverein durchgeführt. Dabei konnten Teile der mittelalter- und neuzeitlichen Geschichte des Ortes erfasst werden.
Die 2019 geplanten Maßnahmen fanden ausschließlich im Innenraum des Bestandgebäudes statt und waren in der Tiefe auf 0,60 m zur Absenkung der Fußbodenauffüllung beschränkt (Abb. 514).

Diese neuzeitliche Auffüllung war weitgehend steril und enthielt nur einen Bronzeknopf mit der Aufschrift

■ **Abb. 513** Das Wilhelm-Kobelt-Haus in Schwanheim.

Abb. 514 Flache Erdarbeiten im Gebäudeinneren.

Abb. 515 Lochknopf der Firma Küstner aus Frankfurt, Vorder- und Rückseite, Maßstab 2:1.

J. KÜSTNER FRANKFURT (Abb. 515). Solche Lochknöpfe sind die heute gängigen Knopfarten und nur durch die Beschriftung näher anzusprechen. Leider ist zum Knopfmachermeister oder Knopffabrikant Küstner nichts bekannt.

Der vorliegende Knopf gehört bereits in die Zeit der industriell gefertigten Knöpfe seit dem 18. und besonders ab dem 19. Jh. Der alte Knopf ist aus heimischer Fertigung in Frankfurt am Main; heute sind in der Stadt keine Knopffabriken mehr ansässig.

SWA 25

Eine Tüte Buntes, bitte

Fundmeldung: M. Patino
Verbleib: privat
Bericht: Denkmalamt
Literatur: Baastrup (2007). – Hesse (2015). – Portable Antiquities Scheme SUSS-0B9D0C und SUSS-1030D4.

Im Bereich nördlich des Martinswegs beging Herr Patino 2018 im Auftrag des Denkmalamtes verschiedene Flächen.

Dort ist eine ausgedehnte Kiesgrube bekannt. Im Jahr 1975 wurde dort durch den Fund von zahlreichen Scherben, einem Knochen und einem Bronzering eine ausgedehnte römische Fundstelle nachgewiesen. Allerdings handelt es sich um eine sekundäre Fundstelle, da die Funde ausschließlich aus einer Fuhre Erdreich, bzw. Lehm stammten. Damals konnte nicht ermittelt werden,

Abb. 516 Römische und neuzeitliche Bronzefunde, Maßstab 1:1.

woher der angefahrene Boden stammt, so dass die Fundstelle der Gemarkung Schwanheim zugewiesen werden musste.

Bis zur Begehung durch Herrn Patino sind keine weiteren Begehungen oder Untersuchungen in diesem Bereich gemacht worden. Michael Patino konnte nun 2018 zahlreiche Metallfunde aufsammeln, die teilweise mittelalter-neuzeitlich sind (Abb. 516). Dass hier mehrere Epochen am selben Fundort vorliegen, ist eine Beobachtung, die auch schon 1975 gemacht wurde.

Drei Fundstücke können eindeutig der Römerzeit zugewiesen werden; es handelt sich um einen Fibelrest und eine Bronzehülse, die überdreht wurde (Abb. 516a, d sowie Abb. 517). Zwei stark abgegriffene Bronzemünzen (Abb. 517) können ebenfalls zugewiesen werden.

Sehr dekorativ ist die sternförmige Bronzefibel (Abb. 516b). Diese Sternfibel ist massiv gegossen, die zentrale Fassung ist heute leer und barg früher eine Einlage, etwa eine Perle oder Glasperle. Sie ist ins frühe Mittelalter, d. h. in das 10. bis 11. Jh. n. Chr. zu datieren (Baastrup 2007, 7–9; Hesse 2015, 148).

Der S-förmige Haken ist ein Trachtbestandteil (Abb. 516g). Er wurde zum Verschluss des Gürtels oder der Kleidung genutzt. Der Kopf der S-Form ist als Schwanenhals ausgeführt. An Vergleichsfunden besteht das gegenüberliegende Ende aus einem Schlangenschwanz, beim vorliegenden Stück ist er abgebrochen. Der Fund wird über Vergleichsfunde in das 16. Jh. datiert (Portable Antiquities Scheme SUSS-0B9D0C und SUSS-1030D4).

■ **Abb. 517** Zwei römische Bronzemünzen, Maßstab 1:1.

Die beiden Bronzeringe entziehen sich einer eindeutigen Ansprache, da sie in vielen Epochen in einer Vielzahl von Funktionen auftreten (Abb. 516h, i).

Im Jahr 2019 beging Herr Patino die Fundstelle erneut und fand der Reste einer Bronzeglocke und einen fragmentierten Bronzestab mit profiliertem, verdicktem Ende (Abb. 516c und e). Diese Fundstücke können der Römerzeit zugewiesen werden. Eine gekerbte Schuhschnalle gehört zum frühneuzeitlichen Fundinventar (Abb. 516f.).

Zwar kann nicht endgültig entschieden werden, ob sich im Bereich der Kiesgrube archäologische Denkmäler *in situ* befanden, genauso wenig ist die endgültige Ausdehnung der Grube bekannt, allerdings liegt der Fundbereich im nachgewiesenen Areal der Grube. Aus diesem Grund werden alle Fundstücke der sekundären Lagerung im Rahmen einer Einfüllung zugeordnet.

SWA 46

Eine Brücke – zwei Versuche

Fundmeldung:	H. Haarstark
Verbleib:	Archäologisches Museum
Bericht:	Denkmalamt
Literatur:	Hampel (2017) 345 f. – Reitz (unpubliziert).

Zwischen Schwanheim und Griesheim soll eine römische Brücke über den Main geführt haben. Dazu wurde in einem Tauchgang eine Holzprobe des Weichholzes entnommen, die im Jahr 2018 datiert werden konnte.

Die 14C-Datierung zeigte eindeutig, dass es sich um einen neuzeitlichen Holzeinbau aus der Zeit nach 1660 handelt (Klaus-Tschira-Archäometrie-Zentrum am Curt-Engelhorn-Zentrum Archäometrie in Mannheim. Probennummer 35596; Abb. 518). Damit kann ein römischer Zusammenhang ausgeschlossen werden.

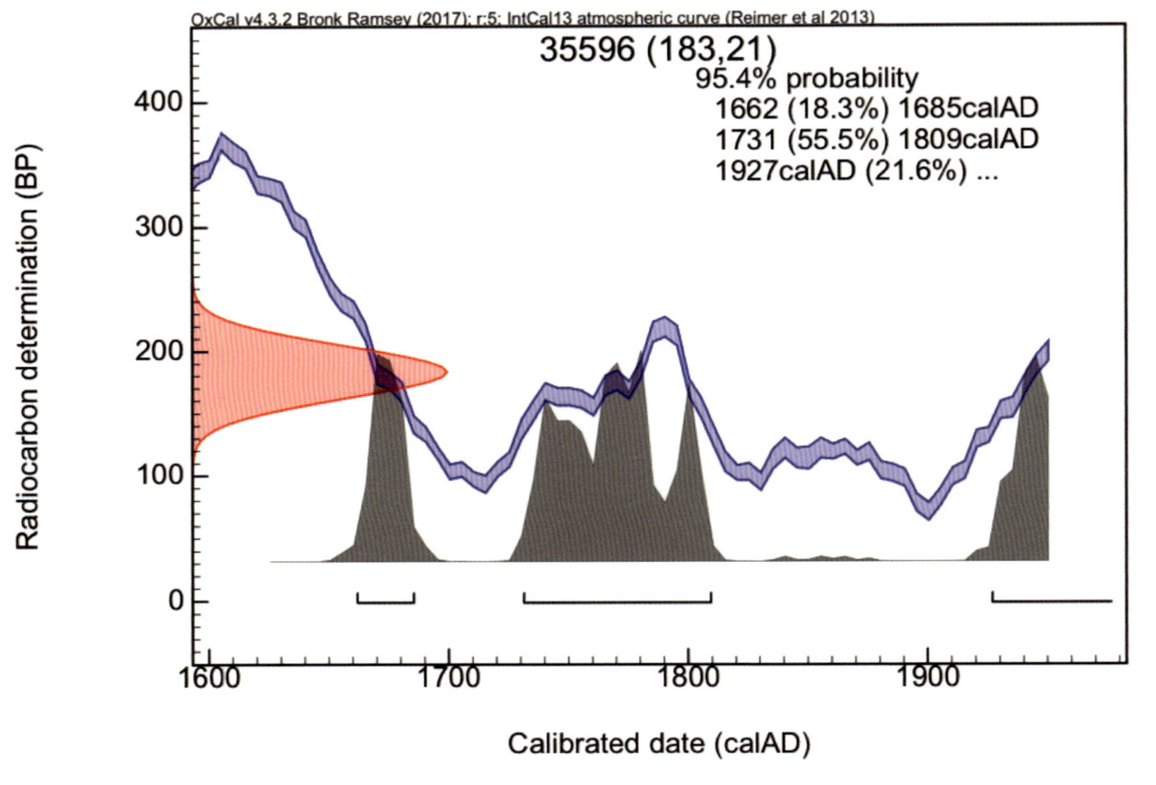

Labornr MAMS	Probenname	14C Alter [yr BP]	±	δ13C AMS [‰]	Cal 1-sigma	Cal 2-sigma
35596	SWA 46	183	21	-24,6	cal AD 1667-1950	cal AD 1663-1950

Abb. 518 Messergebnis der 14C-Datierung des Holzpfostens aus dem Main.

Der zweite Anlauf

Im August 2019 wurde erneut durch einen Tauchgang eine weitere Probe an einem anderen Balken des erfassten Holzes genommen.

Der Tauchgang im August 2019 zeigte, dass die Struktur offenbar stark gelitten hat, möglicherweise hat ein Anlegemanöver die ufernahen Bereiche zerstört. Eine weitere Holzprobe zeigte offenbar erneut ein Weichholz, was als Baumaterial für den Unterbau einer römischen Brücke unwahrscheinlich ist, so dass es sich mit großer Wahrscheinlichkeit um einen weiteren Bauteil der barocken Einbauten handeln dürfte. Dieses Holz wurde im Labor des Bayerische Landesamts für Denkmalpflege Thierhaupten durch Franz Herzig datiert.

Die Datierung bestätigte einen Fichtenstamm aus der Zeit um 1680.

Damit kann die römische Brücke im Areal der Weichhölzer ausgeschlossen werden. Es können im Untergrund allerdings noch ältere Strukturen erhalten sein. Dabei ist jedoch zu bedenken, dass der Main ein stark befahrener Fluss ist, dessen Fahrrinnen bereits häufig ausgebaggert wurden; zudem entspricht der heutige Flusslauf kaum dem römischen, so dass Reste einer römischen Brücke wohl eher an Land, d. h. im Auebereich erhalten sein können.

■ **Abb. 519** Das Brückenhäuschen in der Eifelstraße ist der letzte oberirdische Zeuge der 1905-07 errichteten und 1945 zerstörten Mainbrücke, die ebenfalls Schwanheim und Griesheim verband. Gesehen 2012 in Blickrichtung der chemischen Industrie in Griesheim.

SWA 86

Fragwürdiges sowie Mittelalterliches vom Feld

Fundmeldung: M. Patino
Verbleib: privat
Bericht: Denkmalamt
Literatur: Hampel (2017) 198. – Holtmann (1993). – Wamers (1994).

Herr Patino fand 2018 außer einer römischen Münze (vgl. SWA 25) noch weitere Bronzefunde (Abb. 520).

Von Messern und Messerkrönchen

Unter den Funden war ein Messerkrönchen (Abb. 520c). Derartige Messer gehören in einen spätmittelalter-frühneuzeitlichen Zusammenhang. Vergleichbare Objekte (Holtmann (1993) 410) können in das 16. Jh. datiert werden, was auch für das vorliegende Fundstück gelten kann (vgl. NER 46).

Zeitlich schwierig einzuordnen sind zwei Bronzeblechreste. Eines ist trapezoid, knapp 2 mm stark, maximal 5,4 cm lang und 4,2 cm breit, das Stück ist an zwei Seiten abgemeißelt.

Das andere Stück hat eine unregelmäßige Form (Abb. 520a), es könnte ursprünglich eine Messerform geplant worden sein. Es ist maximal 10,5 cm lang und zwischen 1,7 und 3,5 cm breit. Während sich der breite Teil auf 1 mm Materialstärke verjüngt, ist der schmale Abschnitt 4 mm stark. Das Objekt ist stark gebogen und weist auf einer Seite angesetzte Bohrlöcher und Kreisaugen auf sowie zwei Quermarkierungen. Auch wenn die Verzierung bislang nicht aufgeschlüsselt werden konnte, ist sie doch ein spannendes Detail.

Ein möglicher Armring

Weiterhin fand er einen rundstabigen Bronzerest mit kugeliger Verdickung (Abb. 520d). Das Fundstück könnte zu einem Armreif gehören, der Rundstab hat einen Durchmesser von 6–7 mm, der kugelige Abschluss rund 1,1 cm. Das Fundstück ist mechanisch beschädigt und nur knapp zur Hälfte erhalten.

Pferdegeschirr auch von dieser Fundstelle

Außerdem ist ein Riemendurchzug mit Mittelpunkt aus Bronzeblech vorhanden (Abb. 520b). Das Objekt hat einen Durchmesser von 2, 8 cm und zeigt zwei übereinanderliegende, rechteckige Aussparungen, durch die der Riemen gezogen werden konnte.

Selten: Ein Frankfurter Heiliger

Schließlich ist als herausragendes Fundstück das Fragment einer frühmittelalterlichen Scheibenfibel zu nennen (Abb. 520e). Es handelt sich um eine karolingisch-ottonische Heiligenfibel. Die Bronzefibel hat einen gewellten Rand. Auf der Platte ist eine Person zu erkennen, wobei die Vertiefungen ursprünglich mit leuchtend buntem Email gefüllt waren. Die ursprüngliche Farbgebung ist nicht erhalten, in der Grafik ist nur eine mögliche Variante von vielen dargestellt. Das vorliegende Stück gilt als Standardtyp, charakteristisch ist auch die unpräzise Ausformung des Heiligen. Das Gesicht ist schematisch mit drei in Y-Form angeordneten Punkten dargestellt (Auge-Auge-keine Nase-Mund), darüber ein bogenförmiger Nimbus. Ebenfalls charakteristisch ist ein darunterliegendes, kleineres Y als Bestandteil der Kleidung und ovale Vertiefungen seitlich als Darstellung der Hände. Auf der Rückseite ist ein Teil des mitgegossenen Nadelhalters erhalten.

Bisher sind im Frankfurter Stadtgebiet solche Fibeln, im Gegensatz zu den zeitgleichen Kreuzemailfibeln, nicht bekannt geworden.

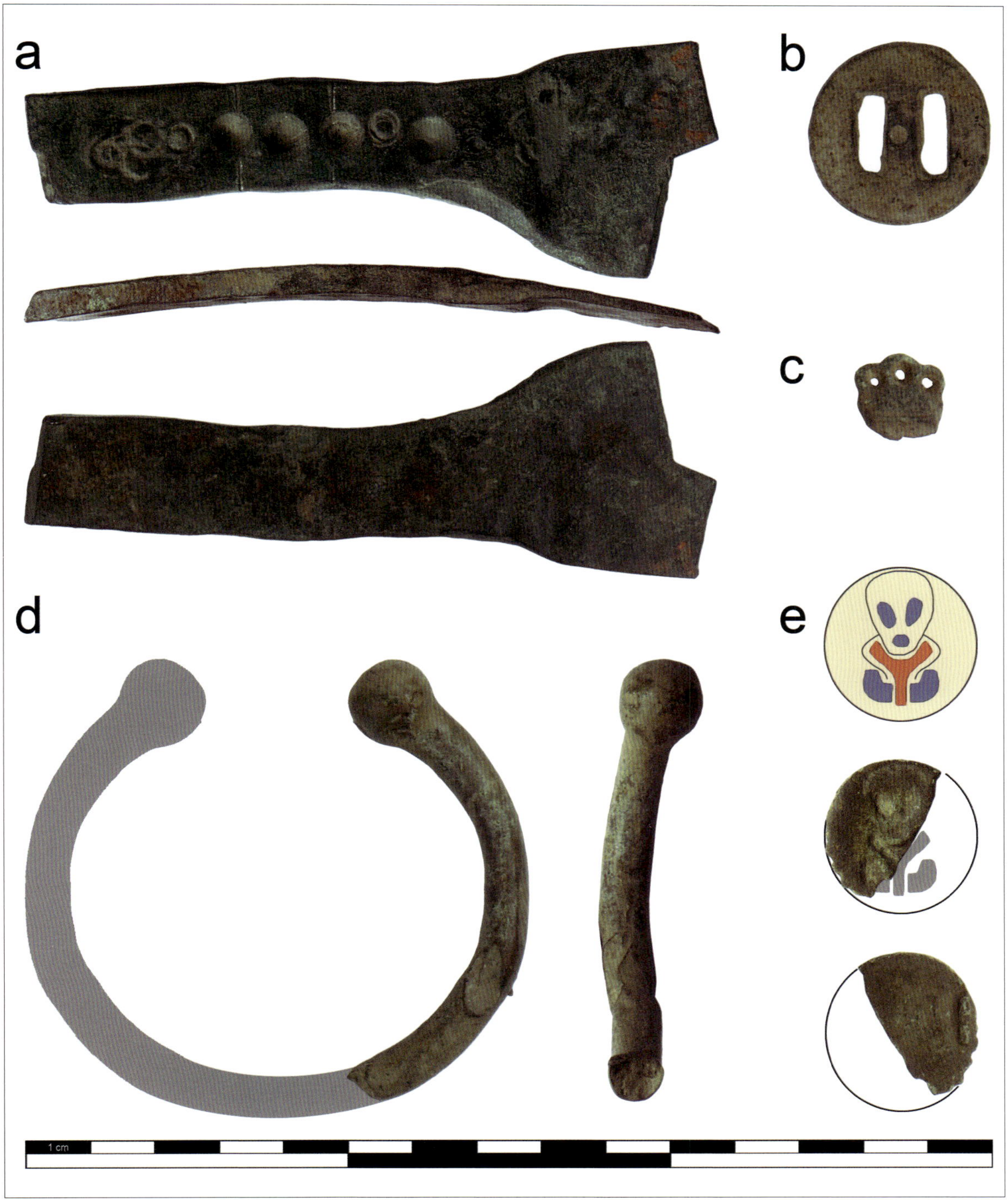

■ **Abb. 520** Mittelalterliche und neuzeitliche Bronzefunde, Maßstab 1:1.

■ Seckbach: Der Huthpark- Pavillon von 1929/30 bei bestem Biergartenwetter.

SECKBACH

Der Ortsteil ist in weiten Teilen durch bescheidene, barocke Hofreiten geprägt und gehörte bereits 1886 zum Stadtkreis Frankfurt und wurde 1900 eingemeindet. In der Gemarkung liegt auch der höchste Punkt des Frankfurter Stadtgebietes mit der Berger Warte, einem steinernen Wachturm auf dem Berger Rücken, daher der Name.

Nach Norden erstrecken sich ausgedehnte Ackerflächen und die bisher eher überschaubare Anzahl von archäologischen Fundstellen werden in den Berichtszeiträumen durch die Ergebnisse der lizensierten Feldbegeher ergänzt. Mittlerweile sind 42 Fundstellen bekannt.

SEC 000

Ausgeleuchtet

Fundmeldung: E. Schultz
Verbleib: Archäologisches Museum
Bericht: Denkmalamt
Literatur: Hampel (2017) 70f.

Bei Baumaßnahmen in bebautem Gebiet werden in aller Regel auch neuzeitliche und moderne Vorgängerbauten und Eingrabungen mit entsprechendem Fundmaterial dokumentiert. Die war auch an der Hofhausstraße der Fall, als 2018 die bestehende Scheune niedergelegt und eine Neubebauung realisiert wurde.

Einen neuzeitlichen, aber ungewöhnlichen Fund stellt eine Elektrode aus Graphit (Abb. 521) aus dem Baggeraushub dar (vgl. SEC 41 und SEC 42). Solche Fundstücke gehören zu eine (Kohle)Bogenlampe, deren Technik bereits am Beginn des 19. Jhs. entwickelt wurde.

Zwei Elektroden wurden in einem Abstand von einander befestigt und nach dem Entzünden bildet sich ein Lichtbogen. Die Kohlestäbe verbrannten bei der Nutzung und sind grundsätzlich zerbrechlich. Kohlebogenlampen waren die intensivsten künstlichen Lichtquellen ihrer Zeit und fanden daher in Straßenlaternen, aber besonders in Scheinwerfern Verwendung. Aufgrund der Größe dürfte es sich um die Elektrode von einer lichtstarken Lampe handeln und in der Größe wohl zu einem Scheinwerfer gehören. Einer der bedeutendsten Hersteller war die Fa. Siemens, die um 1930 zwei Drittel des gesamten europäischen Graphitbedarfs abdeckte. Im Jahr 1909 entwickelte Heinrich Beck einen Hochintensitäts-Kohlenbogen und gründete in Frankfurt am Main die »Deutsche Beck-Kohlenbogenlampengesellschaft«. Grundsätzlich kamen Hochintensitäts-Kohlebogenlampen bis in die 1960er Jahre in Filmprojektoren zum Einsatz.

Abb. 521 Die Graphitelektrode in verschiedenen Ansichten, rechts Schema, alle Maßstab 1:2, rechts oben Detail der Krone ohne Maßstab.

SEC 11

Ein Gräberfeld der Hallstattzeit

Fundmeldung: E. Schultz
Verbleib: Archäologisches Museum
Bericht: Denkmalamt
Literatur: Schumacher (1972) 31 ff.

Bereits im Jahr 1979 fanden Spaziergänger südlich der Berger Warte auf einem Acker einen Bronzearmring. Das massive Stück war vollständig erhalten und mit Petschaftenden und Rippen verziert.

Seit dieser Zeit sind keine weiteren Funde im Bereich der Warte gemacht worden, die den Fundplatz als vorgeschichtliches Gräberfeld abschließend ansprechbar machen.

Im Jahr 2018 beging Erik Schultz die Ackerflächen südlich und südwestlich der Warte. Er konnte an zwei voneinander getrennten Plätzen jeweils Bronzearmringe nachweisen (Abb. 522). Es handelt sich in beiden Fällen um glatte Ringe mit leicht ovalem Querschnitt. Ein Armring ist beidseitig abgebrochen und hat einen Querschnitt von maximal 4 mm. Die lichte Weite beträgt rund 5,5 cm und das Fundstück dürfte an einer Seite nahe am Ende abgebrochen sein (Abb. 522, rechts).

Der andere Armring ist ebenfalls fragmentiert und hat einen maximalen Querschnitt von 6 mm. Bei einer lichten Weite von 5,7 cm ist an einer Seite ein Petschaftende erhalten, das mit einem schmalen Wulst vom Ring abgesetzt ist (Abb. 522, links). Die Fundstelle kann auf Grundlage dieser Funde nunmehr als Bestattungsplatz der Hallstattzeit angegeben werden.

Neben den Metallfunden ist gemäß der Beigabensitte auch mit anderen Fundstücken und besonders einer Anzahl Keramikgefäßen zu rechnen. Eine personalintensive Begehung durch das Denkmalamt im Anschluss an die Meldung konnte dazu jedoch keine Hinweise liefern.

Abb. 522 Zwei Bronzearmreifen, die an verschiedenen Stellen auf der Ackeroberfläche lagen, Maßstab 1:1, links teilrekonstruiert.

SEC 15

Ein steinzeitlicher Dechsel

Fundmeldung:	D. Pittenger
Verbleib:	privat
Bericht:	Denkmalamt
Literatur:	Hampel (1993) 226.

Im Januar 2019 meldete Herr Pittenger den Fund eines allseitig beschliffenen, schmalen, flachen Dechsels (vgl. SEC 16; Abb. 523).

Es handelt sich um ein Felsgesteingerät. Die erhaltene Länge beträgt 3,6 cm und die Breite erreicht maximal 1,5 cm; die halbrunde Schneide ist vollständig erhalten, der Rest ist abgebrochen.

Die Fundstelle ist seit 1986 bekannt, allerdings wurden bisher ausschließlich Steingeräte und -fragmente gefunden. Der Neufund bereichert das bisherige Fundspektrum um einen weiteren Dechsel. Zur genaueren Einordnung der Fundstelle hoffen die Archäolog:innen auf aussagekräftige Funde in der Zukunft, etwa charakteristische Keramik einer bestimmten steinzeitlichen Kulturgruppe.

Abb. 523 Schneidenteil einer Dechselklinge in vier verschiedenen Ansichten, Maßstab 1:1.

Jungsteinzeit

SEC 16

Steinreich südlich der Hofhausstraße

Fundmeldung: D. Pittenger
Verbleib: privat
Bericht: Denkmalamt
Literatur: Hampel (1993) 226.

Die Fundstelle südlich der Hofhausstraße ist bisher durch einen Einzelfund aus dem Jahr 1990 belegt. Dieser Silexfund führte zur Eintragung einer Fundstelle der Jungsteinzeit.

Im Jahr 2018 meldete Herr Pittenger drei Steingeräte, bzw -abschläge aus diesem Areal, die sich ebenfalls dem Neolithikum zuweisen lassen (Abb. 524). Bei den beiden anderen Fundstücken handelt es sich um Felsgesteingeräte.

Eines der Geräte ist von dunkler Farbe und vollständig überschliffen. Die Länge beträgt noch 6 cm, der Stein ist 1,4 cm breit und es bildet sich eine symmetrische Schneide, der Querschnitt vergrößert sich von der Schneide bis zum abgebrochenen Ende auf 2,1 cm; es könnte sich um ein schmales Beil handeln (Abb. 524, oben).

Ein schmaler, flacher Dechsel ist ebenfalls unter den Funden, auch er ist allseitig beschliffen (vgl. SEC 15). Bei einer erhaltenen Länge von 5,5 cm verjüngt sich die Breite von 2,5 auf 2,3 cm. Die halbrunde Schneide ist vollständig erhalten, der Nacken fehlt (Abb. 524, Mitte).

Bei dem dritten Werkzeug handelt es sich um einen grauen Feuersteinkratzer (Abb. 524, unten). Während die Breite mit 3,5 cm angegeben werden kann, beträgt die Länge noch maximal 2,6 cm, dann ist das Fundstück abgebrochen.

Da erneut keine Scherben gefunden wurden, kann zwar die Fundstelle bestätigt werden, aber eine weitere Einordnung innerhalb des Neolithikums bisher nicht erfolgen (vgl. SEC 15).

Abb. 524 Steingeräte von einer Ackeroberfläche an der Hofhausstraße in verschiedenen Ansichten, Maßstab 1:1.

SEC 18

Vernagelt – Der Satyr von Seckbach

Fundmeldung:	D. Pittenger
Verbleib:	privat
Bericht:	Denkmalamt
Literatur:	Hampel (1997) 251.

Im Rahmen von Feldbegehungen nördlich des Berger Weges konnte Herr Pittenger 2018 zwei bemerkenswerte römische Fundstücke sammeln (Abb. 525).

Ein Pelta

Es handelt sich einmal um einen sog. Peltabeschlag aus Bronzeblech. Das Objekt war ursprünglich rundoval mit einem Durchmesser von 2,6 cm. Durch zwei symmetrische Aussparungen entsteht die charakteristische Pelta-Form; hier sind beiden Seiten beschädigt. Auf der Rückseite sind zwei Niete zur Befestigung mitgegossen. Solche Objekte gehören zur römischen Gürtelgarnitur.

■ **Abb. 526** Die Satyrmaske in vergrößerter Darstellung.

■ **Abb. 525** Gürtelbeschlag und Ziernagel aus Bronze, Maßstab 1:1.

Der Satyr

Bei dem anderen Fundstück handelt es sich um einen Ziernagel, vermutlich einen Schlossnagel ebenfalls aus Bronze.

Der etwas ovale Nagelkopf hat einen Durchmesser von maximal 2,6 cm und zeigt auf der Vorderseite eine sorgfältig ausgearbeitete Satyrmaske (Abb. 526). Auf der Rückseite ist mittig der Bronzenagel mit einer Länge von 3,5 cm und einer Breite von maximal 0,9 cm vorhanden; er verjüngt sich in der Stärke zum Ende. Dort ist befindet sich ein unregelmäßiges Loch, was deutliche Nutzungsspuren aufweist.

Keine Befunde angetroffen

Durch zahlreiche Feldbegehungen in diesem Areal konnten verschiedene römische Fundstücke nachgewiesen werden. Allerdings handelt es sich einerseits um typische Verlustfunde, es sind aber auch Siedlungsfunde bekannt. Trotzdem ist es bisher nicht gelungen, römische Befunde *in situ* nachzuweisen.

SEC 19

Großartig und doch klein und unscheinbar – ein Nadelkopf

Fundmeldung:	D. Pittenger
Verbleib:	privat
Bericht:	Denkmalamt
Literatur:	Hampel (1997) 251. – Kubach (1977).

Im Januar 2019 meldete Herr Pittenger das Fragment einer Bronzenadel, das er auf einem Acker nördlich des Berger Wegs gefunden hat. Das Fundstück ist stark verbogen und noch etwa 4 cm lang, dann ist es abgebrochen (Abb. 527). Es zeigt sich ein kugeliger Kopf mit einer Verdickung in der Mitte, die mit zwei Rillen hervorgehoben ist. Der Nadelschaft hat einen Durchmesser von rund 3 mm und knapp 1 cm unterhalb des Kopfes ist er verdickt. Dieser Bereich ist knotenförmig durch zwei Ritzlinien hervorgehoben.

Damit könnte es sich um den Rest einer Nadel mit charakteristischem Schaftknoten handeln, der dreifach profiliert ist. Ein ähnliches Stück vom Typ Guntersblum ist aus dem Rhein bei Mainz bekannt (Vgl. Kubach (1977) 374 und Taf. 61–62). Die Nadel ebd. Taf. 61,910 wurde auch zur Rekonstruktion der Frankfurter Nadel herangezogen.

Durch diesen Vergleichsfund kann das Fundstück in die jüngere Bronzezeit datiert werden, d. h. es handelt sich um eine Bronzenadel der Urnenfelderzeit.

In diesem Bereich sinc 1993 auffallend viele Scherben gefunden worden, die grundsätzlich den Metallzeiten zugeordnet werden konnten. Unklar ist jedoch weiterhin der Charakter der Fundstelle. Während die Keramikfunde zunächst für eine Siedlungsstelle sprachen, könnte der Nadelfund auch aus einem Grabzusammenhang stammen. Weitere Feldbegehungen sollen hier Licht ins Dunkel bringen.

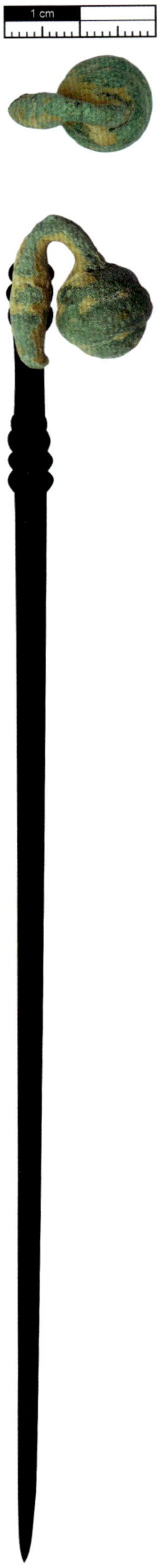

■ **Abb. 527** Oberteil einer bronzezeitlichen Nadel, Maßstab 1:1, Rekonstruktion nach Kubach 1977, Taf.61.910.

SEC 24

Römische Funde auf der Höhe

Fundmeldung:	E. Schultz
Verbleib:	Archäologisches Museum und privat
Bericht:	Denkmalamt
Literatur:	Hampel (2015) 283.

Im Juli 2018 beging Herr Schultz im Auftrag des Denkmalamtes die Flächen südlich der Berger Warte. In diesem Areal westlich der Vilbeler Landstraße ist seit 2008 eine römische Fundstelle bekannt.

Er konnte verschiedene Metallobjekt sammeln (Abb. 528).

Zu nennen ist zunächst ein fragmentierter, glatter Bronzering mit einem Durchmesser von 4,6 cm bei einer Stärke von maximal 5 mm (Abb. 528, rechts), sowie ein Riemendurchzug aus Bronzeblech mit einem Durchmesser von 4 cm mit zwei übereinander angeordneten, rechteckigen Durchzügen (Abb. 528, Mitte).

Weiterhin fand er ein Bronzeobjekt, das zu einer Gürtelschnalle des 17./18. Jhs. gehört und hier der Vollständigkeit halber vorgestellt werden soll (Abb. 528, links). Es handelt sich um ein filigranes, durchbrochenes Fundstück. An einer Längsseite befinden sich zwei feine Bronzeröhrchen, in denen ein Millimeter starker Bronzestift durchgesteckt ist. Gegenüber sind symmetrisch drei »pilzförmige« Fortsetzungen erkennbar.

■ **Abb. 528** Bronzefunde südlich der Berger Warte, Maßstab 1:1.

SEC 25

Von Krieg und Handel – Militaria und Gewichtfunde aus Seckbach

Fundmeldung:	E. Schultz und D. Pittenger
Verbleib:	Archäologisches Museum und privat
Bericht:	Denkmalamt
Literatur:	Hampel (2015) 21 und 285.

Im Bereich der »Berger Warte« fand Herr Schultz im Berichtszeitraum bei Feldbegehungen verschiedene Fundstücke, die der frühen Neuzeit zuzuweisen sind (Abb. 529).

Militaria

Dabei ist zunächst 2018 ein Militärknopf mit Adler im Wappenschild unter der Krone, der als Preußischer Offiziersknopf angesprochen werden kann (Abb. 529b).

Weiterhin fand er einen glatten Riemendurchzug aus Bronzeblech mit zwei rechteckigen Aussparungen (Abb. 529c), dazu ein T-förmiges Bronzeobjekt unbekannter Funktion (Abb. 529d) und ein zu einer kleinen Röhre zusammengebogenes Bronzeblech (Abb. 529g). Es ist 4 cm lang und hat eine lichte Weite von 0,9 cm; an der Oberseite ist das Blech zusammengebogen und hat ehemals vier Durchbohrungen, von denen 3 erhalten sind. An der Außenseite ist das Blech durch je zwei Rillen verziert. Es dürfte sich um eine Bronzehalterung für einen Ladestock oder Reinigungsstutzen handeln (vgl. BEN 56).

Im Jahr 2019 meldete Herr Erik Schultz weitere Metallfunde. Darunter befand sich eine Parierstange mit floraler Verzierung von einer Blankwaffe, denkbar ein Degen (Abb. 529h). Solche Parierstangen gehören in das Spätmittelalter, bzw. die frühe Neuzeit. Anzuschließen ist ein Buntmetallknopf mit einem Durchmesser von 2,5 cm mit abgesetztem Fuß. Das Fundstück ist der Länge nach durchlocht, darin ein Eisenrest. Aus diesem Grund dürfte es sich um ein Stück eines barocken Schwertgriffes.

Er sammelte auch einen Bronzeknopf der napoleonischen Grand Armée von 1792 mit Eichenlaub und Rutenbündel mit Freiheitsmütze sowie der Umschrift »Republique«. Auf der Rückseite zeigt der Knopf bei einem Durchmesser von 2,2 cm die charakteristische Kreuzöse (Abb. 529a).

Spielzeug

Noch in der Begehung 2018 fand Herr Schultz einen verzierten Bleirest (Abb. 530). Es handelt sich um ein 2,7 cm langes und maximal 1,2 cm breites, nur rund 1,5 mm flaches Stück, das an einer Seite abgebrochen ist. Während die Rückseite glatt ausgearbeitet ist, zeigt die Vorderseite ein verschlungenes, florales Muster auf einem ovalen, abgesetzten Bereich. In das Muster sind zwei 2 mm starke Löcher gebohrt, die leicht versetzt sind. Obwohl das Bruchstück sehr klein war, ließ es sich einer Objektgattung zuweisen: Das Fundstück gehört zu einer Spielzeugpistole.

Eine Glocke und Varia

Herr Schultz fand weiterhin 2019 das Fragment einer geschweiften Glocke mit Weißmetallüberzug und Rillenzier, für die ein maximaler Durchmesser von rund 12 cm rekonstruiert werden kann (Abb. 531). Damit scheidet eine Verwendung als Viehglocke aus.

Schließlich sind zwei Bruchstücke einer Bronzehülse zu nennen (Abb. 529e). Das Fundstück ist noch 7,5 cm lang und erreicht einen Durchmesser von rund 3 cm, bei einer Stärke von 1–2 mm. Der Rand wird an einer Seite erreicht und mit zwei dicht beieinander liegenden gekerbten Wülsten abgeschlossen. In einem Abstand von 0,8 cm folgen drei weitere Ringe, wobei die äußeren flacher und gekerbt sind, der mittlere höher und glatt. Die Funktion der Hülse muss derzeit Spekulation bleiben.

Abb. 529 Metallfunde des 18. bis 20. Jhs. von der Berger Warte, Maßstab 1:1.

Abb. 530 Spielzeugpistole in 3 Ansichten mit Rekonstruktion, Maßstab 1:1.

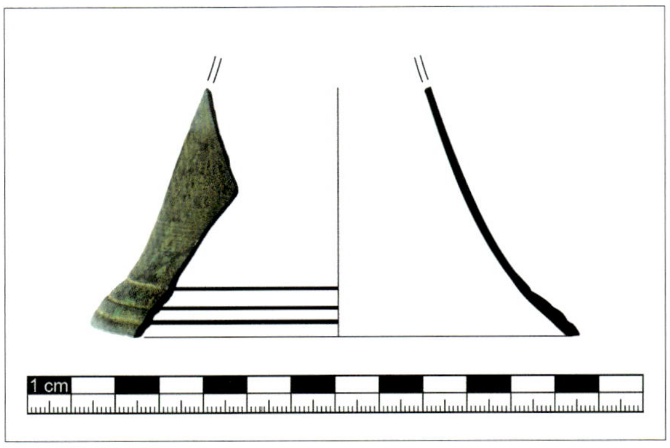

Abb. 531 Ein Fragment einer Bronzeglocke, Maßstab 1:2.

Abb. 532 Die Berger Warte im Sommer 2021.

Abb. 533 Die Gewichte, Maßstab 1:1.

Des Weiteren fand er einen glatten Bronzering mit einem Durchmesser von 3,9 cm bei einer Materialstärke von knapp 5 mm (Abb. 529 f).

Gewichtige Funde

Donald Pittenger meldete 2019 Fundstücke westlich der Berger Warte auf den ausgedehnten Ackerflächen (Abb. 532). Zunächst ist eine Bronzescheibe mit einem Durchmesser von rund 3,5 cm zu nennen, die auf beiden Seiten zwei konzentrische Linien zeigt. Der Durchmesser beträgt 0,5 mm, das Objekt wiegt fast genau 50 g; es dürfte sich um ein Gewicht handeln (Abb. 533, links).

Er fand außerdem zwei Bleiobjekte, wobei es sich einmal ebenfalls um Gewichte handeln könnte. Das Bleiplättchen ist quadratisch 1,5 × 1,5 cm und wiegt 5,5 g. Während die Rückseite glatt ist, zeigt die Vorderseite mittig eine oktogonale Punzierung. In einem geperlten Rahmen sitzt glatt gerahmt eine zweizeilige Inschrift IAR und darunter 1707 (Abb. 533, unten rechts).

Das zweite Bleiobjekt ist rund mit einem Durchmesser von 2,1 cm, wiegt 6 g und ist an einer Seite beschädigt (Abb. 533, oben rechts). In die unregelmäßige Oberfläche sind auf einer Seite die Zahlen 171 tief eingeprägt. Ob es sich um den Teil einer Jahreszahl handelt, ist schwer zu entscheiden, es erscheint zwar denkbar, dass hinter der letzten 1 eine weitere Zahl Patz hätte, die Anordnung ist jedoch auffallend symmetrisch. Auf der anderen Seite ist mittig ein Kreuz mit weiteren Zeichen und Mustern (?) erhaben erhalten. Eine Inschrift ist nicht erkennbar. Nachweislich handelt es sich nicht um eine Plombe, wohl auch nicht um eine Münze; grundsätzlich wäre auch hier eine Interpretation als Gewicht denkbar.

Römer und Germanen

SEC 26

Römische Fundstelle bestätigt

Fundmeldung: D. Pittenger
Verbleib: privat
Bericht: Denkmalamt
Literatur: Hampel (2015) 286.

Die Fundstelle ist erst seit 2009 durch die Feldbegehungen von Donald Pittenger bekannt. Durch eine erneute Begehung im Auftrag des Denkmalamtes meldete Herr Pittenger 2018 erneut Bronzefunde aus der Römerzeit (Abb. 534, links oben und untere Zeile).

Dabei handelt es sich um zwei Münzen, d. h. vielleicht ein Doppeldenar und eine Bronzemünze, die sehr schlecht erhalten sind. Weiterhin fand er einen glatten, fragmentierten Bronzering mit einer Stärke von 5 mm, der auf einen ursprünglichen Durchmesser von etwa 7 cm zu ergänzen ist.

Im folgenden Jahr fand Herr Pittenger etwas weiter östlich eine weitere Münze (Abb. 534, rechts oben). Sie hat einen Durchmesser von 24 mm und wiegt 21,4 g. Sie ist sehr stark abgegriffen und schwer bestimmbar, es dürfte sich um ein As des 2. Jhs. handeln (freundl. Auskunft von Dr. Frank Berger, Historisches Museum Frankfurt).

Dadurch, dass im Bearbeitungszeitraum 2017–2019 fast nur Münzen gefunden wurden, ist schwer zu sagen, um welche Art von Fundstelle es sich handelt. Derzeit kann nur spekuliert werden: Sind es Verlustfunde von Reisenden oder vielleicht Reste eines römischen Landguts? Zukünftige Begehungen werden helfen, den Charakter der Fundstelle zu definieren.

Abb. 534 Ein Ringfragment und römische Münzen, Maßstab 1:1.

SEC 27

Haken in Archäologie und Kunstgeschichte

Fundmeldung:	D. Pittenger
Verbleib:	privat
Bericht:	Denkmalamt
Literatur:	Ashmolean Museum Accession no. WA1863.423. – Downes (2020). – Hampel (2017) 316. – National Gallery (2021). – Portable Antiquities Scheme NLM-1C91DE und SWYOR-AA40EE.

Im Jahr 2017 meldete Herr Pittenger einen Haken aus dem Bereich der Fundstelle. Während bisher nur Fibeln nachgewiesen wurden, wird das Fundspektrum nun um einen Haker ergänzt (vgl. SEC 38 und BER 25).

Bisher war nur einmal ein solches Fundstück nachgewiesen (vgl. NUR 79), jetzt sind mehrere Exemplare vorhanden.

Der sehr gut erhaltene Haken sitzt mittig an einem verzierten Kreis mit einem Durchmesser von 1,5 cm, in dessen Mitte eine kreuzförmige Verzierung erhalten ist (Abb. 535); die Rückseite ist glatt. Gegenüber dem Haken ist eine Öse mit geradem Abschluss vorhanden, so dass die Gesamtlänge mit 2,8 cm angegeben werden kann. Der zugehörige Riemen kann höchstens eine Breite von 0,50 cm gehabt haben.

Diese Art von Haken zählt zu einer häufigen Fundgattung. Die englische Datenbank für archäologische Lese- und Sondenfunde namens The Portable Antiquities Scheme listet allein 4674 Treffer am Stichtag 08.09.2021 – und dies nur zu dem Stichwort »Hooked Tag«, wobei die Haken parallel auch als »Dress Fasteners« oder »Dress Hooks« bezeichnet werden. Die deutsche wortwörtliche Übersetzung »Kleiderhaken« ist dagegen missverständlich.

Abb. 535 Ein Haken aus Bronze .

Abb. 536 Hans Holbein der Jüngere, Figure of a young Englishwoman in contemporary dress, Copyright Ashmolean Museum.

■ **Abb. 537** Meisters des St. Bartholomew-Altars, Hochzeit von Kana. Copyright akg-images, Original im Musées royaux des Beaux-Art de Belgique.

■ **Abb. 538** Die beiden Haken im Detail, oben Copyright Ashmolean Museum, unten Copyright akg-images.

Die Haken weisen eine große Bandbreite an unterschiedlichen Dekoren auf. Viele, aber nicht alle, haben Ösen, manche sind durchbrochen gearbeitet, manche haben plastische Dekore, wieder andere sind schlicht und funktional. Ihnen allen gemein ist mindestens ein Haken, der, wenn er noch erhalten ist, in der Regel sehr scharf ist. Passende Ösen werden in der Regel nicht mit angetroffen. Die Funde können also nicht der Fundgattung Haken-und-Ösen zugezählt werden, wie sie etwa bei einem klassischen Korsett Anwendung finden. Stattdessen ist anzunehmen, dass die Haken unmittelbar in Textil eingehakt wurden (Downes 2020).

Um die Funktion zu klären, hilft ein Blick auf zeitgenössische Gemälde.

Auf dem Bild »A Young Englishwoman« von Hans Holbein dem Jüngeren ist eine schreitende junge Dame im Profil zu sehen (Abb. 536). Ihr langer, grauer Rock wird von einem Haken etwa auf Hüfthöhe hochgehalten, was ihr trotz der mindestens drei Rocklagen zusätzliche Beinfreiheit beim Laufen ermöglicht. Das Gemälde datiert zwischen 1532–1543 (Ashmolean Museum Accession no. WA1863.423).

Auf dem Gemälde »Hochzeit von Kanaa« des Meisters des St. Bartholomew-Altars ist eine Dame in Rot zu sehen, die dem Betrachtenden den Rücken zugewandt hat (Abb. 537–538). Ihr schwarzes Halstuch ist mit einem Haken am Gürtel eingehängt (Master Of The St Bartholomew Altar o.J.). Der namentlich nicht bekannte Meister wirkte zwischen 1470–1510 (National Gallery 2021).

Aus England stammen zwei archäologische Vergleichsfunde, die dem Frankfurter Stück aus Seckbach gleichen. Die Haken werden beide dem Typ Read Class E Type 3 zugeordnet und zwischen 1500–1650 datiert (Portable Antiquities Scheme NLM-1C91DE und SWYOR-AA40EE).

Der Haken aus Seckbach kann also ebenfalls ins ausgehende 15. bis Mitte des 17. Jhs. datiert werden.

SEC 34

Fibeln soweit das Auge reicht

Fundmeldung:	D. Pittenger
Verbleib:	privat
Bericht:	Denkmalamt
Literatur:	Hampel (2017) 322. – Portable Antiquities Scheme SUSS-EF0965.

Im Areal zwischen dem Auerweg und der Hofhausstraße ist bisher eine Bronzefibel aus der Zeit des 9./10. Jhs. bekannt. Feldbegehungen im Auftrag des Denkmalamtes konnten nun noch eine größere Anzahl weiterer Kleinfunde dokumentieren und bergen.

Scheibenfibeln mit und ohne Kreuz

Donald Pittenger fand 2017 zwei kleine Kreuzemailfibeln mit unterschiedlichen Mustern (Abb. 539).

Beide Fibeln zeigen mittig ein Kreuzmotiv und haben einen verzierten Rand, einmal wellig, so dass eine Blütenform entsteht, einmal ist der Rand gekerbt. Der mitgegossene Nadelhalter und die Nadelrast sind vorhanden, die Nadeln fehlen. Der Durchmesser beträgt maximal 1,8 cm.

Eine dritte Fibel aus einer Feldbegehung 2019 ist ebenfalls rund mit einem Durchmesser von 1,9 cm. Das Fundstück ist leicht verbogen, Nadelhalter und -rast vorhanden. Auf der Vorderseite ist ein schmaler wulstiger Rand vorhanden, die Innenfläche erscheint heute glatt.

Auch sie dürfte in die Kategorie der Emailscheibenfibeln fallen, auch wenn heute keine Emailspuren erhalten sind.

Rechteckfibel

Im Rahmen der Feldbegehung 2019 konnte D. Pittenger noch einen weiteren Fibeltyp nachweisen. Es handelt sich einmal um eine kleine, fast quadratische Fibel mit den Maßen 1,2 × 1,2 cm (Abb.539, dritte von oben). Auf der Rückseite sind Nadelhalter und Nadelrast mitgegossen. Auf der Vorderseite sind vier kleine rundliche Vertiefungen vorhanden, die von einem abgefasten schmalen Rand begrenzt werden.

Abb. 539 Vier Bronzefibeln und, optisch ähnlich aber nicht zu verwechseln, der Ring eines Regenschirmes, Maßstab 1:1.

Fürspan oder Spannring?

Weiterhin fand er ein symmetrisches Bronzeobjekt (Abb. 539, unten) mit mittig rundem Loch, außen strahlenförmig sechs gleichartige, punktverzierte Zipfel, weder eine Öse noch ein Nadelhalter sind erkennbar; an einer Seite zeigt Rost einen Eisenrest an. In Anbetracht der vielen Fibelfunde lässt das Objekt zunächst an eine weitere Fibel oder deren Bruder, den Fürspan, denken. Stutzig machte jedoch die kantige, präzise Ausführung des Objektes im Gegensatz zu den mittelalterlichen Fibeln vom gleichen Fundort. Zudem findet sich der Dekor auf beiden Seiten des Objektes. Dies wäre bei einer Fibel nur auf der Schauseite nötig. Die Antwort ist banal: Es handelt sich um einen Bestandteil eines Regenschirmes im Bereich der Spannvorrichtung (freundl. Hinweis W. Herzing). Ein Vergleichsfund aus England datiert um 1900 n. Chr. (Portable Antiquities Scheme SUSS-EF0965).

Abb. 540 Ein fragmentierter Riemendurchzug, Vorder- und Rückseite, Maßstab 1:1.

Pferdegeschirr

Bei der Begehung 2017 trat auch noch eine andere, häufige Fundgattung auf. Donald Pittenger fand das Bruchstück eines bronzenen Riemendurchzugs (Abb. 540). Es handelt sich um ein flaches Bronzeblech einer durchbrochenen Scheibe mit einer erhaltenen Breite von 2 cm, die sich zu einer Breite von knapp 7 cm ergänzen lässt. In der Bruchkante ist der Ansatz eines rechteckigen Riemendurchzugs vorhanden; die Oberseite zieren zwei Rillen. Solche scheibenförmigen Riemendurchzüge gehören auch zum Pferdegeschirr und können auch mit Pferdedarstellungen verziert sein. Das vorgelegte Bruchstück lässt dies leider nicht erkennen und wird in dieser einfachen Ausführung grundsätzlich über einen längeren Zeitraum verwendet, so dass eine exakte zeitliche Einordnung nicht möglich ist.

SEC 35

Bronze- und Eisenschnallen

Fundmeldung:	D. Pittenger
Verbleib:	privat
Bericht:	Denkmalamt
Literatur:	Hampel (2017) 322. – Geake/Webley (2019). – Portable Antiquities Scheme PUBLIC-D0B71A und YORYM-17E448.

Eingehakt

2017 fand D. Pittenger westlich der Nußgartenstraße ein Bronzehäkchen. Das Fundstück ist 3 cm lang und maximal 1,6 cm breit (Abb. 541, rechts). Während die Rückseite glatt ist, zeigt sich auf der Vorderseite zunächst eine Öse mit geradem Abschluss und anschließend ein geschwungener, verzierter, teilweise durchbrochener Abschnitt mit Kreuzmuster, der sich zunächst leicht erweitert, um dann in den eigentlichen Haken zu münden. Das Stück ist vollständig erhalten. Auf Verwendung und Datierung der Haken wurde in dieser Publikation bereits unter SEC 27 näher eingegangen. Der hier vorgestellte Haken kann wie der aus SEC 27 ins ausgehende 15. bis Mitte des 17. Jhs. datiert werden.

Ein Eckstück

Ein aufwändig floral verzierte Fund besteht aus Bronze und zeigt Reste eines Blütendekors. Er ist deutlich jünger und dürfte in das 16./17. Jh. datieren (Abb. 541, links). Es könnte sich dabei um ein Fragment einer Schuhschnalle handeln. Da die entscheidenden Partien einer sicheren Ansprache fehlen, wäre auch eine Interpretation als Beschlag für Möbel oder Bücher denkbar.

Donald Pittenger beging im Auftrag des Denkmalamtes auch die Flächen nördlich der Hofhausstraße am »Heiligenstock«. Er meldete im Januar 2019 zwei mittelalterliche Schnallen (Abb. 542).

Es handelt sich einmal um eine D-förmige Bronzeschnalle, der Dorn ist verloren. Die Maße sind 2,5 × 2,2 cm, eine einfache Rillenverzierung ist vorhanden. Solche Schnallen können in das 13./14. Jh. eingeordnet werden.

Das zweite Fundstück ist aus Eisen und symmetrisch mit Rillenverzierung und den Maßen 3,8 × 2,5 cm. Die Schnalle ist gebogen und in der Mitte ist der Bügel mit Dorn vorhanden; es handelt sich um einen haken- oder ankerförmigen, flachen, breiten Dorn. Das Fundstück dürfte deutlich jünger sein und in das 17./18. Jh. gehören.

Abb. 541 Ein Haken mit Kreuzdekor, Maßstab 1:1.

Abb. 542 Bronze- und Eisenschnallen aus Mittelalter und Neuzeit, Maßstab 1:1.

Er fand bereits 2018 ein auffälliges Bronzeobjekt in der Form eines gleicharmigen Kreuzes. Das Kreuz besteht in der Aufsicht aus rundstabigen Armen mit geradem Abschluss, in der Mitte ist ein runder Buckel aufgesetzt. Rückseitig sind die Arme hohl gearbeitet, an allen vier Enden sitzen Nieten (Abb. 543). Es dürfte sich um einen Buchbeschlag handeln. Der typische zentrale Buckel bei Buchbeschlägen verhinderte den Abrieb und die Beschädigung des Ledereinbandes. Typisch ist auch die Befestigung an allen Ecken mittels Nieten. Die Beschläge treten im Mittelalter und der Neuzeit auf (Geake/Webley 2019). Zwei englische Vergleichsstücke datieren ins 13./14. Jh. n. Chr. (Portable Antiquities Scheme PUBLIC-D0B71A und YORYM-17E448).

Abb. 543 Kreuzförmiger Buchbeschlag mit Mittelknopf, Maßstab 1:1.

SEC 36

Steinbeil am Lohrberg

Fundmeldung:	D. Pittenger
Verbleib:	privat
Bericht:	Denkmalamt
Literatur:	Hampel (2017) 323.

Nachdem Donald Pittenger im Jahr 2013 in der Nähe ein Dechselbruchstück fand, hat er im Auftrag des Denkmalamtes das Feld 2018 erneut begangen.

Diesmal fand er ein Fragment eines anderen Artefaktes: Das hintere Ende eines Steinbeils. Das Fundstück ist noch 6,5 cm lang und der Schneidenteil ist abgebrochen (Abb. 544). Es handelt sich um eine spitznackige Beilklinge, die sich bis zur Bruchkante auf eine Breite von 4,6 cm erweitert. Das Stück ist flächig bearbeitet und gut geglättet, das Material ist ein grünlicher, feiner amphiboler Stein.

Damit ist bereits zum zweiten Mal ein Gerät der Steinzeit am Lohrberg gefunden worden.

Abb. 544 Fragmentiertes Steinbeil in zwei Ansichten, Maßstab 1:1.

SEC 37

Ein Kreuz und römische Keramik

Fundmeldung:	D. Pittenger
Verbleib:	privat
Bericht:	Denkmalamt
Literatur:	Geake/Webley (2019). – Portable Antiquities Scheme LIN-D601E0 sowie PUBLIC-D0B71A und YORYM-17E448.

Herr Donald Pittenger meldete 2017 zwei Metallobjekte, die er bei Feldbegehungen für das Denkmalamt östlich der Friedberger Landstraße gefunden hatte.

Dabei handelt es sich einmal um einen römischen Schlüssel in der Form eines Fingerrings. Der ovale Bronzebandring mit einer Breite von 0,4 cm zeigt an der

■ **Abb. 545** Zwei römische Münzen, darunter Fragment eines Keramiksiebs, ein Bronzedraht unbekannter Datierung und ein Bodenfragment, Maßstab 1:1.

Oberseite zwei verzierte Aufsätze. Während die eine Seite flach und nur wenig über die Ringschiene hinausragt, handelt es sich im anderen Fall um einen aufgesetzten Schlüssel. Der leicht ovale Stab ist auf der Oberseite abgeplattet und mit schräg verlaufenden Ritzlinien verziert; der eigentliche Schlüsselbart ist abgebrochen.

Solche Ringe waren besonders im 2./3. Jh. n. Chr. sehr beliebt und sind im römischen Reich in großer Menge nachgewiesen; für die archäologische Denkmalpflege ist es jedoch ein seltener Fund aus dem Stadtgebiet.

Von diesem Areal sind bisher keine römischen Funde bekannt geworden; es handelt sich also um eine neue Fundstelle. Da es sich auch um Verlustfunde handeln könnte sind weitere Begehungen, vor allem mit dem Ziel auch Keramikscherben zu finden, notwendig.

Herr Pittenger meldete im Januar 2019 weitere Fundstücke unweit des Berger Wegs, allerdings auf der Westseite der Friedberger Landstraße im Bereich des ehemaligen Zollhauses.

Es handelt sich um zwei römische Bronzemünzen (Abb. 545, oben). Eine hat einen Durchmesser von maximal 2,4 cm und ist bei einem Gewicht von 9,8 g stark abgegriffen. Es handelt sich vermutlich um ein As des 2. Jhs.

Die zweite Münze hat einen Durchmesser von maximal 3 cm und wiegt 18,6 g; sie ist sehr gut erhalten und scharf ausgeprägt. Es handelt sich um einen Sesterz des Mark Aurel in seinem dritten Konsulat; er ist auf die Jahre 161–180 n. Chr. zu datieren (Dr. Frank Berger, Historisches Museum, wird für die Bestimmung gedankt). Auf der Vorderseite ist der Kaiser nach rechts mit Lorbeerkranz mit der Umschrift M ANTONINVS AVG zu sehen, auf der Rückseite der Kaiser mit Helm und Lanze stehend, auf der ausgestreckten Hand eine kleine Victoria.

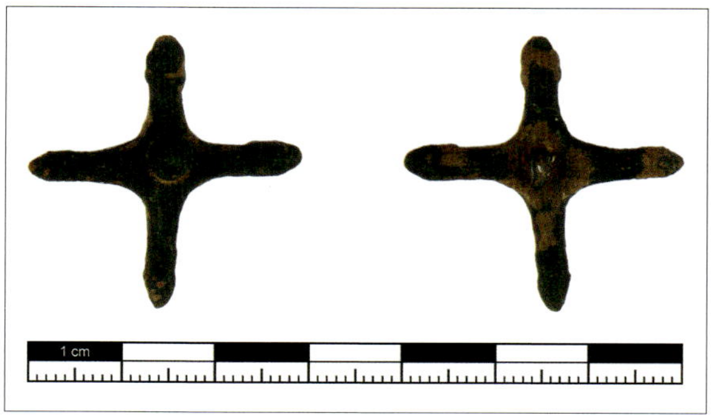

Abb. 546 Kreuzförmiges Objekt mit stilisierten Tierköpfen.

An gleicher Stelle lag eine fragmentierte römische Wandscherbe mit Bodenansatz eines Krugs und die Wandscherbe eines Siebgefäßes. Die Scherbe zeigt Reste von insgesamt sechs unregelmäßig von außen nach innen gestochenen Löchern; die Gefäßform ist nicht erkennbar.

Aus der Feldbegehung von 2017 am Berger Weg durch Herrn Pittenger stammt auch ein etwas schwieriger zu bestimmendes Objekt. Es handelt sich um einen Bronzebeschlag (Abb. 546). Der Beschlag ist kreuzförmig. Mittig sitzt ein kugeliger Niet. Die Enden der vier Kreuzarme sind als stilisierte Tierköpfe ausgebildet, mittig auf der Rückseite ist ein kleiner Haken angebracht. Das Fundstück hat einen Durchmesser von rund 2,8 cm. Formal erinnert das Objekt an einen Buchbeschlag, wie er unter SEC 35 vorgestellt wurde. Die Buchbeschläge werden jedoch für gewöhnlich ringsum und nicht nur zentral über einen Niet in der Mitte befestigt (Portable Antiquities Scheme YORYM-17E448 und PUBLIC-D0B71A). Alternativ könnte es sich auch um einen Bestandteil des Pferdegeschirrs handeln. Auch hier treten kreuzförmige Beschläge auf, ein englischer Vergleichsfund konnte ebenfalls nicht präziser als »mittelalterlich« eingeordnet werden (Portable Antiquities Scheme LIN-D601E0).

SEC 38

Allerlei Zierrat – Mensch und Pferd

Fundmeldung: D. Pittenger
Verbleib: privat
Bericht: Denkmalamt
Literatur: Hampel (2015) 286. – Hampel (2017). – Wamers 1986, 11 ff. – Ders. (1994) 268 ff.

Donald Pittenger meldete 2017 mehrere Bronzefunde westlich der Nußgartenstraße (Abb. 547). An dieser Stelle sind bisher keine frühmittelalterlichen Fundstücke bekannt geworden, jedoch aus der Umgebung dokumentiert.

Rechteckfibel

Auf der Ackerfläche fand er eine Rechteckfibel aus Bronze (Abb. 547 oben). Das Stück misst 2,1 × 1,9 cm und zeigt an einer Seite einen nicht abgearbeiteten Gussfehler; Nadelhalter und -rast sind mitgegossen und erhalten, während die Nadel fehlt. Die Vorderseite zeigt ein abgegriffenes Kreuzmotiv mit Resten der ehemaligen Emaillierung. Die Fibel gehört in die Gruppe der Kreuzemailfibeln und datiert somit in das 9. Jh.

Seit dem letzten Berichtszeitraum setzt sich der Nachweis frühmittelalterlicher Funde in der Gemarkung fort, besonders der Fundzuwachs karolingisch-ottonischer Emailfibeln ist erstaunlich. Hier muss durchaus über eine Werkstatt in der Nähe nachgedacht werden, in der diese einfachen Fibeln in großer Zahl hergestellt werden.

Anhänger

Weiterhin fand er ein Bronzeblech mit einer Öse, die Gegenseite ist abgebrochen (Abb. 547, unten). Das Objekt erinnert an einen Anhänger. Das Blech ist bei einer Stärke von 2 mm maximal 1,8 cm breit und mit der Öse noch 2,1 cm lang. Die Bronze ist sehr schlecht erhalten, zeigt jedoch auf der Vorderseite Reste einer linearen Verzierung. In den Tiefen des Dekors hat sich eine Vergoldung oder goldene Einlage erhalten. Woran der Anhänger einst befestigt war, ob an Mensch, Pferdegeschirr oder gar einem Objekt, kann nicht beantwortet werden.

Abb. 547 Emailrechteckfibel und verzierter Anhänger als Verlustfunde, jeweils Vorder- und Rückseite, Maßstab 1:1.

SEC 39

Eindeutig Pferdegeschirr – aber aus welcher Epoche?

Fundmeldung: D. Pittenger
Verbleib: privat
Bericht: Denkmalamt
Literatur: Bartel/Ebhardt-Beinhorn (2001). – Dies (2017). – Hampel/Wamers (2015). – Hampel (2017). – Landesmuseum Württemberg, K.K.-1 (2020). – LVR NW 2016/0171 (2016). – Kulturzentrum Sinsteden KS98/00008 (2020). – (Museum für Sächsische Volkskunst mit Puppentheatersammlung, 32008634 (2021). – Museum im Alten Rathaus Grünstadt, ASp 3 (2021). – Wiener Zeitung 11.08.2016. – Wilde-Kutsch o.J.

Donald Pittenger beging auch im Berichtszeitraum Flächen in der Gemarkung, die landwirtschaftlich genutzt werden. Dabei meldete er 2018 den Fund von zwei Bronzeobjekten, die er nördlich des Klingenwegs gefunden hatte.

Vorab ein Ring

Dabei handelt es sich einmal um einen geschlossenen Bronzering. Der glatte Ring mit einer Stärke von 4 mm zeigt Überarbeitungsspuren, ist oval mit einem maximalen Außendurchmesser von 4,7 cm (Abb. 548, links). Wofür der Ring einst diente sowie auch seine präzise Datierung müssen ein Geheimnis bleiben.

Mittlerweile ein Frankfurter Klassiker – Eine neue Scheibe mit Pferdedarstellung

Mit gleicher Patina wie am Ring sammelte Herr Pittenger ein Bruchstück eines Riemendurchzugs mit Pferdedarstellung (vgl. BEN 90, BER 7, NES 69 und SEC 34). Die runde Bronzescheibe hat eine Stärke von rund 1–2 mm und kann auf einen Durchmesser von 6–7 cm ergänzt werden. In einem Buntmetallring von 1,5 cm Breite steht ein Pferd, wobei hier nur die beiden Hinterbeine und der Ansatz des Schweifs erhalten sind, der Rest ist abgebrochen (Abb. 548, rechts). Ein Riemendurchzug ist hier aufgrund der Fragmentierung nicht erkennbar.

■ **Abb. 548** Glatter Bronzering und Fragment eines Riemendurchzugs mit Pferdedarstellung, letzterer teilrekonstruiert, Maßstab 1:1.

■ **Abb. 549** Riemendurchzüge mit Pferdedarstellung aus Frankfurt am Main, a) BER 7 b) BEN 90 c) NES 69 d) SEC 34 e) SEC 39, alle Maßstab 1:1 außer c) o. M.

Nachdem diese Fundgattung zunächst in Frankfurt quasi nie auftrat, häufen sich die Berichte hierzu in den letzten Jahren (vgl. BEN 90, BER 7, NES 69 in Hampel/Wamers 2015 sowie Hampel 2017, dazu SEC 34 in diesem Band). Die Pferde sind unterschiedlich detailreich ausgearbeitet, stets jedoch realistisch dargestellt (Abb. 549).

Zur Datierung der Riemendurchzüge mit Pferdedarstellung

Die ältesten Vergleichsfunde stammen aus dem Frühmittelalter. Aus Heidenheim an der Brenz stammt eine frühmittelalterliche Zierscheibe. Es ist anzunehmen, dass sie einst in einem Frauengrab der jüngeren Merowingerzeit lag. Sie hat einen Durchmesser von 7,5 cm und eine Blechstärke von 0,16 cm. Das Pferd mit Reiter ist deutlich zu erkennen und mit Gravuren verziert. Wo Pferd und Reiter auf den äußeren Ring treffen, werden die Metallstege stets etwas breiter. Die Zierscheibe wird datiert ins 7. Jh. n. Chr. Sie hing einst am Gürtelgehänge einer Frau, die Interpretationen schwanken zwischen reiner Dekoration (Landesmuseum Württemberg K.K.-1, 2020) und der Verwendung als Deckel einer Frauenhandtasche (Bartel/ Ebhardt-Beinhorn 2001).

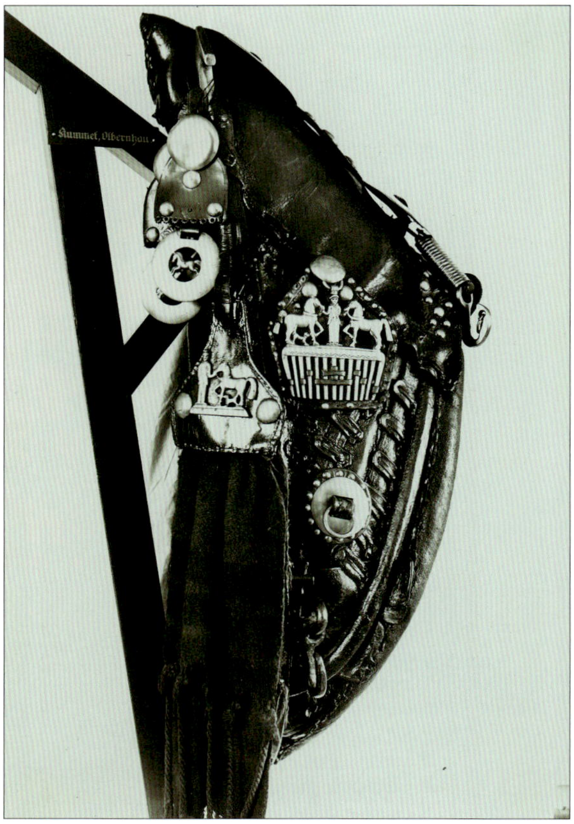

Abb. 550 Historisches Foto eines Kummets aus Olbernhau nach einem Foto von Max Nowak 1930 (Urheberin SLUB /Deutsche Fotothek).

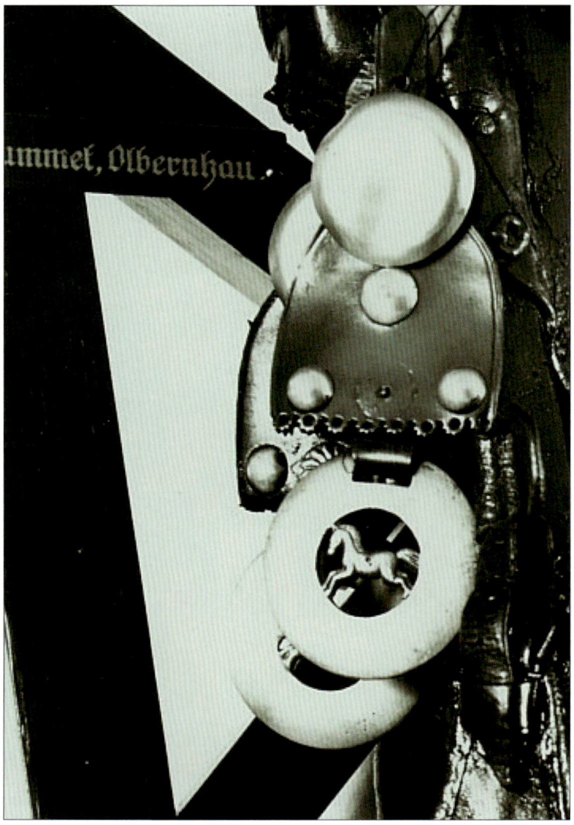

Abb. 551 Detail der Zierscheibe mit Pferdedarstellung (Urheberin SLUB /Deutsche Fotothek).

Ein weiterer Vergleichsfund stammt ohne Kontext aus Grünstadt-Asselheim, Rheinland-Pfalz. Es ist aus Bronze, fragmentiert und nur noch 7,5 × 4,0 cm groß, die Blechstärke beträgt 0,2 cm. Im Unterschied zu den bisher in Frankfurt gefundenen Scheiben liegen die Riemendurchzüge hier links und rechts des Pferdes, nicht ober- und unterhalb. Das Stück wurde ins 7. Jh. datiert, allerdings auf Grundlage einer Publikation über die Funde aus Frankfurt – dies birgt die Gefahr eines Zirkelschlusses (Museum im Alten Rathaus Grünstadt, ASp 3, 2021). Auch die Frankfurter Funde wurden bei ihrer ersten Bearbeitung ins Frühmittelalter datiert, allerdings merkten die Autoren bereits an, dass sie sich von den frühmittelalterlichen Funden durch die ein bis zwei rechteckigen Schlitze unterscheiden (Hampel/Wamers 2015).

Aus der Sammlung des Kulturzentrum Sinsteden des Rhein-Kreises Neuss stammt ein als Anhänger bezeichnetes Objekt in dem ebenfalls eine Pferdedarstellung sitzt. Am oberen Ende ist ein Rest eines Riemendurchzugs erhalten. Die Scheibe hat einen Durchmesser von 5 cm und eine Stärke von 0,2 cm. Das Pferd ist stilisiert ausgearbeitet, daneben ist der Rand durch eine randbegleitende Rille abgesetzt. Die Scheibe wurde gegossen, die Gusshäute nicht abgefeilt oder geglättet. Vielleicht war das Objekt nie in Nutzung, sondern blieb Halbfabrikat. Der Riemendurchzug wird datiert ins Hochmittelalter, also zwischen 1050–1250 n. Chr. (Kulturzentrum Sinsteden, KS98/00008, 2020).

Sucht man nach Vergleichsfunden, wird man auch in der jüngeren Vergangenheit fündig. Ein Oberflächenfund von einem Acker aus dem Rheinland gleicht den Frankfurter Funden stark (Wilde-Kutsch ohne Jahr). Das zuständige Landesamt für Bodendenkmalpflege im Rheinland wies das Stück aus Messing als Bestandteil des Pferdegeschirrs aus und datierte es in die Neuzeit (LVR NW, 2016/0171, 2016, herzlichen Dank an Dr. P. Tutlies für die Auskunft).

Abb. 552 Ein Prunkgeschirr in Aktion. Das Brauereigespann beim Volksfest Kelheim 2015 wurde gezogen von vier Kaltblütern aus dem Stall Luber (Foto: Petra Kolbinger).

Ein weiterer wichtiger Vergleichsfund für die Neudatierung der Frankfurter Funde stammt aus dem Museum für Sächsische Volkskunst mit Puppentheatersammlung. Es handelt sich um eine Schwarz-Weiß-Fotographie eines Kummets aus Leder und Messing (Abb. 550). Das Foto wurde um 1930 von M. Nowak aufgenommen. Das Kummet selbst wurde im Krieg zerstört, so dass heute nur noch das Foto analysiert werden kann. Das Kummet ist reich verziert – darunter auch deutlich erkennbar zwei Scheiben mit einem oben ausgeschnittenen Riemendurchzug und mittig Pferdedarstellungen, die frei baumeln (Abb. 551). Wieder handelt es sich um nach links galoppierende Pferde, die hier leicht plastisch mit abgerundeten Konturen ausgeführt sind. Das Kummet stammt aus Olbernhau im Erzgebirge (Museum für Sächsische Volkskunst mit Puppentheatersammlung, 32008634, 2021).

Das Gestüt Luber, Pollanten in der Oberpfalz, hat heute noch ein Pferdegeschirr in Nutzung, an dem derartige Scheiben angebracht sind. Es handelt sich bei dem Geschirr um ein Festtagsgeschirr, wie es bei Leonhardifahrten und Volksfesten zum Einsatz kommt (Abb. 552). Die Scheibe mit einem oben ausgeschnittenen Riemendurchzug und mittig Pferdedarstellung liegt auf einem Leder an der Wange des Pferdes auf. In Bayern werden die Schwungriemen auch »Flatterscheiben« oder »Spieler« genannt. Heute werden sie überwiegend aus Gründen der Tradition, zur Zierde und als Insektenschutz angebracht. Früher schätzte man das baumelnde Blech am Band auch zur Abwehr von Geistern. Das Pferdegeschirr des Gestüts Luber wurde von der Sattlerei Milan Kufner aus Koloveč, Tschechien, in den 1990er Jahren angefertigt. Bis heute werden vergleichbare Pferdegeschirre hergestellt (herzlichen Dank an M. Deflorin für die Auskunft).

Pferdedarstellungen an Pferdegeschirr treten neben den diskutierten Zierscheiben auch auf anderen Bestandteilen des Pferdegeschirrs auf. Ein pferdeförmiges Blechfragment muss also nicht unmittelbar mit einer der vorgestellten Zierscheiben zusammenhängen. Es existieren auch pferdeförmige Anhänger, Zierkämme mit darauf stehenden, steigenden oder einen Pflug ziehenden Pferden sowie hufeisenförmige Anhänger mit Pferdeportrait (Museumsdorf Niedersulz, Sammlung Leopold Wanderer sowie Nowak 1930, vgl. Abb. 550)

Unter den Objekten der Ausstellung des Museumsdorfs Niedersulz, Österreich, findet sich auch eine

Variante der Zierscheibe mit Pferdedarstellung. Sie unterscheidet sich von den Frankfurter Funden durch ihren gewellten Rand sowie die oben außerhalb der Scheibe angebrachte, trapezoide Öse. Die Scheibe wird in Österreich »Hängescheibe«, »Zierscheibe« oder »Ruckzeugscheibe« genannt. Diese Messingobjekte schmückten wie das bayerische Vergleichsstück Kummete wohlhabender Bauern und sind ohne Funktion (Abb. 553, Museumsdorf Niedersulz, herzlichen Dank an E. Hruschka für die Unterstützung).

Zusammenfassend kann gesagt werden, dass die Frankfurter Funde in der Regel einen oder zwei Riemendurchzüge oben und unten innerhalb der Scheibe sowie zwei randbegleitende Rillen aufweisen. Ob die Stücke aus Bronze ocer Messing bestehen, kann durch die in der Regel stark ausgeprägte, schwarzgrüne Patina nicht optisch bestimmt werden. Die Scheiben sind von recht einheitlichem Durchmesser zwischen 6,0–7,2 cm. Die dargestellten Pferde galoppieren oder steigen. Reiter wie bei den frühmittelalterlichen Vergleichsfunden tauchen dagegen im Frankfurter Fundgut bislang nicht auf.

Abb. 553 Eine Zierscheibe mit gewelltem Rand aus der Sammlung Leopold Wanderer (Foto: Weinviertler Museumsdorf Niedersulz).

Vergleichsfunde sind rar, aber vorhanden, wodurch die Datierung nun neu gedacht werden kann. Auch wenn es die Scheiben bereits im Frühmittelalter in ähnlicher Gestalt in der Frauentracht gibt, haben die meisten Frankfurter Stücke nachweislich ein bis zwei Riemendurchzüge. Die neuzeitlichen bis modernen Vergleichsfunde und –fotografien machen eine Befestigung an einem prunkvollen Kummet plausibel. Die handwerkliche Ausführung der vorliegenden Scheiben und insbesondere die naturalistische, dynamische Gestaltung der Pferde lässt an jüngere Epochen denken. Eine Neudatierung in Neuzeit/Moderne scheint also gerechtfertigt. Die Vergleichsfunde des 20. Jhs. und die meisten Frankfurter Funde verfügen nur über einen Schlitz und sind reine Zierelemente. Bei der einen Scheibe, die über zwei Schlitze verfügt (BEN 90, Abb. 549b), handelt es sich um den einzigen bislang gefundenen echten Riemendurchzug aus Frankfurt. Er hatte noch eine Funktion, bevor die Objektgattung typologisches Rudiment wurde. Somit könnte dieser Fund der bislang älteste der neuzeitlich/modernen Funde sein.

Mit Beginn der Motorisierung der Landwirtschaft Ende der 1950er bis 70er Jahre wurden Pferde als Arbeitstiere in vielen landwirtschaftlichen Betrieben überflüssig, die Pferde geschlachtet, die Geschirre und Kummete verschenkt, verbrannt oder mit dem Mist kompostiert (herzlichen Dank an M. Deflorin für die Auskunft). Denkbar wäre also, dass die Einzelfunde mit dem Mist auf die Äcker kamen. Möglich wäre auch der Verlust eines Stückes bei Anreise zu einem Umzug im Rahmen eines Volksfestes. Im Zuge von Leonhardifahrten verlorene Einzelstücke sind für Bayern und Österreich denkbar, in Frankfurt am Main sind Leonhardifahrten jedoch nicht üblich.

Auch glatte, unverzierte Riemendurchzüge (vgl. PRE 14, PRE 22, SWA 86, SEC 24, SEC 25 in diesem Band), glatte Ringe (vgl. PRE 19, SWA 25, SEC 24, SEC 25, SEC 26, SEC 39, SOS 18 in diesem Band) und glatte Niete können Teil eines Kummets gewesen sein (Nowak 1930). Sie sind ebenfalls häufige archäologische Funde in Frankfurt, entziehen sich ohne Kontext jedoch einer näheren Datierung. Umso erfreulicher ist es, dass die Datierung der Zierscheiben mit Pferdedarstellung nun präzisiert werden konnte.

SEC 40

Dreimal drei – ein spätkeltischer Armring

Fundmeldung:	D. Pittenger
Verbleib:	privat
Bericht:	Denkmalamt
Literatur:	Polenz (1971). – Ders. (1972). – Heun (1999).

Im Januar 2018 meldete Herr Pittenger einen Bronzereif.

Er fand ihn zwischen dem Nußgartenweg und der Hofhausstraße, wobei im gesamten Areal bisher keine derartigen Funde gemacht wurden. Er konnte also eine neue Fundstelle entdecken.

Es handelt sich um einen rundstabigen, geschlossenen Armreif mit einem Durchmesser von 4,6 cm. Insgesamt drei Gruppen von jeweils drei Strichen sind gleichmäßig auf dem Ring verteilt (Abb. 554) es dürfte sich um einen eisenzeitlichen Armschmuck handeln, auch wenn im Arbeitsgebiet kein direkter Vergleichsfund bekannt ist. Armringe sind in der Regel nicht als Verlust- oder Siedlungsfunde anzusprechen und auch in diesem Fall dürfte es sich um einen Grabfund handeln. Da im Frankfurter Stadtgebiet nur wenige Gräber der jüngeren Eisenzeit bekannt und diese zudem einzeln oder in sehr weiten Abständen bekannt sind, könnte es sich um ein einzelnes Grab handeln und eventuelle weitere Beigaben zerstört sein (vgl. NES 77). Es könnte somit sein, dass mit dem Ring gerade noch das letzte Zeugnis dieser Grabstätte dokumentiert und geborgen werden konnte.

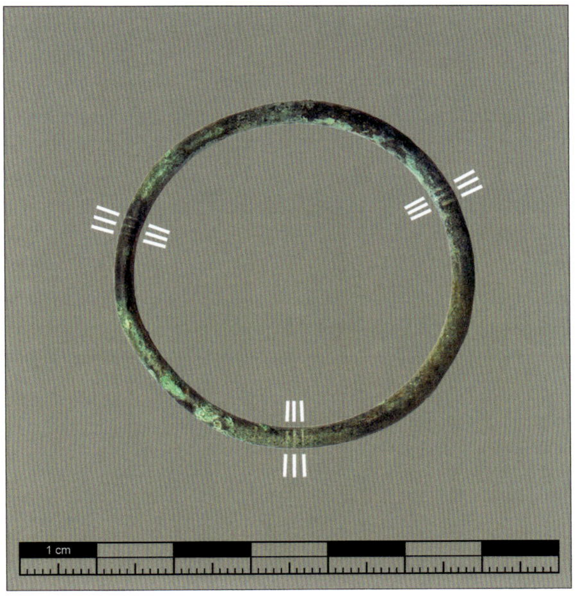

Abb. 554 Bronzearmring mit Strichgruppenverzierung der jüngeren Eisenzeit, Maßstab 1:1.

SEC 41

Am Ende der Linienbandkeramik

Fundmeldung:	Denkmalamt
Verbleib:	Archäologisches Museum
Bericht:	Denkmalamt
Literatur:	Meier-Arendt (1966).

Im Jahr 2018 begannen die Arbeiten für die Neubebauung des Grundstücks Hofhausstraße 40. Auf dem Grundstück stand zuletzt eine Holzscheune, die niedergelegt wurde. Unter der örtlichen Grabungsleitung von Michael Obst konnten sechs Befunde festgestellt werden, wobei aus den St. 1, 3, 4 bis 6 Funde geborgen wurden (Abb. 555 und 556).

In den Gruben St. 1, 4, 5 und 6 befand sich vorgeschichtliches Fundmaterial, das anhand der Verzierungsmuster in die jüngste Bandkeramik datiert werden kann. Hierbei entwickelt sich die Verzierung von einfachen bandförmigen Mustern zu komplizierten Dekoren mit Hauptmustern zwischen denen Nebenmuster die verbliebene Gefäßoberfläche verzieren und die Gefäße tragen mehrzeilige Randverzierungen. Reste von weißer und roter Inkrustation belegen die Farbigkeit der Gefäße (Abb. 557).

In Grube St. 3 lag ein Tierskelett ohne weitere Beigaben. Dass das Tierskelett in die gleiche Zeit datiert, erscheint aufgrund der Grubenfüllung denkbar, ist ohne weitere Untersuchungen jedoch nicht nachweisbar.

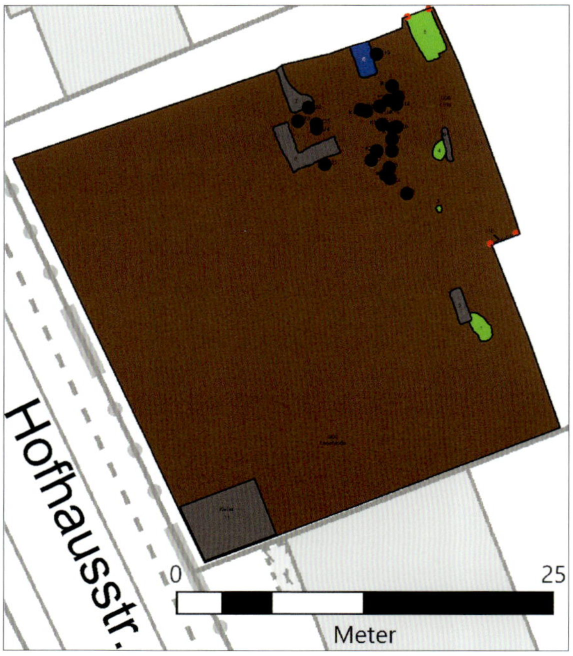

Abb. 555 Der Gesamtplan der Ausgrabung in der Hofhausstraße.

Abb. 556 Grube St. 4.

Abb. 558 Kellerrest an der vorderen Grundstücksgrenze.

Jungsteinzeit

■ **Abb. 557** Verzierte Keramik aus St. 1, die obere Reihe in jeweils zwei Ansichten, sowie unten rechts ein Mahlsteinfragment, Maßstab 1:2.

Aus Grube St. 6 stammt eine glasierte Scherbe, diese Grube ist somit mittelalterlich bis neuzeitlich.

Während im Stadtgebiet zahlreiche Siedlungsstellen des Altneolithikums bekannt sind, sind Fundstellen vom Ende der Linienbandkeramik äußerst rar. So ist an dieser Stelle nicht nur eine bisher unbekannte Fundstelle der Steinzeit aufgenommen worden, sie erweitert auch das Fundspektrum zum Ende des Altneolithikums.

Die Baustelle hielt noch eine zweite Besonderheit parat: Knochen von großen Säugetieren. Obwohl es sich um sesshafte Bauern handelt, die Ackerbau und Viehzucht betrieben, sind die ebenfalls nachgewiesenen Knochen von Großtieren nicht zeitgleich, sondern erheblich älter; Reste von Großsäugern gehören ebenfalls zu den seltenen Nachweisen in Frankfurt (vgl. SEC 000 und SEC 42).

SEC 42

Frankfurt vor 12.000 Jahren – ein Blick auf die eiszeitliche Fauna

Fundmeldung:	Denkmalamt
Verbleib:	Archäologisches Museum
Bericht:	Denkmalamt
Literatur:	Hampel (2017) 122 und 313.

Im Rahmen der Erdarbeiten für die Neubaumaßnahmen in der Hofhausstraße (vgl. SEC 000; SEC 41 und vgl. Abb. ##) konnten unter der örtlichen Grabungsleitung von Michael Obst im Juli 2018 zahlreiche Knochen aus dem anstehenden Löß geborgen werden.

Es handelte sich um einzelne Knochen, die in etwa 1,30 m Tiefe im Löß lagen (Abb. 559). Es handelt sich um Reste einer Großtierfauna. Diese kann aufgrund der Fundlage im Löß dem Quartär, d. h. der letzten Kaltzeit zugewiesen werden.

Die Knochenfunde

Insgesamt konnten 25 Knochen und Reste eines Zahns dokumentiert werden, kein Fundstück lag im Verband, d. h. das Skelett, bzw. die Skelette waren verworfen (Abb. 560). Von wie vielen Tieren die Reste stammen, lässt sich nicht genau bestimmen. Da kein Knochen doppelt nachgewiesen ist, könnten sie theoretisch auch von nur einem Exemplar stammen. Der sehr gut erhaltene Wirbel mit dem betonten Widerrist ist 0,55 m lang und 0,32 m breit (Abb. 561), er ist einem Mammut zuzuordnen. Andere Fundstücke, etwa Rippen, entziehen sich einer detaillierten Ansprache, jedoch belegen die Ausmaße der Knochen in jedem Fall Großsäuger.

Abb. 560 Knochen eines Großsäugers im Löß während der Ausgrabung.

Abb. 561 Gut erhaltener Wirbel eines Mammuts, Maßstab 1:5 .

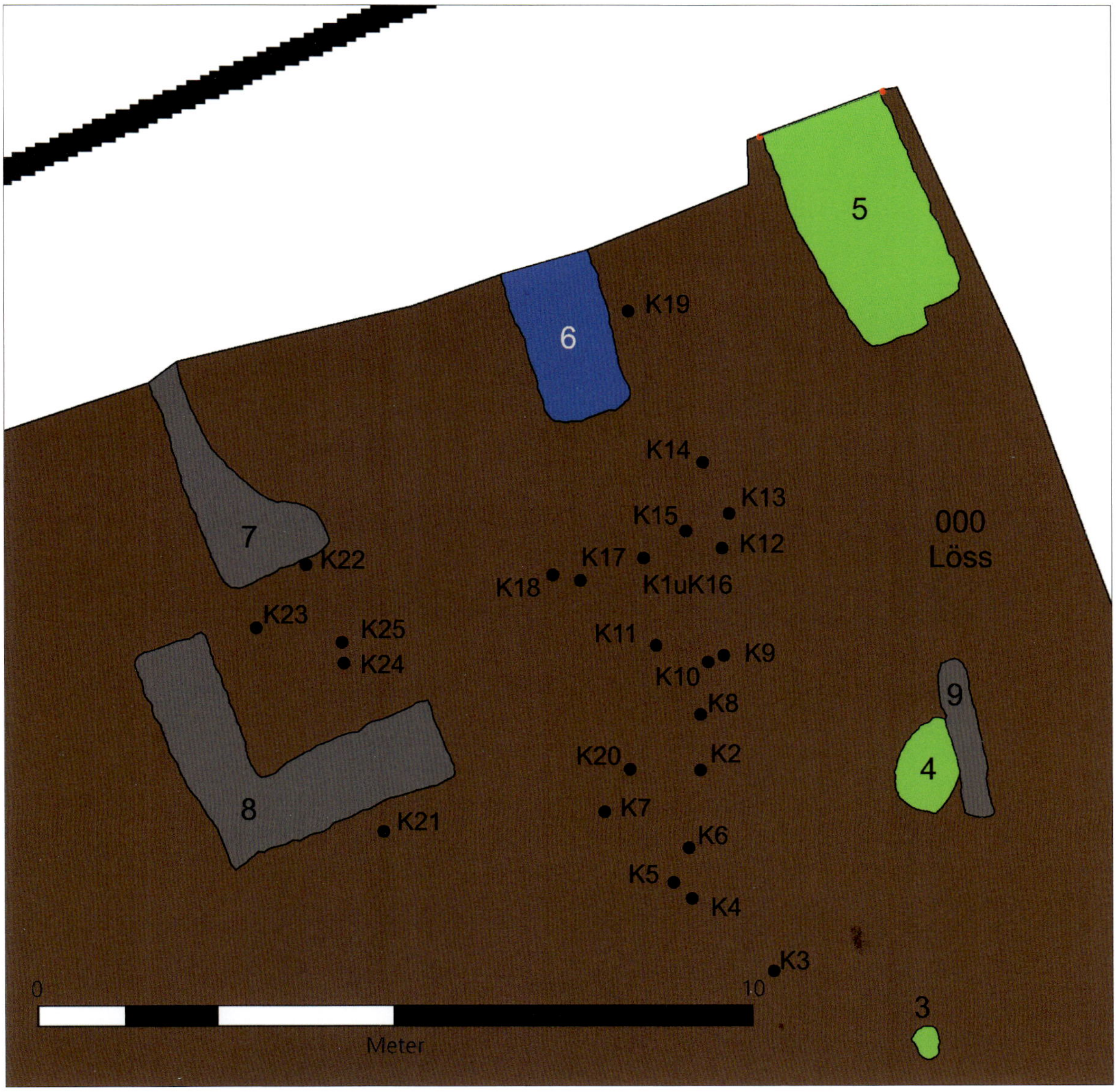

■ **Abb. 559** 1 Detail der dokumentierten und geborgenen Knochen im Nordosten der Baugrube.

Zeitliche Einordnung der Funde

Besonders in der Übergangsphase vom Pleistozän zur Nacheiszeit, dem Holozän, das bis heute anhält, kam es zum Aussterben zahlreicher großer Säugetiere. In unserem Gebiet sind in dieser Zeit Wollhaarmammut, Wollnashorn, Riesenhirsch, Steppenwisent und Höhlenlöwe ausgestorben. Dies wird einerseits mit der damit einhergehenden Klimaveränderung, aber auch mit menschlichen Eingriffen in Verbindung gebracht. Aus diesem Grund können die Fundstücke mit großer Wahrscheinlichkeit in die Zeit vor etwa 12.000 Jahren datiert werden.

Eine weiterführende 14C-Datierung mit dem Ziel die Zeitstellung zu präzisieren erbrachte leider kein Ergebnis, da kein Kollagen erhalten war (Klaus-Tschira-Archäometrie-Zentrum am Curt-Engelhorn-Zentrum Archäometrie in Mannheim. Probennummer 41052).

Das Ende der letzten Eiszeit in Frankfurt

Im Frankfurter Stadtgebiet sind bereits vereinzelt Reste von diesen Tieren gefunden worden, aufgrund der auffälligen Struktur werden in erster Linie Zähne und Stoßzähne gemeldet (vgl. FFM 211; SAC 54). Eine so große Anzahl von Knochen vom Ende der letzten Eiszeit wie an der vorgestellten Seckbacher Fundstelle konnte bisher an keiner anderen Stelle in der Stadt nachgewiesen werden – ein Glücksfall für die Paläontologie. Unklar ist die Todesursache. Die Knochen waren allochthon verlagert. Das Tier lag also nicht mehr im anatomischen Verband, sondern die Knochen wurden nach seinem Tod verlagert – dies kann durch Wasser, Rollbewegungen in Hanglage oder aasfressende Tiere geschehen, die den Kadaver auseinanderziehen. Die Knochen waren teils von Kalkkrusten überzogen, dennoch war erkennbar, dass die Knochen nicht durch größere Raubtiere angenagt wurden. Dies spricht eher nicht dafür, dass das Tier, bzw. die Tiere gefressen wurden. Theoretisch möglich ist auch ein natürlicher Tod des Tieres, bzw. der Tiere. Für ein Jagdszenario, in dem der Mensch das Tier erjagte, bräuchte es Funde von Jagdwaffen wie etwa Speerspitzen oder, noch eindeutiger, Schnitt- und Schussverletzungen an den Knochen. Die Knochen, die bei der Ausgrabung 2018 gefunden wurden, sind jedoch unversehrt und lassen uns diesbezüglich im Dunkeln.

Abb. 562 Blick auf die Ausgrabung. Die gelben Ringnadeln links zeigen jeweils einen Knochenfund an.

■ Abb. 563 Besondere Befunde erfordern besondere Maßnahmen: Restaurator Thomas Flügen, AMF, und Grabungstechnikerin in Ausbildung Laura Bauer fertigen Epoxidharzprofile von Befunden – der Befund zum Mitnehmen.

Sindlingen: Ein Fachwerkhaus von 1695 in der Huthmacherstraße.

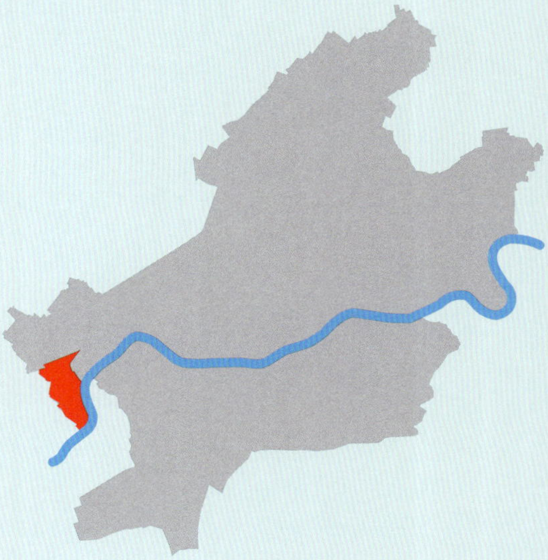

SINDLINGEN

Der Ortsteil liegt flußabwärts direkt am Main auf der westlichen Uferterrasse. Der alte Ortskern ist durch Zehnthofgasse, Huthmacherstraße, Feierabendweg und Allesinastraße um die Kirche klar definiert. Nach Süden lenkt der Meisterpark mit der gleichnamigen Villa den Blick auf sich. Hier stand ursprünglich das Herrenhaus der Familie Allesina. Im Jahr 1902 kaufte Herbert von Meister, der Sohn des Gründers der Hoechst AG, das Gelände und ließ bis 1904 ließ eine schlossähnliche Anlage im Stil des Neobarock errichten.

Obwohl der Ortsteil heute deutlich über den alten Ortskern in alle Richtungen erweitert ist, war im Berichtszeitraum nur eine Baumaßnahme durch die Bodendenkmalpflege betreut worden.

Trotzdem gelang der Nachweis einer neuen Fundstelle, so dass in der Gemarkung nun 26 eingetragen sind.

SIN 26

Neue römische Fundstelle

Fundmeldung: W. Quader
Verbleib: Archäologisches Museum
Bericht: Denkmalamt

Im Jahr 2017 wurde ein Feldweg zwischen dem Frankfurter Ortsteil Sindlingen und der Ortschaft Hattersheim zu einem Rad- und Gehweg ausgebaut.

In diesem Areal sind im Jahr 1990 durch das Denkmalamt ausgedehnte Feldbegehungen durchgeführt worden. Dabei konnten sowohl westlich (SIN 20) als auch östlich (SIN 23) der Höchster Farbenstraße Scherben gesammelt werden, die nur allgemein in die Vorgeschichte datiert werden konnten.

Der Wegebau im Jahr 2017 ist seit dieser Zeit die erste Baumaßnahme, die mit Erdarbeiten einen weiteren Einblick in den Boden in diesem Bereich ermöglichte.

Die Erdeingriffe waren zwar eher geringfügig und der bestehende Feldweg stark vermüllt, trotzdem fand Wolfgang Quader auf dem benachbarten Acker neben modernem Müll auch drei Scherben, die eindeutig der Römerzeit zugewiesen werden können (Abb. 564).

In diesem Bereich westlich der Straße am »Hofheimer Weg« kann somit eine neue römische Fundstelle nachgewiesen werden.

Abb. 564 Erste Belege einer neuentdeckten Fundstelle: Römische Keramik, oben ein Randfragment, darunter Wandfragmente, Maßstab 1:1.

■ Sossenheim: Michael Obst bei einer Ausgrabung in der Wilhelm-Fay-Straße.

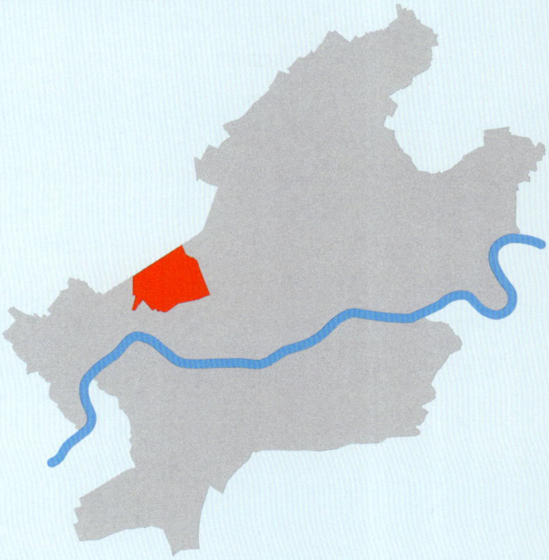

SOSSENHEIM

Der Ortsteil erinnert in seinem alten Ortskern nur noch sehr vereinzelt an seine dörfliche Struktur. Geprägt ist der Ort eher durch die Gebäude der zahlreich dort angesiedelten Arbeiter der Farbwerke Höchst, was für den überwiegenden Teil der Bevölkerung der Fall war.

Auf den Feldern zwischen Sossenheim und dem östlichen Nachbarort Höchst tobte 1622 die sogenannte Schlacht bei Höchst, was sich im Rahmen von Feldbegehungen bestätigt hat.

SOS 000

Den Kaiser um den Hals getragen

Fundmeldung: M. Patino
Verbleib: privat
Bericht: Denkmalamt

Ein schöner Beleg für ein Fundobjekt aus einer Feldbegehung mit historischem Bezug zu Frankfurt ist eine Medaille, bzw. ein Anhänger (Abb. 565), die Herr Patino 2019 in der Gemarkung fand.

Es handelt sich um eine Gedenkmedaille, auch als Anhänger ausgeführt, zur Einweihung des Kaiser Wilhelm Denkmals anlässlich der Friedensfeier in Frankfurt am Main 1870/71–1896, was auf der Rückseite abgebildet ist und durch eine Inschrift und der Stadtansicht deutlich gemacht wird. Auf der Vorderseite ist das Kaiser Wilhelm Denkmal abgebildet, es zeigt den Kaiser zu Pferd.

Das Denkmal hatte eine Gesamthöhe von rund 7,5 m. Der mit Figuren geschmückte Steinsockel war 4,50 m, das Reiterstandbild selbst war 3 m hoch. Die Kosten wurden mit 220.000 Mark veranschlagt und das Denkmal in der Taunusanlage aufgestellt.

Während das Frankfurter Reiterstandbild 1940 zerstört und eingeschmolzen wurde, stehen heute noch zahlreiche ähnliche Denkmäler in der gesamten Bundesrepublik.

Abb. 565 Frankfurter Kaiser-Wilhelm Reiterdenkmal auf einer Medaille, oben der archäologische Fund, unten ein Vergleichsfund, Abbildung desselben mit freundlicher Genehmigung von WAG-Online oHG.

SOS 13

Blau bemalte Kelten – Hollywoodfiktion oder Realität?

Fundmeldung:	M: Patino
Verbleib:	privat
Bericht:	Denkmalamt
Literatur:	Carr 2005.

Herr Patino meldete im Frühjahr 2017 einen Bronzegegenstand (Abb. 566). Es handelt sich um ein bandförmiges Objekt mit aufgewipptem, verjüngtem Ende und einer runden, geschlossenen Öse. Die Gesamtlänge beträgt 5 cm, die Breite 0,7 cm und die Öse hat eine lichte Weite von 0,7 bis 0,8 cm. Das Stück ist gut erhalten; in der Öse zeigen sich leichte Abnutzungsspuren an einer Seite.

Obwohl auf der Ackerfläche in erster Linie mittelalterliche und frühneuzeitliche Funde bekannt sind, gehört das Fundstück in die Latènezeit. Es handelt sich vermutlich um ein Objekt zur Verarbeitung von Schminkfarben, also zur Farbherstellung, und ist ursprünglich zweiteilig. Wie mit Mörser und Stößel konnten so Farbpigmente und färbende Pflanzen zu Pasten und Pulvern zerrieben werden, so auch der blaufärbende Färberwaid *Isatis tinctoria* (Abb. 567). An anderen Fundplätzen ist gelegentlich auch das rinnenförmige »Unterteil« mitgefunden worden, hier nur die obere Hälfte.

Da Beifunde fehlen, kann nur die grundsätzliche Datierung in das 1. Jh. v. Chr. aufgrund analoger Fundstücke vorwiegend aus Großbritannien übernommen werden.

Das Fundstück wurde der Fundstelle zugewiesen, da hier 1922 metallzeitliche Scherben dokumentiert wurden, die heute jedoch verschollen sind.

Abb. 566 Bronzefund, der in Zusammenhang mit der Körperbemalung steht, in drei Ansichten, Maßstab 1:1.

Abb. 567 Färberwaid in voller Blüte.

SOS 16

Urnenfelderzeitliche Funde und ein rätselhaftes Bleiobjekt

Fundmeldung: M. Patino
Verbleib: privat
Bericht: Denkmalamt
Literatur: Kubach (1977).

Eine doppelkonische Nadel

Bei Begehungen im Auftrag des Denkmalamtes fand Herr Patino 2018 auf einer Ackerfläche in der Flur »Osterlach« das Bruchstück einer Bronzenadel (Abb. 568 links). Es handelt sich um ein 1,5 cm langes Stück, der doppelkonische Kopf ist erhalten, der Nadelschaft abgebrochen.

Der Durchmesser der Nadel beträgt an der Bruchstelle 4,5 mm. Der doppelkonische Kopf hat einen maximalen Durchmesser von 1,3 cm; während die Oberseite unverziert ist, zeigen sich unterhalb in einem gleichmäßigen Abstand insgesamt 4 umlaufende Riefen.

Datierung

Der Fundplatz liegt randlich zu einer bisher nur im Luftbild erfassten Fundstelle. Da dort bisher keine Funde dokumentiert sind, ist eine zeitliche Einordnung bisher nicht gelungen. Aufgrund des Neufundes kann erstmals eine metallzeitliche Einordnung nahegelegt werden, dem auch das Luftbild nicht widerspricht.

Aufgrund des fragmentierten Zustandes kann die Nadel keinem Typ eindeutig zugewiesen werden; allerdings sind verzierte Nadeln mit doppelkonischem Kopf sowohl aus Frankfurt als auch aus dem Rhein-Main-Gebiet in verschiedenen Spielarten bekannt. Das Fundstück kann in die Bronzezeit und dort in die Urnenfelderzeit datiert werden.

Ein rätselhaftes Bleiobjekt

Er fand auch ein bemerkenswertes Bleiobjekt, dessen zeitliche Einordnung schwerfällt (Abb. 568 rechts). Das Objekt ist oval mit einem maximalen Durchmesser von 2 cm und wurde bei seiner Herstellung in eine Gussform gegossen. Auf der flachen Unterseite ist ein symmetrisches geometrisches Muster eingeschnitten, auf der Oberseite ist mittig ein stabförmiger kurzer Fortsatz mit knapp 4 mm Durchmesser ausgebildet und beiderseits sind Gussnähte vorhanden. Die Ausführung lässt an einen Stempel denken, wobei das Material Blei eher weich ist. Eine Verwendung in der Keramikproduktion erscheint jedoch denkbar.

Abb. 568 Funde verschiedener Zeitstellung aus der Flur »Osterlach«, jeweils in drei Ansichten, Maßstab 1:1.

Bronzezeit

■ **Abb. 569** Drei unterschiedliche Bronzeringe, Maßstab 1:1.

Ringe

Im Jahr 2019 fand er insgesamt drei geschlossene Bronze- und Messingringe unterschiedlicher Größe (Abb. 539).

Zwei Exemplare sind rundstabig und haben einmal einen Außendurchmesser von 3,7 cm, der zweiter Ring ist deutlich größer, hat etwa 5 cm Durchmesser und ist stark zerdrückt, er zeigt deutliche Abnutzungsspuren (Abb. 569, links und Mitte).

Das dritte Fundstück weicht durch seine dunkelgrüne, homogene Patina ab, der Ring ist flach und zeigt auf der Oberseite symmetrisch verteilt drei Strichgruppen von 7 Strichen (Abb. 569, rechts). Das Fundstück könnte in einen bronzezeitlichen Kontext gehören.

SOS 18

Die »Schlacht bei Höchst« und weitere Metallfunde aus Sossenheim

Fundmeldung:	M. Patino
Verbleib:	privat
Bericht:	Denkmalamt
Literatur:	Hampel (2017) 330 ff.

Die Fundstelle erstreckt sich von der Wiesenfeldstraße im Westen bis fast zur Autobahn/Wiesbadener Straße im Osten. Bei Feldbegehungen werden und wurden zahlreiche Musketenkugeln sowie Beifunde gesammelt. Bei Letzteren handelt es sich in der Regel um Verlustfunde aus Metall.

Die Schlacht von Höchst

Ein Zusammenhang mit der Schlacht bei Höchst im Jahr 1622 ist zumindest für einen Teil der Fundstücke gegeben:

Im November 2017 fand Michael Patino 49 Musketenkugeln aus Blei, mindestens 16 mit Aufprall-

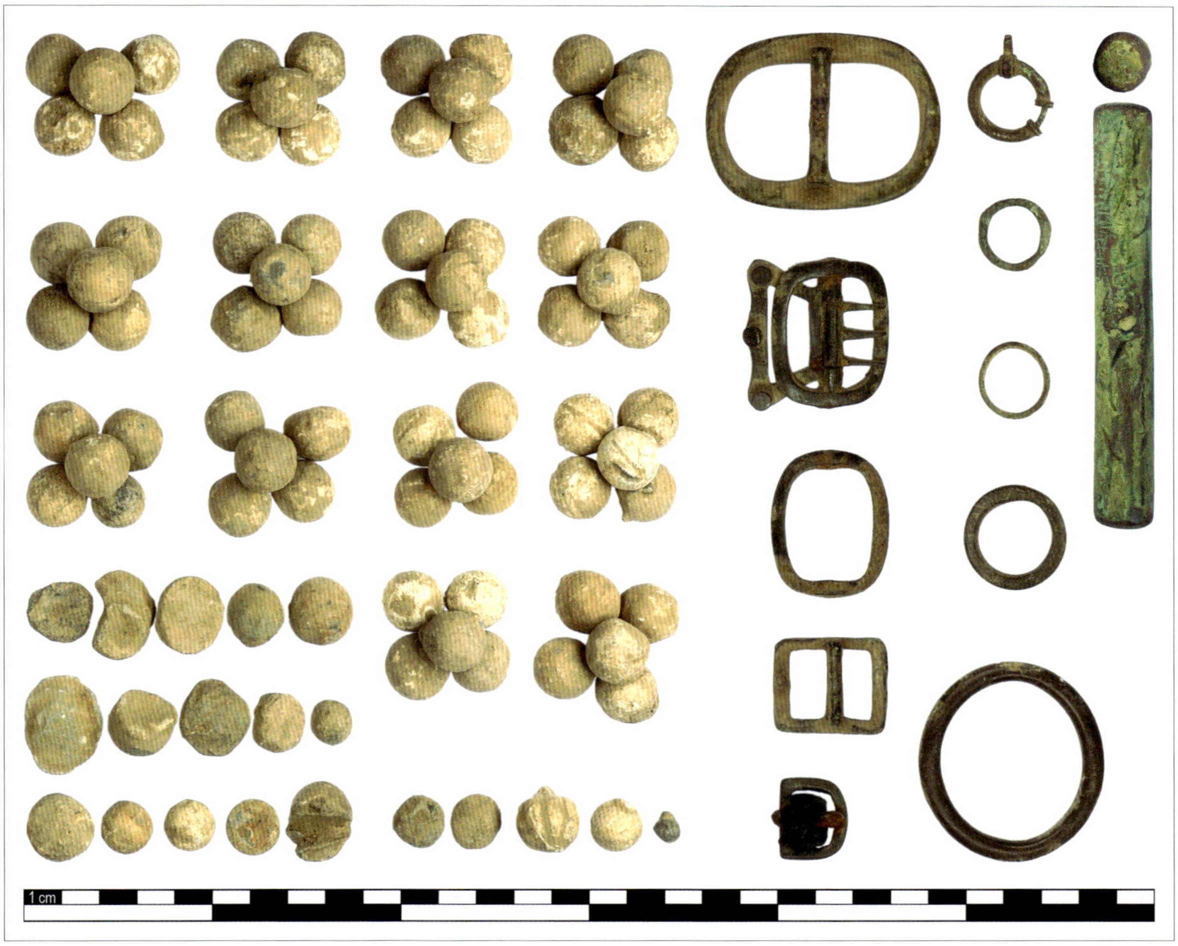

Abb. 570 Ergebnis der Feldbegehungen im Jahr 2017 mit zahlreichen Musketenkugeln, Schnallen, Ringen und einem Stab, Maßstab 1:2.

marken, bzw. Verformungen. Dazu sind weiterhin 5 Schnallen, 2 Bronzeringe, 1 Verschluss einer Uhrenkette, 2 kleine Ringe, 1 Bronzestab, 1 Blei in Form eines kleinen Granatapfels (Abb. 570), 2 Ringe mit Schmuckstein, 1 Petschaft mit Punktkreis (Abb. 571, links und unten), 2 napoleonische Knöpfe der Grande Armée, und 3 Münzen gesammelt worden.

Im folgenden Jahr 2018 fand er weitere 41 Musketenkugeln; 2019 erneut 68 Bleikugeln, teilweise mit Aufprallmarken, dazu Metallknöpfe mit glatter Oberfläche, einen Feuerstein für ein Steinschlossgewehr, sowie ein weiteres Petschaft mit Blumentopf und den Buchstaben I L und M (Abb. 571, oben rechts). Weitere Metallfunde lassen sich nicht eindeutig ansprechen, dürften aber zeitgleich sein. Diese Objekte können summarisch als Verlustfunde angesprochen werden.

Die zahlreichen Knöpfe und Münzen sowie eine Bleiplombe sind teilweise schlecht erhalten und deshalb kaum näher anzusprechen, diese Fundkategorien sind aber nicht zwangsläufig der Schlacht von Höchst zuzuweisen (Abb. 572).

Auf dem Messer

Ebenfalls in diesem Zusammenhang soll ein auffälliges Messerkrönchen genannt werden, das etwas weiter östlich im Jahr 2019 gesammelt wurde (Abb. 573, links). Es zeigt zwei gegenständliche Tierköpfe, ist aus Bronze und direkt am eisernen Messergriff abgebrochen. Solche Verzierungen des Messergriffs können in das 16./17. Jh. datiert werden.

In der Hand

2019 fand Michael Patino eine vollplastische Hand aus Messing, die mittig einen runden Metallstab mit verdickten Enden greift, im Bereich des Handgelenks ist ein gekerbter Rand, darin Eisenreste von Verzapfung für eine Befestigung. Länge 2,5 cm, Breite 3,9 cm von einem Stabende zum anderen, Durchmesser am Handgelenk 1,3 cm (Abb. 573, Mitte). Möglicherweise handelt es sich um einen Möbel- oder Uhrenaufsatz.

Um die Hüfte

Weiterhin ist ein Blechobjekt zu nennen, geprägt, mit zwei aufgelöteten, bootsförmigen Applikationen, rückseitig mit Drahtbügel und Blechschiene (Abb. 573, rechts). Die Länge erreicht 7,2 cm, die Breite 4,4 cm

Abb. 571 Links ein Petschaft mit Punktkreis, rechts ein Petschaft mit Blumentopf und Initialen ILM, unten zwei Ringe, jeweils in verschiedenen Ansichten, Maßstab 1:1.

und die Blechstärke 1 mm und weniger. Das Objekt ist nicht einfach anzusprechen, es handelt sich jedoch um eine Hälfte einer Jugendstil-Gürtelschnalle.

Anhänger mit Blütendekor

Bemerkenswert sind zwei gleichartige Verbindungsstücke aus Bronze mit einem Blütendekor (Abb. 574). In einem Fall ist der anschließende Ring erhalten, denkbar ist eine Halterung für etwa Leder. In jedem Fall dienten die Anhänger als dekorative Verzierung.

■ **Abb. 573** Bronzenes Messerkrönchen mit Tierköpfen, vollplastische Hand und Gürtelschnalle jeweils in verschiedenen Ansichten, Maßstab 1:1.

■ **Abb. 574** Zwei Verbindungsstücke aus Bronze mit Blütendekor, jeweils in verschiedenen Ansichten, Maßstab 1:1.

■ **Abb. 575** Auch die Mitarbeiter:innen der Bodendenkmalpflege verwenden Metallsuchgeräte. Wichtig ist der Kontext: Der Fundort muss eingemessen, der Fund mit einem Fundzettel ausgestattet werden.

Abb. 572 Knöpfe und Münzen, jeweils Vorder- und Rückseite, Maßstab 1:1.

SOS 21

Eine Fibel und Münzen aus der Römischen Kaiserzeit

Fundmeldung:	M. Patino
Verbleib:	privat
Bericht:	Denkmalamt
Literatur:	Hampel (2017) 335.

Im November 2017 beging Herr Patino im Auftrag des Denkmalamtes Flächen an der Wiesenfeldstraße und fand eine römische Münze. Es handelt sich um einen Semis (Also ½ As) des Antoninus Pius mit Darstellung der Libertas mit Pileus in der Rechten und ausgestreckter linker Hand. Die Münze mit einem Durchmesser von 2,5 cm ist sehr gut erhalten (Abb. 576, oben). Auf der Vorderseite: Kopf mit Strahlenkrone und wohl: ANTONINVS AVG – PIVS PP TRP XVII und auf der Rückseite LIBERAT-AS COS IIII SC; (Zitat RIC 916a) geprägt in Rom 153/ 154 n. Chr. (für die Datierung und Ansprache danken wir Dr. F. Berger, Historisches Museum Frankfurt).

Im Jahr 2019 fand Herr Patino rund 100 m weiter östlich eine fragmentierte, halbierte römische Münze, deren Oberfläche stark zersetzt ist (Abb. 576, Mitte), sowie eine Scharnierfibel der Römischen Kaiserzeit (Abb. 576, unten). Dabei handelt es sich um eine Bügelfibel mit Emaileinlagen. Der dreieckige Bügel ist von einem feinen Perlrand umgeben. Darin ein Dreiecksmuster, bei dem sich erhabene und vertieft ausgearbeitete Dreiecke abwechseln. In den Vertiefungen liegen – einst farbige, heute hellgrün verfärbte – Emaileinlagen. So entstand ein Muster abwechselnd aus bronzenen, also goldfarbenen und farbigen Dreiecken. Der schmale, langgezogene Fuß ist in der Form eines Tierkopfes ausgearbeitet. Während die Nadelrast mitgegossen und teilweise erhalten ist, fehlt die eigentliche Nadel.

Abb. 576 Bronzemünzen und emaillierte Fibel, jeweils verschiedene Ansichten, Maßstab 1:1.

SOS 23

Ein Bierkrugdeckel mit Frankfurter Wahrzeichen

Fundmeldung:	M: Patino
Verbleib:	privat
Bericht:	Denkmalamt
Literatur:	Hampel (2017) 337.

Bei seinen Feldbegehungen im Jahr 2019 fand Michael Patino auf den Ackerflächen östlich der Wiesenfeldstraße auch den Rest eines Metallobjekts. Es dürfte sich um den fragmentierten Deckel eines Bierhumpens wohl aus Zinn handeln. Allerdings sind an dem Fragment keine Reste einer Befestigung vorhanden.

Bei dem Fund handelt es sich um eine runde, leicht gewölbte Scheibe mit einem Durchmesser von 5,8 cm. Am Rand verlaufen parallel zwei Rillen, darüber umlaufend eine vereinfachte Eierstabverzierung. Mittig ist ein Gebäude dargestellt, es handelt sich zweifellos um eine Kirche, vermutlich St. Bartholomäus, der Frankfurter Kaiserdom (Abb. 577), den wir in unserer Abbildung rekonstruiert haben.

Der Kaiserdom als eines der bekanntesten Wahrzeichen der Stadt erfreut sich bis heute als Motiv großer Beliebtheit; hierbei dürfte es sich um ein Produkt des 19. /20. Jhs. handeln.

■ **Abb. 577** Verzierter Metalldeckel mit Kaiserdom, teilrekonstruiert, Maßstab 1:1.

SOS 24

Wasserversorgung in der Jungsteinzeit

Fundmeldung: Denkmalamt
Verbleib: keine Funde
Bericht: Denkmalamt

Im Rahmen einer geplanten Neubebauung wurde in der Wilhelm-Fay-Straße eine geophysikalische Untersuchung durchgeführt. Im diesem Areal waren bisher keine archäologischen Denkmäler bekannt, allerdings zeigten sich bei der Messung auch Hinweise auf Bodendenkmäler. Es handelte sich um wenige Anomalien, die daraufhin gezielt ausgegraben und dokumentiert wurden.

Die Überprüfung im Dezember 2017 unter der örtlichen Grabungsleitung von Denis Neumann ergab zwei archäologische Ergebnisse, während alle anderen Verdachtspunkte nicht relevant waren. Die Fundstellen St. 1 und St. 2 liegen im nördlichen Teil des Grundstücks und zeichneten sich schwarz bis schwarzbraun im Planum ab. Die Form von St. 1 war rechteckig mit den Maßen 1,30 × 0,70 m; St. 2 erschien im Planum

Abb. 578 Steilwandige Eingrabung St. 1 mit Schwarzerdefüllung.

Abb. 579 Eingrabung St. 2 mit zahlreichen schmalen Füllbändern.

rund mit einem Durchmesser von 1,60 m. Als St. 3 wurden moderne Pflugspuren im Planum aufgenommen.

Es zeigte sich mit St. 1 ein steilwandiger Befund, der seinen flachen Boden bei 1,60 m unter der heutigen Oberfläche erreicht hatte (Abb. 578). Der Befund konnte aus technischen Gründen erst 2018 vollständig bearbeitet werden. Die Grube war im Bereich der oberen 0,50 m homogen braun verfüllt und nach unten deutlich geschichtet. In der Füllung waren keine Fundstücke vorhanden.

St. 2 verschmälerte sich nach unten hin von zunächst 1,60 m auf eine Breite von 0,70 m, der flache Boden war bei 1,10 m unter Oberfläche erreicht. Die stark gebänderte Einfüllung enthielt außer unbearbeiteten Geröllen ebenfalls keine Funde (Abb. 579).

Es handelt sich jedoch zweifellos um Eingrabungen von Menschenhand. Sie können aufgrund der Schwarzerdefüllungen der Jungsteinzeit zugewiesen werden.

Es handelt sich offenbar nicht um Abfallgruben, denn sie enthielten keinerlei Funde. Denkbar wäre eine Brunnen- oder Zisternengrabung. Geologisch spricht einiges dafür. Nach Ausweis eines Baugutachtens steht Wasser dort bereits in 7 m Tiefe an, während es sonst auf dem Grundstück deutlich tiefer erst in 15 m Tiefe fassbar war.

Abb. 580 Die Kollegen Michael Obst und Denis Neumann.

STADTWALD

Mit über 5.000 ha ist der Frankfurter Stadtwald deutschlandweit der größte innerstädtische Wald; er bildet die südliche Stadtgrenze. Er wurde 1372 durch die Stadt Frankfurt erworben, gehörte aber ursprünglich zum größeren Wildbann Dreieich. Dabei handelte es sich um kaiserlichen Besitz, von dem die Stadt einen Teil erwarb. Im Wald sind heute 449 vorgeschichtliche Grabhügel bekannt, die in verschiedenen Gruppen zusammenliegen und weitegehend oberirdisch sichtbar sind.

Nach Südwesten hat das Gelände des Flughafens einen Teil der Waldfläche zerstört, Grabhügelgruppen waren allerdings nicht betroffen.

Im Stadtwald liegt auch das ehemalige KZ-Außenlager Mörfelden-Walldorf, dicht an der südlichen Stadtgrenze zur namensgebenden Gemeinde Mörfelden-Walldorf, auf Frankfurter Boden.

Stadtwald: Das historische Pumpwerk Hinkelstein in der Flughafenstraße.

STW 23

Ein Rettungsgang aus der Zeit des Zweiten Weltkrieges

Fundmeldung:	Denkmalamt
Verbleib:	keine Funde
Bericht:	Denkmalamt
Literatur:	Hampel (2012). – Initiative Stolpersteine in Frankfurt am Main.

Zwischen dem Haus Niederräder Landstraße 42 und dem Haus Niederräder Landstraße 46 wurde im Juli 2017 mit den Erdarbeiten begonnen. Für das bisher unbebaute Grundstück Hausnr. 44 war ein Bauantrag gestellt, der jetzt realisiert wurde. Statt der erwarteten vorgeschichtlichen Grabhügel durchzog ein moderner Stahlbetongang das Grundstück von Westen nach Osten. Die Dokumentation erfolgte im August 2017 unter der örtlichen Grabungsleitung von Denis Neumann.

Das Bauwerk war 3,60 m breit und 2,8 m hoch, innen ergab sich eine lichte Weite von 2 × 2,15 m. Während die Wände 0,80 m dick waren, erreichte die flache Decke 0,65 m. Der Gang lag nur knapp unter der Gartenoberfläche, nach Norden war eine Eingangssituation angebaut (Abb. 581 und 582).

Beide Enden des Ganges waren zugemauert, wobei im Westen die Abmauerung zurückgesetzt war, im Osten dagegen in Höhe der Grundstücksgrenzen (Abb. 583). Sowohl von der Hausnummer 42 als auch von der Hausnummer 46 aus gab es einen direkten Zugang im Keller. Zumindest auf der Ostseite existiert im Anschluss einer von zwei ausgewiesenen Luftschutzräumen ohne bombensichere Ertüchtigung. Das Bauwerk

Abb. 581 Im Rahmen der Erdarbeiten wurde im Sandboden die vordere Betonwand freigelegt.

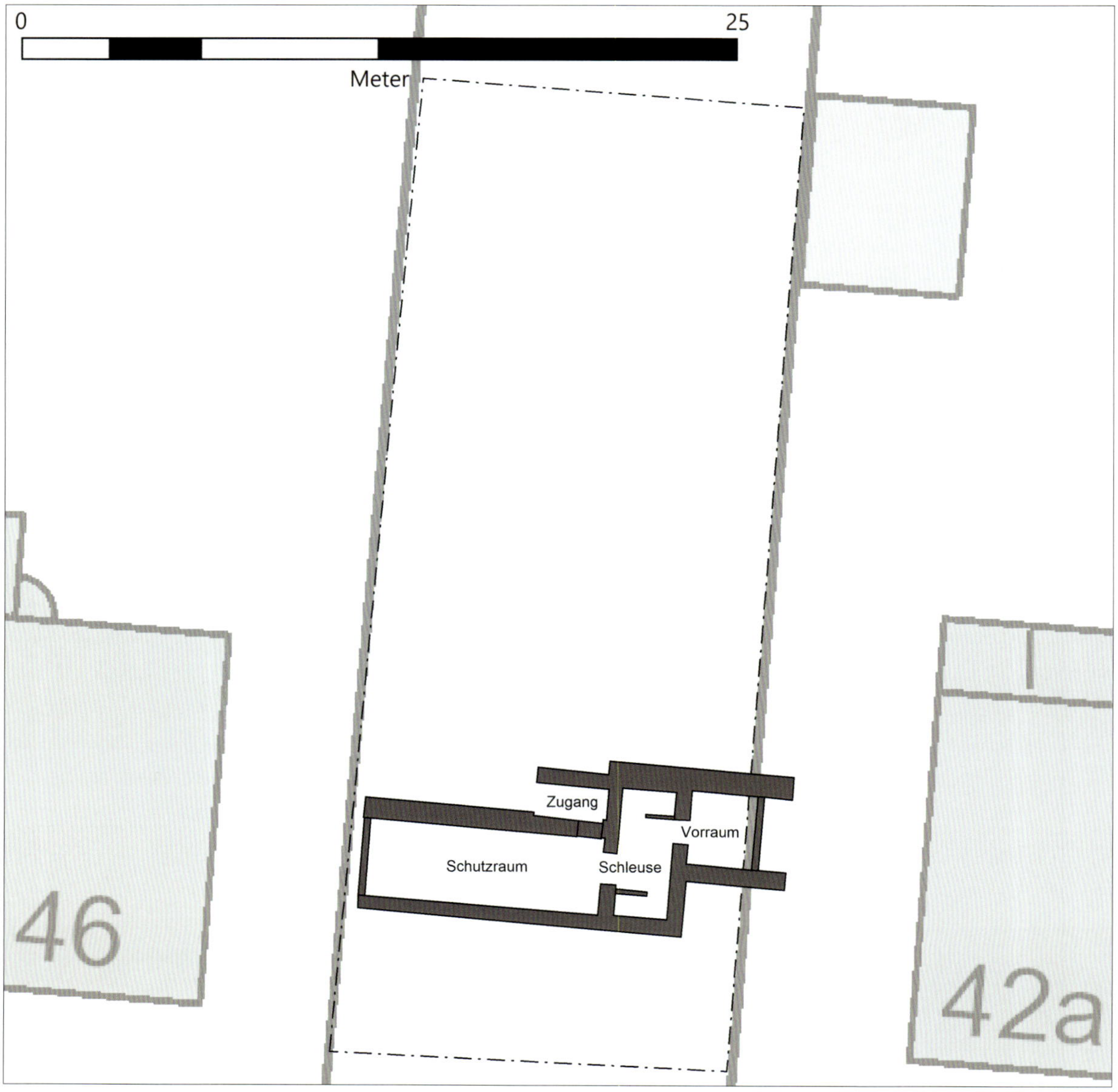

■ **Abb. 582** Gesamtplan des unterirdischen Stahlbetonbauwerks mit Verbindungsgängen.

war damit zwischen den Villen auf einer Länge von 25 m eingespannt.

Die Villen an der Niederräder Landstraße sind alle erst nach 1910 errichtet worden.

Die ehemaligen Bewohner

Vor dem Haus Nr. 46–48, ehemals Niederräder Landstraße 26–28, befindet sich heute ein »Stolperstein« für den ehemaligen Bewohner Prof. Dr. Heinrich Bechhold, geb. 13.11.1866. Er lehrte und arbeitete als Chemiker am Frankfurter Paul-Ehrlich-Institut, bis ihm 1935 die Lehrbefugnis entzogen wurde. Er beging am 17. Februar 1937 Selbstmord und 1939 wurde sein Haus im Rahmen der »Entjudung des Grundbesitzes« enteignet.

Für das Haus auf der anderen Seite sind die ehemaligen Besitzer nicht bekannt.

Der Befund kann in die Gruppe der unterirdischen Bunkeranlagen eingeordnet werden und sollte zwischen 1939 und 1944 entstanden sein. Offiziell werden nach 1939 Gymnasiasten als Bewohner des Hauses genannt, dies scheint jedoch aufgrund des Schutzbaus wohl nicht die ganze Wahrheit. Aufgrund der anhaltenden Materialknappheit beim Bau der Bunkeranlagen im Rahmen des staatlichen Bunkerbauprogramms ist eine solche Schutzanlage nur ausnahmsweise und

■ **Abb. 583** Blick nach Norden, an beiden Grundstücksgrenzen führen die Gänge aus dem Baufenster hinaus.

■ **Abb. 584** Innenansicht des dem Bunker vorgelagerte Luftschutzraumes.

dann zum Schutz von kriegswichtigen Stellen denkbar. In der Regel waren für Zivilisten die öffentlichen Hochbunker und die Luftschutzräume in Privatgebäuden zu nutzen.

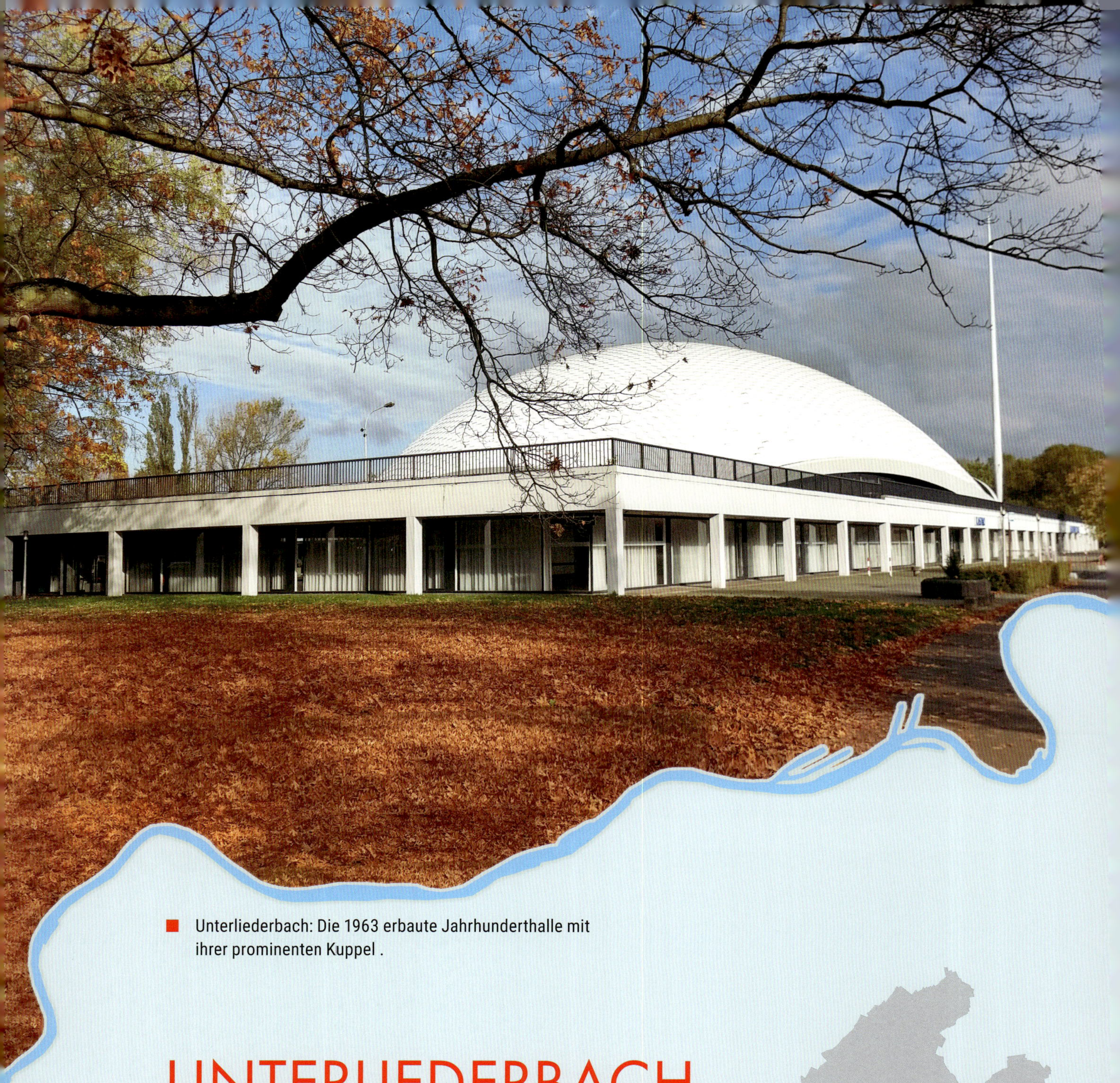

Unterliederbach: Die 1963 erbaute Jahrhunderthalle mit ihrer prominenten Kuppel .

UNTERLIEDERBACH

Entlang der Königsteiner Straße gelangt man von Höchst auf direktem Weg in diesen Ortsteil. Auf diesem Weg ist der Ortsteil scheinbar direkt mit Höchst verbunden, besitzt aber eine gut erhaltene Ortsmitte mit historischen Fachwerkhäusern, die den Platz um die Kirche umschließen.

ULI 000

Letzte Zeugnisse der Grand Armée

Fundmeldung: W. Quader
Verbleib: privat
Bericht: Denkmalamt

Im Feld nördlich der Autobahn konnte Wolfgang Quader 2018 auch einen französischen Regimentsknopf mit einem Durchmesser von 2,2 cm, der Angabe der Regimentsnummer 20 und rückwärtig der charakteristischen Kreuzöse aufsammeln (Abb. 585). Knöpfe sind klassische Verlustfunde und die Grand Armée ist nachweislich mehrfach durch das Rhein-Main-Gebiet gezogen, so dass der Fund nicht verwundern kann. Allerdings sind die zahlreichen Truppenbewegungen während der Feldzüge und der Befreiungskriege, an denen mehrere Hunderttausend Männer teilnahmen, kaum archäologisch fassbar. Nur selten gelingt der Nachweis von Schlachtfeldern oder Begräbnisstätten aus dieser Zeit – so hier durch einen von der Uniform gefallenen Zeitzeugen in Form des Knopfes.

Abb. 585 Französischer Regimentsknopf und einfache Schnalle in je zwei Ansichten, Maßstab 1:1.

ULI 12

Glocke nördlich der Straße

Fundmeldung: W. Quader
Verbleib: Archäologisches Museum
Bericht: Denkmalamt
Literatur: Hampel (1993) 234.

Im Rahmen seiner Feldbegehungen auf den Ackerflächen nördlich der Autobahn konnte Herr Quader 2018 auch eine fragmentierte Eisenglocke sammeln (Abb. 586).

Das Fundstück ist sehr gut erhalten. Die Form ist rechteckig bis oval mit den Maßen 5,5 × 2,5 cm bei einer Höhe von 8 cm zuzüglich der flachen Öse mit 1 cm Höhe. Der Klöppel hat einen Durchmesser von 0,8 cm und ragt unten etwas über den Glockenrand hinaus; er ist durchaus noch immer beweglich.

Solche Glocken sind als Viehglocken aus römischem Zusammenhang bekannt, aber im Stadtgebiet nicht als Lesefunde nachgewiesen. Da der Fundort nur wenig nördlich der bekannten Römerstraße liegt, ist das Objekt diesem Fundplatz zugewiesen worden (vgl. ZEI 16).

Abb. 586 Die eiserne Glocke mit Ansicht der Breit- und Schmalseite, Maßstab 1:2.

ULI 17

Eine Axt aus der Jungsteinzeit

Fundmeldung:	V. van der Voet
Verbleib:	privat
Bericht:	Denkmalamt
Literatur:	Hampel (2002) 222 mit ält. Lit.

Im Sommer 2017 meldete der ehrenamtliche Feldbegeher Vincent van der Voet das Bruchstück eines Felsgesteingeräts. Das Fundstück stammt von einer Ackerfläche in der Flur »Am Berg« und liegt im Bereich einer seit 1990 bekannten Fundstelle. Allerdings liegen die letzten Fundmeldungen 19 Jahre zurück und so ist es erfreulich, dass im Berichtszeitraum diese steinzeitliche Fundstelle erneut dokumentiert wurde.

Es handelt sich um das Nackenteil einer Steinaxt aus amphibolem Gestein, die in der Bohrung abgebrochen ist (Abb. 587). Das Fundstück ist maximal 6,6 cm breit und nur noch 3,3 cm lang. Die charakteristische doppelkonische Bohrung erreicht eine lichte Weite von 2 cm. Die Oberfläche der Steinaxt weist zahlreiche Beschädigungen auf, die offenbar von der landwirtschaftlichen Nutzung stammen.

Die Fundstelle kann bisher eindeutig dem Jungneolithikum zugewiesen werden und charakteristische Scherben erlauben eine Einordnung in das Mittelneolithikum, d. h. in die Rössener Kultur. In diesen Zeithorizont kann das Fundstück ebenfalls eingeordnet werden.

Abb. 587 Das Axtbruchstück mit Resten der Bohrung im Nackenteil in drei Ansichten, Maßstab 1:1.

ULI 27

Ein schlimmer Tod

Fund meldung:	Kriminalpolizei
Verbleib:	Archäologisches Museum
Bericht:	Denkmalamt, A. Prescher, E. Hahn.
Literatur:	Hampel (2017) 353. – Kammer (1977).

Die Scheune in der Wagengasse 2 gehört zu einer Hofreite des 18. Jhs., in deren unmittelbarer Nachbarschaft der Friedhof der alten Dorfkirche liegt. Bei Erdarbeiten in der Scheune wurden gegen Ende des Jahres 2015 unter einer Betondecke aus einer Auffüllschicht, neben anderem Material, ein menschlicher Oberschädel und ein rechtes Oberarmbein geborgen.

Beide Knochen gehören zu einem Skelett, das in einer flachen Mulde der Auffüllschicht lag und wegen der Überdeckung durch eine Trennmauer nicht weiter zugänglich war.

Die Beurteilung der Fundsituation durch die Bodendenkmalpflege schließt aus, dass das menschliche Gebein vom Friedhof stammt. Da der Schädel einige Auffälligkeiten aufweist, wurde er noch vor Ort von der Frankfurter Rechtsmedizin in Augenschein genommen und später Dipl. Biol E. Hahn und Prof. Dr. Andreas Prescher zur Begutachtung übergeben.

Im Folgenden werden ihre Ergebnisse zusammengefasst vorgestellt:

Anthropologisch-Medizinischer Befund eines frühneuzeitlichen Schädels mit Schussverletzung aus Frankfurt/Main – Unterliederbach

Die Knochensubstanz des Schädels und des Oberarmbeines ist sehr stabil.

Es handelt sich um einen Mann, der in der Altersklasse »frühmatur« (40–50 Jahre) – mit einer Tendenz zur älteren Phase hin – verstorben ist.

Zu Lebzeiten war der Mann mit ca. 179 cm groß gewachsen und liegt hinsichtlich seiner Körperhöhe über dem männlichen Durchschnitt in der frühen Neuzeit. Er hatte eine eher schlanke Figur (leptosom), da die Muskelmarken nur mittelmäßig ausgeprägt waren. Er hatte eine breite Stirnpartie und ein sehr hohes und sehr breites Obergesicht.

Am Schädel finden sich einige anatomische Abweichungen von der Norm, die häufig genetisch bedingt sein können und dem Träger weder Vor- noch Nachteile bringen. Die im vorliegenden Fall beobachteten Varianten sind – mit Ausnahme des Befundes am Hinterhauptbein – nicht ungewöhnlich.

Auffällig ist jedoch die markante Hinterhauptpartie, besonders wegen des Vorkommens eines Inkabeines und die Ausbildung eines Hinterhauptwulstes (Torus occipitalis). Die Ursache für die Bildung dieses Torus occipitalis ist nach wie vor unklar.

Vor allem das Inkabein kommt bei Europäern selten vor. Seine relative Häufigkeit liegt in den verschiedenen europäischen Populationen im Schnitt nur bei ca. 1,2%, in Westeuropa sogar nur bei 0,3%.

Von besonderem Interesse ist, dass der Torus occipitalis bei rezenten Europäern nicht mehr beobachtet wird.

Eine krankhafte Veränderung im Dach der linken Augenhöhle hat zur Eröffnung der Stirnhöhle geführt. Es dürfte sich um einen Abszess im Rahmen einer Stirnhöhlenentzündung handeln.

Der Schädel wies zudem verschiedene Substanzdefekte und traumatische Befunde auf, die durch die lange Liegezeit und rezent durch die Auffindung und die Bergung entstanden sind.

Dies gilt jedoch nicht für ein kleines, dreieckiges Loch, das im Schädelinneren eine trichterartige Erweiterung durch Knochenabplatzungen zeigt.
(Abb. 588b, 589 und 591a–b)

Abb. 588 Aufnahmen der anthropologischen Befunde am Schädel. Abb. 1a: Frankfurt/Main-Unterliederbach, Schädel. Norma frontalis, Abb.1b: Frankfurt/Main-Unterliederbach, Schädel. Norma occipitalis, Abb.1c: Frankfurt/Main-Unterliederbach, Schädel. Norma lateralis, Abb.1d: Frankfurt/Main-Unterliederbach, Schädel. Norma lateralis, Abb.1e: Frankfurt/Main-Unterliederbach, Schädel. Norma basalis, Abb. 1f: Frankfurt/Main-Unterliederbach, Schädel. Norma verticalis.

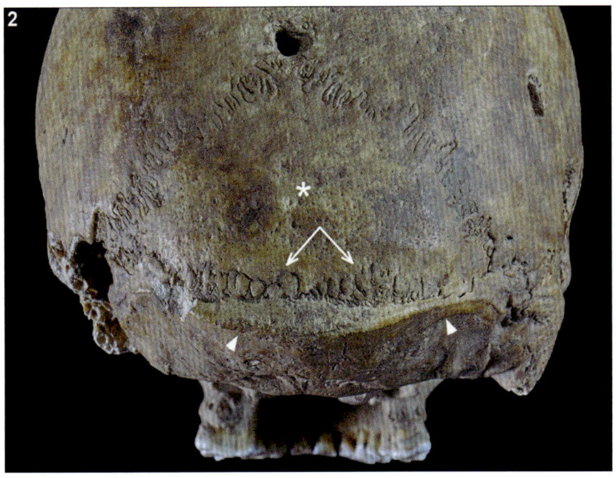

■ **Abb. 589** Frankfurt/Main-Unterliederbach, Schädel. Hinterhaupt mit Inkabein (Stern), Torus occipitalis (Pfeile) und Sutura occipitalis transversa (weiße Pfeilspitzen). Detailansicht in der Aufsicht.

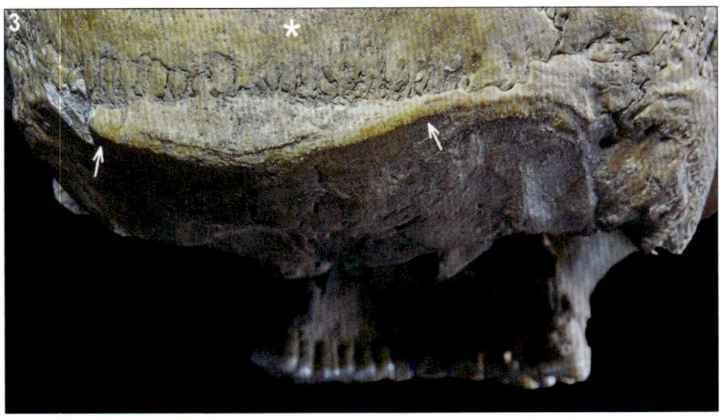

■ **Abb. 590** Frankfurt/Main-Unterliederbach, Schädel. Hinterhaupt mit Inkabein (Stern) und Torus occipitalis (Pfeile). Detailansicht von leicht schräg rechts.

Und auch nicht fü- ein ähnliches, allerdings mehr unregelmäßig-ovales Loch, das an der Innenseite ebenfalls eine trichterartige Erweiterung durch Substanzabplatzungen zeigt (Abb. 592 b).

In beiden Fällen wurde von außen mit spitzen Werkzeugen auf den Schädel eingeschlagen. Es handelt sich um zwei unterschiedliche Werkzeuge, d. h. eines mit einem dreieckigen, eines mit einem rechteckigen Querschnitt.

Bemerkenswert ist das dritte Loch im Schädel, ein großer runder Defekt mit ausgeprägter Trichterform (Abb. 588 c und 592 b). Es handelt sich um einen typischen Ausschuss. Leider liegt die Einschussöffnung auf der gegenüberliegenden Seite genau im Bereich der rezenten Störung und ist somit nicht mehr nachweisbar.

All diese Verletzungen sind ohne moderne Neurochirurgie nicht beherrschbar und führen unweigerlich zum Tode. Somit kann die gesicherte Schussverletzung als todesursächlich angesehen werden.

■ **Abb. 591a** Frankfurt/Main-Unterliederbach, Schädel. Außenansicht des Defekts unter Punkt 9 im Text, in der Sagittalnaht, direkt an der Spitze der Sutura lambdoidea, gelegen.

■ **Abb. 591b** Frankfurt/Main-Unterliederbach, Schädel. Innenansicht des Defekts unter Punkt 9 im Text. Man beachte die Knochenabplatzungen (Pfeile).

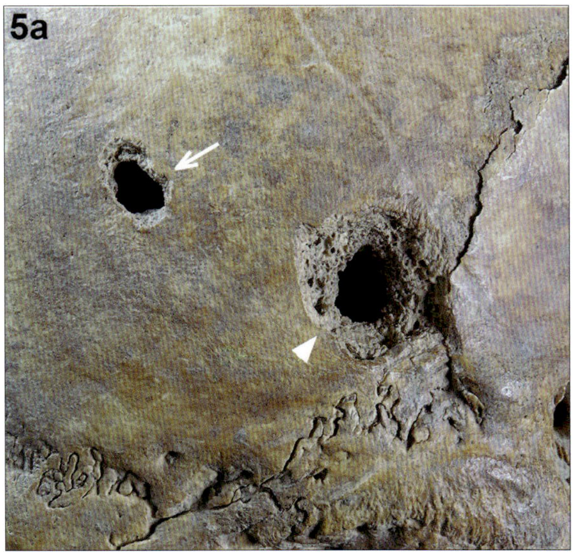

■ **Abb. 592a** Frankfurt/Main-Unterliederbach, Schädel. Außenansicht der Defekte unter Punkt 10 (Pfeil) und Punkt 11 (Ausschuss, mit Pfeilspitze markiert) im Text. Man beachte besonders die ausgesprochene trichterartige Gestalt des Ausschusses.

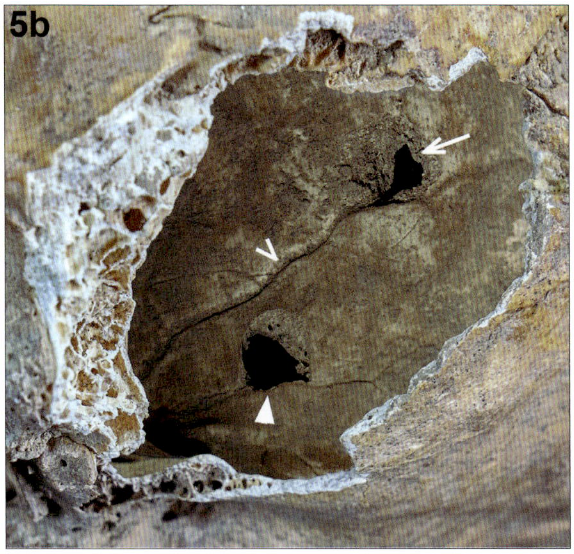

■ **Abb. 592b** Frankfurt/Main-Unterliederbach, Schädel. Innenansicht der Defekte unter Punkt 10 (Pfeil) und Punkt 11 (Pfeilspitze) im Text. Man beachte besonders die Einbeziehung der arteriellen Gefäßfurche (Sulcus arteriosus) (offene Pfeilspitze) in die Defektbildung unter Punkt 10.

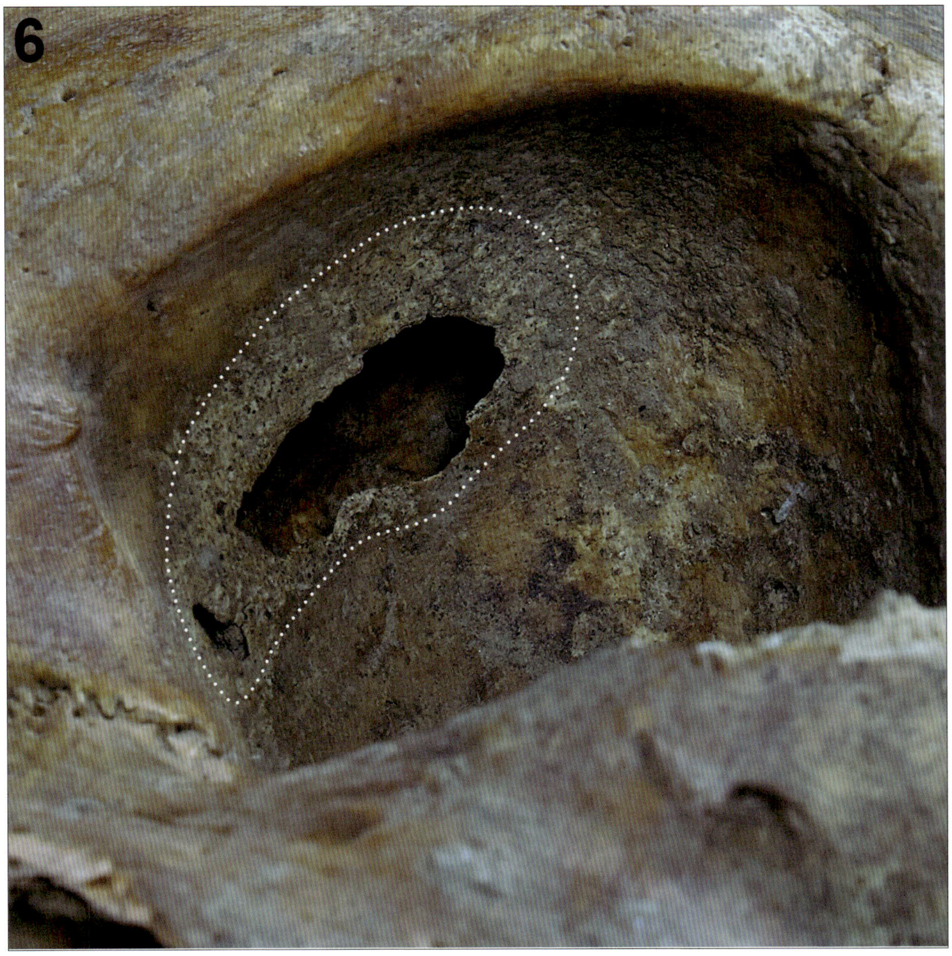

■ **Abb. 593** Frankfurt/Main-Unterliederbach, Schädel. Defekt im linken Orbitadach. Man beachte die farblichen und strukturellen Abweichungen innerhalb der leicht punktierten Linie vom außerhalb gelegenen Knochen.

Nr.	Maß		Nr.	Maß	
1	Größte Hirnschädellänge	197	30	Mediansagittale Parietalsehne	114
5	Schädelbasislänge	109	31	Mediansagittale Occipitalsehne	89
7	Länge des Foramen magnum	33	38	Schädelkapazität	1596
8	Größte Hirnschädelbreite	153	40	Gesichtslänge	94
9	Kleinste Stirnbreite	108	43	Obergesichtsbreite	117
10	Größte Stirnbreite	127	44	Biorbitalbreite	109
11	Biauricularbreite	131	45	Jochbogenbreite	*147*
17	Basion-Bregma-Höhe	139	48	Obergesichtshöhe	80
20	Ohr-Bregma-Höhe	118	50	Vordere Interorbitalbreite	30
23	Horizontalumfang	573	51	Orbitalbreite	42
24	Transversalbogen	333	52	Orbitalhöhe	38
25	Mediansagittalbogen	395	54	Nasenbreite	26
26	Mediansagittaler Frontalbogen	146	55	Nasenhöhe	55
27	Mediansagittaler Parietalbogen	125	62	Gaumenlänge	47
28	Mediansagittaler Occipitalbogen	124	63	Gaumenbreite	49
29	Mediansagittale Frontalsehne	121	72	Ganzprofilwinkel	91

Tab. 1: Frankfurt/Main-Unterliederbach, Schädelmaße. Alle Maße in mm, Winkelmaße in Grad, Schädelkapazität in cm3. Kursiv: Maß ergänzt. Nr. nach R. MARTIN/K. SALLER 1957 (Anm. 6).

Nr.	**Index**		**Nr.**	**Index**	
1	Längen-Breiten-Ind.	77.7	22	Sagittaler Frontal-Ind.	82,9
2	Längen-Höhen-Ind.	70,5	39	Obergesichts-Ind.	54,4
3	Breiten-Höhen-Ind.	90,8	42	Orbital-Ind.	90,5
4	Längen-Ohr-Bregma-Höhen-Ind.	59,9	48	Nasal-Ind.	47,3
5	Breiten-Ohr-Bregma-Höhen-Ind.	77,1	60	Kiefer-Ind.	86,2
12	Transversaler-Frontal-Ind.	85,0	71	Transversaler Craniofacial-Ind.	96,1
13	Transversaler-Frontoparietal-Ind.	70,6	73a	Jugofrontal-Ind.	73,5

Tab. 2: Frankfurt/Main-Unterliederbach, Schädelindices. Nr. nach R. MARTIN/K. SALLER 1957 (Anm. 6).

Nr.	**Maß/Index**	
1	Größte Länge	361,0
2	Ganze Länge	355,0
5	Größter Durchm. Diaphysenm.	25,0
6	Kleinster Durchm. Diaphysenm.	21,0
7	Kleinster Umfang Diaphyse	71,0
9	Breitendurchmesser proximal	43,0
10	Höhendurchmesser proximal	46,0
	Längendicken-Index	19,7

Tab. 3: Frankfurt/Main-Unterliederbach, Maße und Längen-Dicken-Index des rechten Os humeri. Alle Maße in mm. Nr. nach R. MARTIN/K. SALLER 1957 (Anm. 6).

Spekulativ wären verschiedene Abläufe denkbar:

1. Der Mann liegt nach dem zuerst erfolgten Durchschuss bäuchlings auf dem Boden. Nun erfolgen weitere Schläge auf den Hinterkopf, wobei der Knochen noch zweimal durchstoßen wird. Dieses Szenarium würde eine Gewalttat beschreiben und es wäre nicht ganz abwegig zu schlussfolgern, dass der oder die Täter ihr Opfer »verschwinden« ließen.

2. Der Mann war Soldat und wurde in einem Gefecht getötet oder schwer verletzt von seinen Kameraden mitgenommen und ist auf dem Weiterzug verstorben. Dass er außerhalb des Friedhofs begraben/verscharrt wurde, könnte aus Zeitnot, oder durch die Anwohner – die sich eines liegengelassenen fremden Leichnams entledigten – geschehen sein.

Aufgrund der Beifunde kann der Tod des Mannes nur grob in die Zeit zwischen dem Dreißigjährigen Krieg und der Zeit um 1900 datiert werden, so dass sein Schicksal wohl ungeklärt bleiben wird.

Prof. Dr. med. Andreas Prescher, Medizinische Fakultät der RWTH Aachen, Institut für Molekulare und Zelluläre Anatomie – Prosektur –, Wendlingweg 2, 52074 Aachen
aprescher@ukaachen.de

Erwin Hahn, Dipl. Biol., Goethestraße 5, 65582 Diez

Alle Abbildungen: A. Prescher / A. Breitscheidel, Institut für Molekulare und Zelluläre Anatomie -Prosektur-, RWTH Aachen.

Zeilsheim: Das Klinkerhäuschen nach englischem Vorbild aus dem Greifswalder Weg ist Teil der Arbeitersiedlung.

ZEILSHEIM

Der alphabetisch letzte Ortsteil bildet das westliche Ende der Stadt. Der alte Ortskern liegt an der Bartholomäusgasse um die gleichnamige Kirche, ist aber heute kaum mehr als historische Dorfstruktur erkennbar. In der Gemarkung wurden nach der Gründung der Farbwerke Höchst 1863 ausgedehnte Arbeitersiedlungen errichtet, die nach Osten bis zur Gemarkungsgrenze reichen und den Charakter des Ortsteiles bestimmen. Dies würdigend ist hier ein Gebäude der Arbeitersiedlung im Greifswalder Weg abgebildet.

Aus der Gemarkung sind teils hochrangige Bodendenkmäler bekannt, im Berichtszeitraum kann dieses Mal jedoch nur über einen einzigen Fund der aus der Römerzeit berichtet werden.

ZEI 16

Die Glocke vom Gutshof

Fundmeldung: W. Quader
Verbleib: Archäologisches Museum
Bericht: Denkmalamt

Im Rahmen seiner Feldbegehungen auf den Ackerflächen nördlich der Autobahn konnte Herr Quader 2018 auch eine fragmentierte Bronzeglocke sammeln (Abb. 594).

Es handelt sich um eine Glocke mit rechteckiger Form mit abgerundeten Ecken mit den Maßen 2,8 × 2 cm bei einer Höhe von 4,2 cm. Der Glockenkörper ist stark fragmentiert, die Öse aber vollständig erhalten; der Klöppel fehlt.

Solche Glocken sind vielfach aus römischem Zusammenhang bekannt und auch im Stadtgebiet bereits nachgewiesen. Da der Fundort nur wenig nördlich der bekannten römischen Villa rustica liegt, ist das Objekt als Verlustfund diesem Fundplatz zugewiesen worden (Vgl. ULI 12).

Abb. 594 Bronzeglocke in zwei Ansichten, Maßstab 1:1.

GRENZSTEINE, GÜTERSTEINE UND HISTORISCHE STEINDENKMALE

Eine große Zahl von Kleindenkmälern sind im Frankfurter Stadtgebiet vorhanden. Am bekanntesten dürften die Grenzsteine sein, die die historischen und zum Teil bis heute gültigen Grenzmarkungen angeben. Da sich die Herrschaftsgebiete auch innerhalb des heutigen Stadtgebiets unterschiedlich zusammensetzten, sind vielfältige Grenzlinien zwischen den heutigen Ortsteilen nachweisbar. Zusammengerechnet ergaben sich Tausende von Grenzsteinen, da jede Änderung im gradlinigen Verlauf markiert werden musste. Der heutige Bestand der Grenzsteine ist nur in Teilen erfasst.

Dazu kommen sogenannte Gütersteine, wobei es sich in der Regel um private Grenzmarkierungen handelt, deren stark abgekürzte Beschriftungen heute schwer aufzuschlüsseln und kaum den eigentlichen Besitzern zuzuweisen sind.

Weiterhin sind andere denkmalgeschützte Steindenkmale zu nennen, etwa Ruhebänke oder Bildstöcke.

Es ist das Verdienst der Grenzsteinobleute, dass diese Denkmalgattung nicht in Vergessenheit gerät und vor Zerstörung oder Dislozierung geschützt wurde.

Für die Stadt Frankfurt am Main waren in diesem Ehrenamt zunächst Helmut Herzberg, dann Jörg Stelzer und zuletzt Alexander Goldmann tätig. Ihnen allen möchten wir auf diesem Weg für Ihre langjährige Zusammenarbeit danken.

Abb. 595 Der Grenzsteingarten am Höchster Schloßplatz 2019.

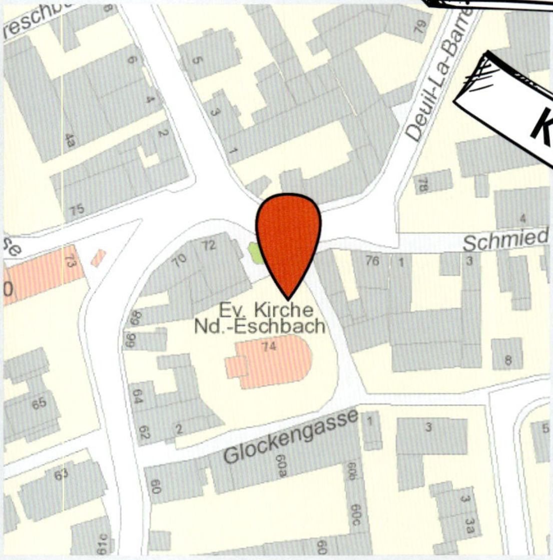
Deuil-La-Barre
Schmied
Ev. Kirche
Nd.-Eschbach
Glockengasse

1786

K0001

Ein Stein, wie es ihn nur vier Mal gibt

Fundmeldung:	Denkmalamt
Bericht:	Denkmalamt
Literatur:	Herzberg (1999), FN »Ein Dreimärker aus Bodendenkmal im Park« (1985).
Technische Daten	
Karteiblatt	K0001
Fundstelle	NES072
Stelle	/
Maße	
Höhe	57 cm (über Boden)
Tiefe	unbekannt (unter Boden)
Breite	37/38/37 cm
Material	Basalt
Originalstandort	GK R 3475636,0 GK H 5561470,8
Verbleib	Evangelische Kirche Nieder-Eschbach, Deuil-La-Barre-Straße 74

Im Juni 2018 begann die Umgestaltung des Kirchhofs. Dabei konnte Michael Obst im Hof einen Dreimärker dokumentieren, der seit der Rodung der Büsche wieder sichtbar ist (siehe Abbildung S. 462, oben links).

Es handelt sich um einen Grenzstein ohne Weisung mit Kantenlängen von 37–38 cm. Der flache, dreieckige Kopf zeigt mittig den Grenzpunkt der drei Gemarkungen. Seite 1 zeigt den Frankfurter Adler mit einem erhabenen F auf der Brust, im Uhrzeigersinn daran anschließend auf Seite 2 das Wappen von Hessen-Hanau (Herzberg (1999) 43.1), auf Seite 3 das Kurmainzer Wappen mit dem charakteristischen Rad. Auf allen drei Seiten ist jeweils unter dem Wappen die Jahreszahl 1786 zu lesen.

Einst markierte der Stein die Grenze der Gemarkungen Bonames – Kalbach – Nieder-Eschbach.

Er stand von 1786 bis 1959, stolze 173 Jahre lang, an ebenjener Grenze. 1959 versetzte man ihn für den Bau des Autobahnzubringers an den Wegesrand, 1972 wurde er für die geplante Siedlung »Am Bügel« erneut ausgegraben und zunächst auf den Bauhof verbracht. Der Geschichtsverein Nieder-Eschbach setzte sich dann für seine Präsentation an seinem heutigen Standort an der Evangelischen Kirche Nieder-Eschbach ein.

Im Grenzsteingarten Bonames, im Grenzsteingarten Harheim sowie im Freizeitpark Kalbach ist jeweils eine Nachbildung dieses Steins zu finden. Die Nachbildungen sind Gesellenstücke und wurden in den 1980er Jahren im Ausbildungszentrum für Steinmetze in Mainz-Hechtsheim gefertigt. Alle vier Steine – die drei Repliken sowie das Original – sind frei zugänglich und können besichtigt werden.

K0075

Harte Zeiten für Grenzsteine am Honigberg

Fundmeldung:	H. Schütz Vermessungsamt und Mainova; Denkmalamt
Bericht:	Denkmalamt
Literatur:	Herzberg (1996) 70 und 71; Herzberg (1999), Bericht Stelzer vom 01.10.2010.
Technische Daten	
Karteiblatt	K0075
Fundstelle	NES011, NES075
Stelle	/
Maße	
Höhe	ehem. 28 cm (über Boden)
Tiefe	(unter Boden)
Breite	23 cm
Dicke	21 cm
Material	Basalt
Originalstandort	GK R 3477301,5 GK H 5561910,8
Verbleib	Am Originalstandort

Im Rahmen eines Ortstermins im März 2019 wurde durch Michael Obst und Denis Neumann festgestellt, dass nicht nur der Stein K0076 abgebrochen war (siehe nachfolgenden Artikel), sondern dass auch der nur 35 m entfernt stehende Stein K0075 Schaden genommen hat.

Der Grenzstein steht zwar an seinem originalen Standort, ist aber im Gegensatz zur Beschreibung des damaligen Grenzsteinobmanns in keinem guten Zustand und ist auch nicht mehr vollständig (Abb. 596, vgl. Herzberg (1996), 70). Einzig positiv ist die Tatsache, dass der Stein noch aufrecht an seinem originalen Standort steht.

Nach Nordwesten war der Stein mit G H N E 1842 beschriftet, nach Südosten mit H N G H. Da die beiden Grenzsteine K0075 und K0076 identisch beschriftet sind, wird die Inschrift im nachfolgenden Artikel besprochen. Den einzigen Unterschied zwischen den Steinen stellt die Weisung dar – K0075 trägt keine.

Abb. 596 Der Grenzstein war 1996 noch in deutlich besserem Zustand. Zeichnung Herzberg 1996, 70.

Großherzogtum Hess
Nieder-Eschbach
Herzogtum Nassau
Gemeinde Harheim

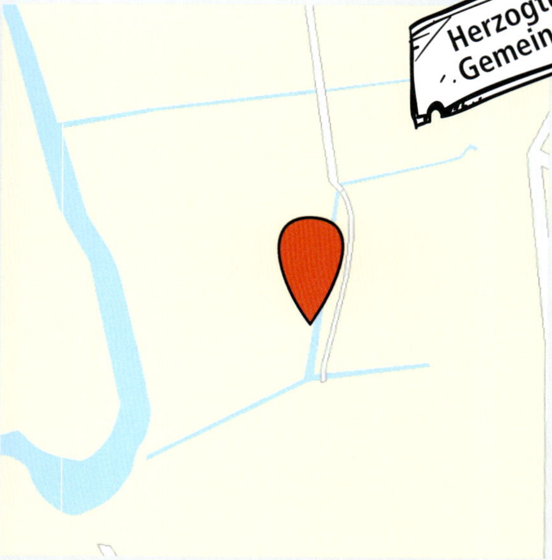

K0076

Schwieriger Standort

Fundmeldung:	F. Rauscher
Bericht:	Denkmalamt
Literatur:	/
Technische Daten	
Karteiblatt	K0076
Fundstelle	NES012, NES075
Stelle	/
Maße	
Höhe	38 (über Boden)
Tiefe	unbekannt (unter Boden)
Breite	24 cm
Dicke	24 cm
Material	Basalt
Originalstandort	GK R 3477295,66 GK H 5561876,74
Verbleib	Am Originalstandort

Im März 2019 wurde dem Denkmalamt ein liegender Grenzstein «Am Honigberg« gemeldet. Ein sofortiger Ortstermin durch Michael Obst und Denis Neumann ergab, dass ein historischer Grenzstein teilzerstört wurde (siehe Abbildungen links).

Es handelt sich um den Stein K0076 an der Grenze zwischen Harheim und Nieder-Eschbach (Herzberg (1996) 71). Der Stein wurde im Mai 1992 bereits einmal durch das Stadtvermessungsamt wiedererrichtet, nachdem er im Bach angetroffen worden war.

Der obere Teil des Steins mit der Weisung ist abgebrochen. Dabei war ursprünglich nach Nordwesten gerichtet die Buchstaben G H N E mit der Jahreszahl 1842 und gegenüber nach Südosten die Buchstaben H N G H eingemeißelt.

Dabei ist GH als Großherzogtum Hessen (Darmstadt) und NE als Nieder-Eschbach auflösen; HN bedeutet Herzogtum Nassau.

Der Stein K0076 ist durch das Stadtvermessungsamt wiedererrichtet worden.

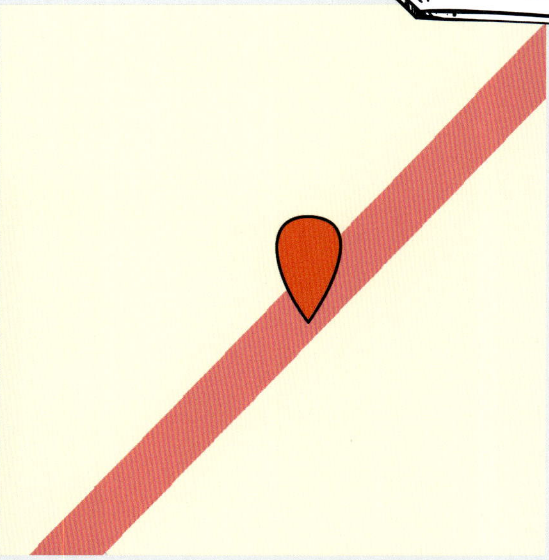

25cm
5cm

K0366

Ein Zeilsheimer Grenzstein kehrt zurück

Fundmeldung:	G. Gillner
Bericht:	Denkmalamt
Literatur:	Hampel (2017) 359
Technische Daten	
Karteiblatt	K0366
Fundstelle	ZEI-010, ZEI029
Stelle	/
Maße	
Höhe	44,7 cm (über Boden)
Tiefe	8,3 cm, unvollständig (unter Boden)
Breite	27 cm
Dicke	18 cm
Material	Sandstein
Originalstandort	GK R 3462856 GK H 5552157
Verbleib	Nach Dokumentation und Restaurierung wieder am Originalstandort

Der Grenzstein 366 wurde im Jahr 2015 zerbrochen neben seinem ursprünglichen Standort gemeldet. Schon 1989 war die Oberfläche des Steins bei einer Begehung insbesondere im oberen Drittel blättrig, der Stein stand leicht schief. Hier ist positiv zu bemerken, dass sich die Steinsubstanz in den letzten Jahrzehnten nicht nennenswert verschlechtert hat. Erst der im Jahr 2015 erfolgte Bruch machte ein Eingreifen nötig. 2019 konnte der Stein wieder aufgestellt werden. Unser Dank gilt dem Zeilsheimer Geschichtsverein dessen Mitglieder die Kosten für die sachgerechte Rückführung übernommen haben. Der Zeilsheimer Geschichtsverein hat sich auch in der Vergangenheit in vorbildlicher Weise um die Grenzsteine der Gemarkung gekümmert.

Auf dem Stein prangt einseitig ein »Z«, auf der gegenüberliegenden Seite ein »M«. Der Stein steht an der einstigen Grenze zwischen Frankfurt, hier repräsentiert durch Zeilsheim, und Kelkheim, hier der Ortsteil Münster mit eingemeißeltem M. Die alte Grenze ist im modernen Flurverlauf nicht mehr sichtbar. Umso schöner ist es, dass nun der Stein wieder an Ort und Stelle daran erinnert.

K0418

Von den Gütern des Hospitals

Fundmeldung:	H. Heitzmann; Denkmalamt
Bericht:	Denkmalamt
Literatur:	Herzberg (1996) und (1999)
Technische Daten	
Karteiblatt	418
Fundstelle	GIN021
Stelle	/
Maße	
Höhe	31 cm (über Boden)
Tiefe	(unter Boden)
Breite	19 cm
Dicke	17 cm
Material	Basalt
Originalstandort	GK R 3474040.8 GK H 5556321.0
Verbleib	Am Originalstandort

Im März 2019 meldete Herr Heitzmann einen Grenzstein. Der Fundort im Ginnheimer Wädchen liegt unweit der Grenze zu Praunheim. Allerdings dürfte es sich nicht um einen Grenzstein sondern um einen Güterstein handeln. Der Basaltstein trägt nur auf einer Seite eine Inschrift: SP und darunter *684; da es sich um einen Güterstein handelt, gibt es keine Weisung auf dem Kopf des historischen Steindenkmals.

Der Stein ist bisher nicht verzeichnet. Während die Jahreszahl mit 1684 schlüssig ergänzt werden kann, ist das Kürzel SP schwerer zu deuten. Es könnte sich um die ursprüngliche Kennzeichnung HOSP handeln. Nachweislich hatte das Hospital zum Heiligen Geist in Ginnheim Besitztümer, Gütersteine mit dieser Bezeichnung sind bekannt.

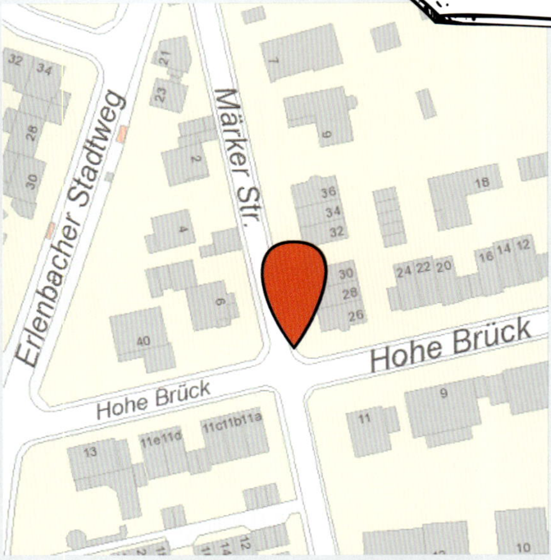
Erlenbacher Stadtweg
Märker Str.
Hohe Brück
Hohe Brück

K0419

Gerettet in den Grenzsteingarten

Fundmeldung:	Firma Trautmann, Grenzsteinobmann A. Goldmann
Bericht:	Denkmalamt
Literatur:	Hampel (2017) 198.
Technische Daten	
Karteiblatt	K0419
Fundstelle	NER047
Stelle	/
Maße	
Höhe	30 cm (über Boden)
Tiefe	52 cm (unter Boden)
Breite	20 cm
Dicke	14 cm
Material	Basalt
Originalstandort	GK R 3479272.5 GK H 5562660.1
Verbleib	Grenzsteingarten Nieder-Erlenbach, Im Sauern 10

Die Firma Trautmann meldete im Zuge von Kanalsanierungsarbeiten den Fund eines vermutlichen Grenzsteines. Grabungstechniker Michael Obst konnte den »Grenzstein« bergen. Der Stein war an seinem Originalstandort schon lange nicht mehr sichtbar – er war mit 80 cm Erde überdeckt und unter dem Asphalt der Kreuzung verborgen.

Er wurde ins Denkmalamt verbracht und dort dokumentiert. Auf der einst nach Westen zeigenden Seite des Steins ist ein »F« eingearbeitet, die restlichen Flächen ohne Initialen oder Zahlen.

Im Jahr 2017 war angedacht, den Stein durch Mitarbeiter:innen des Grünflächenamtes zum Nieder-Erlenbacher Grenzsteingarten zu bringen und dort einzusetzen. Dieses Projekt konnte umgesetzt werden. Der Grenzstein befindet sich heute im Nieder-Erlenbacher Grenzsteingarten Im Sauern 10 und kann dort, zusammen mit weiteren steinernen Zeitzeugnissen besichtigt werden.

Abb. 597 Der Nieder-Erlenbacher Grenzsteingarten mit dem neu gesetzten K0419 im Jahr 2021.

Erbaut
Joh. Werner
1899.

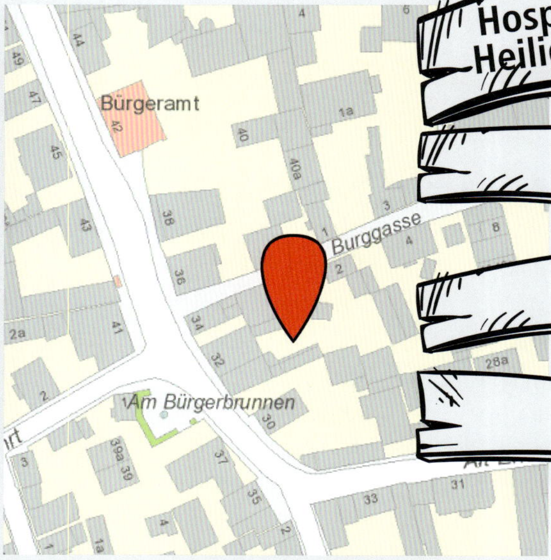
Bürgeramt
Burggasse
Am Bürgerbrunnen

VS
1768
25cm
5cm

K0420–K0424

Grenzsteine in Alt-Erlenbach

Fundmeldung:	Denkmalamt
Bericht:	Denkmalamt
Literatur:	Hampel (2014) 198 f.
Technische Daten	
Karteiblatt	K0420
Fundstelle	NER049
Stelle	/
Maße	
Höhe	65,1 cm (insg.)
Breite	22,5 cm
Dicke	21 cm
Material	Basalt
Originalstandort	Unbekannt
Fundort	3479343,6 5563013,5
Verbleib	Archäologisches Museum

Technische Daten	
Karteiblatt	K0421, K0422, K0423, K0424
Fundstelle	NER049
Stelle	/
Maße	Vermaßung nicht möglich, da im Gebäude verbaut
Material	Derzeit überstrichen, keine Aussagen zum Material möglich
Originalstandort	Unbekannt
Fundort	GK R 3479343,6 GK H 5563013,5
Verbleib	Alt-Erlenbach 32

Ein Ortstermin mit Denis Neumann und Michael Obst im Januar 2018 bestätigte, dass in der Scheune Alt-Erlenbach 32 einige Grenzsteine verbaut sind. Eine Inschrift verweist auf J. Werner als Bauherrn und nennt als Baudatum das Jahr 1899.

Abb. 598 Die Scheune mit den eingemauerten Grenzsteinen und ihren K-Blatt-Nummern.

Insgesamt sind 4 Steine vermauert. Die Grenzsteine wurden sekundär als Balkenstützen im oberen Stockwerk eingemauert. Es handelt sich um abgerundete Basaltsteine, die nur zum Teil dokumentiert werden konnten, da die Oberseiten grundsätzlich durch den Holzaufbau verdeckt wurden und in einem Fall auch eine Seite unsichtbar war (Abb. 598).

Die Steine tragen von links nach rechts (421–424) folgende Inschriften auf den sichtbaren (Unter-)Seiten:

K0421: $OP
K0422: B.A.
K0423: VS, darunter 1768.
K0424: keine Beschriftung, soweit freiliegend.

Alle sichtbaren Seiten sind ebenfalls unbeschriftet und es ist auch in keinem Fall eine Weisung erkennbar. Da die Steine eingemauert sind, lässt sich nichts über den Erhaltungszustand sagen, allerdings dürften sie aus grundsätzlichen Überlegungen verkürzt, d. h. abgeschlagen verbaut worden sein (vgl. NER 35)

Auf dem Grundstück lag oberirdisch ein weiterer Grenzstein aus Basalt, K0420 (siehe S. 474). Das Fundstück hat ebenfalls einen abgerundeten Kopf und ist 0,65 m lang, wovon 0,40 m eingegraben waren und die oberen 0,25 m die eigentliche Grenzmarke bilden. Auf einer Seite ist die Inschrift VS, darunter 1768 zu lesen, alle anderen Seiten sind leer. Der gewölbte Kopf ist auf der Oberfläche teils mit Mörtel bedeckt und hat eine unruhige Oberfläche. Eine Weisung ist nicht erkennbar.

Die Grenzsteine K0420 und K0423 tragen beide die Beschriftung »VS«. Diese Abkürzung fand sich bereits 2009 in gleicher Verwendung in Alt-Erlenbach 45–47 und konnte bis heute nicht aufgelöst werden. Dort machte der Grenzsteinobmann den Vorschlag als Güterstein der Sondershausen-von Gläsernthal'schen Stiftung.

Grenzstein K0421 trägt die Ligatur »$OP«. Die Ligatur steht für »HOSP« und kennzeichnet Besitz des Hospitals zum heiligen Geist (Herzberg (1999) 44.50.)

Die Beschriftung »B.A.« kann zum gegenwärtigen Zeitpunkt noch nicht aufgelöst werden und entspricht nicht den bekannten hoheitlichen Grenzbezeichnungen, die in der Gemarkung bekannt sind.

K0421

K0422

K0423

K0424

■ **Abb. 599** Einer der in die Hauswand eingemauerten Grenzsteine während der Sanierung des Gebäudes.

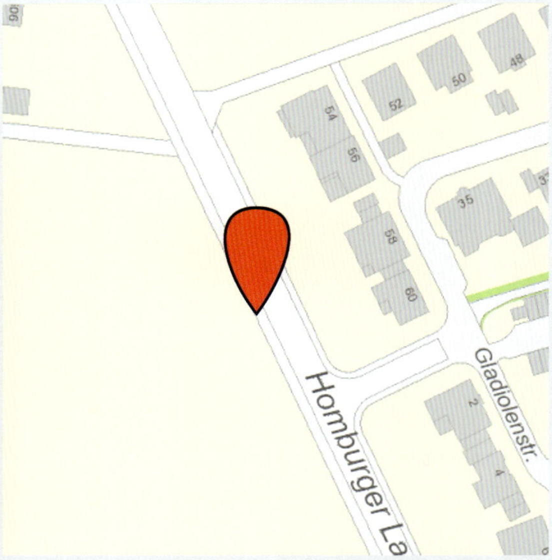
Homburger La
Gladiolenstr.
54
52
50
48
56
58
60
35
2
4

K0426

Allein auf weiter Flur

Fundmeldung:	H. von Bethmann
Bericht:	Denkmalamt
Literatur:	/
Technische Daten	
Karteiblatt	K0426
Fundstelle	NES075
Stelle	/
Maße	
Höhe	ca. 44 cm (über Boden)
Tiefe	ca. 44 cm (unter Boden)
Breite	ca. 25 cm
Dicke	/
Material	Sandstein
Originalstandort	GK R 3475985.0 GK H 5563165.8
Verbleib	Archäologisches Museum

Im April 2019 meldete Herr von Bethmann einen Grenzstein in der Homburger Landstraße. Das Fundstück war auf der Westseite der Straße in der Flur 8 auf dem Flurstück 85 herausgerissen (siehe Abbildungen links). Der Stein weist zahlreiche Beschädigungen auf und besteht aus Sandstein, dessen scharrierte Oberfläche nur an wenigen Stellen erhalten war. Allerdings war erkennbar, dass nur bei Blick nach Nordwesten auf den Stein der Rest einer Beschriftung zu sehen war. Denkbar ein O oder G.

Die Art der Beschriftung, die fehlende Weisung sowie der Standort am Ortsrand aber fern der Gemarkungsgrenzen lassen einen ehemaligen Güterstein erkennen, der allerdings nicht näher angesprochen werden kann.

1806

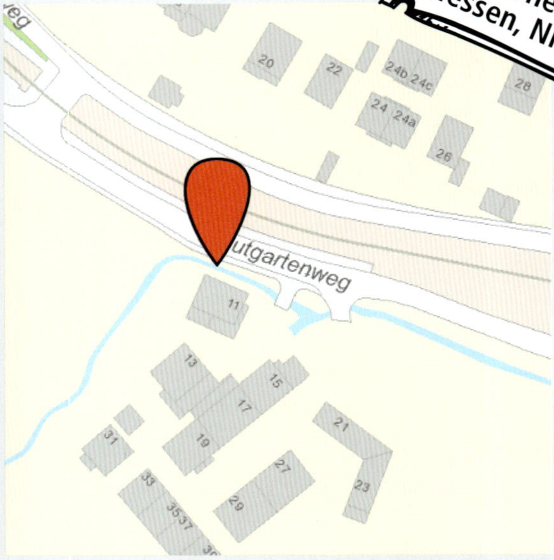
20
22
24b 24c
28
24 24a
26
11
13
15
17
19
21
27
23
29
31
33
35 37

GH
N

1806

K0427

Würdiger neuer Standplatz gefunden

Fundmeldung:	H. Kramer (Stadtentwässerung)
Bericht:	Denkmalamt
Literatur:	Kramer in: Hrsg. Stadtentwässerungsamt, Wasserspiegel (Frankfurt am Main 2017), 3,0-31.- Hampel (2017), 251-252.
Technische Daten	
Karteiblatt	K0427
Fundstelle	NUR083
Stelle	/
Maße	
Höhe	einst 39 cm, heute 54 cm (über Boden)
Tiefe	einst 38 cm (unter Boden)
Breite	26 cm
Dicke	19 cm
Material	Basalt
Originalstandort	GK R 3473216.4 GK H 5559207.2
Verbleib	GK R 3473212.2 GK H 5559209.4

Im Herbst 2015 wurde bei Erdarbeiten für den neuen Mühlgrabenverlauf der historische Grenzstein K0427 gefunden. Er wurde in Rund ein Meter Tiefe unter der Straße angetroffen und war somit schon lange nicht mehr obertätig sichtbar (Hampel 2017, 251).

Der Stein ist beidseits beschriftet: Einerseits zeugt das F für Frankfurt, darunter die Jahreszahl 1806, auf der gegenüberliegenden Seite prangen die Initialen GH, darunter N für Großherzogtum Hessen(-Darmstadt). Der Stein trägt eine Weisung, er stand einst an einem Punkt, an dem die Grenze ihren Verlauf änderte und im 90°-Winkel abknickte. Zudem ist der Stein mit der fortlaufenden Nummer 97 auf seiner Schulter beschriftet. Von dieser Grenzlinie sind auch noch weitere Grenzsteine erhalten (Hampel 2017, 252).

Die Setzung dieser Grenzsteine geht auf die Politik Napoleons zurück. Im Jahre 1806 traten sechzehn deutsche Fürstentümer dem Rheinbund unter dem Protektorat Napoleons bei – Weltpolitik, die sich auch in Niederursel zeigte. Aus der Landgrafschaft Hessen wurde das Großherzogtum (GH), und Niederursel (N) ein Teil dieses Großherzogtums. Großherzog Ludwig I. ließ im gleichen Jahr die Grenzsteine aufstellen, die dann für jeden sichtbar von den politischen Veränderungen kündeten (Kramer 2017, S.30–31).

Für alle Beteiligten erfreulich ist, dass der historische Grenzstein nicht aus der Grenzlinie entfernt wurden musste. Stattdessen nahmen die Planer:innen den historischen Grenzstein mit in die Gestaltung auf. Beim Mauern der Begrenzungsmauer am Mühlgraben 2016 konnte der Grenzstein an seinem einstigen Standort, nun auf Kniehöhe und nicht mehr unter dem Asphalt, gelungen in die Mauer integriert werden. Die beschriften Seiten wurden dabei so ausgespart, dass sie auch weiterhin lesbar sind.

Die Arbeiten am Grenzstein waren von einer guten Zusammenarbeit zwischen den städtischen Ämtern geprägt. Der Grenzsteinobmann A. Goldmann übernahm die Kommunikation zwischen den Beteiligten. Das Stadtvermessungsamt übernahm die Einmessung des Steins, Herr Kramer von der Stadtentwässerung recherchierte die geschichtlichen Hintergründe. Die gelungene Präsentation des Steins ist das würdige Resultat dieses Gemeinschaftsprojektes.

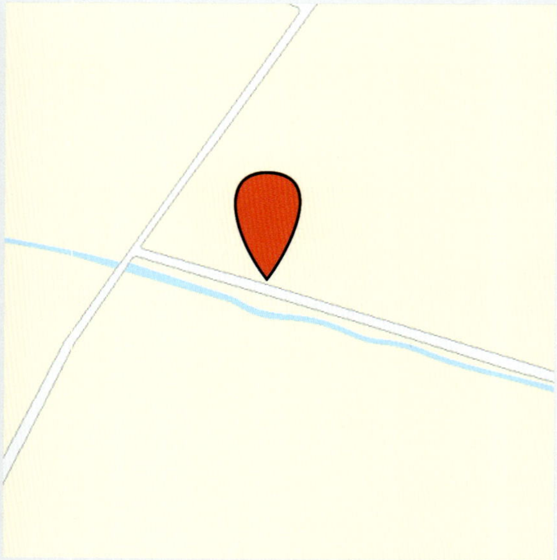

25cm
5cm

K0428

Der Grenzstein aus dem Steinbach

Fundmeldung:	Herr Heitzmann und Denkmalamt
Bericht:	Denkmalamt
Literatur:	Herzberg (1999).
Technische Daten	
Karteiblatt	K0428
Fundstelle	NUR086
Stelle	/
Maße	
Höhe	19 (über Boden)
Tiefe	24 (unter Boden)
Breite	18,5 – 21 cm
Dicke	12,5 – 16 cm
Material	Basalt
Originalstandort	Unbekannt
Fundort	3472604.7 5557635.0
Verbleib	Archäologisches Museum

Im November 2018 meldete Herr Heitzmann im trockenen Bachbett des Steinbachs einen herausgerissenen Grenzstein. Ein Ortstermin zeigte Rolf Skrypzak und Denis Neumann einen bearbeiteten Basalt, der geborgen werden konnte.

Der Stein besteht aus Basalt und hat eine Gesamtlänge von 43 cm. Die abgerundete Oberseite zeigt keine Weisung. Breite und Dicke des Steins variieren stark. Eine Breitseite trägt die Initialen LW. Der Stein zeigt zahlreiche Beschädigungen, ist aber vollständig.

Es handelt sich nicht um einen amtlichen Grenzstein, auch wenn der Fundort nahe der Gemarkungsgrenze nach Praunheim dies nahelegt. Grundsätzlich fehlen die notwendigen Beschriftungen und eine Weisung. Somit handelt es sich dabei um keine politische Kennzeichnung einer Herrschaftsgrenze, sondern um einen sogenannten Güterstein, der als Besitzmarke die Initialen LW aufweist. Leider kann die Beschriftung nicht aufgelöst werden.

In Niederursel sind verschiedene andere Gütersteine bekannt, etwa vom Besitz der Familie Bettendorf (mit den Initialen VB, siehe Herzberg 1999, Nr.44.4) und vom Besitz des »Armen-, Waysen- und Arbeitshauß«es (mit der Ligatur AWA, siehe Herzberg 1999, Nr.44.25). In keinem Fall werden die Buchstaben LW verwendet. Offenbar handelt es sich um einen anderen privaten Eigentümer.

Der ursprüngliche Standort konnte bislang nicht ermittelt werden.

Rennbahnstr.
29
31
33
35
37
39
4
2
32
30
28
26
24
36
38

K0429

Ein historischer Grenzstein an der Rennbahn

Fundmeldung:	Denkmalamt
Bericht:	Denkmalamt
Literatur:	Hampel (2017). https://www.weiterstadt.de/wirtschaft-umwelt-verkehr/ueber-weiterstadt/stadt-portrait/index.php#tab-2 (12.08.2021) https://rossdorf.de/leben-in-rossdorf/wappen.html (12.08.2021)
Technische Daten	
Karteiblatt	K0429
Fundstelle	SAC049
Stelle	/
Maße	
Höhe	/ (über Boden)
Tiefe	nicht ermittelt
Breite	/
Dicke	/
Material	Basalt
Originalstandort	GK R 3475041.1 GK H 5550027.1
Verbleib	Am Originalstandort

Bereits in den letzten Fundberichten konnten wir diesen Grenzstein vorstellen. Er trägt auf einer Seite die Initialen »F.A.«, darunter die Jahreszahl 1836. Die weiteren Flächen sind frei von Beschriftung. Er trägt auch keine Weisung (Hampel 2017, S.307).

Der Stein hat mit K0431 eine Schwester im Inventar des Niederräder Bezirksvereins. Dieser ist beschriftet mit den Initialen »F. A.«, dazu allerdings der Jahreszahl 1728 unter einem bislang nicht entschlüsselten Symbol. Dieses besteht aus einem liegenden Mond, darin mittig einem senkrechten Strich, darüber ein Bogen. Hierbei könnte es sich um ein Ortszeichen oder Teil eines Wappens handeln. So finden sich Monde zum Beispiel in den Wappen von Weiterstadt und Roßdorf (siehe angegebene Links). Auch dieser zweite »F. A.«-Stein stammt von der Rennbahn (Hampel 2017, S.308).

Der DFB e. V. ließ im Jahr 2018 den Grenzstein K0429 einmessen, um zu klären, ob der Stein durch die Erweiterungsfläche der DFB-Akademie betroffen sei. Dies ist erfreulicherweise nicht der Fall. Der Stein kann also in jedem Falle an seinem Standort verbleiben. Die Vermessung wurde dem Denkmalamt zur Verfügung gestellt und komplettiert nun die Dokumentation.

Melsunger Str.
13c
13b
13a
15a
20
18
16
1412
13
10
8a
9
8
6a
7
5

K0432

Ein spannendes Eck' – ein Grenzstein zwischen Bornheim und Seckbach

Fundmeldung:	Vermessungsingenieur Post und Denkmalamt
Bericht:	Denkmalamt
Literatur:	Herzberg (1999)
Technische Daten	
Karteiblatt	K0432
Fundstelle	SEC043
Stelle	/
Maße	
Höhe	/ (über Boden)
Tiefe	nicht ermittelt
Breite	/
Dicke	/
Material	Basalt
Originalstandort	GK R 3479521.3 GK H 5555921.6
Verbleib	Am Originalstandort

Im März 2019 meldete Herr Post einen Grenzstein entlang der Grundstücke Melsunger Straße Hausnummer 9 und 11 zwischen Seckbach und Bornheim. Die privaten Grundstücke markieren den historischen Grenzverlauf zwischen Seckbach und Bornheim, der heute im Bereich der Autobahn angezeigt wird. Der Grenzstein liegt jedoch knapp außerhalb dieser Gemarkungsgrenze und bezieht sich deshalb auf eine andere Gebietstrennung.

Er ist beschriftet mit Blick von Südwesten »F« für Frankfurt, dann im Uhrzeigersinn folgend »1785«, »HH«, und »No234«. Die Bezeichnung »HH« für die Grafschaft Hessen-Hanau war bis 1803 gebräuchlich (Herzberg 1999, S.III), der Stein selbst trägt mit der Jahreszahl »1785« dankenswerterweise bereits eine präzise Datierung an einer Flanke. Die fortlaufende Nummer 234 ist recht hoch und verweist auf einen langen Grenzverlauf.

Der Grenzstein ist vor Ort verblieben und wird in die Gestaltung des Außengeländes des Neubaus integriert.

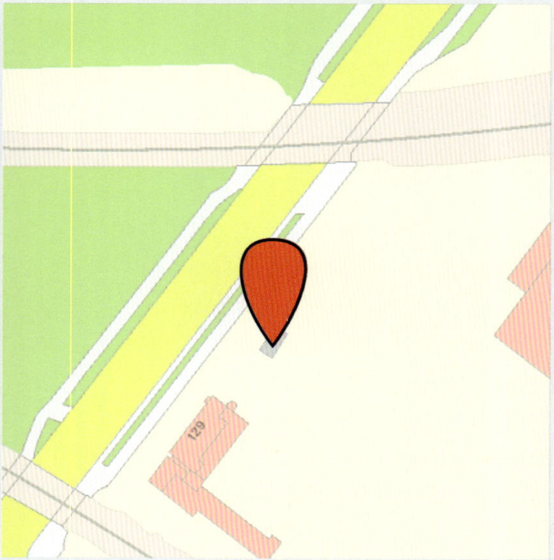
129

KED

K0433

Unbeweglich und trotzdem im Sportverein – ein historischer Güterstein vom SaFo-Gelände

Fundmeldung:	J. Helfferich (SaFo)
Bericht:	Denkmalamt
Technische Daten	
Karteiblatt	K0433
Fundstelle	/
Stelle	/
Maße	
Höhe	(über Boden)
Tiefe	nicht ermittelt
Breite	/
Dicke	/
Material	Basalt
Originalstandort	unbekannt
Verbleib	GK R 3476086.1 GK H 5550717.7

Vor dem Imbisshäuschen im Garten des Frankfurter Sportclub Sachsenhausen Forsthausstrasse e. V. (SaFo) steht ein dekorativ positionierter Stein. Dabei handelt es sich um einen historischen Güterstein, der von Elke Sichert im Rahmen eines Ortstermins im Mai 2019 dokumentiert wurde. Der Stein ist rundherum sorgfältig gearbeitet, die Oberflächen schariert, der Kopf leicht gewölbt ausgeführt. Der Kopf trägt keine Weisung. Einseitig sind die Initialen »KED« lesbar, die anderen Flächen sind unbeschriftet. Der Stein steht nicht mehr an seinem Originalstandort, sondern wurde disloziert. Woher der Stein stammt, ist derzeit noch unbekannt.

Bei dem Stein handelt es sich um einen Güterstein. Das Kürzel »KED« konnte indes noch nicht aufgelöst werden, wessen Besitz der Güterstein einst kennzeichnete.

Da der Stein geschützt und (wert-)geschätzt gleichermaßen in die Außengestaltung integriert ist, verbleibt er in der Kennedyallee 129 auf dem Grundstück der SaFo.

Abb. 600 Der Grenzstein an seinem aktuellen Standort zwischen Laterne und Kiosk.

Literaturnachweis

ARNOLD (2009) P. Arnold, Die frühmittelalterlichen Grabfunde im Frankfurter Stadtgebiet (ungedr. Magisterarbeit 2009).

ASHMOLEAN MUSEUM ACCESSION NO. WA1863.423 Ashmolean Museum Oxford, Figure of a young Englishwoman in contemporary dress, Accession no. WA1863.423 © 2017 https://collections.ashmolean.org/collection/search/per_page/25/offset/0/sort_by/relevance/object/41151 (letztes Aufrufdatum 09.09.2021).

ATZBACH U.A. (HRSG.) 2010 R. Atzbach, S. Lüken, H. Ottomeyer (Hrsg.), Burg und Herrschaft. Ausstellungkatalog Dt. Hist. Museum Berlin 2010, 34ff.

ATZERT (1955) W. Atzert, Die Liebfrauenkirche als Begräbnisstätte. Die Liebfrauenkirche zu Frankfurt/Main. Festschrift zum Wiederaufbau im Jahre 1954 nebst einem Führer durch die Kirche. Hrsg. P.T. Hübenthal/W. Atzert (1955) 40–52.

AUKTIONSHAUS OELSNITZ 2020, LOS 1811 https://www.lot-tissimo.com/de-de/auction-catalogues/oelsnitz/catalogue-id-auktio46-10003/lot-83687674-9e79-4b22-86db-ac4601127d9a#lotDetails (Auktionsdatum 23.10.2020, letztes Aufrufdatum 23.02.2022).

AUKTIONSHAUS BERGMANN 2003, KAT.NR. 196. https://www.auktion-bergmann.de/ufItemInfo.aspx?a_id=72&i_id=155170&s_id=6104 (Auktionsdatum 25.10.2003, letztes Aufrufdatum 23.02.2022).

BAASTRUP 2007 M. P. Baastrup, Vikingetidens og den tidlige middelalders emaljefibler fra Sydvestjylland. In: Liljebjerget (Hrsg.), marsk og geest 19 (2007) 5–16.

BARTEL 2001 A. Bartel/C. Ebhardt-Beinhorn, Beobachtungen zur Trageweise merowingerzeitlicher Zierscheibengehänge. In: Beiträge zur Archäologie in Mittelfranken, Bd. 6 (2001), 179–230.

BECKER (2011) V. Becker, Anthropomorphe Plastik der westlichen Linearbandkeramik. Saarbrücker Beiträge zur Altertumskunde 83 (2011).

BECKER (2014) V. Becker, Leben, Tod und Gemeinschaft. Figürliche Funde der Bandkeramik aus den Gebieten links des Rheins. Archäologentage Otzenhausen 2016, Bd. 3, 2017, 123–138.

BEIBLATT DER FLIEGENDEN BLÄTTER 1902 Braun & Schneider (Hrsg.), Beiblatt der Fliegenden Blätter, Nr. 2946 (2), Viertes Blatt, 116. Band (München 10.01.1902)

BIERMANN (2001) E. Biermann, Alt- und Mittelneolithikum in Mitteleuropa. Untersuchungen zur Verbreitung verschiedener Artefakt- und Materialgruppen und zu Hinweisen auf regionale Tradierung. (2001) mit Überarbeitung 2003.

BIBORSKI 1994 M. Biborski, Röm. Schwerter im Gebiet des europäischen Barbaricum. In: C. van Driel-Murray (ed.), Military Equipment in Context = Journal of Military Equipment Studies 5, 1994, 169–197, bes. 190 Nr. 1.).

BREDSTEN ANTIK, 2 STK GLASVASER MED FLÆSEKANT https://bredsten-antik.dk/diverse/#close (letztes Aufrufdatum 23.02.2022).

BREITWIESER/HAMPEL 2018 Ch. Breitwieser/A.Hampel, Ein bisher unbekanntes Gräberfeld der Urnenfelderkultur in Frankfurt a. M.-Harheim. HessenArchäologie 2017 (2018) 62–64.

BREITWIESER (IM DRUCK) Ch. Breitwieser, Frankfurt am Main-Harheim. Die hallstattzeitlichen Gräberfelder(im Druck).

BRÜCKL 1993 R. Brückl, Sachsenhausen. Von den Anfängen bis 1806. Hrsg. Frankfurter Sparkasse von 1822 (1993).

BUDENZ (1979) R. Budenz, Aus der Geschichte Rödelheims. Hrsg. Frankfurter Sparkasse von 1822 (1979^3).

CARR 2005 G. Carr, Woad, tattooing and identity in later iron age and early roman Britain. Oxford Journal of Archaeologiy 2005, 273–292.

DENKMALTOPOGRAPHIE DER STADT FRANKFURT AM MAIN (1986) G. Masala u.a., Denkmaltopographie der Stadt Frankfurt am Main. Materialien zum Denkmalschutz Band 1 (1986).

DEPPMEYER 2022 K. Deppmeyer, Von Amulett bis Zaubernagel. Zeichen, Wunder und Magie in der römischen Antike. Archäologie in Deutschland, Sonderheft 24 (Darmstadt 2022).

DOHRN-IHMIG (1996) M. Dohrn-Ihmig, Die früh- bis spätmittelalterliche Siedlung und Kirchenwüstung »Krutzen« im Kalbacher Feld, Stadt Frankfurt am Main. Materialien zur Vor- und Frühgeschichte in Hessen 16 (1996).

DOHRN-IHMIG/HAMPEL 1987 M. Dohrn-Ihmig, A. Hampel, Frankfurter Fundchronik der Jahre 1980 bis 1986. Schriften des Frankfurter Museums für Vor- und Frühgeschichte 11, 1987, 95ff.

DOWNES 2020 A. Downes, Hooked on Fasteners? A Question of Terminology. Abrufbar seit 10.07.2020 unter https://finds.org.uk/counties/yorkshire/hooked-on-fasteners-a-question-of-terminology/ (letztes Aufrufdatum 08.09.2021).

ECKSTEIN (2006) M. Eckstein, Eau de Cologne. Auf den Spuren des berühmten Duftes (2006).

EISENHAUER (2002) U. Eisenhauer, Untersuchungen zur Siedlungs- und Kulturgeschichte des Mittelneolithikums in der Wetterau. Universitätsforschungen zur Prähistorischen Archäologie UPA 89 (2002).

ERCHE (1999) B. Erche, Der Frankfurter Hauptfriedhof. Denkmaltopographie der Stadt Frankfurt am Main. Teil der Denkmaltopographie Bundesrepublik Deutschland. Beiträge zum Denkmalschutz in Frankfurt am Main 11 (1999).

FASOLD U.A. (1998) P. Fasold u.a., Grabungen im römischen Vicus von Nida-Heddernheim 1961–1962. Schriften des Museums für Vor- und Frühgeschichte 14 (1998).

FASOLD (2004) P. Fasold, Tausendfacher Tod. Die Bestattungsplätze des römischen Militärlagers und Civitas-Hauptortes Nida im Norden Frankfurts. Archäologische Reihe 20 (Hrsg. Archäologisches Museum Frankfurt) 2004.

FASOLD (2006/2011) P. Fasold, Die Bestattungsplätze des römischen Militärlagers und Civitas-Hauptortes Nida. Schriften des Archäologischen Museums Frankfurt 20/1; 20/2 u. 3 (2006/2011).

FASOLD (2017) P. Fasold, Die Römer in Frankfurt.

FASOLD/WITTEYER 2007 P. Fasold/M. Witteyer, Die Körpergräber in zentralen Orten Obergermaniens: Die Beispiele Mogontiacum und Nida. In: Körpergräber des 1.–3. Jahrhunderts in der römischen Welt. Internationales Kolloquium Frankfurt am Main 19.–20. November 2004. Schriften des Archäologischen Museums Frankfurt 21, 2007, 403–430.

FEKETE (2004) Z. Fekete, Mittelbronzezeitliche Siedlungsfunde aus Frankfurt-Harheim (Ungedr. Magisterarbeit, Frankfurt 2004).

FETTE UND SEIFEN (1953) Die fetterzeugende und fettverarbeitende Industrie einschließlich ihrer Lieferwerke in Hessen und im südwestdeutschen Raum. FETTE UND SEIFEN, 55. Jahrg. Nr. 10, (1953).

FISCHER 1962 U. Fischer, Frankfurter Museumsbericht 1945–1960. In: Stamm 1962. 7ff.

FLÜGEN/HAMPEL/WENZEL (2017) Th. Flügen/A.Hampel/C. Wenzel, Ein Tempelbezirk im Zentrum von NIDA (Frankfurt-Heddernheim) – erste Erkenntnisse. HessenArchäologie 2016 (2017) 89–92.

FREY 2009 J. Frey, Der Neufund eines Panzerhandschuhs aus der Burgruine Hünenberg ZG: ein Beitrag zur typologischen Entwicklung der mittelalterlichen Schutzbewaffnung im 14. Jahrhundert. In: Zeitschrift des Schweizerischen Burgenvereins 14, 2009, 3, 91–102.

FRISCHHOLZ (1926) W. Frischholz, Alt-Höchst, ein Heimatbuch in Wort und Bild (1926).

FUNDBERICHTE AUS HESSEN 1963 Fundchronik 1962, Fundberichte aus Hessen 3, 1963, 172ff.

FUNDBERICHTE AUS HESSEN 1971 Fundchronik 1969, Fundberichte aus Hessen 9/10, 1971, 213ff.

FUNDBERICHTE AUS HESSEN 1986 Fundchronik Trebur, Fundberichte aus Hessen 26, 1986 (1998), 473 und Abb. 189,3.

GÄRTNER (1989) W. Gärtner, Dokumentation Historischer Grenzsteine. Gemeinde Frankfurt am Main 1989.

GEAKE/WEBLEY 2019 H. Geake, R. Webley, Book Mounts. Stand 05.02.2019, abrufbar unter https://finds.org.uk/counties/findsrecordingguides/book-mounts/ (letztes Aufrufdatum 09.09.2021).

GERNER (1976) M. Gerner, Niederursel Mittelursel. Chronikalische Aufzeichnung zu einem Dorf. Frankfurter Sparkasse von 1822 (1976).

GREMPLER (2017)[2] W. Grempler, Das große Buch der Kampfmittelbeseitigung (2017[2]).

GRÜNEWALD (2012) M. Grünewald, Unter dem Pflaster von Worms. Archäologie in der Stadt (2012).

HAEVERNICK (1960) Th. Haevernick, Die Glasarmringe und Ringperlen der Mittel- und Spätlatènezeit auf dem europäischen Festland (1960).

HAMPEL (1992) A. Hampel, Frankfurt am Main Niedereschbach. Ein ältestbandkeramischer Siedlungsplatz. Beiträge zum Denkmalschutz in Frankfurt am Main 5 (1992).

HAMPEL (1993) A. Hampel, Archäologie in Frankfurt am Main von 1987 bis Ende 1991. Beiträge zum Denkmalschutz in Frankfurt am Main 7 (1993).

HAMPEL (1997) A. Hampel, Archäologie in Frankfurt am Main von 1992 bis Ende 1996. Beiträge zum Denkmalschutz in Frankfurt am Main 7 (1997).

HAMPEL (2002) A. Hampel, Archäologie in Frankfurt am Main von 1997 bis Ende 2001. Beiträge zum Denkmalschutz in Frankfurt am Main 12 (2002).

HAMPEL/FASOLD 2009 A. Hampel u. P. Fasold, Archäologie schreibt Geschichte(n). Hessenarchäologie 2008(2009) 186ff.

HAMPEL 2012 A. Hampel, Die Hochbunker in Frankfurt am Main. Denkmaltopographie der Bundesrepublik Deutschland und Beiträge zum Denkmalschutz in Frankfurt am Main Band 17 (2012).

HAMPEL 2013 A. Hampel, Die Kaimauer des staufischen Saalhofs in Frankfurt am Main. Cura 2013, 20–27.

HAMPEL 2014 A. Hampel, Die römische Legionsziegelei in Frankfurt am Main-Nied. Ein Großbetrieb des obergermanischen Heeres. limes 8, 2014/1, 26–31.

HAMPEL (2015) A. Hampel, Archäologie in Frankfurt am Main von 2007 bis Ende 2011. Beiträge zum Denkmalschutz in Frankfurt am Main 21 (2015).

HAMPEL/WAMERS 2015 A. Hampel/E. Wamers, Fundgeschichten. Archäologie in Frankfurt 2014–2015 (2015).

HAMPEL (2017) A. Hampel, Archäologie in Frankfurt am Main von 2012 bis Ende 2016. Beiträge zum Denkmalschutz in Frankfurt am Main 21 (2017).

HAMPEL 2018 A. Hampel, Das Gräberfeld »Heilmannstraße« in Frankfurt a. M.-Praunheim. HessenArchäologie 2017 (2018) 132–135.

HAMPEL/SCHOLZ 2018 A. Hampel/M. Scholz, Zwei Brunnen im Tempelbezirk von Nida. HessenArchäologie 2017 (2018) 127–131.

HAMPEL (2019) A. Hampel, St. Leonhard in der Frankfurter Altstadt. Archäologie 10–192 (2019).

HAMPEL 2019 A. Hampel, Die Burg der Vögte von Ursel. HessenArchäologie 2018 (2019) 159–162.

HAMPEL 2019A, A. Hampel, Bandkeramisches Idol in Menschengestalt. Archäologie in Deutschland 5, 2019, 55.

HAMPEL/V. KURZYNSKI 2018 A. Hampel/K. v. Kurzynski, Immer in Bewegung. Große Archäologie-Ausstellung aller Bundesländer zum Kulturerbejahr 2018 in Berlin. Denkmalpflege und Kulturgeschichte 3, 2018, 9–22.

HAMPEL 2020A A. Hampel, Durch die Zeiten – Ausgrabungen an der Weimarer Straße in Frankfurt a. M. – Niedereschbach. HessenArchäologie 2019 (2020) 221–225.

HAMPEL/WENZEL 2020, A. Hampel/C. Wenzel, Aus dem Wohnzimmer ins Museum – »neue« Funde aus dem römischen Nida (Frankfurt a. M. – Heddernheim). HessenArchäologie 2019 (2020) 129–132.

HAMPEL 2019 A. Hampel, »Renovatio« der Beigabensitte – der neuzeitliche Friedhof in Frankfurt a. M.-Fechenheim. HessenArchäologie 2018 (2019) 210–214.

HAMPEL 2022 A. Hampe , Vorgeschichtlicher Vorratsschrank. In: KeltenLandHessen. Archäologische Spuren im Herzen Europas 2022, 128f.

HAMPEL/PASDA 2022 A. Hampel/K. Pasda, Ein Grab für ein Pferd ? In: KeltenLandHessen. Archäologische Spuren im Herzen Europas 2022, 144f.

HÄCK/NERLICH 2016 B. Häck/A. G. Nerlich, Bleiplatten und Fontanellenbleche in mittelalterlichen und neuzeitlichen Gräbern als medizinische Behandlungsform. Vorbericht zu einer archäologisch-paläopathologischen Studie. 34. Niederbayerischer Archäologentag, 2016, 267–320.

HÄCK/NERLICH 2018 B. Häck/A. G. Nerlich, Bleiplatten und Bronzebleche als Medizin. Archäologie in Deutschland 5, 2018, 48–49.

HARTMANN/SCHUBERT (1921) E. Hartmann und P. Schubert, Alt-Rödelheim in Wort und Bild. Ein Heimatbuch (1921).

HEIMATMUSEUM NORTHEIM, KAT.-NR. 487:35 (OHNE JAHR) Heimatmuseum Northeim, Kat.-Nr. 487:35, Online abrufbar unter http://kulturerbe.niedersachsen.de/objekt/record_kuniweb_1292469/1/ (letztes Aufrufdatum 08.06.2022).

HERRMANN (1966) F.-R. Herrmann, Die Funde der Urnenfelderkultur in Mittel- und Südhessen. Römisch-Germanische Forschungen 27 (1966).

HESSE 2014 S. Hesse, Das »Alte Dorf« bei Hellwege, Ldkr. Rotenburg (Wümme). Eine mittelalterliche Wüstung mit Adelssitz. In: T. Gärtner, S. Hesse, S. König (Hrsg.), Von der Weser in die Welt (2015), 141–154.

HEUN (1999) S. Heun, Besiedlungsgeschichte der Latènezeit am Beispiel des Landkreises Offenbach. Siedlungsgeschichtliche Auswertung von Altfunden und neuen Fundstellen im Hinblick auf Kontinuitätsfragen. Ungedr. Diss. (1999).

HERZBERG (1996) H. Herzberg, Dokumentation Historische Grenzsteine Gemeinden Frankfurt-Bonames, -Kalbach, -Heddernheim, -Niederursel, -Harheim, -Nieder-Erlenbach, -Nieder-Eschbach, -Rödelheim (1966).

HERZBERG (1999) H. Herzberg, Dokumentation Historische Grenzsteine Gemeinden Frankfurt-Bonames, -Kalbach, -Heddernheim, -Niederursel, -Harheim, -Nieder-Erlenbach, -Nieder-Eschbach, -Rödelheim. 1. Nachtrag (1999).

HOLMES/DIXON/HOLMES O. J. Frances Holmes, Mike Dixon, Mike Holmes, The Stained Glass of St Mary's Church, North Tuddenham, Norfolk (ohne Jahr), abrufbar unter http://www.norfolkstainedglass.org/North_Tuddenham/home.shtm (letztes Aufrufdatum 31.03.2022).

HOLTMANN (1993) G.F.W Holtmann, Untersuchung zu mittelalterlichen und frühneuzeitlichen Messern dargestellt am Beispiel von archäologischen Funden vornehmlich aus dem weiteren Küstenbereich von Nord- und Ostsee bis zur Mittelgebirgszone. Dissertation Göttingen (1993).

HULD-ZETSCHE/RUPP (1988) I. Huld-Zetsche/V. Rupp, NIDA Hauptort der Civitas Taunensium. Gesamtplan des Areals in Frankfurt am Main-Heddernheim und -Praunheim. Stadtvermessungsamt Frankfurt a. M. (1988).

HULD-ZETSCHE (1994) I.Huld-Zetsche, Nida – eine römische Stadt in Frankfurt am Main. Schriften des Limesmuseums Aalen 48 (1994).

HÜLSMANN (2013) G. Hülsmann, Katalog. In: G. Hülsmann (Hrsg.), Glas. Funde aus einem unterirdischen Kanalsystem. Bestandskatalog 1 (Regensburg 2013) 187–338.

KAMMER (1977) O. Kammer, Unterliederbach – Spuren der Vergangenheit – Linien in die Gegenwart. Frankfurter Sparkasse von 1822 (1977).

KING O. J. D. King, A Scene from the Life of St Margaret of Antioch (ohne Jahr), abrufbar unter https://www.vidimus.org/issues/issue-60/feature/ (letztes Aufrufdatum 30.01.2022).

KLEINFELD/WEIRICH (1984) G. Kleinfeld/ H. Weirich, Die mittelalterlichen Kirchenorganisation in Oberhessen und Nassau. Neudr. d. Hess. Landesamtes f. gesch. Landeskunde (1984).

KOCH (1972) H. Koch, Aus der Geschichte Fechenheims. Hrsg. Frankfurter Sparkasse von 1822 (1972).

KOHLERT-NÉMETH (1990) M. Kohlert-Németh, Römische Bronze II aus Nida-Heddernheim. Fundsachen aus dem Hausrat. Archäologische Reihe 14 (1990).

KOMP 2012 J. Komp, Wiederentdeckungen im Depot. Ausgewählte Funde der Grabung Egon Gersbach im Bonner Legionslager. Bonner Jahrb. 212, 2012, 83–119.

KUBACH (1977) W. Kubach, Die Nadeln in Hessen und Rheinhessen. Prähistorische Bronzefunde (PBF) Abt. XIII, Bd. 3 (1977).

KUBON (2011) R. Kubon, Forschungen zum römischen Höchst, Stadt Frankfurt am Main. Katalog der Fundstellen in Frankfurt-Höchst und Umgebung. Schriften des Archäologischen Museums 23/1 (2011).

KULL (2003) B. Kull, Sole und Salz schreiben Geschichte. 50 Jahre Landesarchäologie. 150 Jahre Archäologische Forschung in Bad Nauheim. Archäologische und Paläontologische Denkmalpflege. Landesamt für Denkmalpflege Hessen (2003).

KULT WESTMÜNSTERLAND (2021) kult Westmünsterland, HM-11–194, Salon-Figurenlampe, Stand 27.11.2021, abrufbar unter https://westfalen.museum-digital.de/object/1909 (letztes Aufrufdatum 21.03.2022).

KULTURZENTRUM SINSTEDEN KS98/00008 (2020) Kulturzentrum Sinsteden des Rhein-Kreises Neuss, KS98/00008, Durchbrochener Riemenanhänger mit Pferd, Stand 24.12.2020, abrufbar unter https://rheinland.museum-digital.de/index.php?t=objekt&oges=6168 (letztes Aufrufdatum 10.09.2021).

LANDESAMT FÜR DENKMALPFLEGE HESSEN (2021) Landesamt für Denkmalpflege Hessen, Denkxweb, Homburger Landstraße 465 http://denkxweb.denkmalpflege-hessen.de/184022 (Stand 01.06.2021, letztes Aufrufdatum 23.02.2022).

LANDESMUSEUM FÜR VORGESCHICHTE HALLE, HK-NR. 73:20A (2021) Landesmuseum für Vorgeschichte Halle, HK-Nr. 73:20a, Tontrommel der Bernburger Kultur von der Dörlauer Heide, online abrufbar unter https://st.museum-digital.de/object/15018 (Stand 26.11.2021, letztes Aufrufdatum 08.06.2022).

LANDESMUSEUM WÜRTTEMBERG, K.K.-1 (2020) Landesmuseum Württemberg, K.K.-1, Durchbrochene Zierscheibe mit Reiterdarstellung, Stand 21.12.2020, abrufbar unter https://bawue.museum-digital.de/index.php?t=objekt&oges=4168 (letztes Aufrufdatum 10.09.2021).

LANDGRAF (1993) E. Landgraf, Ornamentierte Bodenfliesen des Mittelalters in Süd- und Westdeutschland 1150–1550. Forschungen und Berichte der Archäologie des Mittelalters in Baden-Württemberg 14 (1993).

LAUF (1980) F. Lauf, Oberrad. Kleine Chronik eines Dorfes und Stadtbezirkes. Hrsg. Frankfurter Sparkasse von 1822 (1980).

LIPPOK 2007 J. Lippok, »Bei den Toten unten…«-Ergebnisse einer archäologischen Annährung. Totenhochzeit mit Kranz und Krone. Hrsg. Arbeitsgemeinschaft Friedhof und Denkmal e.V. (2007) 253–275.

LÜBBECKE 1939 F. Lübbecke, Merians Frankfurt. Genaue Beschreibung von Frankfurt am Main (1939).

LÜNING 1967 J. Lüning, Die Michelsberger Kultur. Ihre Funde in zeitlicher und räumlicher Gliederung. 48. Ber. RGK 1967, 1ff.

LVR NW 2016/0171 (2016) LVR – Amt für Bodendenkmalpflege im Rheinland, Ortsarchiv, Aktivitätsnr.: NW 2016/0171 (26.11.2016).

MÄCKLER 2016 Ch. Mäckler, Die Neubauten im Einzelnen. In: M. Alexander (Hrsg.), Die neue Altstadt in Frankfurt am Main Bd 2. Das Quartier, 2016, 172–276.

MASTER OF THE ST BARTHOLOMEW ALTAR O. J. Master Of The St Bartholomew Altar o. J., Wedding At Cana (Gemälde, o. J.), online abrufbar unter https://wikioo.org/paintings.php?refarticle=9CWEFV&titlepainting=Wedding%20At%20Cana&artistname=Master%20Of%20The%20St%20Bartholomew%20Altar (letztes Aufrufdatum 01.04.2022).

MEIER-ARENDT (1966) W. Meier-Arendt, Die bandkeramische Kultur im Untermaingebiet. Veröff. Darmstadt (1966).

MEIER-ARENDT (1983) W. Meier-Arendt, Römische Steindenkmäler aus Frankfurt am Main. Archäologische Reihe 1 (1983).

METTERNICH 1986 W. Metternich, Die Justinuskirche in Frankfurt am Main – Höchst. Schriften d. Frankfurter Museums für Vor- und Frühgeschichte 9, 1986, 57ff.

METTERNICH (1987) W. Metternich, Die Justinuskirche in Frankfurt am Main. Ein Bauwerk von nationaler Bedeutung (1987).

METTERNICH 1989 W. Metternich, Burg und Schloß in Frankfurt-Höchst. Führer zu arch. Denkmälern in Deutschland 19. Frankfurt am Main und Umgebung, 1989, 169f.

METTERNICH (1995) W. Metternich, Die Burg des 13. Jahrhunderts in Höchst am Main. Verein für Geschichte und Altertumskunde e.V. Museum für Höchster Geschichte (1995)

MIELKE 1982, H.-P. Mielke, Ein hessischer Hafner und sein Werk: Hans Berman. Kunst in Hessen und am Mittelrhein 21, 1982, 23ff.

MOSCATI U.A. (1991) S. Moscati u.a., The Celts (1991).

MÜHLEMEIER 2003 Stefan Mühlemeier, Sicheln im Sand. In: Landesamt für Denkmalpflege und Archäologie Sachsen-Anhalt/ Landesmuseum für Vorgeschichte, Fund des Monats, abrufbar unter http://www.lda-lsa.de/landesmuseum_fuer_vorgeschichte/fund_des_monats/2003/nov (11.2003, letztes Aufrufdatum 29.07.2019).

MUSEUM BARUTHER GLASHÜTTE 2022, OBJEKT 960125 https://nat.museum-digital.de/object/166880 (Stand 21.01.2022, letztes Aufrufdatum 23.02.2022).

MUSEUM FÜR SÄCHSISCHE VOLKSKUNST mit Puppentheatersammlung, Foto Max Nowak, Datensatz 32008634, abrufbar unter http://www.deutschefotothek.de/documents/obj/32008634 (letztes Aufrufdatum 10.09.2021).

MUSEUM IM ALTEN RATHAUS GRÜNSTADT, ASP 3 (2021) Museum im Alten Rathaus Grünstadt, ASp 3, Riemendurchzug mit Pferd, Stand 07.09.2021, abrufbar unter https://nat.museum-digital.de/index.php?t=objekt&oges=1033574 (letztes Aufrufdatum 10.09.2021).

NATIONAL GALLERY 2021 The National Gallery, Master of the Saint Bartholomew Altarpiece. Abrufbar unter https://www.nationalgallery.org.uk/artists/master-of-the-saint-bartholomew-altarpiece (letztes Aufrufdatum 08.09.2021).

OLDENSTEIN 1977 J. Oldenstein, Zur Ausrüstung römischer Auxiliareinheiten. Studien zu Beschlägen und Zierat an der Ausrüstung der römischen Auxiliareinheiten des obergermanisch-raetischen Limesgebiets aus dem zweiten und dritten Jahrhundert n. Chr. Ber. RGK 57, 1976 (1977) 49–284.

PELLISIER (1905) E. Pellisier, Die Landwehren der Reichsstadt Frankfurt am Main. Topographisch-historische Untersuchung. Archiv für Frankfurter Geschichte und Kunst 3. Folge, Bd. 8 (1905).

PINSKER (1993) B. Pinsker, Die Siedlungskeramik der mittleren Bronzezeit am nördlichen Oberrhein. Materialien zur Vor- und Frühgeschichte in Hessen 13 (1993).

POLENZ (1971) H. Polenz, Mittel- und spätlatènezeitliche Brandgräber aus Dietzenbach, Landkreis Offenbach am Main. Studien und Forschungen, N.F. Heft 4, 1971.

POLENZ (1972) H. Polenz, Neue Grabfunde der Spätlatènezeit aus Starkenburg. Studien und Forschungen N.F. Heft 5, 1972.

PORTABLE ANTIQUITIES SCHEME BH-E3502C abrufbar unter https://finds.org.uk/database/artefacts/record/id/1035257 (letztes Aufrufdatum 09.09.2021).

PORTABLE ANTIQUITIES SCHEME LIN-D601E0 abrufbar unter https://finds.org.uk/database/artefacts/record/id/1014685 (letztes Aufrufdatum 09.09.2021).

PORTABLE ANTIQUITIES SCHEME NLM-1C91DE abrufbar unter https://finds.org.uk/database/artefacts/record/id/798107 (letztes Aufrufdatum 09.09.2021).

PORTABLE ANTIQUITIES SCHEME PUBLIC-D0B71A abrufbar unter https://fincs.org.uk/database/artefacts/record/id/1022915(letztes Aufrufdatum 09.09.2021).

PORTABLE ANTIQUITIES SCHEME SUSS-0B9D0C abrufbar unter https://finds.org.uk/database/artefacts/record/id/811425 (letztes Aufrufdatum 08.09.2021).

PORTABLE ANTIQUITIES SCHEME SUSS-1030D4 abrufbar unter https://finds.org.uk/database/artefacts/record/id/894526 (letztes Aufrufdatum 08.09.2021).

PORTABLE ANTIQUITIES SCHEME SUSS-EF0965 abrufbar unter https://finds.org.uk/database/artefacts/record/id/964638 (letztes Aufrufdatum 09.09.2021).

PORTABLE ANTIQUITIES SCHEME SWYOR-AA40EE abrufbar unter https://finds.org.uk/database/artefacts/record/id/1008667 (letztes Aufrufdatum 09.09.2021).

PORTABLE ANTIQUITIES SCHEME YORYM-17E448 abrufbar unter https://finds.org.uk/database/artefacts/record/id/1001643 (letztes Aufrufdatum 09.09.2021).

REGENSBURGER ARCHIV FÜR WERBEFORSCHUNG K. Knößl, Herdweiss, R-Nr. 9527, erstellt am 01.02.2012, abrufbar unter https://raw.uni-regensburg.de/details.php?r=9527 (letztes Aufrufdatum 07.09.2021).

REITZ (UNPUBLIZIERT) J. Reitz, Unterwasserarchäologische Prospektion »Römische Mainbrücke« in Frankfurt bei den Stadtteilen Griesheim – Schwanheim. Thesis zur Erlangung des akademischen Grades »Bachelor of Arts« (B.A.) (Abgabe Juni 2019).

ROBINÉ (2020) E.-J. Robiné, Ein reiches Erbe. Die liturgische Ausstattung der Justinuskirche und der Josefskirche Frankfurt am Main-Höchst (2020).

RÖDEL (2007) V. Rödel, Die Frankfurter Stadtteilfriedhöfe. Beiträge zum Denkmalschutz 16. Denkmaltopographie der Bundesrepublik Deutschland (2007).

PRÄHISTORISCHE SAMMLUNG KÖTHEN, EK 33/1 Prähistorische Sammlung Köthen, EK 33/1, Tontrommel, online abrufbar unter https://st.museum-digital.de/object/638 (Stand 26.11.2021, letztes Aufruddatum 08.06.2022).

ROTHE ET AL. (2014) P. Rothe/ V. Storch/ C. von See, Lebensspuren im Stein. Ausflüge in die Erdgeschichte Mitteleuropas (Weinheim 2014).

SCHÄFER (1975) Rudolf Schäfer: Die Höchster Neustadt und der Bolongaropalast. Höchster Geschichtshefte 24/25 (1975).

SCHÄFER (1978) R. Schäfer, Das kurmainzische Schloss zu Höchst am Main. Höchster Geschichtshefte 30/31 (1978).

SCHINDLER (2013) Th. Schindler, Werkzeuge der Frühneuzeit im Germanischen Nationalmuseum. Bestandskatalog (2013).

SCHÖNBERGER 1956 H. Schönberger, Römische Vorhängeschlösser mit Maskendeckel. Saalburg-Jahrbuch 15, 1956, 81–94.

SCHOPPA 1974 H. Schoppa, Ein Gladius vom Typ Pompeji. Germania 52/1, 1974, 102–108.

SCHUBERT (2019) U. Schubert, Frankfurt a. M.- Bergen-Enkheim, Weißer Turm – Bestandsdokumentation zur baugeschichtlichen Untersuchung, Frankfurt am Main (2019)

SCHUMACHER (1972) A. Schumacher, Die Hallstattzeit im südlichen Hessen. Bonner Hefte 5 und 6 (1972).

SICHERL 2012 B. Sicherl, Anmerkungen zu den Kegelstumpfgruben der Eisenzeit. Römer und Germanen in Ostwestfalen Lippe 2012, 133–159.

SICHERT (UNPUBLIZIERT) E. Sichert, Irisierend – Glas des Mittelalters und der Neuzeit in Frankfurt am Main am Beispiel des Befundes des FFM135, Stelle 1. Masterarbeit, vorgelegt am 27.05.2019.

SOMMERFELD 1994 Christoph Sommerfeld, Gerätegeld Sichel. Studien zur monetären Struktur bronzezeitlicher Horte im nördlichen Mitteleuropa (Berlin 1994).

SOPP 2015 M. Sopp, Der »Rußenhof« westlich von Bad Orb. Ein »vergessener Hoffmansch'scher Ringofen aus der zweiten Hälfte des 19. Jahrhunderts. Hessenarchäologie Sonderband 3, 2015, 91–95

SPOHR 2019 A.Spohr, Die Baugeschichte der Burggrabenanlage von Schloss Höchst nach den Schriftquellen. IBD-Untersuchungsbericht: Frankfurt-Höchst – Altes Schloss. Bauforschung Schlossmauer 3. BA. 2019.

STADA 2021 https://www.stada.com/de/ueber-stada/unternehmensgeschichte (letztes Aufrufdatum 07.09.2021).

THORWARTH (2015) H. G. Thorwarth, Vom Kriegerdenkmal zum Mahnmal. Notizen zum Denkmalschutz. Denkmalschutz aktuell 17 (2015).

THIEDMANN (2019) A.Thiedmann, Die eisenzeitliche bis hochmittelalterliche Siedlung bei Fritzlar-Geismar, Schwalm-Eder-Kreis. Materialien zur Vor- und Frühgeschichte Hessen 30 (2019).

THOMAS (1908) Christian Ludwig Thomas, Der nordwestliche Zug der ersten Stadtmauer von Frankfurt a. M. Einzelforschungen über Kunst- und Altertumsgegenstände zu Frankfurt am Main (1908).

TIMPE (2021) Denkmalpflege in Frankfurt am Main Band 4. Sanierungs- und Restaurierungsprojekte 2017–2019 (2021).

TOTENRUHE (2004) Totenruhe Totentruhe. Särge aus vier Jahrhunderten. Hrsg. Arbeitsgemeinschaft Friedhof und Denkmal e.V. (2004).

VOLLERT (1978) A.Vollert, Nied am Main. Aus der Geschichte eines Frankfurter Stadtteils. Hrsg. Frankfurter Sparkasse von 1822 (1978).

VON FREEDEN (2020) U.v. Freeden, Das frühmittelalterliche Gräberfeld von Frankfurt am Main-Harheim. Schriften des Archäologischen Museums Frankfurt 30 (2020).

WAMERS 1986 E. Wamers, Frühmittelalterliche Funde aus Mainz. Zum karolingisch-ottonischen Metallschmuck und seine Verbindungen zum angelsächsischen Kunsthandwerk. Frankfurter Beiträge zur Mittelalter-Archäologie I. Schriften d. Frankfurter Museums für Vor- und Frühgeschichte 9, 1986, 11–56.

WAMERS 1990 E. Wamers, Bemerkungen zu zwei Zikadenfibeln aus westdeutschen Privatsammlungen. Frankfurter Beiträge zur Mittelalter-Archäologie II. Schriften des Frankfurter Museums für Vor- und Frühgeschichte 12, 1990, 49–60.

WAMERS (1994) E. Wamers, Die frühmittelalterlichen Lesefunde aus der Löhrstraße (Baustelle Hilton II) in Mainz. Mainzer Archäologische Schriften 1 (1994).

WHITEHEAD (2016) R. Whitehead, Buckles 1250–1800 (2016).

WIENER ZEITUNG, MUSEUMSSTÜCKE. KUMMET-SCHMUCK ALS STOLZES STANDESZEICHEN. (11.08.2016) abrufbar unter https://www.wienerzeitung.at/archiv/museum/836841–Kummet-Schmuck-als-stolzes-Standeszeichen.html (letztes Aufrufdatum 10.09.2021).

WIGG 1999 D. Wigg, Vom Wertgegenstand zum alltäglichen Zahlungsmittel. Archäologie in Deutschland 3, 1999, 20–23.

WILDE-KUTSCH OHNE JAHR F. Wilde-Kutsch, Römerzeit und davor und danach im Rheinland, abrufbar unter https://steinzeit-entlang-der-erft.jimdo.com/startseite/r%C3%B6merzeit-und-davor-und-danach-im-rheinland/ (letztes Aufrufdatum 10.09.2021).

WILLMS (2006) Ch. Willms, Frankfurts Archäologie Steinzeit. Archäologische Reihe 21 (2006).

WILLMS (2010) Ch. Willms, Frankfurts Archäologie Metallzeiten. Archäologische Reihe 22 (2010).

WINDLER (2008) R. Windler, Mittelalterlichen Webstühle und Weberwerkstätten – Archäologische Befunde und Funde. In: Archäologie und mittelalterliches Handwerk – eine Standortbestimmung (Soest 2008) 201–216.

WINTERGERST (2002) M. Wintergerst, Hoch- und spätmittelalterliche Keramik aus der Altstadt Frankfurt am Main. Schriften des Archäologischen Museums 18 (2002):

WOELCKE 1937 K. Woelcke, Die Reichsautobahn im Frankfurter Gebiet und die Bodenfunde. Das Museum für heimische Vor- und Frühgeschichte, 1937.

WOLFF 1893 G. Wolff, Die römischen Ziegeleien von Nied bei Höchst a. M. und ihre Stempel. Archiv für Frankfurts Geschichte und Kunst 3. Folge, 4. Bd. 1893, 212 ff.

WOLFF 1900 G. Wolff, Die römische Straße von Heddernheim nach Nied und das Heidenschloss. Mitt. über römische Funde in Heddernheim III. Verein für Geschichte und Alterthumskunde zu Frankfurt am Main, 1900, 92ff.

WOLFF (1913) G. Wolff, Die archäologischen Funde in der südlichen Wetterau (1913).

ZDF (2020) Was ist ein Stromatolith? ZDF/Terra X/Viking Film/Iris Gesang/Andreas Kieling, Frank Gutsche/Christian R.Timmann/Richard Sako, Boris Bürgel, Markus Tanz, John-Christian Kultzscher, CC BY 4.0, abrufbar unter https://www.zdf.de/dokumentation/terra-x/creative-commons-clip-150.html (Uploaddatum 25.05.2020, letztes Aufrufdatum 22.07.2022).

ZORN (1931) R. Zorn, Grenzsteine des Rhein-Main-Gebietes (1931).